宗教と政治の転轍点

保守合同と
政教一致の
宗教社会学

塚田穂高

花伝社

The Junction of Politics and Religion

A Sociology of Religious Movements Promoting Conservative Alliances and Religio-State Regimes

宗教と政治の転轍点——保守合同と政教一致の宗教社会学◆目次

凡例

・文中敬称略
・肩書・役職名等は基本的に当時のもの
・文中の強調点・傍点は筆者による
・引用部分中の「…」は部分的省略を、「／」は原文改行を示す
・文中で参照した文献の著者名・発表年・頁は、［島薗 二〇〇一：一一五］［西山 一九七五：二四一－二六五］のように表記する
・参照した文献の書誌情報は、巻末の「参考文献」リストを参照
・教団刊行物等は、学術的な慣例とルールに則って引用・参照し、巻末の「参考資料」に各章・団体ごとにまとめた
・新聞・雑誌類（教団刊行のものを含む）からの引用は、以下のように出典を表記する
　『朝日新聞』東京版二〇一五年二月一一日付　⇓　（朝日・東京 二〇一五／二／一一）
　月刊誌『世界』二〇〇九年九月号　⇓　（世界 二〇〇九／九）
・文中記載のＵＲＬは、全て二〇一五年二月中にアクセスを確認した
・文中写真のうち、撮影者の記載がないものは筆者撮影による
・国政選挙等の候補者に関わるデータは、全て公開・報道されたものを用いている
・本書で扱う事例のうち、公職選挙法・政党助成法・政治資金規制法等が定める「政党」は公明党のみであり、真理党・女性党・幸福実現党はあくまで「政治団体」であるが、便宜上「党」と表記して扱う

はじめに――問題の所在――

……人間の行為を直接に支配するものは、利害関心（物質的ならびに観念的な）であって、理念ではない。しかし、「理念」によってつくりだされた「世界像」は、きわめてしばしば転轍手として軌道を決定し、そしてその軌道の上を利害のダイナミックスが人間の行為を推し進めてきたのである。

［ヴェーバー 一九七二（一九二〇―一九二一）：五八］

戦後日本社会において、宗教運動――なかでも新宗教運動は、どのように、そしてなぜ、政治に関わってきたのだろうか。自前の政治団体を設立して選挙に候補を擁立する宗教運動もあれば、既成の政党・政治家を協同で強く支持するものもあり、全く関わらないものもあるが、これらを分かつものはいったい何なのか。そこには、それらの宗教運動が持つ広い意味でのナショナリズムや世界観が強く影響しているのではないか。

これから、本書『宗教と政治の転轍点―保守合同と政教一致の宗教社会学―』において、推測に基づいた浅薄な宗教評論としてではなく、具体的なデータに基づいた事例研究の積み重ねによって迫りたいのは、こうした問題である。

宗教、とりわけ救済宗教は、歴史的に「普遍的救済」を掲げてきた［島薗 一九九二a］。シンプルに考えれば、そこでは教えに帰依する／これから帰依するであろう全人類が救済の対象となりうる。他方で、近現代に発生・伸張し、あるいはそのなかで再編・適応してきた宗教運動は、自らの拠って立つ「ナショナル」なものと決して無縁ではいられないことも容易に想像がつく。これらの面を考え併せてみれば、普遍的救済を唱える近現代の宗教運動とは、普遍性と特殊性、ユニヴァーサリズムとナショナリズムのアマルガムなのだと言え、その存在形態と思考構造とを思想史的・宗教学的な関心から考察するにあたっては、格好の興味深い対象と言えるのではないだろうか。

ここにおいて、「普遍的救済を唱える近現代の宗教運動」として主に想定することができるのが、新宗教運動である。新宗教運動とは、西山茂の定義にしたがえば、「既存の宗教様式とは相対的に区別された新たな宗教様式の樹立と普及によって、急激な社会変動下の人間と社会の矛盾を解決または補償しようとする、一九世紀なかば以降に世界各地で台頭してきた民衆主体の非制度的な成立宗教」である［西山 一九九五：一四九］。

日本の新宗教運動は、幕末に発生した黒住教・天理教・金光教・本門佛立宗あたりを嚆矢とし、（その末尾をどこに設定するかについては未だ十分な議論はなされてはいないものの）幕末維新期から現在に至るまで約一五〇年、黒住教立教から見れば二〇〇年近くにわたって展開してきた宗教運動のまとまりのことである［塚田二〇一二aほか］。

その間には、江戸幕府の倒壊、明治維新、富国強兵・殖産興業、大日本帝国憲法の発布、教育勅語の下賜、日清・日露戦争、不平等条約改正、第一次世界大戦、満洲事変、日中戦争、太平洋戦争、敗戦、「国家神道」の解体、日本国憲法の公布、高度経済成長、石油危機、国際化、バブル経済の隆盛と崩壊、冷戦体制の終焉、オウム真理教事件、長期不況、グローバリゼーションの進展、中国の大国化、9・11と3・11など、さまざまな歴史的事件や経済・社会変動が横切っていった。近現代日本の宗教運動のなかでも新宗教運動とは、こういった社会変化の影響を特に敏感に受けながら、その思想を形成し、運動を展開させてきたのだ。

とりわけ本書が対象とする戦後日本社会とは、戦前までのいわゆる「国家神道」体制が解体され、日本国憲法の「信教の自由」下において、新宗教運動が特に活発に活動を展開し、隆盛をきわめたと言える時代である。

そのなかでそれぞれの運動は、単に自団体の教勢を拡大し、組織を強固なものにしようとするのみならず、どのような国家・社会に対する認識を練り上げ、どのような国家・社会に対する働きかけを模索していったのだろうか。戦後社会のなかの宗教運動の展開分析を行う本書は、経済変動・社会変動・歴史的出来事に、信念をともにする社会運動・組織がどのような形で対応するのか、という社会学的な関心にも基づくのである。

本書のメインテーマはあくまで「宗教と政治との関わり」だが、その前提としていずれの事例においてもまず焦点化したいのは、それぞれの（新）宗教運動のそなえるナショナリズム＝国家意識である。こうした観点からの分析はあまりなされてきていない。だがそれは、現世利益を入口とし、普遍的救済へと向かわせる構造を持つ新宗教運動の世界観において、「国家」「日本」の段階の認識を炙り出すことができる興味深い試みであるはずだ。強力なナショナリズム、特殊なナショナリズムをそなえ、発信するような運動は、またその分だけそれに基づいた独特な活動を展開する可能性を有している。そのためにも、広い意味でのナショナリズムの論理構造に着目し、分析を行うことには意義があるだろう。

そうした分析を経た上で、本研究の主眼である、宗教運動による政治活動に焦点を移していく。本書では、戦後日本の宗教運動による政治活動を、「政治関与」と「政治進出」とに便宜的に区別して論じていく。「政治関与」とは、既存の政党や政治家を当該運動全体で推薦・支持し、国政選挙においても組織的に支援して関わること、とする。「政治進出」とは、当該運動が自前の政治団体を結成し、自運動の信徒会員を主に国政選挙の候補者として複数擁立して関わること、とする。両者は、「宗教が政治に関わる」という点では一緒くたにされがちだが、実はその間の隔たりは大きいのではないか。

また、「政治」という点では、一見ナショナリズムの「有る―無し」「強い―弱い」という面と直結していそうにも思われるが、現実には複雑な様相を呈している。独特な国家意識に基づいて政治進出する場合もあれば、それが曖昧であっても進出する場合もある。強烈なナショナリズムをそなえているようでも既成政党候補者を支援するだけの場合もあれば、一切関わらないような場合もある。これらを分かつ点、「転轍点」は何なのか。これを明らかにすることが、本書のメインテーマである。そのためにも、これらのパタンとヴァリエーションを丁寧に分析の俎上に乗せてみたいのだ。第一の焦点にナショナリズム＝国家意識を据えたのも、この点をクリアに見通すためである。

本書では、前者の「政治関与」については、第Ⅰ部において「保守合同」（と「正統」的宗教ナショナリズム）という観点から、後者の「政治進出」については、第Ⅱ部において「政教一致」という観点から主に論じていきたい。

なお、後者の例として多くの人々がまず念頭に置くのは、創価学会＝公明党（本書で「＝」と示す理由は第4章で示す）のことであろう。だが、創価学会＝公明党のケースだけで、宗教運動の政治活動の問題全体を論じることは到底できない。本書は、創価学会＝公明党のケースを他の事例との比較によって相対化する（と同時にあらためてその特殊性を解明するための足場を築く）試みでもある。

以上のような戦後日本（宗教）史上の問題に、宗教社会学の立場から、思想研究と運動論研究の視点と方法を併用し、挑みたい。マニアックな宗教団体の話、では済まない。これらは全て、戦後日本で、国政・選挙という場を中心にして現実に起こった、そして今もなお進みつつある「私たち」の問題なのである。

第1章　宗教と政治をめぐる研究史

戦後日本の宗教と政治の関係を問うていくためには、そのテーマをめぐって何がどこまで明らかにされているのか／いないのかをまずおさえなければ前には進めない。本章では、戦後日本の政教関係研究、ナショナリズム研究、新宗教運動におけるナショナリズム研究、宗教運動の政治活動研究の順に、各領域における先行研究をレビューしていく。それを通じて、本書を貫く分析枠組と指標を析出し、研究課題の照準を徐々に合わせていきたい。

1−1　戦後日本の政教関係研究

本研究は、戦後日本「宗教」の「政治」活動を主に扱うという点で、ひとまずは「政教問題」「政教関係」をめぐるものだと言ってよい。よって、まずは戦後日本における国家—宗教関係の基本枠組となっている日本国憲法の条文を確認しておこう。

第二〇条第一項：信教の自由は、何人に対してもこれを保障する。いかなる宗教団体も、国から特権を受け、又は政治上の権力を行使してはならない。
同第二項：何人も、宗教上の行為、祝典、儀式又は行事に参加することを強制されない。
同第三項：国及びその機関は、宗教教育その他いかなる宗教的活動もしてはならない。
第八九条：公金その他の公の財産は、宗教上の組織若しくは団体の使用、便益若しくは維持のため、又は公の支配に属しない慈善、教育若しくは博愛の事業に対し、これを支出し、又はその利用に供してはならない。

二〇条と八九条をめぐる戦後日本の政教問題はさまざまだが、大まかに整理すると、①靖國問題、②種々の政教分離訴訟、③宗教教育、④宗教団体の政治活動、とまとめることができよう〔藤本・塚田 二〇一二、高橋・山本 二〇一二〕[1]。さらに、歴史・公民教育の問題や、国旗掲揚・国歌起立斉唱問題なども広い意味では関わってくる。

①の靖國問題は、戦前は公的な慰霊・顕彰を担っていた施設が、戦後に一宗教法人となったことが問題の淵源として大きい。もちろんそこには、「A級戦犯」合祀、戦勝国と敗戦国の関係、中・韓等の政治的姿勢等の問題が幾重にも重なっている。だが、政教問題としては、公的な死者を戦後政教分離体制下でどのように祀るか、そこに国家はどう関わりうるのか、というものだと要約できる。これについての研究はさまざまな領域から数多く提出されているが、ここではその一つ一つを取り上げることはしない。

②はさまざまなケースから構成されているが、山口自衛官合祀訴訟は靖國問題と戦前・戦後の違いは大きいが基本的構図は相似であり、愛媛玉串料訴訟も靖國の戦後の位置づけをめぐるものである。また、津地鎮祭訴訟は神式地鎮祭、箕面忠魂碑訴訟は忠魂碑、砂川市有地上神社訴訟はムラの神社が、それぞれ焦点化されている。おおざっぱに言えば、これらは戦前ならば「伝統」「習俗」「あたりまえ」などとされ、あるいは公的な

正当性を確保していたものが、戦後社会において「宗教」として問題化されていき、そこに自治体や国などの「公」がどこまで関わりうるのか取りざたされているものだと言える。これについての研究は、違憲訴訟のケースということもあり、憲法学の領域における判例研究が多い。あるいは、政教関係の「正しい」あり方を求めての事例検討とオピニオン表明といった形も目立つ［政教関係を正す会編 一九九三、二〇〇二、二〇一一ほか］。

③は、政教問題の面に限るならば、戦前教育の反省から公教育で宗教教育が禁止されているなかで、宗教に関する知識や宗教的情操についての教育はどのような形と内容で可能かという問題である。歴史教科書や国旗・国歌の問題も、「天皇制」とも関連する戦前の公的性格を、戦後社会や教育の場でどう位置づけるかをめぐるものである。宗教教育については、主に宗教研究あるいは教育学や道徳教育研究の領域で成果の蓄積がある。

このようにみてくると、これら①〜③の問題には、国や自治体が「宗教」にどう関わるかという共通の構図があるのがわかる。そしてそれは、戦前日本の国家—宗教関係の枠組と、戦後日本のそれとの間のギャップに起因しているものだと言ってよいだろう。

戦後の枠組が、「国家神道の解体」からスタートしたとするのなら、戦前のそれとは「国家神道」体制だということになるだろう。やや強引にその議論をまとめると、村上重良は、神社神道—皇室神道—国体の教義（国体論）から構成されるものだとし［村上 一九七〇］、島薗進は村上の説を批判的に修整して継承し、神社神道—皇室祭祀—天皇崇敬システム（国体論）それぞれがリンクしており、それを下支えする運動があったと論じた［島薗 二〇一〇］。島薗は論の射程を戦後にまで延ばし、戦後は神社本庁（民間）—皇室祭祀温存—天皇崇敬持続・「日本人論」の隆盛という点において、「実は国家神道は解体していない」と論ずる［同：一八五］。こうした議論をめぐっては多くの強い批判があるのは確かだが、当該の研究課題に有益なかぎりは活用可能性があると考えなくてはならない。戦前と戦後の国家—宗教関係枠組の連続性と断絶性という視点を提供している点において、戦後政教問題の一角を論じる本書では念頭に置いておく必要がある。

他方、残る「④宗教団体の政治活動」の問題に目を移すと、どうやら①～③の問題とは性質が異なることに気付く。これは、社会のなかのそれぞれの宗教運動がどう公的な政治領域に関わるかという問題であり、ベクトルがちがうのである。

戦後の枠組は、ふつう「政教分離」体制だと言われ、多くの人々はそう何となく認識している。ただし、戦前の反省から日本国憲法が制定されたことを考えれば、「政教分離」「政教問題」とは、国や自治体が特定の「宗教」と結びつくことを禁じた①～③に関わるようなことを本来は（学説上も）指すはずだ。

ところが、一般の国民の多くが「政教分離」「政治と宗教の問題」などと言われたときにまず思い浮かべるのは、この④、とりわけ特定宗教を支持母体とした政党のことではないだろうか。ここに認識のギャップがある。そして、そのように宗教団体が特定政党を支持することには、一般に強い忌避感があるのである。[2]

もっとも、現時点での国の見解としては、宗教団体の政治関与・進出自体には何ら問題がないとされてきている。憲法制定前の一九四六年七月一六日の第九〇回帝国議会の帝国憲法改正案委員会において、金森徳次郎国務大臣は、

……宗教團體其のものが政黨に加はると云ふことがあり得るかどうかは遽かに斷言出來ませぬけれども、政黨として其の關係者が政治上の行動をすると云ふことを禁止する趣旨ではございませぬ（議事録より）。

と答弁した。この見解は現在までも基本的に引き継がれている。[3] このように、国は宗教団体による政治的活動、政治進出を排除してはいない。というより、日本国憲法の成立経緯からしても、そんなことを想定していなかったのだろう。あくまでも、選挙結果などの「民意」に委ねられているのである。[4]

以上、本節ではまず、戦後（および戦前）日本の国家―宗教をめぐる問題の見取り図とその基本枠組を捉えた。本書で扱う宗教団体の政治活動という問題は、そのなかで独特な方向性を持ったものだということ、法解釈的には問題ないとされつつも、市井の人々の関心を主に忌避という方向で集めるトピックであることを確認した。

1―2　ナショナリズム研究

ナショナリズムに関する議論を、上手にレビューするのは大変なことである。例えば政治学・歴史学・社会学領域からは、E・ゲルナー『民族とナショナリズム』、B・アンダーソン『想像の共同体』、A・スミス『選ばれた民』、丸山眞男『現代政治の思想と行動』、大澤真幸『ナショナリズムの由来』等、重要な書名を次々と挙げることができる。本書の対象とする時代と重なるものとして、小熊英二は、戦後から一九七〇年代までの公空間におけるナショナリズム言説を丁寧に整理・再構成しており、その手法には学ぶ点も多い［小熊 二〇〇二］。だが、こうした思想史・社会史的研究の多くは、本書で向き合うような人々の生活意識をよく反映した民衆／大衆宗教運動については、ほとんど語らない。これらから、本書の研究を進めるのに活用可能な知見をうまく剔出するのは難しい。

他方、「宗教とナショナリズム」をめぐる問題系は、主に国家的・政治制度的次元に関連させた形で研究が進められてきたと総括できよう［安丸 一九九二、ユルゲンスマイヤー 一九九五（一九九三）、中野・飯田・山中編 一九九七、子安 二〇〇七ほか］。したがって、日本を対象とした場合、時代的には近代国家成立から戦前の国家体制との関連を扱ったものが多くなっている。国家的・政治制度的次元に第一に注目するかぎり、対して民衆／大衆の宗教運動におけるナショナリズムへの着目は後手にまわっている。前節での議論を思い出してほしい。戦後日本の政教問題――靖國問題や政教分離訴訟、宗教教育の問題等（①〜③）は、近現代国家がそのネイション成立によりどのような変化をともない、ネイション内の「宗教」的要素をどう編成し位置づけていくか、すなわち近現代国家の宗教性の形態と布置といった問題に通じるものであった。よって、多くのナショナリズム研究とも相性がいい。だが、本書で扱うのは、近現代国家の枠内における、宗教団体の政治活動の問題である（④）。やはりどうも噛み合いにくいのである。

その点では、戦前の体制的な「正統」ナショナリズムと、宗教運動の異端性にまで周到に目を配った安丸良夫の正統・異端（近代日本社会のなかの反対派的言説）論は、本研究にとってきわめて有益な視点を提供している［安丸 一九九二：二二二―二二三、一九九九：二三八―二三九］。安丸は、天皇の権威や国体論といったその時代の正統（オーソドキシィ）説（戦前でいうと「天皇制的正統説」）に対し、それを前提とし、またしばしばそれを権威のよりどころとして、そうした正統説のなかに生まれた異端説のことを「O（オーソドキシィ）異端」、もともと天皇制的正統説とはまったく異質な思想史的系譜にたつものを「H（ヘテロジーニアス）異端」として論じている。戦前の大本《おおもと》や天理本道《ほんみち》のような民衆宗教をその例として念頭に置いており、むしろその可変性（主にH→Oという同調）を捉えるためにこれらの類型が設定されたのだった。

この枠組を、戦後に持ってきた場合にはどうであろうか。本書では、この安丸の類型を換骨奪胎し、戦後日本社会における宗教運動のナショナリズムと政治活動との関連を考える際の枠組として活用してみたい。本書で扱う宗教運動群の社会的周縁性を考慮すれば、その思想（ナショナリズム）と運動（政治活動）とを捉え、同調性や批判性を見る上で、この議論は意外な有効性を発揮するにちがいない[5]。

なお、本書では、「ナショナリズム」の定義問題に深く立ち入るつもりは全くない。ここではさしあたり、やや広義に「国家・社会・「我々」についての集合的な意識、ならびに国家・社会・「我々」の共同体に関して独自性と理想を実現しようとする意志、感情、活動の総称[6]」＝「国家意識」と設定し、論を進めたい。本書では、ナショナリズムが「有る」「無い」、「強い」「弱い」という言い方は基本的にしない。そうではなく、どのような「国家」「社会」「我々」(7)に関する意識があるのか、それと運動——政治活動との間にどのような関係があるのか、を問うていくのである。そのためにこの広い設定は活きてくるはずだ。

だからといって、これをもって対象のナショナリズムの分析に徒手で向かうわけにはいかない。「国家」に関するメッセージをただ引用・紹介し、「これがナショナリズムです」と言っても意味はない。ここでは、ナショナリズムの「多義性」(ambiguity)に着目したい[McVeigh 二〇〇六:六―七]。個々の宗教運動を比較検討する本書では、その多義的であるナショナリズムの論理構造の分析に向かいたいのであり、それをするには比較を可能にするような分析指標群を設定しておくことが戦略的であろう。

本書が、戦後日本の大衆的宗教運動のナショナリズムを扱うことを考えると、ナショナリズム研究のなかでも国民意識や文化意識、日本人論などを扱った研究群に有用なヒントが見い出せそうだ。

政治学者の渡辺治は、現代日本のナショナリズムの克服課題として、近代日本の帝国主義の経験の処理、反米主義の取り扱い、天皇の処理の三点を挙げている[渡辺 二〇〇一、二〇〇四:二二五]。それぞれをさらに敷衍すると、戦前日本社会ならびに先の大戦への向き合い方、アメリカのみならず欧米・西洋国家ならびにその文明への向き合い方、天皇(制)という存在の国家(あるいは世界)存立機構内における位置づけ方、といった問題にあたると言えよう。これらへの言及や向き合い方は、ナショナリズムの性質をかなり特徴づけるものと言え、それらを比較検討する際の有効な指標になりそうである。

他方、本書は戦後の高度成長期以降を主たる時代対象ともしており、そうした時代状況に応じた指標の設定も必要だろう。社会学者の庄司興吉と宮島喬は「ネオ・ナショナリズム」を論じ、「主として「先進」資本主義の「豊かな社会」で、富と権力と情報力などの世界的な優位を基盤に台頭する意識」であって[庄司編著 一九八六:一六]、そこでは「経済に特化した優越意識がきわだっている」「しばしば文化的な独自性に根拠づけて解釈される傾向がある」「国際的な認識に媒介された、責任とか貢献を軸とするナショナルな感情が登場してきている」［宮島 一九九〇：二二二、二三二］と指摘している。ここからは、経済発展に関する自己認識、文化的独自性や伝統性についての認識、国際化・グローバル化社会において世界人類に対して何をなすべきかという認識、といった問題が、ナショナリズムの性質をかなり特徴づけそうだということが看取できる。

以上の先行研究における視点を踏まえ、本書においてナショナリズムの論理構造を分析するために、①文化・伝統観、②天皇観、③対人類観、④経済的優位観、⑤戦前・大戦観、⑥欧米・西洋観、の六指標をここで析出・提示したい[8]。

前述の通り、これら①〜⑥の有無・強弱のみを論じようというのではない。これらの点について、どのようなロジックとレトリックが存在し、表出されているのかを見ていくのである。また、各指標は相互に連関しうるものである。各指標に（次節で析出する⑦ユートピア観を加えた七指標に）含まれることが想定されるロジックのラフスケッチを、図1のようにまとめてみた。

以上のような指標を意識的に設定することでようやく、ナショナリズム＝国家意識の論理構造と特性とを分析的な比較研究の俎上に乗せる見通しがついてくる。以降、本書における指標①〜⑦とは、これらに対応している。

以上、本節では、ナショナリズム研究のレビューを行い、まずは安丸の正統／O異端／H異端論の活用可能性について検討した。続いて、ナショナリズム分析のための指標を析出・提示した。

図１　ナショナリズム分析のための７指標

① 文化・伝統観
日本文化や伝統性・固有性に重きを置くか
：独自性　自然　アニミズム　芸術　日本語　国民性
民族性　霊性　精神性　しきたり　郷土愛　など

② 天皇観
天皇・皇室に重きを置くか、崇敬が篤いか
その根拠は何か：万世一系性　神の子孫　現人神
どういう存在か：親　民族神　祭祀王　全人類統治

③ 対人類観
世界人類はどのような存在か
：普遍的救済の対象　欲望に囚われた存在　地球市民
日本（人）が教え・救う対象

④ 経済的優位観
経済成長や発展をどう見るか
：優れている・選ばれている証拠　努力の結果の繁栄
物質主義　欲望の蔓延　人間性の喪失　危機的状況

⑤ 戦前・大戦観
戦前社会をどう位置づけるか：否定　称揚　不自由
大戦をどう位置づけるか：聖戦　侵略　霊的意味　損失
今の日本にどう関わるか：復古　戦後の総括　誇り回復

⑥ 欧米・西洋観
欧米や西洋の国家・文明をどう位置づけるか
：近代性　民主主義　先進国　価値観共有　戦争相手
日本文明と対照　物質主義　救済対象　宗教尊重

⑦ ユートピア観
どのような世界・社会を理想としているか
現状と何が異なっているか
日本と当該運動の位置や役割はどのようなものか

1—3　新宗教運動におけるナショナリズム研究

近現代日本の新宗教運動についての研究は多岐にわたり、その蓄積も膨大である。その研究の方向性を概括してみると、まずは教団ごとに歴史や展開を追うもの、教祖の来歴や思想に着目するもの、人々がいかに入信・回心し信者となっていくかに着目するもの、地域ごと（国内・海外）の展開と受容を扱うもの、などに整理できるだろう［井上・孝本・塩谷・島薗・對馬・西山・吉原・渡辺 一九八一、井上・孝本・對馬・中牧・西山編 一九九〇］。

こうした研究の大きな柱と柱の間で、新宗教運動がどのようなナショナリズム＝国家意識をそなえているのかといった問いは、もちろん教祖・教団の思想研究に属するものである。だが、何のためにそれに注目する必要があるのかという面から、それほど対象として前景化することはなかったように思われる。

それはまた、戦前／戦後の区切りにおいても、明確な差異を認められる。「国家と宗教」という問題系は、むしろ戦前の民衆宗教・新宗教運動のケースにおいて、より焦点化されやすいものであった。その場合は、歴史学における民衆宗教研究のように天理教や金光教などの教祖の思想のなかにいかに近代性がそなわっており、それがいかに国家と対峙する可能性を有していた（が結局は絡め取られていった）かということに注目したり、教派神道のように明治国家体制下においていかに公認を得て活動を展開していったかといった面への注目であったり、あるいは戦争に向かうなかで大本やほんみちなどのように独自の国家観を持った運動群がいかに総力戦体制下で弾圧されていったかといった面に注目することが多かった。戦前の民衆宗教・新宗教運動の研究においては、その国家意識＝ナショナリズムに着目する意義がわりあいはっきりとしていたのである。

翻って、戦後である。戦後日本の国家―宗教関係の基本枠組は、日本国憲法・宗教法人法下での自由な宗教活動を認めるものであった。そこでは、対峙すべき国家も特に想定されえなかったし、言ってしまえばどのような国家観を持っていようとも自由であった。確かに、例えば靖國神社国営化法案などをめぐっていくつかの教団が「右翼」「右派」「反動」「保守」などと（主に革新勢力側から）クローズアップされたり、生長の家＝生長の家政治連合の活動が目立って取り上げられたりすることはあった〔日隈 一九八五、一九八七ほか〕。だが、高度経済成長を経て安定成長期に入るなかで、新たに立教・伸張した教団群には「国家への関心はほとんどみられな」く、「「国家神話」は、その効力を喪失したかにみえる」などとも指摘されてきた〔中牧 一九八九：九八〕。

その実際のところは本書でいくつかを取り上げていくが、いずれにしても戦後の新宗教運動への注目とその研究は、どのように教団が発生し展開していくか、どういう人々がどのような動機で入会・入信するのか、どのように地域（国内・海外）へ広がっていくか、といった問いが主たるものだったのであり、ナショナリズム＝国家意識の問題は閑却されてきたのである。

また、こうした閑却には、新宗教運動の世界観自体の特性も影響していると思われる。新宗教の入口は、多くの場合、「ご利益信仰」すなわち現世利益とされてきた。新宗教は、貧（経済的問題）・病（肉体的問題）・争（人間関係的問題）や生きがい喪失（精神的問題）などの相対的剥奪感に悩む人々に対して、素朴な生活規律に裏打ちされた教えと自己反省的な心直しという倫理的実践、そして平易な呪術的実践を提供し、その問題解決と補償に応えてきた〔塚田 二〇一二aほか〕。それと同時に、新宗教は単なる「ご利益信仰」ではいけないとし、現世利益から入った人々を利他的行為そして運動が提示する究極的目標（「世界平和」「人類救済」「地上天国の実現」など）へと向かわせ、引き上げる論理と仕組みをそなえている〔西山 二〇一二〕。

それならば、そこにおいてナショナルな次元はどう位置づけられているのか。現世利益という入口と人類救済という究極的目標という両極を焦点化すると、ともすればその間の「国家」という次元は、家庭・地域社会・職場などと同じような「通過点」になってしまう可能性がある。最初から「国を救うこと」を考えて新宗教運動に参画することは、あまり想定しにくい。こうした新宗教運動の世界観構造に起因して、ナショナリズ

ム＝国家意識の問題が後景化されてきた面があると考えられる。(9)

この問題に有益な道筋を示した数少ない研究が、小島伸之のものである〔小島 二〇〇八〕。小島は、念法眞教の世界観に関する手堅い事例研究から、その救済観とは、自己―家庭―国家―世界と段階的に救済を積み上げていく「〈修身斉家治国平天下〉型救済観」「〈救済の積あげ型段階論〉」なのだと論じた〔同：三三一―三三五〕。ここにおいて、救済における国家の次元という問題が明確に焦点化されたのである。本書においても、この視角を援用したい。すなわち、それぞれの宗教運動の教説・思想において、自己救済と世界救済の間にどのような次元の救済が措定されており、とりわけ国家の次元がどのように表出されているかに注目していく。

本書で事例として扱う教団ごとの先行研究は、各章であらためてレビューしたいが、新宗教運動におけるナショナリズム研究を前に進めたのが、寺田喜朗である〔寺田 二〇〇八、二〇一〇〕。寺田は、天照皇大神宮教・佛所護念会教団・世界救世教・創価学会・生長の家を事例に、当該運動のリーダーが発信するナショナリスティックな言説を比較分析した〔同 二〇一〇〕。具体的な比較については省略するが、その際に主たる軸として設定されたのが「あるべき日本」――「現実の日本」という軸である。

これは、一国家レベルで留めれば「理想国家観」となろうが、より敷衍させたレベルで言い換えれば、「ユートピア観」「理想社会観」にまでつながる。「近未来の現世に実現すると信じられている現世超脱的な理想社会」〔西山 一九八九：一五八〕であるところのユートピアとは、宗教運動とりわけ新宗教運動のおそらく全てが、何らかの形で有しているだろう理想的世界観であり、最終目標である。詳しくは第4章にて再びレビューすることになるが、西山茂は創価学会の政治進出を論じた論文のなかで、創価学会の「国立戒壇」建立という最終目標は、「もともと、一般社会の価値基準から著しく乖離していたものであった」と端的に述べている〔西山 一九七五：二六一〕。

前節で提示した六指標は、ナショナリズム研究一般から析出したものであり、そのなかでは宗教運動特有の次元が対象化されてはいなかった。その点、ユートピア観とは、各宗教運動固有の世界観――それは他の社会運動や一般社会の価値などとの隔たりが想定される――を最も反映したものといえ、宗教運動のナショナリズムと政治進出とを考える上では、有効な指標となることが期待される。よって、「⑦ユートピア観」を七つ目の指標として加え、本書各章での検討に資することとしたい（前掲図1参照）。

以上、本節では、新宗教運動におけるナショナリズム研究のレビューを行った。救済の段階論において国家の次元へ着目することの重要性を確認し、宗教運動のナショナリズム＝国家意識を分析する際の有効な指標としての「ユートピア観」の析出・提示を行った。

1―4　宗教運動の政治活動研究

続いて、宗教運動の政治活動についての研究状況をつかむ。まずは、再び『新宗教事典』を見てみたい。同事典では、「社会活動」という節のなかに、「政治との交錯」という項目が設けられて、論じられている［井上・梅津・中野 一九九〇：五六二―五七二］。そこで展開されているのは、新宗教運動と政治的運動との関わりの展開史であり、選挙の結果などである。そして、新宗教運動と政治の関わり方を、①「他教団との連合に参加せず、政治的にも独自の政党を結成して政界進出を図った創価学会」、②「戦後改革を是認する立場から自民党内の比較的リベラルな部分と結び付いて間接的な政界進出を図り、保守政権を支持・支援する新宗連系教団[10]」、③「戦後改革をさほど認めず、自主憲法制定・靖国国家護持賛成・天皇復権などを教団の理念として掲げる、生長の家を筆頭とする右派グループ」、④「教団としての政治参加を基本的に否定する金光教、天理教などのグループ[11]」の四つに整理している。

また、学術研究ではないものの、朝日新聞の北畠清泰によるレポート『宗教団体の選挙活動―その現状と今後―』は、充実した内容となっている［朝日新聞社調査研究室 一九七八］。詳細は省くが、そこでは「政治観の四類型」として、「創価学会型」「イデオロギー色希薄型」「教義・政策一体型」「選挙関与拒否型」が提示されている。前出の①〜④と概ね対応している。

さらに、この分野の重要な先行研究としては、中野毅『戦後日本の宗教と政治』をはずすことはできない［中野 二〇〇三a］。本書で扱う宗教団体の政治進出については、「第二部 戦後の民衆宗教運動と政治参加」の「第四章 戦後日本における新宗教の政治活動」「第五章 宗教団体による政治参加―創価学会・公明党を事例として―」の二章で主に論じている。しかし、これに続くような学術研究の成果は、ほぼ提出されてきていないと言ってよいだろう。(12)

このように宗教運動の政治活動については、必ずしも十分な学術研究の蓄積があるとは言えない状況であるが、そのなかでも、二つほどの不満点がある。(13)

一つは、どういう政策をどの教団が支持したとか、どの選挙でどれくらいの候補を立てて当選したのか、という論に全体として傾きがちだということである。もちろん、現実的な社会的影響力に注目し、宗教団体の社会活動の一環として見るかぎりは、それも無理はないだろう。だが、その団体の持つ世界観、ナショナリズム＝国家意識、ユートピア観などと切り離しては、その政治関与・政治進出の意味を十分に捉えられるだろうか。両者の連関を問う姿勢が必要である。

もう一つは、創価学会＝公明党のケースに著しく偏っている点である。確かに、同党は政治進出に「成功」した最大にして前代未聞のケースには違いなく、そのように偏るのも無理はない。だが、立ち止まってみてほしい。創価学会＝公明党のケースのみをもってして、「創価学会型」などといった一類型を設定する妥当性はどうだろうか。(14)創価学会＝公明党の「政治進出」の一ケースと、他の既成政党・候補者を支援するような「政治関与」型のケースとをつき合わせてみたところで、それは何が明らかになったと言えるのだろうか。創価学会＝公明党の事例研究のみでは、「創価学会がなぜ独自の政治進出を行ったか」は明らかになったとしても、「特定の宗教団体がなぜ自前の政治団体をつくってまで、政治進出を行うのか」ということについては明らかになっているとは言えないのである。それは翻って、創価学会の政治進出の特殊性もまたわからないということである。ここで、比較の観点が必要となってくるはずだ。

以上、本節では宗教運動の政治活動研究の蓄積について検討し、政治活動とナショナリズムとの関連を見る必要性と、創価学会＝公明党のケースのみに限定・偏重しない検討の必要性について確認した。

なお、宗教運動の「社会活動」としての政治活動を考える際に、加えて指摘しておかなければならない論点がある。それは、宗教運動の政治活動は「社会貢献活動」なのか、ということである。オウム真理教事件以後、とりわけ二〇〇〇年代中盤以降、いわゆる「宗教の社会貢献活動」に関する注目が高まり、その研究の蓄積も進んでいる。

代表的な論集を参照してみると、「宗教の社会貢献」とは「宗教者、宗教団体、あるいは宗教と関連する文化や思想などが、社会の様々な領域における問題の解決に寄与したり、人々の生活の質の維持・向上に寄与したりすること」〔稲場・櫻井編 二〇〇九：四〇〕と定義され、緊急災害時救援活動、人権・多文化共生・平和運動・宗教間対話、などの八領域が挙げられているが〔同：四一–四二〕、ここでは「政治活動」はうまく外されている。

他方で、同じ論集において戦後仏教者の平和運動の展開を論じた大谷栄一は、「現代日本の宗教集団の社会貢献活動（社会活動）の類型化」として、「サービス系（社会福祉、ボランティア、人道支援、イベント等）」「アクティビズム系（政治活動、社会運動、平和運動等）」「ダイアローグ系（宗教間対話、国際・国内会議、国際交流等）」の三タイプを挙げている〔大谷 二〇〇九：一一二–一一五〕。ここでは、政治活動は「アクティビズム系」の「社会貢献活動（社会活動）」と見なされうるとされているのである。

筆者は何も、本書で扱うような諸々の政治関与・政治進出が、全て「社会貢献活動」であるなどと主張したいのではない。指摘しておきたいのは、戦後日本の宗教運動による（平和運動を除く）政治活動とは、なかなか「社会貢献活動」とはみなされにくいという（不）理解の共通基盤が存在するということである。それはなぜなのか。なぜ「宗教団体の政治進出」という「社会活動」が忌避されるのかという問題とともに、具体的な事例研究を経て、結章で考えてみたいと思う。

1―5　本書の研究課題ならびに検証命題の設定

以上の研究史のレビューを踏まえ、本書の研究課題、ならびに本書における仮説的な検証命題を設定する。

本書では、戦後日本の宗教運動の持つナショナリズム＝国家意識の特徴と、宗教運動による政治関与／政治進出の具体相とを明らかにし、両者の関連性の考察を通じて、宗教と政治の関わりについての「転轍点」を解明することを課題とする。

宗教運動の国家意識＝ナショナリズムを分析するにあたっては、①文化・伝統観、②天皇観、③対人類観、④経済的優位観、⑤戦前・大戦観、⑥欧米・西洋観、⑦ユートピア観、の七指標に着目し、それらの論理構造や連関構造を比較・分析する。

まず、「第Ⅰ部　保守合同―宗教団体の政治関与と「正統」的宗教ナショナリズムの求心性―」において、ナショナリズムを基軸としながら、既存の政党や政治家を推薦・支持する「政治関与」のケースを扱う。具体的には、神社本庁＝神道政治連盟、日本会議などの保守合同運動、そこに参画する新宗教運動を取り上げる。

続く「第Ⅱ部　政教一致―宗教団体の政治進出と独自のユートピアの希求―」においては、独自の政治団体を結成し国政選挙に自前の候補者を擁立するような「政治進出」のケースを取り上げる。具体的には、創価学会＝公明党、浄霊医術普及会＝世界浄霊会、オウム真理教＝真理党、アイスター＝和豊帯の会＝女性党、幸福の科学＝幸福実現党、の五事例を徹底して検討する。

宗教運動のナショナリズムと政治活動に関する仮説的な検証命題としては、本章第一～四節における先行研究などから得られた知見——七指標や安丸の議論等——を踏まえ、以下のように設定しておきたい。

（ⅰ）宗教運動が政治関与・政治進出を行う場合には、当該運動に明確なナショナリズムが存在し、それが強く介在・影響している。

（ⅱ）政治関与と政治進出を分かつのは、前者が戦後の「正統」的宗教ナショナリズムに収斂しうる「O異端」性を、後者が収斂しえない「H異端」性を持つためである。

（ⅲ）独自の政治進出をなす場合、その宗教運動は「H異端」性を持つがゆえに、広い連携・協力はなされえない。

これらは「仮説的」なものであるから、事例研究において完全にあてはまる必要はなく、修整されてよいものである。その妥当性については、結章で再び振り返りたい。

研究に際して用いる資料・データについては、各章でそれぞれ提示する。本書には特別な方法論があるわけではない。あえて言うならば、文字通り「恥知らずの折衷主義」［佐藤 一九九二：六五–六八］となろうか。対象を追い、再構成するためには、可能なかぎりの手段を用い、資料とデータを集めた。特に、一つでは意味をなさないような新聞・雑誌等の報道記事を網羅的に集め、内容を検証しながら整理・配列し、記述に用いた点は、特徴的と言えるかもしれない［塚田 二〇一一b］[15]。

以上の準備を整え、いよいよ事例研究に向かいたい。

第1章　註

(1) 他にも、境内地所有権、法人役員等の任命、税制、宗教法人の情報開示などの問題も挙げられるが、詳しくは触れない。

(2) 二〇一二年・二〇一〇年実施の大学生四〇九四人・四三一一人を対象とした調査の結果：「(支持するのは) よくない」四七・六%・五四・七%、「どちらかといえばよくない」二七・四%・二三・九% [井上編 二〇一三、二〇一一]。一九九九年実施の一三四五人を対象とした世論調査の結果：「特定政党支持は好ましくない」二七・〇%、「選挙に関わることは好ましくない」三五・二% [石井編 二〇一一]。二〇一二年に成人一二三二人回答の調査：「宗教団体が行う活動として、どのような活動を期待しますか?」(複数回答可)「政治への積極的な参加や発言」四・六% (第二回「宗教団体の社会貢献活動に関する調査」(財団法人庭野平和財団))。宗教団体の政治関与・進出という選択が、いかに国民の認識と隔絶しているかをよく表しているだろう。

(3) 「(政教分離原則は) 宗教団体が政治的活動をすることをも排除している趣旨ではない」(一九九五年一二月一日、参議院宗教法人等に関する特別委員会における内閣法制局の見解) ほか。

(4) よって、宗教団体が政治に関わること自体への忌避感を、単に「政教分離違反では?」というレトリックで表すだけではほぼ効力はない。だがそれは、宗教団体の政治活動を野放しに受け入れなければならないことを意味するのでもまたない。何を目指し、どんな主張をしているのか、「特権」や「政治上の権力」を有していないか、「公の財産」が供されていないのか、といった点は不断に問われ、具体的に検証されるべきだろう。

(5) もちろんそこには、「正統」「異端」という語の持つ評価的意味合いは含めない。

(6) 日本人論=文化ナショナリズムの画期的研究をなした吉野耕作の定義 (「我々」は他者とは異なる独自な歴史的、文化的特徴を持つ独自の共同体であるという集合的な信仰、さらにはそうした独自感と信仰を自治的な国家の枠組みの中で実現・推進する意志、感情、活動の総称) [吉野 一九九七：一〇-一一] を参照している。

(7) また、宗教運動とりわけ普遍的救済を志向する宗教運動のナショナリズムを考える際には、ここでいう「我々」が、はたして一国の国民に留まるのか、同信の信徒たちを指すのか、はたまた全人類にまで拡大されうべきものなのか、といった問題も出てくるだろう。

(8) なお、筆者はすでに拙稿 [塚田 二〇〇九a、二〇一二b] などにおいて、これら六指標を用いた日本の宗教運動の持つナショナリズムの分析を積み重ねてきており、そこにおける分析概念としての手応えも踏まえての設定であることを付記しておく。

(9) 傍証として、一九八〇年代までの新宗教研究の集大成と言える『新宗教事典』においてナショナリズム=国家意識の問題は、

「世界観と救済観」の項中で終戦による「立替え立直し」の問題が論じられている程度なのである［井上・孝本・對馬・中牧・西山編 一九九〇：二二三–二三六］。

(10) このグループのなかの立正佼成会の政治関与については、本書では十分に展開できないが、［中央学術研究所編 一九七四］［眞田 二〇〇二］などを参照。

(11) 天理教は、戦後間もなくは積極的に政治に関わり国政に信者を送り込んだが、一九五〇年以降撤退していった。本書ではこの過程を詳しく扱いきれておらず、今後の課題としたい。なお、政治への非関与型の代表例と言える、金光教の政治的領域への対応の推移は、『戦争と平和―戦後五〇年をむかえて―』（金光教本部教庁、一九九五年）に詳しい。

(12) 創価学会＝公明党に関する研究等の蓄積については、第4章であらためて扱う。

(13) その他、学術研究ではないものの、［肥野 一九七九］［宗教と政治を考える会 一九八〇］なども、情報量が多く、資料としての参照価値を有している。また、この領域に継続して取り組んできたのは、研究者よりも、宗教評論家やジャーナリストらである。具体的な名前と論考類を全て挙げきることはできないが、古くは、佐木秋夫に始まり、共産党の宗教委員会に務めた日隈威徳、赤旗の記者であった柿田睦夫、そしてフォトジャーナリストの藤田庄市［藤田 二〇〇八b、二〇〇九、二〇一五ほか］らの論考の意義は大きい。

(14) もちろんこれは先行研究が執筆された時点を考えれば無理もなく、非難する意図はない。問題化したいのは、二〇一五年の現在時点においても、創価学会＝公明党のケースのみを考えれば、宗教団体の「政治進出」の特徴がわかるなどと思い込んでしまうような態度についてである。

(15) こうした「手法」は、二〇〇六年から五年半にわたり、財団法人国際宗教研究所 宗教情報リサーチセンターで研究員を務めた経験に基づくものであることを記しておきたい。

第Ⅰ部

保守合同——宗教団体の政治関与と「正統」的宗教ナショナリズムの求心性——

第2章　戦後日本の保守合同運動

……わしやぁお伊勢さまから叱られたよ。お前たちは上ばっかり向いて世界連邦、世界連邦と騒いでいるが、足もとを見よ。日本は今、ガラガラと音を立てて崩れているではないかとね。わしやぁ、お伊勢さまから叱られたよ。

――「日本を守る会」発足の契機として、朝比奈宗源が語った一九七三年の「御神託」
（『日本の息吹』一九九七年一〇月号一〇頁）

はじめに

本章と次章では、戦後日本における宗教と政治の関わりのなかでも、宗教団体による「政治関与」と「保守合同運動」[1]との関わりを論じていく[2]。すなわち、ナショナリズム＝国家意識を内包しつつも、自前の「政治進出」ではなく、既存の政党や政治家を推薦・支援する形をとるような諸宗教運動の動向と、それらが宗教団体も多く含む協同・連係によって展開されていること、についてである。

具体的にはまず本章で、戦前宗教ナショナリズムの「正統」すなわち「国家神道」との連続性の問題を考慮し、神道界――その大部分を包括すると言える神社本庁(一九四六〜)と、それが母体であり一体性を持つ政治団体・神道政治連盟(一九六九〜)のケースを取り上げる。続いて、それらと絡みつつ並行して展開していった生長の家=生長の家政治連合(一九六四〜八三)や保守合同運動の流れを追った上で、現在の国内最大の保守合同運動と言える日本《にっぽん》会議(一九九七〜)に焦点化する。

これは、本書の第Ⅱ部以降で宗教団体による自前の「政治進出」の諸事例を本格的に論ずる前段階として、それらとの対照軸をここで描き出しておく、という意図もある。

また、本書を執筆している間にも情勢は刻一刻と動いているが、二〇一二年衆院選で自民党が政権に復帰し、現在単独でも衆議院二九一/四七五・参議院一一四/二四二議席を占めるなか、安倍晋三首相―自民党を強く支援しているのが彼らである。彼らは、「安倍政権で改憲がなされないのだったら、それ以降もうチャンスはない」とすら考えている。その意味でも本書でその成り立ちと特性とを解明することの社会的意義もまた大きいだろう。

では、これらの諸運動・動向については、これまでどのように論じられてきたのだろうか。

まず避けて通れないのが、すでに第1章でも簡単に言及した、「国家神道」論であろう〔村上一九七〇、島薗二〇一〇〕。島薗進は、近代日本の「国家神道」について、村上重良の議論を下敷きにしつつ批判的再検討・再構築をはかり、近現代日本の国家と宗教との関係をめぐる諸研究に大きな波紋を投げかけた。島薗によれば、「国家神道という用語は、明治維新以降、国家と強い結びつきをもって発展した神道の一形態を指す。それは皇室祭祀や天皇崇敬のシステムと神社神道とが組み合わさって形作られ、日本の大多数の国民の精神生活に大きな影響を及ぼすようになったものである」〔同:五七〕という。

本章ではその是非を論じること自体は目指していない。注目したいのは、その戦後への眼差しである。村上がわずか一〇頁ほどの章を設けて「国家神道の解体」を論じているのに比して(3)、島薗は全体で約二四〇頁のうち約四〇頁を「国家神道は解体したのか?──戦後──」という章に充てている。両者の議論の最も大きな違いだと言ってよいだろう。そこで島薗は、「実は国家神道は解体していない」「今も生きている」と論じる［同：一八五］。そして、「戦後の国家神道は二つの明確な座を持っていた。一つは皇室祭祀であり、もう一つは神社本庁などの民間団体を担い手とする天皇崇敬運動である。前者は見えにくい形で隠れているが現存の法制度の中での国家神道の核であり、後者はその核を見据えつつ国家神道的な制度を拡充していこうとする団体や運動体である。さまざまな政治・宗教・文化団体があり、さらに広く国民の間にゆきわたっている天皇崇敬や国体論的な考え方・心情がある」［同：二一二-二一三］と「国家神道存続論」を明確に提示している。(4)

だが、島薗の論の重心はやはり戦前までの部分にあり、戦後の部分にそれほどの厚みはない。その戦後の議論のなかで力点が置かれているのは、第一に皇室祭祀の継続性である。続いて、天皇崇敬運動の担い手として注目されているのは、主に神社本庁の動向である［同：一九六-二〇二、島薗 二〇〇六］。教派神道や新宗教運動等のなかにも天皇崇敬を持続しようとする勢力があり、それらを「隠れた皇室祭祀と運動体の中の国家神道」［同 二〇〇六：五〇〇-五〇二］などと呼んではいるものの、具体例はあまりなく、本章で扱う日本会議やその構成諸団体への言及は見られない。(5)

なお、島薗が神社本庁・神社界の動向を論じる際に主に参照しているのが、神社本庁や神社新報社の刊行物類に加え、アメリカの政治学者ケネス・ルオフの『国民の天皇』である［ルオフ 二〇〇三（二〇〇一）］。同書は戦後の象徴天皇制の浸透・定着過程を追った労作であり、うち一章では「天皇制文化の復活と民族派の運動」について論じている。しかし、ここでの議論も神社本庁の動向にやや偏重しているように読める。ルオフは、「米国の最右派団体、キリスト教連盟と同じように、神社本庁は個々の市民と国家との間に位置する市民社会の中に確固たる位置を占めている。そして八〇年代後半から九〇年代にかけてキリスト教連盟が活躍したように、神社本庁もいくつかの綱領に関しては幅広い支持を得られる力を持つことを実証した」［同：二七四-二七五］

とするが、どうだろうか。数ヶ所ほどでは生長の家や日本青年協議会、日本遺族会、日本郷友連盟などの団体名が挙がるが、他についてはない。彼がしばしば言う「右派の団体」とはどういう人々なのだろうか。

確かに神社界の動向は、『神社新報』などの諸資料も多いため見えやすく、「右派」の「作戦司令室」〔同：二六七〕のように見えても無理はない。だが、情報の得やすさ・目立ちやすさと、実態・勢力としての大きさが明確にリンクしているかは、慎重に検証されなければならないはずだ。ルオフの議論には、戦後の新宗教運動の草の根性・大衆運動性や、日本人の宗教等の社会的諸団体・組織との関わり方における重層性――たとえば神社氏子であり、既成仏教の檀家であり、新宗教の信者でもあり、靖国神社等の崇敬者であり、遺族会会員であり、自民党支持者でもあるような――についての理解はやや抜け落ちているのではないだろうか。

神社本庁や神道界の政治性についての指摘自体は、確かに重要であり、本章でももちろん論じる。だが、島薗の言う戦後「国家神道」維持やルオフの言う「天皇制文化」復活の担い手を、神社本庁・神道界に偏り気味で論じるのは、島薗自身が批判する「国家神道」の「狭い定義」観〔島薗 二〇一〇：八六–八七〕に近くなってはいないだろうか。他方で、それを「地域住民」や「国民」一般の皇室崇敬に広く求めても、茫漠として議論は曖昧になってしまう〔同：二〇七〕。それは、政治との関わりという点でも同様である。

他にも、神社・神道について書かれたものは数多いが、神社本庁という宗教運動、神道政治連盟という政治団体自体について、学術的な問題関心から書かれたものは管見のかぎりでは前掲のものを除いて見当たらない。どちらかといえば、神道界や神社本庁が戦後の諸問題にどう関わってきたか、などの歩みを内部的・教学研究的な観点から丁寧に記述したものが多い〔神社新報社編 一九七一、神社新報創刊六十周年記念出版委員会編 二〇一〇ほか〕。また、神社本庁と神道政治連盟は、それぞれ五年ごとに年史・誌を編んでいる(6)。むしろこれらは、活用力の高い資料群として参照されるべきものだろう。

共産主義・革新側の立場からは、継続的な注視と発信も見られる。特に日隈威徳は、こうした宗教と政治の

「反動」的動向について、論考を蓄積させてきている［日隈 一九八五、二〇〇四、二〇一〇、二〇一三ほか］ため、本章でも参照する。[7] 他には、歴史認識・教科書問題についての批判的言及［上杉 二〇〇三、二〇〇七］などはあるものの、やはり宗教研究・思想研究の領域からのまとまった学術的成果は管見の及ぶかぎりない。

以上のような議論の状況を踏まえると、あらためて本章において、神社本庁＝神道政治連盟の展開・特性とともに、それと並行・重複しつつも、多くの団体が合同し、皇室崇敬等を軸としながら、さまざまな政治的働きかけをなしている保守合同運動の内実を論じていく意義は大きいと考える。

以下、第一節ではまず、神社本庁＝神道政治連盟の成立・展開過程とその思想を追い、政治運動との関わりを明らかにする。第二節では、それと並行する生長の家＝生長の家政治連合の活動と保守合同運動の展開を日本会議の成立まで記述する。第三節では、日本会議の主張の特性を整理し、それと政治運動との関わりを捉える。

2-1 神社本庁＝神道政治連盟——「国家神道」復興の司令室？——

本節では、戦前との連続性を持ちつつ、戦後は「宗教」として再出発するとともに、政治的活動に明確かつさまざまな形で関与してきた神道界の動きを見るために、その代表的存在と言える、神社本庁＝神道政治連盟のケースを見ていく。

神社本庁の成立と展開

終戦とその後のGHQによる「神道指令」（一九四五年一二月一五日）により、制度史的な意味での「国家神道」は終わりをむかえた。他方、神社関係の民間団体である皇典講究所・大日本神祇会・神宮奉斎会は合同し、それを母体として一九四六年二月三日には、全国の神社とその関係者を包括する宗教法人神社本庁（以下、本庁）が設立された。戦前は「国家ノ宗祀《そうし》」（一八七一年太政官布告）とされて「宗教」ではないとされた神社界の、民間の一宗教団体としての再出発であった。

現在、本庁は、東京都渋谷区代々木に本部事務所を置く。（伊勢）神宮を「本宗《ほんそう》」とする。包括宗教法人である本庁に属する宗教団体＝神社は七万九〇五一件、[8] 教師＝神職は二万一七五五人とされている［文化庁編 二〇一四］。これらは基本的には信頼できる数字と言ってよいだろう。他方、その「信者数」は、九〇二五万五六八二人（二〇一二年末）［同］と届出されているが、これをそのまま鵜呑みにして、「国内最大の宗教団体」などとランキングしたりしては、宗教文化に関するリテラシーが疑われる。氏子とカウントされる地域住民の数、初詣等の参拝者や崇敬者数、神札の頒布数などが入り混じって弾き出された独特の数値と見た方がいいだろう

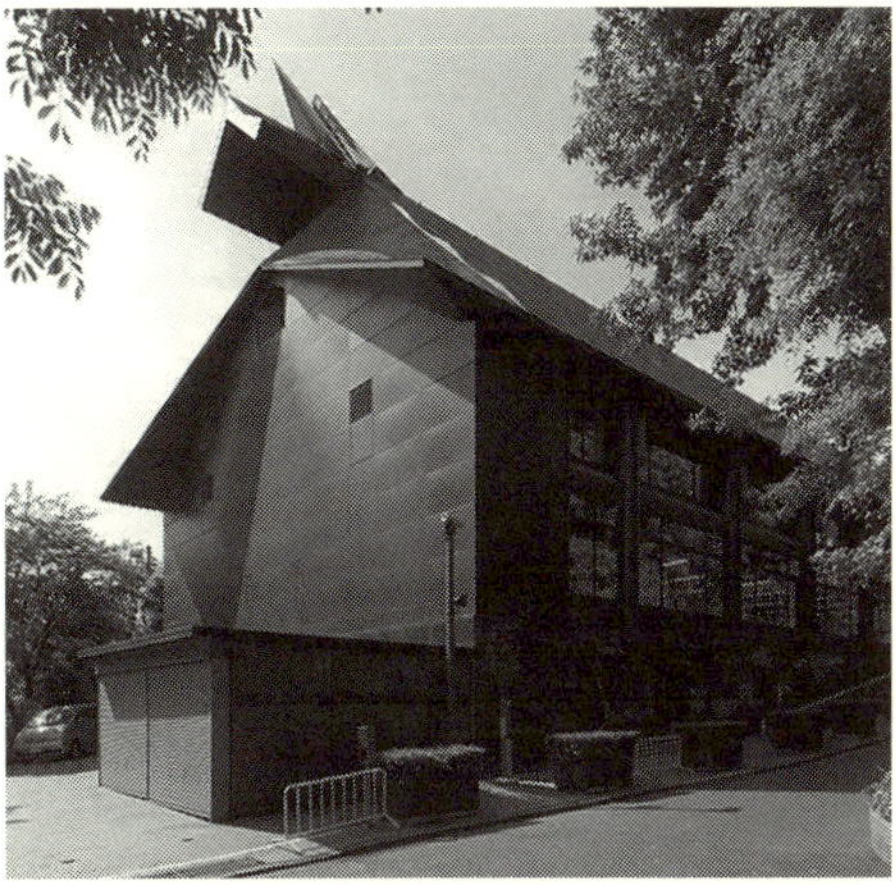
写真１　神社本庁（ウィキメディア・コモンズより）

［石井 二〇〇七］。「宗教運動」と捉える際には、その特性に注意が必要なのである。

本庁は、当初から明確な「教義」を定めなかった。設立当初の「神社本庁庁規」第一条には、

> 本庁ハ惟神ノ大道ニ遵ヒ、神社ノ興隆ヲ図リ、以テ人倫ノ常経ヲ講明シ、普ク同胞ヲシテ神恩ヲ奉謝シ神徳ヲ奉体セシメ、淳厚ナル民風ヲ作興シ、世界人類ノ福祉ニ寄与スルヲ目的トス［神社本庁編 一九五六：一二二─一三〇］

などと大枠が提示された程度であった。このような姿勢は「無

教義主義」などとされ、斯界の主流的発想だったという〔神社新報社編 一九七一：二三〇-二三二〕。だが、徐々に教化のための一応の基準を持つことが検討されていった。[9] 教化・教学のセクションも徐々に整備されていった。[10]

一九五六年五月には、以下のような「敬神生活の綱領」が発表された〔神社本庁編 一九六一：一九〕。

神道は天地悠久の大道であつて、崇高なる精神を培ひ、太平を開くの基である。

神慮を畏み祖訓をつぎ、いよいよ道の精華を発揮し、人類の福祉を増進するは、使命を達成する所以である。

ここにこの綱領をかかげて、向ふところを明らかにし、実践につとめて、以て大道を宣揚することを期する。

一、神の恵みと祖先の恩とに感謝し、明き清きまことを以て祭祀にいそしむこと

一、世のため人のために奉仕し、神のみこともちとして世をつくり固め成すこと

一、大御心をいただきてむつび和らぎ、国の隆昌と世界の共存共栄とを祈ること

現在にまで続く神道界＝神社本庁の宗教的理念・思想の基軸と言える「神社本庁憲章」（全一九条）が制定・施行されたのは、一九八〇年七月のことである。冒頭の三条は、以下のようなものである〔神社本庁教学研究室編 一九八〇〕。

第一条　神社本庁は、伝統を重んじ、祭祀の振興と道義の昂揚を図り、以て大御代の弥栄を祈念し、併せて四海万邦の平安に寄与する。

第二条　神社本庁は、神宮を本宗と仰ぎ、奉賛の誠を捧げる。

二　神社本庁は、神宮及び神社を包括して、その興隆と神徳の宣揚に努める。

第三条　神社本庁は、敬神尊皇の教学を興し、その実践綱領を掲げて、神職の養成、研修、及び氏子・崇敬者の教化育成に当る。

同憲章は、「全国神社統合の精神的紐帯」〔同：四〕であるとされ、今日においても「神社本庁の目的、祭祀の在り方、神社の本義、神職の使命等を、簡潔に力強く定めた神社界の精神的規範」〔神社新報創刊六十周年記念出版委員会編 二〇一〇：二一七〕などとされている。「教義がない」としばしばされる神道界における、基本理念・方針であると確認できよう。具体的には、伝統重視、敬神崇祖、祭祀厳修、皇室崇敬、神宮崇敬、神道の興隆と教化、人心陶冶、国家隆昌、世界平和、などといった理念に集約できる。

では、ここから政治活動に向かう必然性があるのか。なかなかの難問である。明確な教義・教学が稀薄であるために、それだけ解釈と適用の余地がある、とも言える。重要なのは、これらが整備・明文化される前から、あるいは並行して、さまざまな政治的活動・「政治関与」が実際に展開されていったということである。まずはその経緯と展開を追い、その主張に耳を傾けてみよう。

神道政治連盟の結成と政治的活動の展開

政治団体・神道政治連盟の結成は一九六九年のことだが、それより前に何の政治的活動も行われていなかったのではない。

その嚆矢となったのは、紀元節復活運動である〔本田 一九九六、大原 二〇一〇〕。「神武天皇の即位日」である同日は、戦後ＧＨＱの意向を受けて、一九四八年の「国民の祝日に関する法律」において除外された。一九五一年の講和条約前後からすでに復活運動が始められ、神道界・政治家・文化人らが関わっていき、全国で奉祝行事が催されていった。これらの積み重ねと紆余曲折を経て、通算九回の祝日法改正案が提出された結果、一九六六年に法制化に至った。「建国をしのび、国を愛する心を養う」日としてである。今日、われわれが同日に学校や仕事を休めるのは、この運動のおかげなのである。

十数年を要して、一つの現実的な成果が生まれた。当時の本庁事務総長の以下のような談話がある。

日本の政治的、思想的危機は必ずしも退潮してゐるわけではない。その現状を直視すれば、二月一一日建国記念の日制定は終着点ではない。むしろ私共は、これを起点としていよいよ日本回復の運動にたちあがらねばならぬ。

〔神政連十年史編輯委員会編 一九七九：二〕

この運動は一つの成功体験ではあったが、「宗教法人としての神社本庁の政治運動には限界があり、無理があるとの批判」〔同〕も生じていた。また、「伊勢の神宮の制度問題、靖国神社国家護持の問題、紀元節問題、天皇の尊厳護持の問題、そして大嘗祭、元号の問題等々」（神社新報 一九六九／一一／一五）の課題が山積しているという認識があった。そして「それらの解決は結局、政治活動に期待する以外にない」（同）のだという。これらが、政治団体の結成と積極的な「政治関与」の開始に向かわせた動機だと言える。

一九六九年一一月八日、政治団体・神道政治連盟（以下、神政連）の結成大会が神社本庁で行われた。[11] 神政連結成時の「宣言」と「綱領」の内容を確認する。

宣言

わが日本国の現状は、内に外にまことに憂念禁じ難きものあり。よってこの際、神道の精神を以て志を同じうする者相はかり、民族の道統を基調とする国政の基礎を固め、且つその姿勢を匡さんがため、ここに神道政治連盟を創立し、次の綱領五ヶ条の実現を期する。

綱領
一、神道の精神を以て、日本国国政の基礎を確立せんことを期す。
一、神意を奉じて経済繁栄、社会公共福祉の発展をはかり、安国の建設を期す。
一、日本国固有の文化伝統を護持し、海外文化との交流を盛にし、雄渾なる日本文化の創造的発展につとめ、もつて健全なる国民教育の確立を期す。
一、世界列国との友好親善を深めると共に、時代の弊風を一洗し、自主独立の民族意識の昂揚を期す。
一、建国の精神を以て、無秩序なる社会的混乱の克服を期す。

国政の基礎に神道精神を置き、日本固有の文化伝統を重視し、民族意識の昂揚を促そうとする姿勢が、濃厚に看取できる。本庁憲章などと比して、国家・社会意識が前景化していることがわかる。[12]続いて、このように新たな段階に歩を進めた神道界、神政連が、どのような諸政治的運動に関わっていき、成果を生んだのかを見てみよう（表1）。

紀元節復活運動については、既述の通りである。

戦後に一宗教法人となって存続しえた靖国神社の国家護持運動は、すでに一九五六年ごろから日本遺族会などを中心に開始された。もちろん神道界も関わっている。一九六九年からは、自民党が「靖国神社法案」を国会に提出し始める。しかし、これは諸団体・諸宗教団体の間で紛糾をむかえ、一九七四年までに計六回提出されるも不成立となり、頓挫した。以後は、靖国神社の公共性を広く知らしめ、首相参拝・天皇陛下御親拝の実現を求める方向に転換した［大原二〇一〇、藤本・塚田二〇一二ほか］。

表１　神社本庁＝神道政治連盟が関わった諸運動

活動内容	成果・結果
紀元節復活運動（1951年〜）	⇒　1966年、「建国記念の日」（2/11）制定
靖國神社国家護持運動（1956年〜）	⇒　1969〜74年、法案提出されるも廃案
政教分離訴訟に対する取り組み	⇒　被告側の弁護的立場（合憲の主張）
元号法制化運動（1960年代後半〜）	⇒　1979年、法制化
国民精神昂揚運動（1967年〜）	⇒　継続的に情報・意見発信
神道政治連盟国会議員懇談会（1970年〜）	⇒　現在にまで至る（所属290名）
剣璽御動座復古の活動（1971年〜）	⇒　1974年、実現
国旗国歌法制定運動	⇒　1999年、法制化
昭和の日制定運動	⇒　2005年、「昭和の日」（4/29）法案可決
皇室の尊厳護持運動（1973年ごろ〜）	⇒　継続的に活動

※神政連年史、［大原 2010］などから筆者作成

元号法制化運動は、明治維新百年にあたる一九六八年から始まった［丹生 一九九八、大原 二〇一〇ほか］。本庁＝神政連などが署名運動を展開し、自民党内でも検討されるようになっていった。一九七七年には、日本青年協議会（一九七〇〜）による全国キャラバン活動(13)が展開され、本庁＝神政連も支援した。一九七九年、元号法制定という成果を生んだ［ルオフ 二〇〇三（二〇〇二）］。

種々の政教分離訴訟に対する取り組みも目立つ。神道や戦没者慰霊等をめぐる違憲訴訟に対し、被告側すなわち合憲側の立場で、活発な言論活動等を展開している。これは、一九六五年提訴の津地鎮祭違憲訴訟が、一九六七年津地裁では合憲だったものの、一九七一年名古屋高裁で地鎮祭は宗教的活動だとして違憲判断がくだされたことに危機感を覚え、本格化していったものだ。一九七一年には学者らによる研究・啓発を行う「政教関係を正す会」が発足し、現在まで続いている［政教関係を正す会編 一九九三、二〇〇一、二〇一一ほか(14)］。

他に、対外活動の強化に乗り出した国民精神昂揚運動（一九六七年開始）、天皇陛下が皇居を離れるときに剣と璽を携行する剣璽御動座《けんじごどうざ》復古の活動（一九七一年開始、一九七四年実現）、皇室の尊厳護持運動（一九七三年ごろ開始）、国旗国歌法制定運動（一九九九年制定）、四月二九日の昭和天皇誕生日が崩御後に「みどりの日」となったのを改めようとした昭和の日制定運動（二〇〇五年法案可決）などが代表的な動きとして挙げられ

る。また、神政連の活動方針としてはさらに、終戦五十年決議や自主憲法制定運動、教育正常化運動などが含まれている。

ではこれらは、何を目指した運動と言えるのだろうか。それについては、戦後政教関係研究の牽引役であり、神道界・保守言論のオピニオン・リーダーである大原靖男が以下の四類型にまとめており、参考になる［大原二〇一〇：三五］。すなわち、①占領政策によって廃止されたり、歪められたりしたことを復活ないし是正するために幅広い国民運動を展開したもの、②これまで国家が自ら行ってきたものでありながら、戦後は国家が全くやらなくなったことを国民教化の重要な柱として率先して遂行したもの、③戦前には全く起こりようのなかった新たな問題に主体的かつ積極的に対応したもの、④教育改革や憲法改正といった国政の根幹に関わる事柄にまで視野を広げ、日本の真姿顕現を目指して取り組んだもの、である。この総括は、はからずも意外な視点を示唆してくれている。すなわち、本庁＝神政連の諸活動とは、必ずしも「国家神道」の存続・復興論に収まるものではなく、その見方では見過ごしてしまうものがあるのではないか、ということである。それは、次節以降で見ていく保守合同運動においても同様であるはずだ。

さて、表1などで見た諸活動の「成果」をどう見るか、である。これらは、神社新報や神政連の年史などに掲載された内容である。すなわち、神道界が自らが関わった運動の成果として自認しているものだ。なかには失敗・頓挫したものもあるが、いくつかは実現化・法制化にまで至り、国民生活に影響を与えていることがわかる。ルオフなどの先行研究が、本庁に注目しがちなのも理解できよう。

だが他方で、これらは神道界、本庁＝神政連のみの成果、なのでもまたない。本庁の「宗教運動」としての性質を考えると、本庁という「宗教団体」の本部が出した方針や命令が、全国二万人超の「教団専従者」たる神職に等しく伝わり、彼らによって神社という「宗教施設」に集まった数千万もの「信者」に指導・教化がなされ、それにしたがって行動が起こされる、などとはとても考えることはできない。アメリカのキリスト教右派団体などとの単純な類比は、無謀というものだろう。その主張・方針とその後の実現した成果が一致するからといって、それを神道界の力によるものと単純にみなすのは、一足飛びの議論ではないだろうか。[15]

政治関与の展開

そのようななかで、「政治関与」の実際として重要なのは、選挙支援と国会議員との関係である。本庁＝神政連は、結成から現在に至るまで、自民党とその候補者・議員を主に支援してきた。本庁による推薦等はそれまでもあったが、本格化・明確化するのは神政連の結成によってである。

一九六六年、神社審議会は「法の改正は国会に決定権があるから、神社本庁関係の全組織をあげて強力な推進団体を組織して、国会に代表を送る」必要性を答申した〔神政連十年史編輯委員会編 一九七九：一三〇〕。一九六八年の「神道政治連盟（仮称）準備委員会規則案」第四条では、「現任神職中から参議院全国区選出議員一人を昭和四六年の選挙で当選させることを当面の目標」とすることが盛り込まれていた〔同：四–五〕。その意味では、当初は独自の「政治進出」の可能性もあったわけである。

ところが、いざふたを開けてみると、既成政党・政治家との連携・推薦・支援という「政治関与」の方向が取られていった。「神政連の趣旨に賛同する国会議員を組織化すること」〔同：一四九〕が目指されていったのだ。一九七〇年に定められた推薦の基準には、以下のようにある〔同：一三一–一三二〕。

> 当分の間神政連独自の候補を立てず、従来の神社関係議員を中心に推薦応援する。
>
> …中略…
>
> 推薦は概ね左の基準による。
>
> （一）敬神の念篤く、神社界の要望を満し得るもの

（二）靖国神社国家護持、一世一元の制法制化などの実現に協力するもの

一九七〇年五月一一日、神政連国会議員懇談会が発足した。代表世話人・会長に青木一男、幹事に藤波孝生と綿貫民輔が選ばれた。衆参合わせて一八名からのスタートだった［同：一七］。

一九七一年の参院選が実質的に初の取り組みとなった。この時は、青木一男・黒住忠行・町村金五・藤原岩市・玉置和郎（次節、生長の家政治連合を参照）・平泉渉の六人の自民党公認候補を全国区で推薦・応援し、藤原を除く五人が当選した［同：一三二］。

一九七四年参院選全国区では、源田実のみにしぼった。彼は、元海軍大佐・航空自衛官で、その政治信条は「天皇国日本の再現にあり、このことは、ともに戦つて死んだ戦友と約束したことであり、到底くつがえし得ない約束である」というものだった［同：一三三］。すでに一九六二年から自民党公認で出ていた三期目の挑戦であり、当選した。

一九七七年参院選全国区では、国防を重視する堀江正夫・元号法制化を重視する西村尚治・玉置和郎・黒住忠行を推薦し、黒住を除き当選した（それぞれ八一万・九四万・一一二万・四八万票）［同：一三四］。当選した彼らには、他の支持基盤などもあり、本庁＝神政連の独力で当選したとは言えないだろう。裏を返せば、勝てる候補にしぼりこんで、力を集中させているとも言える。いずれにしても重要なのは、彼らにより、前掲表1の諸問題に関わる要望・質問・申入れ等が国会周辺で本格化していったことである。

一九八〇年参院選全国区では、源田に重点を置きつつ、板垣正（日本遺族会事務局長）、村上正邦（生長の家政治連合国民運動本部長）を推薦し、三人とも当選した。

衆議院・参議院の選挙区でも、既成候補に推薦を出すようになっていった。一九八〇年の衆参同時選挙では、推薦候補者の当選率は九一％にのぼったという［神道政治連盟編 一九八四：九五–九七］。

写真２　神道政治連盟の冊子『意』

また、一九八一年一一月には、地方議員兼務神職懇談会も結成された。一九八〇年時点で、一一〇名の該当者がいた［同：八八−九二］。地方議員の組織化も並行して進められていった。

その後も参院選全国区（後の比例）では今日に至るまで、毎回の選挙で一〜三名程度の推薦候補を決め、ほとんど確実に当選という結果を出してきた[16]。近いところでは、二〇一〇年参院選では山谷えり子を推薦し二五万四四六九票で[17]、二〇一三年参院選では有村治子を推薦し一九万一三四二票で、それぞれ当選し現職である[18]。衆院選の選挙区でも毎回二百名超の推薦を出し、そのうち百名超が当選してきた。

その広がりを神政連国会議員懇談会の人数で追ってみると、一九八四年時点で四三名［神道政治連盟編 一九八四：一五一−一五二］、一九九〇年時点で一〇五名［同 一九九〇：一七八−一八一］、二〇〇〇年時点で二二九名［同 二〇〇〇：二〇〇−二〇三］、二〇〇五年時点で二四八名［同 二〇〇五：二六一−二六五］、二〇一五年一月時点で二九〇名（衆院二一二／四七五・参院七八／二四二）である[19]。

さらにそのメンバーを一部確認してみると、二〇〇〇年時点では、顧問が梶山静六・三塚博・森喜朗[20]・奥野誠亮、会長が綿貫民輔、副会長に小泉純一郎・藤波孝生・野中広務・山崎拓・片山虎之助ら九名、幹事長が村上正邦、事務局長が小山孝雄であった。二〇〇五年時点では、顧問が森喜朗、会長は綿貫、副会長に平沼赳夫ら六名、幹事長に伊吹文明、副幹事長に桜井新・尾辻秀久・有村治子・山谷えり子・水落敏栄、事務局長に安倍晋三という陣容であった。さらに、二〇一〇年時点で、会長は安倍、副会長は塩谷立・菅義偉・藤井孝男、幹事長は中曽根弘文、副幹事長は山谷・有村、幹事に古谷圭司・下村博文・高市早苗・小渕優子・衛藤晟一・義家弘介・丸川珠代ら一二名、事務局長は稲田朋美、となり（意 一七一：七‐八）、現在に至っている。

日本維新の会、次世代の党、などの所属議員もいるが、そのほとんどは自民党の議員であった。戦後自民党のなかの、改憲・天皇崇敬（元首化）・国防強化等を目指す部分と結びついて展開を遂げてきたことが言えよう。裏を返せば、これらの点で考えが一致する人物が既成政党・政治家にいるかぎり、そして現実にそうした人々はい続けたので、本庁＝神政連はそういう人々を「基準」に照合して推薦を決めればよかったのである。よって、必ずしも「宗教者」たる神職、もしくは「信者」を候補に立てる必要はなかったのだ。これが「政治関与」の形を取った事情と言えよう。それは、そうした考えの戦後社会における根深さを示してもいる。

参考までに、「第二〇回参議院議員通常選挙における候補者の推薦について」という文章における「推薦基準」を見てみよう［神道政治連盟編 二〇〇五：一五三］。

神政連が国民運動を推進する上で基本となる宣言綱領及び活動方針を理解し、特に左に掲げる七点の運動につき積極的に取り組み、神道精神に立脚した健全な政治の実現に努力する者。

一、皇室の伝統を尊重し、いはゆる皇室の政治利用や「開かれた皇室」論など皇室の商業主義的利用を排除するやう努力する者。

一、我が国の歴史・伝統及び国民性を踏まへた改憲論議を積極的に推進し、自主憲法制定に向けて努力する者。
一、教育基本法の改正をも含む抜本的な教育改革に取り組むとともに、国内に蔓延する東京裁判史観（侵略戦争史観）を払拭して、正しく公平な歴史観の醸成に取り組む者。
一、我が国の安全保障体制の確立に努めるとともに領土問題の解決に取り組む者。
一、戦没者追悼のための新施設構想に断固反対し、靖國神社公式参拝を含め、靖國神社をめぐる問題の早期解決に向けて積極的に努力する者。
一、いはゆるジェンダーフリー思想に基づく夫婦別姓制の導入や男女共同参画社会の推進に反対する者。
一、中央本部、都道府県本部との連絡を怠らず、時局問題解決に努力する者。

神政連が、支援・推薦する政治家、ひいては理想の政治に何を求めているかがはっきりするだろう。一九七〇年の推薦基準とも比べてみてほしい。より具体化・先鋭化が進んでいる。(21) ここではそれぞれの項目の是非を論じたいのではない。二九〇人の現職議員がはたしてみなこのように考えているのかはわからない。あくまで票田として、支持を取りつけるためという見方もできよう。(22) だが、山谷えり子・有村治子ら参院選比例で神政連に推薦を受けた現職閣僚ら、現政権の中枢人物がこれらの推薦基準をクリアして選ばれているのだということは確認しておきたい。このようにして、結成から四五年超、本庁＝神政連の理念と意向は、広く政界に浸透していったのである。

以上、神社本庁と神道政治連盟について見てきた。その活動とりわけ政治活動は、大原の総括にもあったように必ずしも戦前への回帰・復古に留まらず、戦後に新出した問題への対応姿勢を含むものであった。その点で、「国家神道」の復興・存続と単純にレッテルを貼ることはできにくい。だが、戦前・戦後との連続性と断絶性のはざまで、皇室崇敬、敬神崇祖、愛国心、侵略戦争史観の否定、保守的価値観等を基軸として過去との連続性に根拠を求めつつ、現前の戦後状況に対応しようとしている運動であることは言える。

よってこの動向とは、連続性・一貫性という意味において、戦後日本における宗教ナショナリズムの「正統」として、本書では捉えておきたい[23]。これは、そのように捉えることで、その周りを取り巻く／取り巻かない運動群の動向を見えやすくするためのものである。

2-2　生長の家＝生長の家政治連合と保守合同運動の展開

本節では、本庁＝神政連と並行して発生・展開し、かなりの存在感を見せた宗教＝政治運動である生長の家＝生長の家政治連合のケースを皮切りに、徐々に展開していく保守合同運動の流れを追っていきたい。

生長の家＝生長の家政治連合の展開と終息

生長の家は、大本でも活躍していた谷口雅春（一八九三–一九八五）が、一九二九年に天啓を受け、一九三〇年三月一日に「心の法則」の研究を説く『生長の家』誌を創刊したことに始まる新宗教運動である[24]。以降、文書伝道と講習会により各地に会員を増やした。「万教帰一」の普遍主義とともに、霊的・宇宙的な独自の天皇中心観を持ち、戦時下では皇軍必勝を唱えた。谷口は一九四七～五一年の間、公職追放を受けた。その後、天皇中心・反共の国家救済運動に乗り出したのだ。

生長の家について、特にそのナショナリズムの性格については、寺田喜朗がすでに手際よくまとめているので参照したい［寺田 二〇〇八、二〇一〇］。寺田は、生長の家のナショナリズムは「天皇（制）の固有性に日本の特性／優位性を見出すナショナリズム」だとしている。谷口は敗戦直後、打ちひしがれる国民を鼓舞・奨励し、敗戦に意味づけを与えるとともに「神州日本は不滅である」と説いた。そして、あらためて日本の天皇は「国家生命の全機的統一者」「国家生命の代表者としての威厳的存在」だとした。また、「公平無私不偏不党、普遍的な精神で行われる」天皇政治、「日本的なるもの」の重視、大東亜戦争聖戦論、を説いた。こうした宇宙論的天皇観に基づいた日本中心主義・ナショナリズムが生長の家の特徴なのだという（以上、［同二〇〇八、二〇一〇］を主に参照した）。こうした世界観に基づいたメッセージの集中的な発信により、谷口は保守的・愛国的運動のイデオローグとして強い影響力を持った。そして、戦後大教団化した大衆的宗教運動たる生長の家（一九八〇年時点で公称三百万人超、雑誌購読のみの「誌友」含む）は、政治運動としても一勢力となっていったのである。その過程を見ていこう。

生長の家は戦後まもなくから社会活動・政治活動を志向していた。終戦の年には、「真理を政治に実践し「政教一致、世界救済の悲願に出発せる生長の家立教の使命」［日隈一九八五：一二三―一二四］のために、生長の家社会事業団や政治結社・全国精神主義連盟を結成した。一九四七年四月の第一回参議院選挙には、矢野酉雄・生長の家教育部長が立候補し、九万六九二九票で当選している［縄田一九七九］。

公職追放期と講和条約を経て、活動を活発化させた谷口と生長の家は、一九五三年には生長の家選挙対策委員会を結成、一九五七年には新宗教団体の連合体である新日本宗教団体連合会（新宗連、一九五一〜）を脱退、一九五八年には、教団内に国家対策委員会を結成するとともに、①戦争の根絶、②共産革命を阻止する国民組織の編成、③非常事態発生の場合の動員体制確立、④偏向教育の打破を柱とする自衛国民会議（一九五九年、日本国民会議）の発起人となった［朝日新聞社調査研究室一九七八：八―九］。一九五九年には、安保改定国民連合に加盟し、六〇年代に入っては「現行憲法の無効」「帝国憲法への復元」「天皇国日本、正統憲法実現」を掲げて活動を展開した［日隈一九八五：一三〇―一三一］。

そうしたなかで、いよいよ本格的な政治活動の開始がなされていった。一九六三年二月、谷口は、……天皇陛下の御稜威《みいつ》を発現せしめて、日本の国を救ひ、世界を救ふといふところに、生長の家出現の本当の意義がある。／したがつて、たんに個人の救ひにとどまらず、宗教的自覚をおしすすめて、国家の成仏、人類全体の成仏、宇宙の成仏といふところまでゆかなければならないのであつて、そのひとつが政治活動なのである。［生長の家本部編 一九八〇：四七八］

と説いた。こうして一九六四年に、政治団体・生長の家政治連合（生政連）が組織された[25]。会長には田中忠雄が任命された。生政連の目的は、「『生命の実相』の精神を日本国民全てに浸透せしめ、唯神実相哲学の原理を政治面に実現し、もって政界を浄化し、唯物論的世界観を克服した真の日本建設と人類光明化に貢献する」というものであった［朝日新聞社調査研究室 一九七八：九］。また、「九ヵ条のスローガン」は以下の通りであり、その運動の目指すところをよく伝えている。

○全国の家々に日の丸を掲げ高らかに君が代を歌いましょう。
○優生保護法を改正して「生命尊重」に筋を通しましょう。
○屈辱の現憲法を排し明治憲法復元の立場を明らかにしましょう。
○日本の正しい伝統を破壊する教育を根本的に改めましょう。
○警察官に感謝し国のルールを守る運動を盛り上げましょう。
○人生の生きがいを示し青少年対策の根本を打ち立てましょう。
○国民の力を結集し堕落したマスコミを健全なものにしましょう。
○政治を闘争の場とせず国民的な話し合いの場にしましょう。
○すべての年寄りに完全な老後の保障をしましょう。［谷口 一九六六：六］

生政連結成に先立つ一九六二年参院選では、全国区に自由民主党の玉置和郎《かずお》を初めて立てたが落選した。しかし、結成後の一九六五年参院選では、玉置が八五万四四七八票で全体の三位で当選した。結成で弾みがつき、その組織力を見せたと言えよう。

一九六六年には全国約二百大学を組織して生長の家学生会全国総連合（生学連）(26)を、一九六七年にはカトリックなどとともに「優生保護法改廃期成同盟」（のち、一九七五年に母と胎児のいのちを守る会）を、一九六九年には佛所護念会教団などとともに「自主憲法制定国民会議」（会長・岸信介）を結成した［日隈 一九八五：一三三―一三四］。

その後も参院選全国区に玉置和郎や村上正邦らを自民党候補として継続的に立てる(27)とともに、既成政党（自民党あるいは民社党）の国会議員を生政連国会議員連盟に所属させることも進めた。

この間、一九五〇年代からの紀元節復活運動、六〇年代からの日の丸運動、七〇年代の元号法制化運動などの原動力となった［日隈 一九八五］。日隈威徳は、こうした「反動」運動の「かげの主役を務めたかにみえる」と述べている［同：九七］。前節で見た本庁＝神政連の関わった諸運動の下支えをしていたのは、生長の家＝生政連であったと言うのである。

一九七七年一一月には、玉置、村上、それに新宗連推薦で当選していた楠正俊らが集まり、「宗教政治研究会」（宗政研）が設立された。宗教団体の政治的合同が画策されたものだった。自民党国会議員も大いに関心を示し、福田赳夫・大平正芳・中曽根康弘・竹下登らが姿を見せた［宗教政治研究会編 一九八〇ほか］。しかし、この試みもまもなく頓挫した。

一九八二年三月、生政連国会議員連盟は、衆参議員約二百名を集めて総会を開き、「正統憲法実現」「優生保護法改正」の基本方針をあらためて決議した。一九八三年二月には、自民党国会議員二七一名からなる「生命尊重国会議員連盟」を発足させた。しかし、「改正」は成功しなかった［日隈 一九八五］。

一九八三年六月の参院選では、玉置は全国候補ではなくなった[28]。教団婦人部の寺内弘子が参院選比例区に自民党から立てられたが、名簿の順位が低く落選した（後に繰り上げ当選）。軋轢と不信感が顕在化していった。同年、生政連は解散し、政治活動からは撤退した［堀 二〇〇六：三二五］。

一九八五年の谷口雅春の死後、娘婿の谷口清超を経て、孫である谷口雅宣が副総裁、後に総裁に就任して現在に至る。現在の生長の家は、強いエコロジー路線を打ち出しており、谷口雅春のナショナリスティックな言説や理念には、封印・修整がはかられている。

……宗教と政治が一体化した運動には弊害が現れ、教勢は拡大せずにむしろ縮小傾向が見られ、政治目標も達成できないまま時間が経過していった。そして昭和五八年夏、生政連の活動は停止されたのである。

［谷口 二〇〇四：vii］

このように、生長の家＝生長の家政治連合は、新宗教運動としての活発なメッセージ発信と大規模な信者組織に基づくものであり、強烈かつ独特のナショナリズム＝国家意識、天皇中心主義をそなえたものだった。ところが、こうした強い独自性をそなえながらも、実際的には自民党内での候補擁立、自民党議員のなかの支持者を組織し働きかけていくことが基本路線の「政治関与」だったということは注意しなければならない。また、本庁＝神政連との協同・連携もここまでで随所に見られた。それが可能だったのである。

生長の家自体の政治活動は、大きな爪痕を残しつつ、終わった[29]。だが、それらを文字通り懸命に支持した人々は、そしてそのような思念はどこに行ってしまったのだろうか。それらは、教団の路線転換に随従して、終息・封印されたのだろうか。そうは思えない。

保守運動の合同化

ここまでの神社本庁＝神道政治連盟、生長の家＝生長の家政治連合の成立・展開と同時並行に進んでいったのが、保守運動の合同化の動きである。

その先駆けとして重要なのは、「日本を守る会」である。同会は、一九七四年四月に宗教団体や修養団体・社会教育団体などが集まって結成された。

契機となったのは、本章冒頭に挙げた伊勢神宮における朝比奈宗源・臨済宗円覚寺派管長への天照大神の「御神託」だと（なかば伝説的に伝承）されている。一九七三年、伊勢神宮の式年遷宮を記念して、世界連邦日本宗教委員会の大会が伊勢で開かれた時のことだという。朝比奈はそれを元神社本庁総長の富岡盛彦に話し、それを契機に「日本の精神的再建」を目指した月例懇談会が持たれるようになり、それが会結成へと至った（日本の息吹 一九九七／一〇：一〇）。

時代状況的には、高度成長と学生運動の時代が終わり、他方で元号法制化運動が盛り上がりつつあった時である。結成の目的は、「混迷する社会状況に対処し、日本の伝統精神の原点に立ちかえって、愛国心を高揚し、倫理国家の大成を図る」とされた。基本運動方針は、以下の通りである。

一、わが国の伝統的精神に則り、愛国心を高揚し、倫理国家の大成を期する。
一、正しい民主主義を守り明るい福祉社会を建設する。
一、偏向教育を排し、ひろく教育の正常化を推進する。
一、言論報道の公正を求め、唯物思想や独裁的革命主義を排除する。
一、国際協調の中にあらゆる世界平和の道を求め、祖国日本を守りぬく。

「神道精神」とはないものの、それ以外では本庁＝神政連の理念とも近接していることがまずわかる。

発足時の代表委員には、安岡正篤、山岡荘八や、蓮沼門三・修養団主幹、広池千太郎・モラロジー研究所所長の他に、以下のような宗教人が多く見られた。篠田康雄・神社本庁事務総長、塙瑞比古・笠間稲荷神社宮司、伊達巽・明治神宮宮司、岩本勝俊・曹洞宗管長、金子日威・日蓮宗管長、朝比奈宗源・臨済宗円覚寺派管長、清水谷恭順・浅草寺貫主、といった伝統宗教のトップ、小倉霊現・念法眞教《ねんぼうしんきょう》燈主、関口トミノ・佛所護念会《ぶっしょごねんかい》教団会長、谷口雅春・生長の家総裁、といった新宗教運動のトップである。他に、カトリック・プロテスタントのメンバーや、世界真光《まひかり》文明教団の参加も見られた。(30) 副島広之・明治神宮権宮司が事務総長を務めた［堀 二〇〇六：四九〇］。このように、同会にはかなりの新・旧宗教団体が結集していたことがわかる。日隈威徳によれば、日本を守る会の地方大会を支えたのは生長の家だ、というが［日隈 一九八五：一三五］、それだけではないだろう。そして、さらに重要なのは、こうした理念の元であればこれだけの宗教家・宗教団体が結集できる、ということである。(31)

同会はこうした基本方針と体制に基づき、一九七四年五月には首相に面会して、愛国心の昂揚・天皇の尊厳護持、国歌・国旗・元号の法制化、宗教的情操を基本にした道徳教育の振興、教育の正常化、に関する要望書を提出した。一九七六年九月には、天皇陛下在位五〇年を祝う行事が行われた。一九七七年八月には、「北方国土復帰のための五〇万人署名運動展開」が決議された（以上、［日隈 一九八五］［磯岡・梅津 一九九〇］［堀 二〇〇六］ほかを参照）。

次に、「英霊にこたえる会」である。一九七六年六月に、靖国神社の「英霊」を国民的に顕彰するための運動を喚起する組織として発足した。靖国神社法案の提出の動きが頓挫した後、というタイミングである。当初は日本遺族会・神社本庁・日本郷友連盟・戦友連・生政連など四六団体が加盟し、新宗教では、佛所護念会教団・世界救世教・三五教《あなない》（・国柱会）などが参加した［磯岡・梅津 一九九〇］。また、自民党内には「英霊にこたえる議員協議会」や「みんなで靖国神社に参拝する国会議員の会」(超党派で現存)がつくられた。英霊にこたえる会は、現在まで活動を継続しており、日本会議(後述)とも協働して、終戦記念日の靖国神社境内における「戦没者追悼中央国民集会」の実施などに関わっている。

続いて、「日本を守る国民会議」である。同会は、元号法制化実現国民会議を母体とし、一九七九年の法制化実現を経て、一九八一年一〇月に結成された。こちらは、政財界や文化人が中心であった。運営委員長は作曲家の黛敏郎、事務総長は副島広之(明治神宮)、呼びかけ人は、井深大・ソニー名誉会長、宇野精一・東大名誉教授、江藤淳・東工大教授、大石義雄・京大名誉教授、春日野清隆・日本相撲協会理事、桜田武・日経連名誉会長、高田好胤・薬師寺管長、武見太郎・日本医師会会長、細川隆元(評論家)ら二三人であった[堀二〇〇六:四九〇-四九一]。同会の事務局を担ったのは、日本青年協議会であった[32]。結成式には、桜内義雄・自民党幹事長、春日一幸・民社党常任顧問などが出席した。運動を下支えしていたのは、生長の家、国際勝共連合(世界基督教統一神霊協会=統一教会の政治団体)、神社本庁などの宗教団体であったとされる。半数以上の都道府県事務局は生政連が担っていた[日隈一九八五:一三六]。

また、結成趣意書では、「一 国際社会における平和秩序の確立のため、わが国の果すべき積極的使命と責任を探究、その実現を期す 二 国を愛する心を涵養する教育を推進し、次代を担う青少年の健全なる育成をめざす 三 当面する国家的課題の達成のために、憲法の再検討を含め、幅広い建設的な論議を喚起し、国民世論の形成をはかる」ことが謳われ、特に主眼は憲法改正にあった。結成式では、「一 日本は日本人の手で守ろう 二 教育を日本の伝統の上にうちたてよう 三 憲法問題を大胆に検討しよう」という提言が決められた。

一九八二年一〇月には、歴史教科書作成に乗り出し、村尾次郎・村松剛・小堀桂一郎・滝川政次郎らを執筆者として、一九八五年に検定をむかえた。この教科書『新編日本史』(原書房)は外交問題ともなり、事態は紛糾し、多くの修整を経てようやく検定合格となった(以上、[日隈一九八五][堀二〇〇六:四九〇-四九一]ほかを参照）。

このように一九七〇～八〇年代には、保守的な動向の合同化が進められていったことがわかる。「日本を守る会」と「日本を守る国民会議」の主張・目標に明確な区別をつけることはできるだろうか。あるいは本庁、生長の家関係者らが、これらの合同運動には賛同しないで無視することがあるだろうか。そこには、協同・合同が可能な求心性が認められるのである。

2―3　日本会議

本節では、現在の国内最大の保守合同運動と言える「日本会議」の成立過程と組織構成、その理念の特性について見ていく。

日本会議の成立へ

このような神社本庁＝神道政治連盟、生長の家＝生長の家政治連合、ならびに一九七〇～八〇年代の保守合同化の流れを経て、いよいよ一九九七年五月三〇日、日本を守る会と日本を守る国民会議が合流する形で発足したのが、「日本会議」である。

時代状況的には、昭和天皇崩御と大嘗祭をめぐる諸議論を経ており、また一九九三年の細川連立政権発足による自民党の野党化などの動きを受けている。直前の一九九七年四月には、最高裁で戦後初の政教分離違憲判断となる愛媛玉串料訴訟の違憲判断がくだされた。

同会議の綱領と基本運動方針は、以下の通りである。

〈綱領〉
一、我々は、悠久の歴史に育まれた伝統と文化を継承し、健全なる国民精神の興隆を期す。
一、我々は、国の栄光と自主独立を保持し、国民各自がその所を得る豊かで秩序ある社会の建設をめざす。
一、我々は、人と自然の調和をはかり、相互の文化を尊重する共生共栄の世界の実現に寄与する。

〈基本運動方針〉
一、国民統合の中心である皇室を尊び、国民同胞感を涵養する。
二、わが国本来の国柄に基づく「新憲法」の制定を推進する。
三、独立国家の主権と名誉を守り、国民の安寧をはかる責任ある政治の実現を期す。
四、教育に日本の伝統的感性を取り戻し、祖国への誇りと愛情を持った青少年を育成する。
五、国を守る気概を養い、国民の安全を確保するに足る防衛力を整備するとともに、世界の平和に貢献する。
六、広く国際理解を深め、共存共栄の実現をめざし、わが国の国際的地位の向上と友好親善に寄与する。

これまでの保守合同運動との連続性は、一見しても明らかであろう。その理念と方針、国家意識＝ナショナリズムの論理構造の分析は、次項にて行う。

発足当初の役員体制は、会長が塚本幸一（ワコール会長）、副会長が安西愛子（声楽家）・石井公一郎（ブリヂストンサイクル元社長）・岡本健治（神社本庁総長）・小田村四郎（拓殖大学総長）・小堀桂一郎（明星大学教授）、理事長が田中安比呂（明治神宮権宮司）、事務総長が椛島有三（日本青年協議会代表）であった。

どのような人々がその運動を下支えしているかを見るためにも、現在の役員構成も確認しておこう。

現在の会長は、元・最高裁判所長官の三好達《とおる》である。三好は、前述の愛媛玉串料訴訟の最高裁違憲判断時の裁判長であり、反対意見すなわち愛媛県から靖國神社への玉串料支出は合憲だと述べた二人のうちの一人である。また、靖國神社崇敬者総代でもある。

顧問は、石井公一郎・北白川道久（神社本庁統理）・鷹司尚武（神宮大宮司）・服部貞弘（神道政治連盟常任顧問）・渡邊惠進（前・天台座主）である。五人中四人が宗教関係者、三人が神道界の人間である。

写真３　日本会議の月刊誌『日本の息吹』

副会長は、安西愛子・小田村四郎（元・拓殖大学総長）、小堀桂一郎（東京大学名誉教授）、田中恆清（神社本庁総長）である。

代表委員は、全部で四七人いる。各団体の代表者や、文化人、知識人、財界人らが名を連ねる。全てを挙げないが、石原慎太郎・長谷川三千子・尾辻秀久（日本遺族会会長）・寺島泰三（日本郷友連盟会長）・中條高徳（英霊にこたえる会会長）・横倉義武（日本医師会会長）などが目立つ。注目すべきは、そのなかに宗教者・宗教団体・修養団体関係者が一八人（三八・三％）いるということだ。これについては、次章で詳しく検討する。ここでは、それほどの宗教団体が参集・合同しているということだけを確認しておく。

また、理事長は男成洋三（明治神宮崇敬会理事長）が務めている。そして、事務総長は椛島有三（日本協議会会長）である。これまでの運動との連続性をあらためて確認できる。

日本会議の機関誌は、日本を守る国民会議から継続している月刊誌『日本の息吹』である。

日本会議の会員システムは、支援会員（月刊誌のみ・年三八〇〇円）・正会員（年一万円）・維持会員（年三万円）・篤志会員（年一〇万円）・議員会員（年一万円）・女性会員（年五千円）などとなっている。[33] 個人会員は約三万五千人である（朝日・東京 二〇一四／八／一）。「一〇万人ネットワークづくりをめざしています」（公式サイト）と掲げられている。

以上、日本会議の成立と概要を見てきた。ここまでまず確認できることは、戦後保守合同運動の展開の現在行き着いた先として、同会議があるということだ。そこには、必ずしも神道界・神道系教団にかぎらず、多様な背景と教えを持った宗教運動群や諸団体、文化人・知識人・政財界人らが集まっている。多様であるはずにもかかわらず、合同運動が現実に成立しているのである。そこには、協同・参集できる次元の日本・国家・社会に関する問題意識と理想があるはずだ。それはどのようなものなのか。

日本会議の主張と活動

ここでは日本会議の主張と活動の概要をおさえ、どういった主張や方針の下に保守合同運動が成立しているのかを、本書の七指標と照らし合わせながら明らかにしたい。

前掲「綱領」「基本運動方針」などからも、伝統文化の尊重、国民精神の興隆、自主独立、皇室崇敬、新憲法制定、政治改革、教育改革、国防強化、国際貢献、などの大枠は読み取ることができる。そして、それぞれについて、オピニオン発信、政治家への働きかけ、草の根の国民運動、女性運動や教育運動、情報ネットワークの形成、各種の文化事業を進める、としている（公式サイト）。以下、同会議の公式サイトの「日本会議が目指すもの」の項や、同会議や関係者刊行の諸ブックレット類（主に明成社刊行）の内容などからその柱となる主張を整理して提示する。

まず、皇室崇敬の最重視である（②天皇観）。皇室は国民統合の中心であり、国民意識や伝統・文化、「国柄」なども、万世一系の永続性・唯一無二性に収斂すると考えられている（①文化・伝統観）。

皇位継承については、基本的に男系男子保持の姿勢である。皇室制度の盤石化を目指し、旧宮家の男系男子孫が皇室に入るための方策を模索するとしている。よって、女性皇族の結婚後の活動は望むが、女性宮家創設は反対である。

実際的な活動としては、両陛下の行幸啓に際して、各地で出迎えがなされる。組織的な動員も行われる。また、即位二〇年の各種奉祝行事への積極的な関与もあった。

次に、憲法についてである。憲法改正の実現が目下の最大の焦点となっている。現在、改憲勢力が衆参両院で憲法改正発議のための三分の二議席を確保しており、好機だと考えている。そのために啓発運動や意見書の地方議会決議などを推進している。

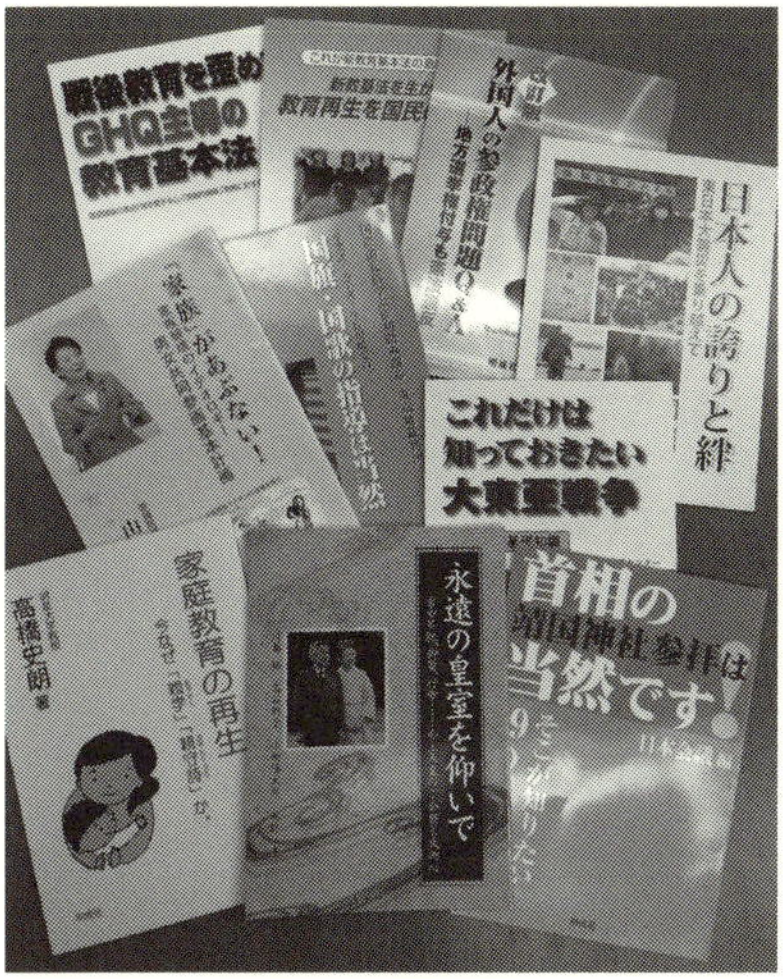

写真４　日本会議関連のブックレット

憲法の改正点は主に、前文（日本の美しい伝統文化を明記）、元首（天皇だと明記）、九条二項（自衛隊を国軍に）、環境（環境問題に対応する規定）、家族（家族保護の規定）、緊急事態（災害等に対処）、九六条（改正要件の緩和）の計七点である。

二〇一四年一〇月には、「美しい日本の憲法をつくる国民の会」が結成された[34]。共同代表は、櫻井よしこ・田久保忠衛（杏林大学名誉教授）・日本会議会長の三好達である。代表発起人は三九人が並び、日本会議代表委員との重複も見られる。ただし、宗教団体関係は、田中恆清（神社本庁総長）のみとなっている。幹事長は百地章（日本大学教授）、事務総長は打田文博（神政連幹事長）、事務局長は椛島有三（日本会議事務総長）である。同会は、二〇一六年七月に実施される参院選での憲法改正国民投票ならびに憲法改正を目指している。年限が設定されているのだ。そして、護憲勢力を向こうに見据えながら、それまでに一千万人の賛同者を作り出し、有効投票数の過半数と見られる約三千万票のラインを目指している（朝日・東京二〇一四／一一／一二）。

なお、政教分離については、自民党改憲案や産経新聞「国民の憲法」への姿勢等を踏まえると、厳格な政教分離には反対で、従来の政教分離訴訟の対象となったような事象については儀礼・習俗の範囲内とみなすべきとする方向である。ただし、改正の優先順位は高く位置づけられていない。

次に、歴史認識である。戦争讃美・肯定とは言えないものの、戦前社会への憧憬的回顧や、「大東亜戦争」の意義を強調する（⑤戦前・大戦観）。日本の過去の戦争と植民地化・進出がアジア諸国の独立・解放や近代化に寄与したとの言説も多く見られる。

従軍慰安婦への国家関与・強制性や、いわゆる南京大虐殺についても歴史的事実として否定的な姿勢を示す。これは教科書問題・教育問題にも関わる。

また、靖國神社については護持の姿勢であり、「靖國神社二〇万参拝運動」などを進めてきた。首相の参拝を強く希望・賛成し、さらには天皇陛下親拝の実現を目指す。代替の国立追悼施設の建設は当然反対であり、そうした政府の動きを阻止したとの認識である。終戦記念日には靖國神社境内で毎年、「英霊にこたえる会」とともに「戦歿者追悼中央国民集会」を主催する（靖國神社自体の行事ではない）。二〇一四年には、千四百人余が参加したとされる（神社新報二〇一四／八／二五）。

続いて、教育についてである。戦後教育を批判し、「教育再生」を目指す。二〇〇六年の教育基本法の全面改正を自らの運動の成果としている。自虐史観を克服し、日本文化・伝統への誇りと愛国心の涵養を訴える

（①文化・伝統観）。そのために、新しい歴史教科書をつくる会や育鵬社版教科書など、「正しい」歴史教科書採択の推進を目指す。運動の成果でもある国旗国歌法に基づき、国旗掲揚・国歌斉唱の指導の徹底を求める。道徳教育の重視・教科化も推進する。神話教育や領土教育の充実や、ジェンダーフリー教育への反対なども、その内容に含まれる。

次に、女性についてである。必ずしも男女同権否定とは言えないものの、男女共同参画の動向についてはやや疑義を呈し、替わって男女の役割・家制度・「家族の絆」に重きを置く。夫婦別姓やジェンダーフリーの動向には反対である。

次に、人権についてである。必ずしも排外主義を標榜してはいないが、外国人参政権には反対である。人権保護法案には反対、特定秘密保護法案には賛成の傾向が見られた。また、重点が置かれているのは、公的秩序を重視し、公共認識を醸成することだと言える。

続いて、安全保障である。自衛隊の意義を称揚するとともに、前述の通り改憲等による国防強化を説く。自衛隊のイラク派遣についても、激励姿勢を示した。日米安保・同盟の強化を訴える。集団的自衛権解釈の変更などにも肯定姿勢である。尖閣問題には特に敏感であり、「領土領海を守る」国民署名を二五〇万超集め、二〇一二年の領海警備強化法案の成立に寄与したと認識している。なお、近年では、外国人による国内土地買収に対する何らかの法的規制の必要性の訴えも見られる。

関連して、外交である。反共的姿勢は濃厚である。必ずしも強硬論を唱えるわけではないが、北朝鮮、韓国、中国については、その動向に批判的・揶揄的であることが目立つ。北朝鮮の拉致問題については、早期解決を求める。台湾については、親密さを求めている。

占領政策や靖國参拝への反応をめぐっては、アメリカに批判的な言説も見られるが、反米的主張は前面には出ない（⑥欧米・西洋観）[35]。

日本の文化伝統や皇室、歴史等に好意的・賞賛的なアジア諸国やヨーロッパ諸国の言説は、積極的に取り上げる。

なお、④経済的優位観はあまり強調されない。戦後の高度経済成長の達成は、どちらかと言えば日本人の勤勉さや粘り強さなどの国民性の文脈で語られる。⑤対人類観としては、確かに先進国の一つとして、アジアのリーダーとして国際社会・政治において存在感を示すべきという主張や、優れた日本文化を世界に紹介・発信すべきという主張は見られるが、宗教性を帯びたものとは言いがたい。日本の文化・伝統と先進性とに基づいた、素朴な矜持だと言えよう。その意味では⑦ユートピア観も、明確な像、特に政教一致や宗教的理想の実現といった像を結ぶものではないのである（ただし、参画者による濃淡はある）。

以上、日本会議の理念や主張について、その基本的方向性をトピックごとに確認してきた。このような姿勢に基づいて、オピニオン発信や署名活動、講演会開催や動員などが行われているのである。

それらを踏まえて重要なのが、実際の政治・政治家との関わりである。

発足当初からすでに、日本会議国会議員懇談会が組織された。一九九七年六月末次点で、衆院一三三名・参院七一名の計二〇四名であった。会長は自民党の島村宜伸、発起人が小渕恵三・森喜朗・綿貫民輔・村上正邦ら一五人であった。

現在、自民党を中心に二八九名もの議員が参加しているという（朝日・東京二〇一四／八／二）。会長は平沼赳夫、特別顧問が安倍晋三・麻生太郎、顧問が谷垣禎一、相談役が石破茂、副会長が古屋圭司・下村博文・菅義偉・高市早苗・新藤義孝、幹事長が衛藤晟一、政策審議副会長が稲田朋美・萩生田光一などとなっている（同）。

その他に、機関誌『日本の息吹』などから関わりが目立って認められるのは、古賀誠・渡辺喜美・山谷えり子・尾辻秀久・有村治子・松原仁・浅尾慶一郎らである。

二〇一四年九月の第二次安倍改造内閣には、一九人の閣僚のうち一五人が同懇談会に所属しているとして批判的に報じられた（しんぶん赤旗二〇一四／九／六）。

二〇一三年七月の参院選比例では、日本会議は有村治子と衛藤晟一の支援・推薦を表明した。『日本の息吹』五月号・六月号には、両候補を推薦・支援することが大きく掲載され（写真3参照）、両者のパンフレットが配布された。衛藤の公約の柱は、「憲法改正」「皇室制度確立」「教育再生」「領土領海防衛」「英霊追悼」「拉致解決」である。結果として、有村は一九万一三四二票（神政連も推薦）、衛藤は二〇万四四〇四票で当選した。

二〇〇五年には、日本会議地方議員連盟、日本会議首都圏地方議員懇談会、も設立されている。統一地方選前には、推薦者が一斉に発表されるのである。二〇一三年六月の都議選にも、現職二九人を含む四一人の連盟会員が立候補することが報じられた（しんぶん赤旗二〇一三／六／八）。

彼らはみな日本会議の理念をよく理解して、関わっているのだろうか。神政連国会議員懇談会メンバーとの重複も目立つ。いずれにしても、日本会議は単なるオピニオン活動や署名活動、動員だけではなく、このような政治との実態的な関わりを持っているということである。

さて、ここまでの記述により、日本会議の成立・展開と理念・主張とをおさえ、その輪郭を描くことはできたと考える。

まず確認できたのは、神社本庁＝神道政治連盟、生長の家＝生長の家政治連合や、日本を守る会・日本を守る国民会議との著しい連続性である。はたして本庁＝神政連の理念、あるいは「推薦基準」の内容と、日本会議の理念との間に、（「神道精神」などの有無以外に）どのような明確な違いを指摘できるだろうか。筆者にとっては、なかなか困難なことである。第一節において、あえて本庁＝神政連のナショナリズム分析を行わず、本節において行ったのもその類似性・近接性ゆえである。それは、神政連と日本会議それぞれの国会議員懇談会メンバーの重複性にも現れているだろう。

その点で言えば、本庁＝神政連の諸活動もそうであったように、日本会議の諸活動も、必ずしも戦前への回帰・復古に留まらず、戦後に新出した問題への対応姿勢を含むものである。やはり、単純に「国家神道」の復興・存続とレッテルを貼ることはできない。だが、戦前・戦後との連続性と断絶性のはざまで、皇室崇敬、敬神崇祖、愛国心、侵略戦争史観の否定、保守的価値観等を基軸として過去との連続性に根拠を求めつつ、現前の戦後状況に対応し、それを国民運動として推進・展開しようとしている運動だということができる。

これは、「やはり神社本庁＝神道政治連盟が右派の「作戦司令室」だったのだ」と結論づけることにはならない[36]。そうではなく、戦後日本の「正統」的宗教ナショナリズムの求心力の強さ、という問題である。

保守合同運動には、さまざまな背景を持った団体と人々とが集まっている。そこにはさまざまな宗教運動群も含まれている。この点の具体的な検証はさらに次章で行うが、それらの宗教運動の国家意識・社会意識・ユートピア観などは多様であって、言うなれば「正統」に対する「O異端」に相当するものである。

しかしそれでも、皇室崇敬、敬神崇祖、愛国心、伝統重視、保守的価値観などを運動の理念・方針として共有しているのであれば、公約数的な部分で「正統」的宗教ナショナリズムの求心性に引きつけられ、その結果としての合同が可能となっているのである。多くの諸団体と共有する部分が大きいのであれば、自らが特別な自前の政治団体を創設して、独自の活動を展開し、自前の候補者を擁立するような必然性は低下する。「自分たちの願い・思いを理解・共有している」と想像される、目指すところが近い諸団体と合同し、目指すところが近いと思われる既成の政党・政治家を組織的かつ協同的に推薦・支援すればよいのである。

もちろん、既成政党・政治家が個別の宗教運動・保守合同運動の希望をそのまま実現してくれるわけではない。政治家にとっては、単なる票田という面も否定はできまい。だが、他の宗教運動とも合同できるということは、「世俗」的な既成政党・政治家――仮に彼らが自教団の教えに帰依していなくとも――であっても、手を結ぶことが比較的容易になるのである。

このようにして、戦後日本の保守合同という運動は成立・展開してきているのであり、「正統」的宗教ナショナリズムの求心性に引きつけられた形での「政治関与」が行われているのである。

第2章　註

（1）本書では「保守」の語を、運動や参画者の自己規定と社会的評価などを基準にしながら、「日本の伝統重視や皇室崇敬、自主憲法制定や愛国心の涵養などを訴え、政治的には自由民主党のタカ派などと親和性を有してきた、主張・思想・運動・人物などの総称」と便宜的に定義して用いる。これらの動向は「保守」ではなく「右派」ではないかという疑問も当然あるだろう。また、学生運動の隆盛期や冷戦体制下と現在とでは、その思想・運動の社会的布置も当然変わってくるものと思われる。まずは「右派」という批判的言明はせず、戦前との連続性を視野に入れた「保守」の語を用い、概念についての議論は今後に委ねたい。もっとも、「右派」ではなく「保守」を用いたからといって、議論と分析の精度が落ちるということはない。また、「保守合同」の語も、戦後日本の政党政治史における「保守合同」のことを指すのではなく、前述のような「保守」的諸運動がさまざまな思想背景を持ちながら協同する様子を捉えようとした語であることを、あらかじめことわっておく。

（2）本章と次章は、筆者の博士論文ならびに拙稿［塚田 二〇一四b］を下敷きにして、それに大幅な加筆・修整を加えたものである。

（3）ただし、村上はそのうち二頁ほどで、「神社の復興」「国家神道復活運動」の項を設け、当時の神社界の動きや靖国神社法案・津地鎮祭訴訟をめぐる動向にもごく簡単に触れている［村上 一九七〇：二一九–二二二］。

（4）他方で島薗は、政治学者の原武史との皇室祭祀をめぐる対談において、「国民社会的な団結の意識や自明と感じられた連帯感が薄らいでくると、あらたにいかにして国民の統合を形づくるのかということが問題になってくる。そのことについて不安に思う人が増える。そこでもう一回、国家神道的なものを復興させようということが表に出てきます。……天皇や皇室の統合機能、とりわけ国家神道的なものを復興させたいという議論が、だんだん高まってくる。これは世界的には宗教復興とか、ファンダメンタリズムなどと呼ばれる現象に対応しています」と、「国家神道復興論」に力点を置いている［島薗・原 二〇〇九：二九–三〇］。

（5）後に島薗は、［島薗 二〇一四］の「国家神道の復興」の節において、日本会議とその参画団体や基本的理念に触れているものの、導入的・紹介的な内容に留まっている。

(6) 現在、神社本庁の年誌は五〜六十五年誌までの一三冊、神道政治連盟の年史は十〜四十年史の七冊がある。

(7) 他に、柿田睦夫は、『FORUM21』に「検証・靖国問題」の連載を進めており（二二〇〈二〇一四年五月〉号〜）、そのなかでこうした保守・右派的運動の動向について触れている。また、『しんぶん赤旗』においても、日本会議等を報じた記事は散見されるので、適宜参照する。

(8) いわゆる神社のほとんどは本庁に属するということである。なお、靖國神社や日光東照宮、伏見稲荷大社や気多大社などはそれぞれの理由から属さない単立宗教法人である。

(9) 一九四七年六月には、本庁内に設けられた審議会により、「神道の伝統に即し、之が発展に属するものであること」「神宮を中心として統合調和して居る信仰であること」「特定の一神が一切の神の本質を併呑するが如き教義は除外されること」などの「教義調査取扱要項」が定められた［神社新報社編 一九七一：二二〇-二二一］。

(10) 一九七〇年には教学研究室、一九八八年には教学研究所、二〇〇八年には神社本庁総合研究所が設置され展開していった［神社新報創刊六十周年記念出版委員会編 二〇一〇：三七二-三七六］。

(11) 吉江勝保・自民党組織副委員長、中林政吉・生長の家理事長らが来賓として参列した。

(12) なお、設立時から「私共は本庁と不離一体となり」（上杉一枝発起人代表・会長）とされ［神政連十年史編輯委員会編 一九七九：九］、その後も主張・方針・人員・施設等に一体性があることから、本書では、「神社本庁＝神道政治連盟」と表記することをことわっておく。

(13) 元号法の全文は以下の通り。「一 元号は、政令で定める。二 元号は、皇位の継承があつた場合に限り改める」。

(14) 筆者は、同会において、これまで幸福の科学の政治進出（第8章参照）［塚田 二〇一一a］と、公有地上宗教施設の全国調査［塚田 二〇一四c］について報告を行ったことがあり、同会の会員である。筆者なりに、政教関係・政教問題が改善されるべきだと考えている。

(15) もっとも、本章において、本庁＝神政連の影響力を小さく見積もり、替わって合同運動たる日本会議に焦点化することによって、本庁・神道界から目を逸らさせ、その免責をはかろうという意図はない。

(16) 以下、本文中では煩瑣になるが、データとして重要と思われるため、神政連の各回選挙の動向を挙げる（一部データは完全ではない）。一九八三年参院選比例では、堀江正夫・柳川覚治（元・文部省）を推薦し、両氏とも当選した。同年衆院選でも、一六四名を推薦し、一二八名が当選した［神道政治連盟編 一九八四：九七-九九］。一九八六年参院選比例では、村上正邦・板垣正・永野茂門（元陸下幕僚長）を推薦し、当選した。一九八九年参院選比例では、柳川、田村秀昭（前・航空自衛隊幹部学校長）を推薦し、当選した［神道政治連盟編 一九九〇a：一一二-一一五］。一九九五年参院選比例では小山孝雄（元・労働大臣秘書官）を推薦し、当選した。一九九七年衆院選では、二五九名を推薦し、一九〇名が当選した［神道政治連盟編 二〇〇〇：一〇五-一〇七］。一九九八年参院選比例では、村上を推薦し、当選した。二〇〇〇年衆院選では、二四五名を推薦し、一八一名が当選した。二〇〇一年参院選比例では、小山を推薦候補に決定していたが、ＫＳＤ問題が発覚したため推薦を取りやめた。代わって、有村治子、尾辻秀久、桜井新を推薦することとし、全員当選した。二〇〇三年衆院選では、二一八名を推薦し、一六七名が当選した。二〇〇四年参院選比例では、水落敏栄、鈴木正孝、山谷えり子を推薦し、当選した［神道政治連盟編 二〇〇五：一四一-一五三］。

(17) 二〇一〇年参院選選挙区では、四三人を推薦し三四名が当選した（意 一七四：五）。

(18) ただし、これは後述の日本会議も推薦している。政治関与開始の七〇年代と比しても、支持層自体が拡大しているかは判断できない。なお、選挙区では四四人を推薦し四三人が当選した（神社新報 二〇一三／七／二九）。

(19) その名簿は、神政連のウェブサイトにおいて、公開されている（http://www.sinseiren.org/ouenshiteimasu/ouensimasu.htm）。なお、筆者が二〇一三年一一月に確認した時点では二五六名だった。二〇一四年の衆院選を経て、約一年間で三〇名超が加わったということである。

(20) 二〇〇〇年五月一五日には、神政連国会議員懇談会結成三〇周年記念祝賀会の場における挨拶で、当時首相の森が「日本の国、まさに天皇を中心としている神の国であるぞということを国民の皆さんにしっかりと承知をして戴く、その思いでですね、私達が活動して三〇年になったわけでございます」といわゆる「神の国」発言を行い、批判と議論を呼んだ。本章のコンテクストに即して振り返るならば、誰にとってはすんなりと受け容れられる発言であったか、ということである。

(21) 二〇一二年衆院選の推薦基準はさらに全一〇点に細分化・増加している（神社新報 二〇一二／一二／三）。

(22) これらを確認していくような作業は、今後の課題である。

(23) あくまで分析レベルでの捉え方であり、価値・評価をともなうものではない。なお、中野毅は、平和憲法と信教の自由を基軸に据えた「形式上の戦後世界」という舞台において、その平和と自由を護ることを重視する諸宗教運動、神道界などの右派・保守的動向、自前の政治進出の創価学会＝公明党の事例を対置させる論の構成を取っている［中野 二〇〇三a］。筆者と認識を異にするというよりは、どの部分に最も焦点化するか、戦後の保守合同運動の重みをどの程度見積もるか、の差異だと言えよう。

(24) 生長の家・谷口雅春については以下の文献を参照した。谷口の来歴については［小野 一九九五］、その思想特性については［島薗 一九八八、一九九四ａ］に詳しい。政治活動については［日隈 一九八五］がすでに詳しくまとめているので、参照する。また、［寺田 二〇〇九］は台湾における同教団の展開を論じるなかで、その宗教運動としての歴史と特性についても丁寧にまとめている。

(25) なお、生政連結成の動機について谷口は後に、「生政連が誕生したのも、最初の動機は、当時、年間三百何十万名という腹の中の子どもが虐殺されてゐるといふのを、どうしても助けなければならないといふので、これは宗教だけで、教へを説いてゐるだけでは間尺に合はない。妊娠してゐる人を戸別訪問して堕胎したらいかんぞといつても、それはなかなか三百万人の所へ歩いて行くわけにはいかない。これはどうしても政治の世界で、政治家を動かしてそしてひとつ、堕胎といふことは犯罪であると、人道上善くないことであるといふことを本当に知らせるのに、一番手近なのは、それは政治であると、かういふふうに考へまして、そしてこの生長の家政治連合といふのが出発したのであります」と述べている［谷口 一九七三：一二〇］。一九四八年に成立した優生保護法の改定は一九四九・一九五二年のことであるので、生政連の結成の間にはタイムラグがあるものの、谷口＝生長の家においてプロライフ思想が重要視されていたことがわかる［土屋 二〇〇五］。

　また、こうした政治団体結成の動きは、一九五〇年代半ばからの創価学会の政治進出（第４章参照）の動きを受けて、他教団でも六〇年代・七〇年代に活発化していったものだった［日隈 一九八五：一三二、井上・梅津・中野 一九九〇：五六九―五七〇］。生政連の動きもそのなかで見る必要があるが、本章では省略する。

(26) 一九六九年には、保守系の学生団体である全国学生自治体連絡協議会（全国学協）が結成されているが、ここにも生学連関係者が複数関わっている。元々は、長崎大学の椛島有三らによる学園紛争の「正常化運動」に端を発し、九州各地で広がるなかで大分大学の衛藤晟一らも加わって合同化し、全国組織になっていった。一九七〇年、学協ＯＢにより、日本青年協議会（日青協）が結成された。一九七三年ごろ、全国学協は路線対立から分裂し、翌一九七四年に日青協の下部組織として、反憲法学生委員会全国連合（反憲学連）が結成された。反憲学連では、三島由紀夫や谷口雅春の影響が大きかったとされる。日青協は、二〇〇五年になって包括関連組織である日本協議会（会長・椛島有三）を結成した。

(27) 一九六八年には玉置猛夫を立てるが落選、重宗雄三は推薦して当選、一九七一年には玉置和郎が約七二万票で当選（神政連も推薦）、一九七四年には村上正邦と田中忠雄を立てるも双方とも約五五万票で落選、一九七七年には玉置が一一二万票で当選（神政連も推薦）、一九八〇年は村上が約一〇四万票で当選（神政連も推薦）という結果であった［堀 一九八三：二二四］。なお、村上正邦の生長の家や政治との関わりについては［魚住二〇〇七］を参照。

（28）同年一二月の衆院選で和歌山二区から出馬することになり、当選した。

（29）生長の家＝生政連の思想と運動の全体像は、本項のみではとても十分に描き切れているとは思わない。これについては、今後の課題とし、稿を改めたい。

（30）モラロジー、念法眞教、佛所護念会教団、世界真光文明教団については、第3章で論じる。

（31）もちろん、後述していくが、これらの団体の「信者」全てが賛同・参加しているなどと言うつもりはない。

（32）註25を参照。また日青協サイトにも記載がある（http://www.seikyou.org/nihonkyogikai.html）。

（33）筆者は、日本会議の正会員であり、月刊誌を購読している。

（34）公式サイト（https://kenpou1000.org/）を参照した。

（35）その意味では、二〇一三年一二月の安倍首相靖國参拝に、アメリカが「失望」を表明したことに対して、翌年二月に衛藤晟一が「我々の方が失望した」と批判し、物議を醸したことは、日本会議における対米観の振幅を示唆しているのかもしれない。

（36）ここの部分のさらなる明確な検証は、残された課題とするしかない。日本会議の集会等に神道界・本庁・神政連の関係者の姿は見えるが、だからといって日本会議の諸活動を神道界・神職が先導し、牛耳っているとは言えない。また、生長の家関係者・出身者が複数関わっているのは事実だが、それがどこまでかは現時点では言えない。なお、これは全くの一エピソードに過ぎないが、筆者は、ある日本会議の集会の場で「生長の家の方ですか」と声をかけられたことがある。彼によれば、関係者はその会場の「あちこちにいる」らしかった。

第3章　保守合同運動と新宗教運動

本章では、保守合同運動に参集するさまざまな新宗教運動・諸団体の特性をつかみ、その参集のメカニズムを解明することを目指す。

前章で論じたように、保守合同運動とは、さまざまな運動・団体と人々とが集まることで成立しているものであった。その理念とは、皇室崇敬、敬神崇祖、愛国心、伝統重視、保守的価値観などを軸とした「正統」的宗教ナショナリズムであることを確認してきた。その求心力ゆえに、現実的結果としての合同が可能となっているのである。

しかし、そうであったとしても、それらの参集する運動群――とりわけいくつもの新宗教運動群は、「どれも同じ」ではない。それぞれ多様な背景と思想を持っている。それならなぜ、独自・自前の「政治進出」をすることなく、また政治的活動を全くしないのでもなく、「正統」的宗教ナショナリズムに収斂した合同・参集という形で既成政党・政治家を支援する「政治関与」の道が取られるのか。本書の課題から言えば、ナショナリズム＝国家意識との関連からその点を解き明かさなければならない。

以下、本章では安丸良夫の「正統ナショナリズム」と「O異端」論をヒントとしながら、この問題に迫っていきたい［安丸 一九九二、一九九九］。

第一節では、日本会議に参画する新宗教運動・諸団体を概観し[1]、協同を可能とさせる特性をそれぞれ炙り出すことを試みる。第二節・第三節では、より詳しいケース・スタディとして、解脱会《げだつかい》と真光《まひかり》（崇教真光《すうきょうまひかり》）を取り上げ、その特性を明らかにしたい。

3-1 日本会議に参画する宗教運動・諸団体

前章で見てきたように、日本会議には多くの宗教運動が参集している。

これは、その前身である一九七四年発足の「日本を守る会」の時点から顕著であり、神道・仏教・新宗教・キリスト教を問わなかった。臨済宗円覚寺派管長の朝比奈宗源という仏僧が、伊勢神宮で天照大神の御神託を受けたという「起源神話」自体が、その重層性を示唆していよう。そこには、日本人の宗教との関わり方の典型が、いくぶんかは反映されていると言ってもよいだろう。

日本会議においても、顧問・副会長・理事長に神道人が多く見られることはともかくも、全四七人の代表委員のうち、一八人（三八・三％）が宗教者・教団関係者等であった。まずは、その一覧を表1に示す。団体成員数は、あくまでも目安であり、参考までの数字である［文化庁編 二〇一四］。比叡山延暦寺は天台宗の、オイスカインターナショナルは三五教の数値を記載している。モラロジー研究所と倫理研究所は「宗教法人」ではないが、その起源に宗教運動との関わりがあるので、ここで取り上げることとする。

このように、神道界のみならず、伝統仏教・修養団体・新宗教運動などの諸団体が多数関与していることが一目瞭然であろう。

このなかで、たとえば比叡山延暦寺の代表委員がいるから、あるいは熱田神宮の宮司がいるからといって、国内一五三万の天台宗檀家や、熱田神宮の崇敬者がみな活動に参与するだろうか。靖國神社の崇敬者となると

表１　日本会議に参画する宗教団体・修養団体関係者

役員名・団体役職	団体の系統	団体成員数
副会長		
田中恆清・神社本庁総長	神社神道	90,255,682人
代表委員		
秋本協徳・新生佛教教団最高顧問	仏教系新宗教	―――
稲山霊芳・念法眞教燈主	天台系新宗教	416,931人
岡田光央・崇教真光教え主	神道系・習合系新宗教	約80万人（公称）
岡野聖法・解脱会法主	密教系・習合系新宗教	108,367人
小串和夫・熱田神宮宮司	神社神道	―――
黒住宗晴・黒住教教主	教派神道	272,565人
関口德高・佛所護念会教団会長	法華系新宗教	1,240,689人
髙城治延・神宮少宮司	神社神道	―――
高橋明・霊友会常務理事	法華系新宗教	1,390,248人
武覚超・比叡山延暦寺代表役員	伝統仏教	1,534,770人
長曽我部延昭・神道政治連盟会長	神社神道	―――
德川康久・靖國神社宮司	神社神道	―――
中島精太郎・明治神宮宮司	神社神道	―――
中野良子・オイスカインターナショナル総裁	神道系新宗教	8,378人
廣池幹堂・(財)モラロジー研究所理事長	修養団体	47,000人（公称）
保積秀胤・大和教団教主	神道系新宗教	91,969人
松山文彦・東京都神社庁庁長	神社神道	―――
丸山敏秋・(社)倫理研究所理事長	修養団体	約20万人（公称）
理事長		
男成洋三・明治神宮崇敬会理事長	神社神道	―――

※日本会議サイトの「役員名簿」（http://www.nipponkaigi.org/about/yakuin）を参照し、筆者が作成

※団体成員数は［文化庁編 2014］を参照。（公称）とあるのは、各団体サイトの記載情報を参照したもの

また性質は多少別だろうが、基本的にはそうした事態は想定しにくいだろう。そうすると、本節で目を向けるべきは新宗教運動群、ということになる。以下、各団体について、若干の解説を重ね、その特性をつかんでいこう。(2)

解脱会と崇教真光については、後述するため、本節では省略する。

新生佛教教団は、山口市に本部がある比較的ローカルな仏教系教団で、「当来佛」とされる秋本日釋《にっしゃく》（一九一五―二〇〇八）によって一九五四年に開かれた。(3)入信すると誰でもが授かるという霊能「ご神示」により、日常生活等の諸判断をくだす。本尊は秋本による諸神仏の名が書かれた「おまんだら」であり、祀って「南無妙法蓮華経」と唱える（ただし、この「妙法蓮華経」とは秋本の教えのこととされる）。宝殿には明治天皇の位牌も祀る。敬神崇祖・伝統重視の姿勢とともに、強い反共主義を有す。反・創価学会の姿勢も示す。一九六四年の一信者の労働問題をきっかけに、「良識取り返し国民運動」が展開されていった。『不合理マルクス共産主義を衝く』（一九七六年）などの書籍も刊行された。一九八九年には、関連会社の日本時事評論社が設立され、『日本時事評論』（月二回）を刊行し、男女共同参画の批判や日教組批判、歴史認識や外交問題など活発な言論活動を行ってきた。保守系政治家の支援も行ってきている。一九九四年の開教四〇周年時には、亀井静香・平沼赳夫・高村正彦らが祝辞を寄せた。

念法眞教は、大阪市鶴見区に総本山を有する天台系の仏教教団であり、かなりの規模を有す。(4)全日本仏教会にも所属する。開祖の小倉霊現《おぐられいげん》（一八八六―一九八二）は、一九二五年に久遠実成の阿弥陀如来から「霊告」を受け、立教した。天台宗の教会として活動したが、戦後独立し、一九五二年に宗教法人・念法眞教となった。「現世界極楽浄土建設」を教団目標とする。小倉は、戦争体験を忘れないようにと戦闘帽をかぶって国内を巡り、日常倫理と国土の恩を説いた。機関紙『念法時報』の巻頭に毎号挙げられる中心的なメッセージには、「教団を愛するとは、人を愛し、仕事を愛し、国を愛することである。教団を護持するとは、人を護り、仕事を護り、国を護ることである」という「聖語」がある。また、「一、神仏祖先を敬い、ねたみ、たかぶり、むさぼり、両舌《なかごと》の心を起こさず、家内和合円満に暮らし、我が家の不足を一切他人にもらさぬこと。…中略…一、正法を守り、国恩に報ゆること」の「五聖訓」も重要視されている。月刊誌『鶯乃声』には、毎号「教育ニ關スル勅語」の全文と口語文訳が掲載されている。なお、機関紙・月刊誌には、保守論客・産経知識人の投稿・転載も目立つ。素朴な愛郷心に立脚しながら、国土防衛と反共を強く説き、全国八〇超の支院「念法寺」のいくつかは、北陸や北海道など北の守りの要になるような場所にあるのが目立つ。戦没者慰霊や北方領土問題の啓発教育などにも力を注ぐ。また、小倉は生前、朝比奈宗源とも親しく「真の兄弟よりも固い絆で結ばれておられました」という（『親先生の追憶集 第二巻』一九八三年、一四頁）。

黒住教は、幕末に岡山の神職・黒住宗忠《くろずみむねただ》（一七八〇–一八五〇）が始めた古参の神道系新宗教である。[5] 一八一四年、病床にあった宗忠は、太陽の光を浴びるなかで、天照大神と一体になるという「天命直授」の宗教体験をし、立教した。独自の宗教体験と解釈、病気治しなどの実践を基盤に教勢を拡大していったが、大枠においては神道と体制の枠に収まるものであった。孝明天皇や三条実美など、皇室や公家にも信奉者を得ていった。明治国家体制下では、教派神道の一派として一八七六年にいち早く別派独立を認められた。「万物（宇宙）の親神である天照大御神のご存在と、尊くもそのご分心（御分霊）をいただいているのが神の子である人」という神観・人間観を持つ。そして、その神に報恩感謝の誠を尽くすことの大切さが説かれる。中心的な教えとして、「日々家内心得の事」（御七カ条）がある。これは、「神国の人に生まれ常に信心なき事」「腹を立て物を苦にする事」「己が慢心にて人を見下す事」「人の悪を見て己れに悪心をます事」「無病の時家業おこたりの事」「誠の道に入りながら心に誠なき事」「日々有り難き事を取り外す事」のそれぞれを恐れるよう、しないようにせよ、というものである。二〇〇一年からは、「五つの誠」として「祈りの誠」「孝養の誠」「奉仕の誠」「感謝の誠」「反省の誠」が説かれている。宗教協力・平和活動にも積極的である。戦後一時は、黒住家から国政に候補者を立てていたこともある。

佛所護念会教団は、一九五〇年に後述の霊友会から分立した東京都港区に本部を置く法華系在家主義教団である。(6) 関口嘉一《かいち》（一八九七―一九六一）・トミノ（一九〇五―九〇）夫妻により創立された。法華経に基づき、先祖供養を重視し、自らの心なおしをすることを説く。そのなかで、皇室・伊勢神宮・家庭・教育を重視するとしている。「青年部信条」を見ると、「私達は国を愛し祖先の遺徳と美風に感謝し、その高揚に努めましょう」「私達は神佛を尊び祖先の供養を自らいたしましょう」「私達は師と法の恩を忘れず進んで父母に孝養をつくしましょう」など七ヵ条からなる。霊友会系教団群のなかでは、かなりの規模を持ち、また立教当初から今日に至るまで最も強いナショナリズムを有するといえる。だが、法華経教学的な論理に立脚するというよりは、創始者夫妻のパーソナリティに根差した、素朴な愛郷心・愛国心という性格である。寺田喜朗はそれを、「非体系的な愛郷的保守思想としてのナショナリズム」と分析している［寺田 二〇一〇：二一六―二一七］。伊勢神宮への参拝・団参は、立教直後から続けている。日本を守る会には創立当初から関わり、一九七四年には朝比奈宗源、岩本勝俊（曹洞宗管長）らと田中角栄首相に申し入れに行っている。終戦記念日の靖國神社での戦歿者追悼中央国民集会にも、参加・協力が見られる。

霊友会は、一九三〇年に久保角太郎（一八九二―一九四四）と小谷喜美《きみ》（一九〇一―七一）によって設立された法華系在家主義運動の草分け的教団である。(7) 法華経による双系の先祖祭祀と心なおしを中心に置く。戦中期には、体制恭順的な姿勢と「婦人修養会」などの銃後の運動を展開し、教勢を保った［渡辺 二〇〇七］。戦後社会では、さらに大教団化した。霊友会の場合も、久保に影響を与えた西田無学（一八五〇―一九一八）にまで遡って、先祖供養の重視から孝養―忠孝、教育勅語の精神、敬神崇祖、天皇崇敬、伝統重視への接続を考えることはできる［由木 一九八四］。だが現在の霊友会において、皇室崇敬や日本中心主義が教団を挙げて最前面に押し出されているようには見えない。支部によって色合いの違いもあるものと思われる。終戦記念日の靖國神社には、第八支部の姿などが確認できる。また、一九七六年四月には、政治団体ＩＩＣ（インナートリップ・イデオローグリサーチ・センター）が設立された。目的は、「妙法蓮華、教菩薩法、仏所護念、分別広説の大義を基調とし、議会制民主々義ならびに自由主義の理念に則り、人類の将来を踏まえ、真に民衆に利する政治を実現する」とされた〔朝日新聞社調査研究室 一九七八：一〇〕。一九七七年一〇月時点で、衆参合わせて百人ほどの国会議員が所属とされた〔同〕。

オイスカインターナショナル（公益財団法人オイスカ）は、大本系・神道系の教団である三五教《あなない》（静岡県掛川市）を母体に設立された団体である。[8] 三五教は、一九四九年に中野與之助《よのすけ》（一八八七―一九七四）によって始められた。祭神は、國常立大神・大國主大神・大道彦命である。日本の伝統を重視し、報恩感謝の世界を目指す。鎮魂帰神・祖霊祀り（神葬祭）などの儀礼実践に加え、領土問題への危機感を機に二〇〇八年からは「国家安泰祈願祭」を執り行っている。オイスカ自体は、一九六一年に設立された国際交流・農村開発・環境保全活動を進めるＮＧＯである。総裁の中野良子《よしこ》（一九三三―）は、三五教の第二代教主だった。関連のオイスカ高校（一九八三年開校・浜松市）は、かつては全寮制で、校歌に「八紘《あめのした》」「一宇《いえ》」、校内の神社参拝、旧軍隊式の敬礼、サーベルを構えた卒業式などの様子が取りざたされた〔林 一九八七〕。林雅行によれば、オイスカは、衆参二二名（一九八五年四月時点）のオイスカ国際活動促進議員連盟を組織するとともに、アジア反共人脈に深く連なっているという〔同〕。

モラロジー研究所（現・公益財団法人）は、天理教にもいた廣池千九郎《ちくろう》（一八六六―一九三八）が一九二六年に説いた「道徳科学」を基に始まった修養・道徳団体である。[9] 廣池は、『新編小学校修身用書』や『伊勢神宮と我国体』『伊勢神宮』『孝道の科学的研究』などを著した法学者・教育者・思想家であり、最高道徳の実行による人類の平和・幸福の実現を説いた。現在は、「お互いを敬う心」「支えられ生かされているという自覚」「人としての義務」「〝いのち〟のつながり」「みんなの幸福をめざす」の五つを指針に据える。教育再生、道徳教育による「日本人の心の再生」を訴え、その出発点を家庭に置く。関連事業として、麗澤大学、幼稚園・中学・高校などの教育事業にも力を注ぐ。これらの学校では、『新しい歴史教科書』（扶桑社）や『新しい日本の歴史』（育鵬社）などの歴史・公民教科書を使用してきた。麗澤大学では、保守派論客らも教鞭を取る。

大和《たいわ》教団は、一九五七年立教の宮城県仙台市青葉区に本部がある神道系の教団である。[10] 同区内に大國神社をかまえる。元々は開祖・保積史子《ひさこ》（一九〇八―二〇〇三）の修行による霊能を基盤とし、東北地方のシャーマン的宗教伝統・文化を基盤としている。教祖に啓示を与えた大國主大神を主祭神とする。中心的な教えである「大和の神訓《みおしえ》」は、「大和は敬神の道の教えです」「大和は崇祖の道の教えです」「大和は忠孝の道の教えです」などの一一ヶ条からなる。現在の教主・総裁の保積秀胤《ひでたね》（一九四五―）は、「やまとの心普及協会」主宰、日本会議の代表委員・宮城県本部顧問、北朝鮮に拉致された日本人を救出する宮城の会顧問を務めるなど、精力的に活動を展開している。二〇一四年には、後述する解脱会の岡野聖法を継いで、新日本宗教団体連合会（新宗連）の第七代理事長ならびに日本宗教連盟理事長に就任した。『新宗教新聞』紙上の二〇一五年「年頭所感」のなかでは「靖国神社問題の解決」を掲げ、新宗連がかつて靖国神社国家護持に反対したことについての「誤解」を解き、「過去の歴史と共に、新宗連の歩みをも正しく学び、私たち宗教者だからこそできる解決の道を図りたいものと強く願う」としている（新宗教新聞二〇一五／一／一）。[11]

倫理研究所（一般社団法人）は、丸山敏雄（一八九二―一九五一）によって一九四五年に始められた修養・社会教育団体である。[12] 丸山は戦前、ひとのみち教団（現・PL教団）の幹部であって、一九三七年の弾圧において逮捕され、その後に教団から離脱した。終戦後まもなくに、戦後日本の再建を期し、活動を始めた。丸山は「徳福一致」を説き、「今日は最良の一日、今は無二の好機」「夫婦は一対の反射鏡」「子は親の心を実演する名優である」「肉体は精神の象徴、病気は生活の赤信号」「働きは最上の喜び」など一七ヶ条からなる「万人幸福の栞」を残した。団体は現在、「日本創生」と「地球倫理の推進」を掲げ、心直しや家族の大切さなどを説く。

以上のような、さまざまな思想と背景を持った新宗教運動・諸団体が、日本会議という保守合同運動に参画している。[13] まずはおおづかみにその傾向性を捉えておくことができよう。

もちろん、これらはあくまで代表委員に名を連ねている団体なのであって、これら全団体の全信徒・会員が参画しているなどと捉えるのは大きな間違いとなろう。名誉職的に教団トップの名が載せられているだけに近いケースもある。

筆者のこれまでの調査の範囲では、日本会議の地方組織においては、在地の神職の他に、念法眞教・佛所護念会教団・崇教真光・大和教団などの教団職員や会員らが中心となっているケースが見られ、イベント等への信徒会員の動員もある程度なされている様子だった。

また、日本会議の月刊誌『日本の息吹』二〇〇九年一二月号掲載の「特集 天皇陛下御即位二十年をことほぐ」においては、各界からの奉祝の文章として、岡野聖法（解脱会）・末吉将祠（霊友会）・関口慶一（佛所護念会教団）・田中恆清（神社本庁・石清水八幡宮）・中島精太郎（明治神宮）・半田孝淳（天台宗）・廣池幹堂（モラロジー）・丸山敏秋（倫理研究所）らのものが特に選ばれて、この順番で紙幅が割かれている。さらに、同誌二〇一〇年八月号には、小田村四郎・日本会議副会長から関口孝・佛所護念会教団責任役員への弔辞が特別に掲載されている。

これらのことを総合すると、諸団体の関わり方の比重の違いが（まだまだ調査と検証は必要であるが）見えてくるだろう。

3-2 解脱会―敬神崇祖と愛郷心―

本節では、日本会議に参画する新宗教運動の性格を捉えるためのより詳しいケース・スタディとして、一九二九年に、岡野聖憲《せいけん》（生名・英蔵、一八八一―一九四八、尊称・解脱金剛尊者、金剛さま）によって創始された神仏混淆・密教系の新宗教運動である解脱会を対象に、そのナショナリズムの論理・構造と実践の特徴をおさえたい。

解脱会についての先行研究としては、『伝統的宗教の再生―解脱会の思想と行動―』［エアハート・宮家編 一九八三］（と関連する［島井 一九八六］［宮家二〇〇二］など）が先駆的な重要な成果であるが、それ以降は全く提出されていないといってよい。同書は、岡野と解脱会の思想と行動とを包括的に取り上げたもので、大いに参考になる。だが、ナショナリズム＝国家意識という視角については、藤井健志による岡野の生活史論文［藤井 一九八三］や、質問紙調査の項目のなかに認めることができるものの、正面から考察されたものではない。よって、本書のような文脈から取り上げる研究史上の意義もあるだろう。

解脱会の概要を提示する。

岡野は、一八八一年、埼玉県北足立郡北本宿村（現在の北本市）の代々名主を務める農家の次男（四男四女の五番目）として生まれた。海運業で成功した岡野は一九二五年、自身の大病を機に宗教の道を志すようになる。関東圏の神社仏閣めぐりや、宗教的職能者との交流、独自の修行などを行う。この間、霊能をそなえた岡野は一九二九年、「太神《おおがみ》を世に出せ」との霊的啓示を受け、解脱会を立教する。徐々に信奉者が参集するようになる。活動の便宜を得るためもあり、一九三一年には真言宗醍醐派三宝院で得度し、法名を聖憲とした。同時代のモラロジー（道徳科学）や天津《あまつ》教などの影響も受けながら［藤井 一九八三］、習合的な宗教的世界を形成

写真1　泉涌寺内 解脱金剛宝塔（2011年11月）

した。

戦時下では、真言宗醍醐派解脱分教会および解脱報恩感謝会の名で活発な献金・慰問活動や報国のための産業指導などを展開した。醍醐寺からは、岡野没後に「解脱金剛」の諡号を贈られている。同寺との関係は現在まで続いており、会の法要などを同寺で行う。

解脱会の信仰対象は、天神《てんじん》地《ち》祇《ぎ》太神《おおみかみ》（主祭神・大宇宙大生命の本体）・五智如来（大日・阿閦・宝生・阿弥陀・釈迦）・解脱金剛である。

教えの基本にあるのは、〈敬神崇祖・感謝報恩の生活〉の実現で、〈在家宗教〉すなわち家庭での修養道徳的実践を中心とする。家の宗旨を尊び、氏神や菩提寺を大切にし、皇室崇敬に篤い。

特徴的な儀礼的実践としては、「御《おん》五《ご》法《ほう》修行」（合掌した手に霊符を挟み瞑目すると霊動が起きる）や甘茶による霊供養などがある。

また、一九四一年より、伊勢神宮・橿原神宮・泉涌寺への「三聖地巡拝」が毎年行われており、近年でも千人超が参列する。特に皇室の菩提寺である泉涌寺（京都市東山区、真言宗泉涌寺派総本山）とのつながりは強く、財政難にあった同寺の護持に努めた岡野は没後に境内への埋葬が許され、境内に「解脱金剛宝塔」が建立された。

岡野聖憲没後、長兄の孫にあたる岡野聖法《せいほう》（一九三九–）が一九五三年に「法主」となり、現在に至っている。岡野聖法は、伊勢神宮評議員、日本会議代表委員、新日本宗教団体連合会第六代理事長（二〇〇八年～二〇一四年）、日本宗教連盟理事長（二〇〇九年度）などを歴任してきており、宗教界の信頼は厚いといえよう。一九四七年に宗教法人令による宗教法人解脱報恩感謝会、一九五二年に宗教法人法による宗教法人、一九六一年に解脱会と改め現在に至っている。解脱会の本部は東京都新宿区荒木町にあり、聖地「御霊地」は岡野の郷里である埼玉県北本市にある。国内に六直轄道場・三四教区・三八一支部があり（二〇〇七年時点）、公称会員数は一〇万八三六七である〔文化庁編 二〇一四〕。海外では、ロサンゼルス・サクラメント・ハワイに教会がある(14)。

解脱会について、筆者は教団刊行書籍をほぼ網羅的に入手するとともに、戦前以来の機関紙誌に多く目を通してきたが、その教えと実践の中心は、基本的にはまず何よりも岡野聖憲（とその時代）の言行にあるといってよい。もちろん、一九四八年の岡野没後から現在に至るまでの約七〇年間には、岸田英山教統らによる教義整備や、教学部による活動、『解脱金剛伝』の編纂などのさまざまな動きがあったのは確かである。だが、一九七八～八七年にかけて行われた『解脱金剛尊者ご聖訓 第一巻～第一〇巻』の編纂・刊行の内容をみても、あまりに「国粋主義的」と判断された戦前の一部言行の削除・修整を含みつつも、基本的にはやはり岡野の言葉をそのまま伝えようという姿勢が顕著である。よって、解脱会のナショナリズムを捉えるには、まずは岡野の歩みと言説に焦点をあてる必要があるのである。

埼玉県の北本宿で代々名主を務める農家の次男として生まれた岡野は、生家を離れたのち、織物業における問屋倒産・脱税・借金（親が精算）などの失敗を繰り返し遍歴した後、大正年間に海運業で成功する。

岡野の思想形成上重要なのは、代々名主の家に生まれながら、事業の失敗・借金・脱税などで家・父母に迷惑をかけたことに対する、父母の恩に応えたい、家名に恥じない働きをしたい、故郷に錦を飾りたい、国のために働きたいといった強い思いであった。それらは、小学校の「御真影」下賜体験以来の素朴な皇室崇敬の念や、生家が氏子総代・檀家総代であること、父の「兄弟で力を合わせて、岡野家を盛り立てていってくれ」との遺言［解脱会伝記編纂委員会編 一九八八：三二六］、一九二八年に下高井戸の別荘に飼育犬の評判を聞きつけて皇族（伏見宮か）が来たこと、などの諸体験の蓄積に裏打ちされたものであった。

こうした「家」「先祖」「家郷」の重視の姿勢が、氏神（現界から神界への窓口の役割を果たす）・菩提寺（正しき祖先の霊は神界と人界とを連結する）の重視、また皇室崇敬へと滑らかに接続されているのである。

このような姿勢は、たとえば会員が日々唱える「勤行法則」のなかの「三綱五常報恩」にも反映されている。

国土の大御恩　法志天思難報《ほうじてもほうじがたし》
父母の御恩　法志天思難報
師の御恩　法志天思難報
社会の御恩　法志天思難報
天地宇宙万物の御恩　法志天思難報

また、岡野の愛郷心は単なる郷土愛に留まらず、民族性の次元にまで連結されている。

……人として郷土を愛するの志なきは、その根本観念に於いて、祖国を支持しまた擁護する、民族精神を失うもので、厳粛なる意味に於ける、真に民族性を持たぬものであります。／もし我等の郷土愛を、我等が生誕の一区域による、人間憧憬れの表現であり、故郷に対する単なる思慕の一範囲を観るならば、それは明らかに民生の美しい連鎖を知らぬ非人情であります（一九三四年）。［解脱会伝記編纂委員会編 一九八九：二一三］

……（報恩を如何にすべきか）自己自身正しき精心に立て直すのであります。立て直す方法は何かとなれば家庭伝道を第一に一家を正しき道に歩ましむるのであり而してそれを拡大以て一村、町、郡、県、一国を挙て真に共栄共存の実を結ばしめ美禄の御世、人生の棲よき国家をなさしむる……

（『月報』一九三五年七月号）

ここには、自己滅却による心直しから、家庭・地域・国（そして世界）へと敷衍していく救済の積あげ型段階論が看取できる［小島 二〇〇八］。

ただし、確かに岡野は戦前から、「解脱は万国共通の親愛と協調と、而かして永久平和の真の確立を神の記述に於て執り行い、天地順則の大義を捧げて世界の公道を履みしめつつあり」（『月報』一九三七年一〇月号）「五色人種[16]救済に励み、米国のすみずみまで布教してくれ」［解脱会伝記編纂委員会編 一九八九：三七二］などと、人類（「五色人種」）救済・万霊供養・世界平和を説いているが、やはり「国家」「民族」の位相が強調されることにより、この普遍的局面は幾分後景化している。

次に、実践面に目を移す。

まずは、一九四一年より毎年行われている「三聖地巡拝」が特筆すべきものである。これは、毎年四月に、「日本民族の大御親」を祀る伊勢神宮、「建国の祖神」神武天皇を祀る橿原神宮、皇室の菩提寺である御寺泉涌寺を巡るもので、毎年千人ほどが参加する。岡野の「たとえ国体に変革あろうとも、我等は伊勢、橿原、泉山を護持し奉る」（一九四一年四月）［解脱会伝記編纂委員会編 一九九〇：四八］「この巡拝は日本国民を代表し、さらには世界五色人種を代表しての参拝である」（一九四二年出発式）［同：一四五］といった決意の下で始められたものである。伊勢神宮や橿原神宮、泉涌寺側も、宮司や長老が挨拶をするなど出迎えの姿勢を見せている。現

在では、

……ご皇室を中心に育まれてきた日本国体と、その悠久の歴史と、その象徴的な存在である三聖地に世界平和の根本原理があることを信じて、どこまでもこの道を護り尊んでゆくこと〔解脱会編 二〇〇四：五八〕

などと位置づけられてはいるが、日本的特殊性と普遍性をつなぐ論理はやや不明瞭である。

この三聖地のなかでも、泉涌寺の持つ意味は特別である。戦前、民間とは交流がなかった同寺の護持を志した岡野は、折衝を重ねてようやく団参を認められた。戦後間もなく病床にあった岡野は、泉涌寺内に埋葬されることを願い、届け出た。当時、民間人を埋葬する前例はなかったが、財政的に同寺を支えたこともあり、境内地約千坪の土地の永代使用が許された。「死した後も泉山（御寺泉涌寺）を護持し奉らん」と念じ、岡野は逝去した。一九五四年一一月に、同寺の大門を入ってすぐの境内地に解脱金剛宝塔が建立された。毎年一一月四日、岡野の命日に、「解脱会法要」（寺年中行事）・「解脱金剛御年祭」（教団行事）が行われる。同宝塔内には、死後も会祖のもとで国家護持に努めたいという遺志をもった会員物故者精霊の合祀が行われている。よって、同寺は皇室の菩提寺であると同時に会祖が眠る地であるという二重の意味を帯びている。皇室崇敬・会祖追慕・菩提寺・国体護持といった複数の領域が絡まりあう場だといえる。

続いて重要なのは、北本の御霊地にある「大日本《おおひのもと》精神碑」（現・「太陽精神碑」）である。これは、一九四〇年二月一一日の紀元節に建立された。設立の趣旨は、

……紀元の佳節に建立は、会員諸氏に於かれて、真に日本精神を振興、解脱し即ち自己反省し、最高道徳に、吾等は日本人であるを真に認識せられ如何なる難苦にもこの精神力を以て必ず勝つ依って以て子孫の(17)

繁栄を望む。かくの如く日夜忘れずに天職に努力勉励し、滅私奉公、国土、父母、社会の大恩に報恩感謝し、如何なる事とも不平不満を言わず、日々我が身の無事を有り難く報謝せられん事を重ねて望む

とある。このように戦前は「日本精神」の作興・称揚が主眼だったが、戦後は、

……地上太陽は人間が宇宙の本源に感謝し、日々生かされていることの御礼を申し上げる碑である。この真理の前には、敵も味方もない。

［解脱会伝記編纂委員会編 一九九〇：四〇三–四〇四］

といったように「太陽精神」の顕彰という普遍的志向が付与されている。現在、毎年同日に「建立記念祭」が行われている。

最後に、岡野が敗戦・終戦という事態にいかに向かい合ったかを見ておこう。岡野が亡くなったのは一九四八年一一月だが、会の機関紙は一九四五年二月をもって休刊し、再刊は一九四九年八月であったため、この期間の言説は断片的なものに留まっている。だが、岡野の天皇・戦争・歴史・戦後をめぐる認識がよく表れていると思われるので、引用する。

……大東亜戦争は東亜民族の解放を目的としていた。……それ故に聖戦と称した。……日本は武力では負けたが、聖戦の目的を達し得たのだから勝利したと言ってよいのだ。

……大東亜戦争で一番御苦労されたのは天皇陛下だよ。……陛下のお徳によって日本民族がこの国土に生き残ることができたということをしっかりと心に留め、子に孫に語り伝えてゆかなければならないのだよ。

そして、我々はこの戦争で犠牲になった敵味方双方の将兵、軍馬軍犬鳩の霊に対しては、生き残った者の

つとめとして、あつく供養をさせていただかねばならない。〔解脱会伝記編纂委員会編 一九九〇：二七三―二七四〕

……これから西の神さま（マッカーサーのこと）と東の神さま（天皇陛下のこと）と面会する時が来るよ。西の神さまは東の神さまの徳の高さにさぞ驚くだろうよ。これからは日本の名が世界中に知れ渡る時が来るのだよ！

……これから世界の大統領といわれる人達の徳はどの位のものか、日本天皇家の徳はどの位のものか比べっこが始まってわれらに見せて下さる時が来ているのだよ。新しい歴史の始まりであり、人種無差別国境なく、天神地祇太神さまのご支配あられる動きをわからせていただける時がきているのだ。しっかり観ておきな。〔田村 一九八三：一二九―一三〇〕

……〝太神が戦争をせよ〟と申されたら、その時は自分の住まわさせていただく国土を護って一生懸命に戦うことがその時に生きている人の修行なのだよ。〔同：一六〇〕

岡野にとって戦争はアジア民族を解放する「聖戦」であった。日本は武力では負けたが、目的は果たせた。また皇室崇敬も変わらず、基本的な認識枠組みは変化していない。むしろ戦争は修行・試練だったとし、終戦を「日本精神」と皇室の徳の普遍化の契機と見ている。

以上、解脱会・岡野聖憲の思想形成と運動展開を、そのナショナリズム＝国家意識に注意してみてきた。その特性を、本書の七指標を踏まえてまとめたい。

解脱会においては、家郷（家と郷土）／氏神・菩提寺（先祖）重視が、「日本精神」に代表される民族性・国家称揚や皇室崇敬に滑らかに接続されている（①文化・伝統観／②天皇観）。日本の特殊な使命性や、特殊な天皇観などは持たれておらず、その伝統性・系譜性が重視されている。佛所護念会教団を対象として前掲の寺田が述べた「同胞愛あるいは愛郷心に立脚した」「ある世代が共有していた素朴な大衆ナショナリズム」［寺田二〇一〇：二一七］、「素朴な愛国主義・天皇崇敬に基づく「伝統維持型」とも言うべき「旧」新宗教」［塚田二〇〇九ａ］という特徴があてはまると言えよう。

その点では、⑦ユートピア観についても、呪術的儀礼や修養的心直しによる問題解決志向は強いものの、具体的な理想像や社会改革志向は必ずしも強くない。これまで綿々と続いてきた伝統の尊重が何より重要なのである。

他方、③対人類観としては、確かに戦前から普遍的救済が志向されてはいたものの、教祖の戦前の言動に多くを拠っているために、「国家」「日本」の位相の強調により「世界」の位相はやや稀釈化・抽象化している。その点では、⑥欧米・西洋観においても戦前は国粋主義的傾向が顕著なものであった。

④経済的優位観についても、教祖の戦前の言行に多くを拠っているため、戦後経済成長前後においても時代状況に対する敏感な反応は乏しいようである。

⑤戦前・大戦観については、戦争には負けたが東アジア民族解放の目的は果たしたこと、戦争は試練・修行だったこと、終戦によって「日本精神」が今後広まる契機だということが述べられているが、極端な戦前の回顧・称揚にはつながっていない。

以上のように岡野聖憲の言行を基軸に解脱会という新宗教運動の思想と実践の特性を捉え、これを第2章の保守合同運動・日本会議の理念と見比べてみたとき、どのようなことが言えそうだろうか。

岡野聖憲と解脱会の儀礼・実践にはユニークネスが認められ、戦前には官憲の厳しい眼が注がれたこともあった。戦後七〇年弱の歩みもより詳しく検討されなければならない。また、岡野には、今日の外交問題や国防問題、教育問題などに関する認識はなかっただろうし、日本国憲法もその公布の時点では好意的に捉えていた[18]。

しかしそれでも、素朴な愛郷心と皇室崇敬に重きを置き、戦後もその路線を歩み続けてきた解脱会は、「正統」的宗教ナショナリズムにかなり距離が近い「O異端」の運動だと言ってよいものだろう。よって、その近さゆえにラディカルな社会変革や独自の「政治進出」のような道が取られることはなく、「正統」の求心力に引き寄せられる形で、保守合同運動の理念に高い親和性を持ち、その一角を積極的に担う「政治関与」姿勢につながっているのである。(19) 解脱会の事例からは、そうした道筋をよく看て取ることができるように思われる。

3-3 真光―霊的日本中心主義と天皇観―

続いて本節では、日本会議に参画する新宗教運動の性格をさらに詳しく捉えるために、一九五九年に、岡田光玉《こうたま》(生名・良一《よしかず》、一九〇一―七四、尊称・救い主様)によって創始された神道系・習合系の新宗教運動である真光(なかでも崇教真光)のケースを取り上げ、そのナショナリズムの論理・構造を明らかにする。(20)

真光には、世界真光文明教団を母体としてさまざまな分派教団群があるが、ここで論じるのは世界真光文明教団と崇教真光であり、両者をまとめて「真光」と記述する。

真光は、阿含宗《あごんしゅう》、GLA(とその派生教団)、オウム真理教、ワールドメイト、幸福の科学などとともに、「新新宗教」の代表の一つとされてきた〔西山 一九七九、島薗 二〇〇一ほか〕。そこでは、主にその霊的世界と「手かざし」という秘儀に注目が集まり、それが一九七〇年代以降に抬頭してきたという点に「新新宗教」としての「新しさ」が見出されてきたのだ。しかし他方で、真光には独自の日本中心主義があり、「霊的ナショナリズム」とでも言った方がよい世界観が認められる。また特に崇教真光は、新日本宗教団体連合会(新宗連)に所属するとともに、日本会議の有力な構成団体であって、皇室崇敬にも篤い。既成政党の政治家とのつながりも見える。よってあらためて、本章において取り上げる意義も大きいだろう。

真光についての研究は、国内・海外ともにこれまで蓄積されてきた[21]。

本章の主眼とする真光のナショナリズムという点では、島薗進による新新宗教のナショナリズム研究のなかでの議論が重要である。島薗は、真光は幸福の科学などとともに「今後の世界の危機を救う動きは日本から起こる」「日本人には世界を救う使命と資格がある」〔島薗 一九九七a：二二七〕と主張し、その背景として「経済的優位に育てられた民族的優位意識」「グローバル化の中での厳しい対外関係についての認識」〔同 二〇〇一：一三二―一三三〕があると指摘している。また、真光は、「高度経済成長期の日本の物質的発展は、新しい「霊主」の文明が日本から展開していくための前提となる現象である」〔同 一九九七a：二二六〕という主張であるとしている。

また、中林伸浩は、新宗教の日本イメージとして、日本文明の世界への拡大を願う「『帝国』イメージ」と、ナショナリズムを蒸発させた国際化の夢想である「『国際主義』イメージ」の二類型を立て、前者に真光を、後者に幸福の科学を例として挙げている〔中林 一九九九〕。真光は、「日本神話を途方もなく拡大し天皇の祖先を世界の諸民族の基にする超国粋主義」〔同 一九九三：七八〕で、「世界の把握がきわめて象徴的であるか、あるいは意図的に無内容」〔同 一九九九：一八五〕だと指摘している。

真光の研究を積み重ねたブライアン・マクヴェイは、『*Nationalisms of Japan*』のなかで宗教団体としては唯一の例として崇教真光のケースを取り上げ、崇教真光が日本人性を強調しているにもかかわらず、特殊な宗教的理解と超「日本人性」に立脚しているために、他の日本人からは周縁化されている「パラドクス」を検討している〔McVeigh 二〇〇六〕。

これらの指摘を踏まえつつも、本節では特に、真光におけるナショナリズムの思想的源泉とその論理・構造を、本書の七指標を念頭に置きながら捉えることを課題とする。

用いる資料は、教団刊行の書籍類、機関誌類、筆者の調査に基づくデータなどである。

真光の展開とナショナリズムの原型

真光は、元・陸軍中佐だった岡田光玉が、戦後に事業経営や世界救世教の教師、心霊研究[22]などを経て、一九五九年、東京神田にて「L・H陽光子友乃会」として立教したものである。同年二月二七日、岡田は高熱による五日間の人事不省ののち、「天の時到れるなり。起て、光玉と名のれ。手をかざせ。厳しき世となるべし」との啓示を受けた。一九六三年に宗教法人・世界真光文明教団となり、以降教勢を伸張させていった。

一九七四年、岡田が逝去した。その後、後継者をめぐってトラブルが起こり、法廷係争にまで至った。立教間もなくから岡田と行動をともにしていた幹部の関口榮《さかえ》（一九〇九–九四）が、「二代教え主」に就任し、世界真光文明教団を継承した。関口没後は、長男の関口勝利（一九三九–）が「三代教え主」に就任している。一九八七年には、中伊豆に広大な本山「主座《すざ》世界総本山」が建立された。公称信者数は、約一一万との記録がある［井上編 二〇〇五：三二一–三二二］。

他方、岡田光玉の養女であった岡田恵珠《けいしゅ》（一九二九–）を「二代教え主」に戴いて、一九七八年には崇教真光が分立した。その後、生え抜きの幹部で、一九九三年に岡田家に養子に入った岡田晃弥（筆名・八坂東明、一九四七–）が、二〇〇二年に「教え主代理」となり、二〇〇九年には「三代教え主・光央《こうおう》」となっている。一九八四年に飛騨高山に、総本山が建立されている。公称信者数は、約百万人（海外二〇万人を含む）とされる（教団サイトより）。

両教団の基本的世界観や実践形態は、ほぼ共通といってよいと思われる。運動の特性としては、まず第一に、手かざし儀礼「真光の業」の実践が挙げられる。現界は霊的世界の影響下にあり、心や体の問題、病気や争苦などの問題状況も、その原因は「霊」にあるとされる（「霊主心従体属」）。講習を受けて信者「組み手」になれば誰でもできる「真光の業」の実践により、霊・心・体ともに浄めることで、現在世界が迎えつつある終末「火の洗礼」を乗り越え、「次期文明」「霊主文明」に残る「種人」となること、それを育てていくことが目指されている。

続いて、真光のナショナリズムの原型を捉えていく。

一九五九年の立教の神示以来、六〇年代後半まで断続的に岡田光玉には神示が降り、それにより「魁《さきがけ》のメシア」としての自覚を持ったとされる。これらの神示が、『御聖言』として両教団の根本経典の位置を占めており、真光の世界観と教えの根幹を形成している。

そのなかでの日本に関する言及を拾う。

……本来霊《ひ》の元つ国の霊界は、元諸神生みなし、人の霊成型《ひながた》創り出せし元地・元氣《き》の地なれば、世界国霊界を不二の山となぞらえば、日の本の国つ霊界《ひかい》は、不二のみ山の峰の部にあたるなり。従いて日の本の国つ霊界濁れば、下津世界の霊界《れいかい》は、為に天日《あまひ》暗くなりて、人類は争いと混迷と災厄《わざわい》に永久に苦しむのみ。

……なれば世界天国文明つくるにも平和を造り出すにも、日の本の国つ霊界《ひかい》を明かなおだやかな狂いなき霊《ひ》の地と人となすほか術なきを、人類にサトラしむるほか路なきを告げおかん。（一九六五年二月一五日神示）

……（日本には）黄《おう》（王）人《びと》を置き、全世界五色人《いろびと》を枝《えだ》・支人と致して分け派わし配り弘ごらせ、スベルのみ役（スメラ）を現界《このよ》統治の神代行者《かわり》として置きし不二の地なれば、五色人に対《むか》いて霊籍《ひせき》の基人なりしを、ヤマト、「｜《たて》」の真中の人、山に止まりし人と申させしなり。（一九六六年二月五日神示）

……五色人類《いろびとら》の本家《もとけ》なれば偉しなど思うは誤りなるも、五色人の霊成型の基地人としての霊籍に目覚むることこそ、ヤマト人は重大となる世にして、日の本の為の日本の人ならず、五色人・次期文明《つぐよあかなよ》の為の霊的《ひの》使いなすことこそ、ヤマト人の上下挙げての大事にて、今世の後への幸と奇跡のもととなることをサトラしめよ。（同上）

ここからは、日本が世界の霊的中心地・人類の発祥地であること、世界統治のために遣わされた存在が天皇であること、日本の霊的な在り方が世界の在り方に影響を与えるため垂範すべき使命を持つべきこと、などといった主張を看取できる。

では、こうした主張は、岡田光玉への神示にのみ認められるような全く独自のものだったのだろうか。そうではないようである。しかし、岡田光玉が関わった世界救世教においては、このような思想は管見の及ぶかぎり認められない。大本の出口なおの「お筆先」に基づく『大本神諭』にも「型の大本」思想があるが、これは大本という教団が日本あるいは世界の雛形になっているという思想である。

こうした「神示」の背景には、どのような人的交流や思想的影響があったのだろうか。

端的に言えば、この思想は、天津教・竹内巨麿《きよまろ》のいわゆる『竹内文書』のものときわめて類似している。戦前、記紀神話を遡り「本当の国史」を標榜することで、多くの識者や軍人をひきつけ、不敬罪容疑での特高取締を招いた『竹内文書』は、霊的な日本中心説・人類日本起源説＝人類皆同胞説をその主たる内容とするものであった〔大内 一九八四、對馬 一九九三、久米 二〇一二〕。岡田自身が、どの程度『竹内文書』に傾倒していたかを知る術は残念ながらない。あるいは、戦前の陸軍時代に接触があった可能性も考えられる。だが、ほぼ唯一の市販書籍『奇跡の世界―霊魂の実在を証明する―』の内容などは、ほとんどが憑霊現象とそれに対する真光の業の効果、その背後にある霊的世界の体験談と解説に終始しており、関連するような言説はみられない〔岡田監修 一九七〇〕。前述の神示が降りたのが、一九六〇年代中盤であることからも、岡田が立教時あるいはそれ以前よりこのようなナショナリズム・日本中心主義をそなえていたかは分からないのである。

その点で、一つ大きなヒントとなるのが、後に世界真光文明教団の「二代教え主」となった関口榮の存在である。その評伝によると、事業家でもあった関口の元には、……小さな教団の教祖、拝み屋と言われる街の祈祷師なども訪問してくる。彼らにも賛助金を惜しまなかった。……名高い竹内文書の竹内義宮（筆者註――巨麿の息子）や、日猶同祖論で知られる山根キクらも、たびたび出入りしていた。……関口榮は山根キクの所説に関心を寄せ、出版なども援助していた。［薗部 一九九四：一四一―一四二］

とされる。明確な年代記述はないが、関口が一九五一年に創業した事業を拡大させつつあった時期であり、おおよそ昭和三〇年代のことであった。

関口が援助した山根キクの『世界の正史』出版は一九六四年のことであり、同書の序文末尾には「本書出版のため、物心共に、一方ならぬ御理解と、御支援とを頂きました台東区の、関口栄様に対し、心からの感謝とお礼の言葉とを申し述べます」［山根 一九六四：六］との記載がある。山根は、『竹内文書』の世界観に強い共鳴を示し、キリスト日本渡来説などを強く訴えた人物である。同書も、日本の超古代史、超伝統性、ムー（ミユ）大陸の実在、世界の偉人の日本来訪説などを展開している。

こうした人的交流があって、関口が媒介となって、岡田への神示にも反映されたという可能性を考えるのは無謀であろうか。その真偽自体をはっきりさせるのが本節の目的ではない。傍証としては、後で触れるように、この霊的ナショナリズムを岡田没後に繰り返し強調したのが関口榮だったということが挙げられる。

いずれにせよ、立教数年を経たこの時期に、さまざまな人物との交流や心霊研究の蓄積を経て、『竹内文書』の系譜と捉えられる霊的ナショナリズムが取り込まれ、それが今日まで真光の世界観の根本の一角を構成し続けている、ということは確かだと言えよう。以上を、真光のナショナリズムの原型と把捉できる。

その後の岡田は、多くの講演や文章を発信したものの、こうしたナショナリズムを含む『御聖言』の基本的世界観から大きく外れたり、新たな展開を遂げたりということはあまりなかった。岡田の言行を記録した『御講演集』（一九七三年）や、後に編集された『寸教』（一九九〇年発行）などでは、『御聖言』の内容を敷衍した言説が繰り返されている。

なお、岡田光玉の政治観が述べられたものとしては、

……宗教というのは、一言にしていえば、霊・心・肉の三位の「救いの業」なのである。その中でも特に、霊の救いは一番の眼目となってくる。／それでは政治とは何か？ 政治とは「与える」ことなのである。世界政治といえば、世界人類に対して、物質的にも、精神的にも、また霊的にも「与えていく」のが役目である。／つまるところ、救いを与えるのが政治というわけである。……結局、救いというものがなければ、それは宗教でも政治でも科学でもないのである。／どこからが宗教で、どこからが政治、あるいは経済だ産業だといえないというのが、私の根本の思想である。

（年代不詳「宗教・政治・科学の目的」『寸教』：九一―九二）

などが見当たる程度である。霊的世界・霊的理解と「救い」が全ての根本にあり、政治も「霊的政治観」とでも言えるような不可分なものであることが説かれている。

またこの間、岡田はさまざまな人的交流をなした。一九六〇年一〇月には、富岡八幡宮宮司の富岡盛彦が第二〇回初級研修会を受けている［崇教真光編 二〇〇九：五四］。富岡は神社本庁総長、後に世界真光文明教団の顧問も務めた。一九六四年ごろには、富岡のほか、安岡正篤、蓮沼門三、豊道春海（書家・天台宗大僧正）、高階瓏仙（曹洞宗管長）、高木善尼（尼僧会会長）などが教団顧問となっていた［同：六八―六九］。第2章で述べた「日本を守る会」の人脈にもつながってくる。一九七二年に、岡田が国際アメリカン学術協会からナイト・

コマンダー称号とセント・デニス・ザンテ勲章を受けた式典・祝賀会には、福田赳夫外務大臣が発起人総代として出席した［同：九二］。一九七三年には、ローマ法王パウロ六世に会っている。『岡田光玉師御対談集』には、石原慎太郎（一九六六年一月）、細川隆元（一九七〇年七月）との対談が載っている［崇教真光編 一九八五a］。岡田は迫水久常（終戦詔書を起草、貴族院・衆議院・参議院議員、郵政相・経企庁長官）・賀屋興宣（貴族院・衆議院議員、大蔵相・法務相）などともつながりがあり、その紹介で原文兵衛（参議院議員、後に参議院議長・環境庁長官）とも知己であった。没後にまとめられた岡田の伝記『大聖主岡田光玉師』には福田・原・藤波孝生・越智通雄・石井一ら生前の岡田と親交のあった政治家からの文章が寄せられている［崇教真光編 一九八三］。

以上のように、岡田光玉と真光は展開していったのである。

岡田光玉没後の真光の展開とナショナリズムの論理構造

しかし、一九七四年の岡田の急逝は、教団に継承をめぐる動揺をもたらした。同年は「日本を守る会」発足の年だが、教団史などを見ても関連資料は見当たらず、発足時点ではそれどころではなかったのかもしれない。

前述のような真光のナショナリズムを繰り返し強調し、発信したのは、むしろ世界真光文明教団の教え主であった「二代教え主」の関口榮の時代であると言える。一九七〇年代中盤から一九九〇年代初頭にあたる。「関口榮」名の九冊の書籍刊行を確認できるが、その内容を確認してみると、うち六冊においてほぼ一章を割いて、霊的な日本中心主義・人類日本起源説・世界天皇観・日本（人）の使命などが繰り返し説かれているのである［関口 一九七八、一九八〇、一九八四、一九八五、一九九一、一九九二］。

さらに、一九九〇年代初頭に至ると、『日本よ、霊的先進国たれ』［同 一九九二］という書名通り、時代状況に反応した認識の醸成も観察できる。

ただし、岡田没後の世界真光文明教団の関口榮によって、岡田以来の独特なナショナリズムは繰り返し説かれたものの、現実的な政治的活動にはほとんど結びつかなかったようだ。教団分裂によって、かなりの割合の信徒が崇教真光の方についていった事情もあろう(23)。

では、分立していった崇教真光の方を見ていこう。

「二代教え主」となった岡田恵珠は、関口榮のような一般向けの書籍は刊行していない。信者に向けた一九七八～二〇〇二年までの各種教団行事における「御教示」の内容は、三冊の『御教示選集』などで確認できる[崇教真光編 一九八五b、一九九三、二〇〇四]。岡田恵珠の言説は、「感謝」「ス直」「心の下座」の「陽光子の三大徳目」の強調や、真光青年隊（青年部組織）の育成などへの注力は顕著だが、新たな展開というよりは岡田光玉以来の教えをしっかり守り、伝えることに主眼がある。

一九九〇年代には、現在の「三代教え主」岡田光央（筆名・八坂東明）による市販書籍の刊行が目立ってくる[八坂 一九九七、一九九九、二〇〇一]。その内容の一部を併せて見る。

……超太古、霊《ひ》の元つ国よりスメラの子孫が陸続と海外へ派遣されてまいりましたように、今後青年幹部はどんどん世界各地に雄飛し、霊の元つ国人の霊性を遺憾なく発揮していただかなくてはなりません。[崇教真光編 一九九三：一五九―一六〇]

……今や国際化は世界の潮流であり、神のご経綸からまいりましても、〝国際化の推進〟は、「世界は元一つ、地球は元一つ、人類の元また一つ」のお示しに合致してまいります[同：四七六]

……超太古日玉の国・位山は世界の中心地であったというのが光玉師の結論である。[八坂 一九九九：二五九]

……日本民族に長く蓄積された高く清い柔軟な姿勢を甦らせることが、今こそ重要であろう。／物主の生き方から改魂し、霊主の人へと昇華して、聖の世紀を邁進していかなければならない。［八坂 二〇〇一：四二］

このように、依拠する「神話」体系は岡田光玉以来のもので、『竹内文書』的な日本（飛騨）中心主義、人類日本起源説などの世界認識が継承・保持されているのがまずわかる。ただし、関口榮のようにストレートかつ執拗なほどには、日本中心主義や皇室崇敬が強調されてはいない。むしろ、国際化に歩を合わせた日本人の使命を述べつつも、「共存共栄」「人類は元一つ」といった普遍的側面の前景化と、「みんなが霊主に生きれば、美しく清らかな世界を取り戻すことができる」［八坂 一九九七：二三三］といった普遍的救済の個別実践主義の側面が看取できる。

ところが、こうした普遍主義的メッセージの強調に並行して、同教団が実際の運動面において一定の勢力を有しており、新宗連の構成団体であるとともに（一九八七年一〇月加盟）、日本を守る会〜日本会議の主要な構成団体の一つである点は大きい。

一九八九年には、当時の日本を守る会に、代表委員の一人であった岡田恵珠が「年頭のおことば　惟神《かむながら》のミチの顕現を祈る」を寄せている。

……天意のミチは、万代不易で変わることがありません。「惟神のミチ」とは天意に叶った生き方でございます。

……特に、私どもの生を享けました山紫水明の美しい日の本の国は、今日未曾有の荒廃の只中にあります。／経済優先の考え方が横溢し、自然環境は日に日に悪化を続け、それに伴って人心は荒廃の一途を辿っております。このような現状の相《すがた》を親神《おやがみ》様は大変ご憂慮あそばされていらっしゃいます。
……日本と国際社会の関係は、愈々きり離す事の出来ない情勢となりつつあり、日本を守るためには世界を守らなければならないグローバルな時代が到来して来ております。／この時にあたり、「日本を守る会」の使命は一段と重大性を増して参るものと存じます。愈々、国際社会に貢献し得る国民運動の展開を提唱して年頭の辞といたします。〔岡田 二〇〇〇c：三二―三五〕

これは、日本を守る会のさまざまな団体・人々に向けられたものである。よって、確かに真光独自の世界観に立脚する親神（御《み》親元《おやもと》主《す》真《ま》光《ひかり》大《おお》御《み》神《かみ》）思想や、「火（と水）の洗礼」「世界のミソギハラヒ」といったタームが織り交ぜられつつも、全体としては敬神崇祖・惟神の道・日本の使命・心直しといった、参加諸団体にとっておそらくは共有可能な位相に落ち着いている点が重要である。換言すれば、「この言い方であれば、共感できるのではないか」と考えられているということである。

同年二月の昭和天皇の大喪の礼に参列した岡田恵珠は、そのときのことを、「陛下の大み心を安んじ奉るためにも、新しい「平成のみ代」に陽光子乃友は外つ国々の人びとと手を携えて愛和し、真の世界平和を達成してゆかなくてはなりません」〔崇教真光編 一九九三：三一八〕と述べた。現今では、各種の奉祝行事や皇居での園遊会などにも参加し、両陛下に会っている様子も伝わる。終戦記念日の靖國神社には、真光青年隊のメンバーの姿も見られる。

……今日の唯物史観の逆法教育では、すこやかな青少年は育たない。そこには民族の誇りも尊厳もありはしない。在るのは自虐的な唯物史観でしかない。いたずらに民族の誇りをおとしめて何の利益があろう。
〔八坂 一九九九：六五〕

……自らの国体にプライドを持つことができずに、世界へ飛翔することはできない。次代を担う青少年が日本の正しい歴史観を認識するところから、人類元一つの運動が展開されるはずである。〔同：二五五〕

といった言説も踏まえてみると、「正統」的宗教ナショナリズムとの連続性・親和性は顕著だと言えよう。[24]このように、崇教真光においては、教団の規模や海外展開などともあいまって、発信されるメッセージとしては、普遍主義的な面が強調されていると言えるが、その底流には脈々と岡田光玉への神示以来の霊的ナショナリズムが流れており、それをもとに保守合同運動への参画が行われていることが確認できた。[25]

以上から、真光のナショナリズムの特性を、本書の七指標と照らしながら整理する。

①文化・伝統観に関して、真光が日本の文化的特殊性・独自性の根拠として依拠し動員している論理は、『竹内文書』の系譜にある起源神話であった。それは、日本が霊的な「元」としての世界の中心地であり、人類の発祥地であり、世界の民族はそこから派生していった、というものである。海外での「真光の業」の際に霊にも日本語が通じるとしていること、日本に古代文明の痕跡があること、などもその根拠として持ち出される。

②天皇観は、天皇は全人類統治・教化のために遣わされたスメラミコトであり、その系譜は脈々と続いているとする。①と②とは強固に結びついている。

③対人類観としては、日本及び日本人は果たすべき役割があるとする。なぜなら、日本の（霊界の）在り方が世界の（霊界の）在り方に影響するためだ。そしてそれは、経済的・物質的貢献ではなく、いわば「霊的貢献」である。①の起源的な特殊性が、③の現在における使命感とも結びついている。

④経済的優位性や物質的な発展は、霊的次元重視の観点から、特に高い価値を与えられない（「物主」）。

⑤戦前・大戦も、霊的な次元（「ミソギハラヒ」）で捉えられており、必ずしも称揚されていない。
⑥欧米・西洋観も、西洋文明はやはり「物主文明」とされ、日本が中心となって実現すべき「霊主文明」と対置される。
⑦ユートピア観については、「次期文明」「霊主文明」の建設が挙げられる。これは真光の教えと手かざしという実践が広まり、文字通り「霊」が「主」であることが理解せられた世界である。だが、具体的な年限や世界像が明確とはいえず、（もちろん有機農法や陽光文明国際会議などの取り組みはあるが）社会的・政治的次元で具体的に強く変革を求めるものとはいいがたい。
以上が、真光のナショナリズムの基本的論理構造である。

それは、戦前以来の系譜を引く、伝統性に独自の意味を付与した「超伝統型」とでも言うべき起源神話であり、時代状況にはあまり左右されずに持続的な依拠・発信が可能なものである。他方でそれは、戦前には天津教の弾圧の例もあるように、強い「O異端」性を有するものである。

しかし、いかにそれが「異端」的であっても、それは「正統」「伝統」の延長線上にある「超伝統型」なのである。日本が人類の発祥地であり、日本語が古代世界言語であり、天皇が太古世界を巡幸していたといった独特な世界観を有していると主張しても、それは日本中心主義・日本文化の伝統性・皇室崇敬という枠には（はみ出しつつも）収まっているのである。

裏を返せば、戦後日本の「正統」的宗教ナショナリズムはやはり、そうした「O異端」をかなり広く取り込む、そうした求心性を持つと言える。真光の側では、独自の「政治進出」などは企図されない。そうしたメカニズムを、本節はよく示していると思われるのである。

3-4 「正統」的宗教ナショナリズムに引きつけられる「O異端」

以上、第一節では保守合同運動・日本会議に参集する新宗教運動・諸団体の特性を概観した。第二節ではさらに解脱会を、第三節では崇教真光のケースを見てきた。

それぞれの運動の世界観、ナショナリズム=国家意識、ユートピア観は必ずしも完全に一致しているわけではない。運動それぞれに、皇室崇敬、愛国心、愛郷心、反共、倫理、道徳、靖國、教育改革など重なりつつも異なる力点を持った多項的なものであった。その意味では、複数形のナショナリズムnationalismsなのである。しかしそうであっても、第2章でみたような、皇室崇敬、敬神崇祖、愛国心、伝統重視、保守的価値観などを軸とした保守合同運動に現実に参集している。

これは、「正統」的宗教ナショナリズムと「O異端」の関係だと言える。すなわちどの運動も「正統」そのものではない。そのものであれば、そもそも独自の団体を組織して目的を設定し、自運動を展開・維持する必要もあまりないからだ。その点で、どれも何らかの「異端」性を有する。しかし、それは「正統」の引力・求心力の圏外にあるものではない。その意味で「O異端」なのである。「正統」から同心円状に広がるその圏内のどこかに位置し、「正統」との連結・接続を望み、維持している。そんな状況をイメージできるだろう。そのなかで、たとえば解脱会は比較的近い位置にいる「O異端」であり、真光は（戦前であればまさしく異端視されてしまうような）かなり距離を持った「O異端」であるが、それでもやはり「正統」の求心性にしっかりつながっている。本章で論じたのは、その振幅を表すための二事例であった。

こうした「正統」の求心性に思想・運動としてすでに引き寄せられている場合に、その影響圏から脱した上に、独自・自前での理想の社会的具現化――政治活動の道を取る、というのは基本的には成り立ちにくい。強い求心力と中心性は「正統」にあるのであって、そこには背景は異なっても公約数的に価値観と理想を共有した諸団体・人々がすでにおり、また同じようにそれを政治の場で反映・改善しようとする（ように一応は見える）既成政党・政治家がいるからである。

こうして、それぞれに特徴的なナショナリズムを内包しながらも、独自の「政治進出」という道は取られずに、連携して保守合同運動に参画し、「政治関与」を行う。第2章と第3章で、明らかにしてきたのはこの点である。

以上の第Ⅰ部「保守合同」―「政治関与」での知見を前提に、いよいよ第Ⅱ部の「政教一致」―「政治進出」の事例研究に進みたい。

第3章　註

（1）同種の試みとしては［上杉 二〇〇三、二〇〇七］などがあるが、個別の宗教運動の特性にまで目が配られてはいない。本章では、この種の問題認識を踏まえつつ、宗教研究の視角と方法をもってこの課題に迫ろうというものである。

（2）以下、各教団の概要については、［井上・孝本・對馬・中牧・西山編 一九九〇、一九九六］を全体的に参照し、その他にそれぞれの教団資料等を参照している。

（3）新生佛教教団については、『教団史 上・下』（一九九四・一九九七年）、『良識運動二〇年の歩み』（一九八四年）、［藤田 一九九二］［山口 二〇一二］、教団サイト（http://shinsei-bukkyo.jp/）、日本時事評論社サイト（http://nipponjijihyoron.co.jp/）などを参照した。

（4）念法眞教については、『親先生の追憶集』（第一巻～第六巻、一九八三～二〇〇七年）、『念法法語集』（一九六五年）、月刊誌『鶯乃声』、『念法時報』（月三回発行）、［小島 二〇〇八］、教団サイト（http://www.nenpoushinkyou.jp/）などを参照した。

（5）黒住教については、『黒住教 神道山への二百年』（一九七四年）、黒住宗道『学び つとめよう〝五つの誠〟』（二〇〇三年）・『道端感謝』（二〇〇九年）、［原 一九六〇］［黒住著・村上校注 一九七七］、教団サイト（http://kurozumikyo.com/）などを参照した。

（６）佛所護念会教団については、［杉田 一九六八］、『目でみる佛所護念の歴史』（一九七五年）、『佛所護念会報縮刷版（一～二三五号、一九五一年～一九七〇年）』（一九七〇年）、『佛所護念会報縮刷版（二三六～四一八号、一九七〇年～一九八五年）』（一九八五年）、『白金 縮刷版（一～二二三号、一九六〇年～一九八二年）』（一九八二年）、教団サイト（http://www.bussho.or.jp/）などを参照した。

（７）霊友会については、『霊友会史 一（上・下）』（一九九二年・一九九六年）、『霊友会史資料 一－一～五』（一九八八年～一九八九年）、教団サイト（http://reiyukai.jp/）などを参照した。

（８）三五教については、三五教サイト（http://wa72438.wix.com/ananai）、オイスカサイト（http://www.oisca.org/）、オイスカ高校サイト（http://www.oisca.ed.jp/）などを参照した。

（９）モラロジーについては、『伝記 廣池千九郎』（二〇〇一年）、モラロジー研究所サイト（http://moralogy.jp/）、廣池千九郎ウェブサイト（http://www.hiroike-chikuro.jp/）などを、廣池の天皇観については［所 二〇一二］などをそれぞれ参照した。モラロジー内の道徳科学研究センターからは、学術誌『モラロジー研究』（年二回刊行）が出ており、廣池の思想や団体自体の研究も蓄積されてきている。

（10）大和教団については、『開祖様の歩み』（二〇〇三年）、『大和の心―教祖さまのおことば集―』（一九八五年）、［新日本宗教団体連合会編 二〇〇二］、教団サイト（http://www.taiwakyodan.org/）などを主に参照した。

（11）なお、新宗連の信教の自由委員会は、二〇一三年と二〇一四年の八月に、「靖国神社の「公式参拝」（等）に関する意見書」を提出し、首相が公式参拝をしないよう求めている。

（12）倫理研究所については、『丸山敏雄伝―幸せになる法則を発見した人―』（二〇〇一年）、倫理研究所サイト（http://www.rinri-jpn.or.jp/）などを参照した。

（13）もちろん以上の記述によって、各団体の思想構造と運動展開と政治活動との関わりが、くまなく明らかになったとは考えていない。それぞれの団体について、個別の研究を掘り下げたい気持ちはある。しかし、本書ではその余裕と紙幅がないため、今後の課題としたい。また、日本会議の代表委員に名は連ねていないが、これらの保守合同運動や新しい歴史教科書をつくる会との関連で言えば、日本生まれのキリスト教運動である原始福音キリストの幕屋にも注目すべきであるが、本章では展開しきれない。［マリンズ 二〇〇五（一九九八）］［小熊・上野 二〇〇三］などを参照。

（14）以上の概要の記述は、教団刊行の『解脱金剛伝』［解脱会伝記編纂委員会編 一九七八］・『新版 解脱金剛伝』（第一巻～第三

巻）［同編 一九八八―一九九〇］、［藤井 一九八三］、［新日本宗教団体連合会編 二〇〇二］などに基づく。また、解脱会公式サイト（http://www.gedatsukai.jp/）も参照した。

（15）岡野の父、牧太郎は富士講の指導的な役割を担っていた。岡野家所蔵の教本「御伝《おつたえ》」には、「天下泰平国土安穏五穀成就に御守護下されおきまする御恩賞報じても報じ難し」などとある［解脱会伝記編纂委員会編 一九八八：三二］。すなわち、こうした報恩感謝や愛郷心の姿勢は、民衆宗教の底流に由来するものとも言える。

（16）青・赤・黄・白・黒人の世界人類を指すとされる語。なお、人類を五色人（ゴシキジン・イロビト）と捉える用法は、天津教といわゆる『竹内文書』（とその系譜にある真光系教団、次節参照）に見られるものであり、解脱会が天津教との交流により導入した語彙の一つだと考えられる［藤井 一九八三］。しかし、この一部語彙の存在や、一九三三年に届け出た団体名「大日本神代健康解脱教会」が当時熱心に竹内文書を広めていた高畠康次郎の「大日本健康会」に似ているからと言って、今日に至るまでの解脱会が天津教の世界観の影響を濃厚に受けているように捉えるべきではない。

（17）「自我没却」などとともに、戦前のモラロジー（道徳科学）との接触から導入された語彙と言える［藤井 一九八三］。

（18）岡野は憲法公布に際して、「生活を離れて宗教なし。新憲法は宗教であります。…中略…一、主権が国民に存する 一、常に平和を念願する 一、天皇は日本国の象徴である 一、婚姻は両性の合意である 一、国民の権利は濫用してはならない 一、両性の本質的平等 一、戦争は放棄した 一、国民は法の下に平等 一、戦力は保有しない かなしむべき何物も含まれておらぬ。最も喜ぶべきことばかりが含まれておる」と語った［解脱会伝記編纂委員会編 一九七八：四七二］。『解脱金剛伝』（旧版）は、この「日本国憲法発布」の項で閉じられている。しかし、『新版 解脱金剛伝』［同編 一九八八―一九九〇］においては、この部分は見当たらない。

（19）ただし、岡野聖法と解脱会は、長年にわたって新日本宗教団体連合会（新宗連）の有力構成団体の一つとして、宗教間協力や平和活動、千鳥ヶ淵における戦没者慰霊に取り組んできたことも記しておかなければならない。

（20）本節は、拙稿［塚田 二〇〇九ａ］の真光に関する部分を下敷きに、加筆・修整したものである。

（21）いくつか重要なものを挙げる。宮永國子による呪術と救済の関係を論じた先駆的研究［宮永 一九八〇、一九八九］、谷富夫の青年信者を対象とした大規模な質問紙調査に基づく実証研究［谷 一九九三］、海外諸国への展開研究など［武田 一九九二、樫尾 一九九六、渡辺二〇〇二、畑中編 一九八七］である。他方、その呪術性や世界観、両教団の海外への活発な展開は、特に海外研究者の関心を多くひきつけたようだ。マクヴェイの一連の研究［McVeigh 一九九二ａ・ｂ、一九九三、一九九五、一九九六、一九九七］の他にも、以下のような蓄積がなされている［Davis 一九八〇、Young 一九九〇、Cornille 一九九一、一九九四、Weston 二〇〇二、Broder 二〇〇八ほか］。

(22)「神から与えられたお役目を〈天杖〉という方法で調べてくれる〈真の道〉というところがあり、師（岡田光玉）はそこへ案内を受けてお出かけになりました。／昭和三五年六月のことでした。……私も師のお供をして参加させて頂きましたが、〈真の道〉の方々は師が〈ヨのみ役〉と知って大いにおどろき、深い敬意を表されたのを覚えています」とあるように、立教に前後してさまざまな諸団体への出入りと交流があった［関口 一九九二：四八―五〇］。そうした磁場のなかから、徐々に真光が形成されていったのである。また、［崇教真光編 二〇〇九：五二―五三］にも同様の記述があり、「崇盟五道」「與崇賀《よすか》従道」などの神命を得たとされる。

(23) なお、一九九〇年代の関口勝利「三代教え主」以降は、教育問題や事業への展開が進むとともに、「スピリチュアル・ボランティア（SV）」活動が提唱・推進されている。現在の世界真光文明教団においては、ナショナリスティックなメッセージの強調・発信はほぼなされていないと言えよう。

(24) 筆者の教団調査においても、強い愛国心・天皇崇敬・憂国意識を感じ取ることができた。同時に、日本が人類の発祥地であり中心であること、太古スメラミコト《スメラミコト》の中心性、ムー大陸信仰など、『竹内文書』と類似の初期神示以来のナショナリズム＝国家意識が、底流を脈々と流れていることなども看取できた。

(25) 断片的ではあるが、崇教真光独自の政治家らとの関わりを列挙する［崇教真光編 二〇〇九ほか］。一九七五年六月の「救い主様御一年祭」では、前述の迫水久常・参議院議員が祭典委員長を務めた。一九八一年二月に「聖祖師救い主様御光誕八〇年祭」が日本武道館で開かれた折には、桜内義雄・自民党幹事長が出席した。一九八二年六月の「聖祖師祭」では、藤波孝生・衆議院議員が委員長を務めた。一九八四年は、安井謙・参議院議長が務めた。一九九一年二月に国技館で行われた「聖祖師救い主様御光誕九〇年祭」では、原文兵衛・参議院議員が委員長を務めた。機関誌には、各種祭典等で挨拶をする政治家の姿が載せられている。齋藤十郎・参議院議員は、三重道場で研修を受けたことがある。中曽根康弘も、折に触れて、教団を訪れている。なお、二〇〇九年五月には、三笠宮家の寛仁親王殿下が真光青年記念館を訪れ、揮毫した石碑の序幕を行った。

第Ⅱ部　政教一致——宗教団体の政治進出と独自のユートピアの希求——

第4章　創価学会＝公明党—基点としての王仏冥合・国立戒壇建立—

……われらが政治に関心をもつゆえんは、三大秘法の南無妙法蓮華経の広宣流布にある。すなわち、国立戒壇の建立だけが目的なのである。

（『大白蓮華』六三号巻頭言、一九五六年八月）

……公明党はあくまでも宗教政党である。…中略…創価学会を離れて公明党はありえない。もしあるとすれば、既成政党となんら変わることなく、政治のための政治に堕することは必然である。されば、永久に創価学会と公明党は、常に一体不二の関係であり、さらに幅広く大衆の支持を得て進んでいくものである。

（『折伏教典（改訂三一版）』〔創価学会教学部編著　一九六八：三八二—三八三〕）

はじめに

「宗教団体の政治活動」と言った際に、多くの国民がまず思い浮かべるのが、創価学会と公明党のことであろう。創価学会が支持母体の公明党は、二〇一四年一一月一七日、結党五〇年をむかえた。前身の創価学会文化部の設置からは、六〇年の歴史である。現在、衆議院議員三五名・参議院議員二〇名の国政第三党（自民党、民主党に次ぐ）かつ政権連立与党、地方議員も二九四三名という規模（推薦含む、二〇一四年末時点）の、一定の政治的・社会的勢力となっている。

創価学会と公明党をめぐっては、「政教分離に違反するのではないか」という話題がしばしば聞かれる。これについては、すでに第1章で見たとおり、宗教団体が政治に関わること自体はまず禁じられていないというのが国の見解であり、現行の党役員体制なども教団との「政教分離」がなされている、すなわち別組織ということになっている。(1) よって、徒に「創価学会＝公明党」などと表記するのは、やや躊躇われないこともない。

他方、創価学会から公明党が生まれたこと、現在も創価学会が公明党の支持母体であることは、やはり動かしようのない事実である。だが、そもそもなぜ創価学会から公明党なる政党が生まれたのか、なぜ政治進出がなされ現在にまで至っているのかについては、ウェブ上などに流布する「国家支配」や学会員への利益誘導といった巷説を別にすれば、国民の多くにとってはほとんど分からなくなっているのが現状ではないだろうか。これは、現役の比較的若い世代の学会員にも聞いてみたい問いである。

以上のような状況を前提とし、かつ宗教団体による自前の政治団体の設立と大規模な政治進出の（しかもかなりの「成功」を収めたといえる）他に比肩するもののない事例であることを考えると、やはり本書において論じないわけにはいかない。だが同時に、その五〇～六〇年史を克明に記述していくつもりもない。本章で主に焦点化するのは、戦後まもなくに創価学会が再建されたところから、いわゆる「言論出版妨害事件」によって「政教分離」体制が構築された一九七〇年までの、創価学会＝公明党である。すなわち「政治」と「宗教」が明らかに未分化であった時期である（本章冒頭の引用を見てほしい）。よって、本章で「創価学会＝公明党」と記述することには、何の問題もないはずであろう。

もちろん、公明党が存在感を増し、政局のキャスティング・ヴォートを握り、ついには政権与党の一角を長く占めるようになったのは、その後～現在のことである。戦後日本政治史上あるいは国民生活上の社会的意義も大きいその期間を論じないのか、と不満に思われるかもしれない。しかし、それらは言ってしまえば、政治進出当初の理念を改変・放擲してしまった変質した姿である。創価学会＝公明党が、「（そもそも）なぜ政治進出をしたか」という問いと、「（一定の政治的成功を収めた後に、大きな方針転換を迫られ、その後現在に至るまで）なぜ政治進出を続けているのか」という問いは、学術的には峻別されなくてはならないはずだ。宗教運動の宗教的世界観・国家観、ユートピア観を明らかにし、それに下支えされた政治進出の経緯と動機をつかむという本書の基本的課題から言っても、前者の問いに特化し、一九七〇年までの期間に議論をほぼ限定することは妥当と考える。それ以降については、衆参の議席数の推移などに若干触れるに留めたい。ただし、そのように範囲を限定することで、かえってその後～現在の状況の「異様さ」が浮き彫りになるかもしれない、という期待はある。

創価学会＝公明党の研究を、全く一から始めることは戦略的ではない。対象期間を戦後～一九七〇年にしぼっても、大量の書籍、学術論文、雑誌記事類がすでに存在している。それらの多くを集め、内容を確認してきたが、その全てをここでレビューすることはできない。以下では、データと典拠資料の充実度・信頼度を基準に、適宜参照・言及していく(2)。

そのなかでは、西山茂の論文［西山 一九七五］が、対象期間といいテーマといい、本章にとって最も重要な先行研究であると言える(3)。西山は、戦後創価学会の展開過程を、特に政治進出と「戒壇論」（後述）の変遷に注目しながら、五段階に区分した。Ⅰ再建期（一九四五～五一）、Ⅱ基本路線確立期（一九五一～五四）、Ⅲ政治進出第一期（一九五四～六四）、Ⅳ政治進出第二期（一九六四～七〇）、Ⅴ「政教分離」期（一九七〇～）、である。西山は、当時の機関誌紙や書籍類（改訂前・後）など多くの資料をきわめて詳細に追うことで、この展開過程を明らかにした。戦後創価学会は、国立戒壇建立という最終目標と現世利益を巧みに結びつけ展開を遂げていったが、この最終目標ならびにそのための政治進出という手段が、一般社会の価値基準から乖離していたために、社会統制を誘発しやすい性格を持っていたこと、よって社会統制の高まりにより最終目標を修整せざるを得なかったこと、を指摘している。そして、一九七〇年前後における最終目標（国立戒壇論）の放棄により、創価学会という「セクト」はある種「デノミネーション」化したのであり、この段階に至って新しい運動が開始されたとみてよい、としている。

これらの鋭い指摘は、本章の対象期間を限る根拠にもなっており、また論の方向性をも大きく規定していることを、あらかじめ強調しておく。よって、本章では、西山の論を踏まえ、戦後創価学会のナショナリズム＝国家意識、ユートピア観の性格に着目した上で、それと政治進出過程との関連を明らかにすることを目指す。依拠する資料は、主に当時の教団刊行書籍類などである。

以下、第一節ではまず、創価学会の概要と歴史的展開を示す。第二節では、第二代会長・戸田城聖（一九〇〇–五八）の言説の展開を中心に、戦後～一九六〇年前後までにおける創価学会の内包する国家意識＝ナショナリズム、政治意識、ユートピア観を整理して検討する。第三節では、戸田の死後、池田大作（一九二八–）が第三代会長となり、公明党を結成し、参議院のみならず衆議院も含む国政に本格的に進出する過程と、そこにおける言説の変化を見る。続く第四節では補足的に、一九七〇年以降の公明党の展開の概要を提示する。

4–1　創価学会の概要と歴史的展開

本節では、創価学会＝公明党の政治進出という特殊課題に焦点化する前段として、創価学会の概要と歴史的展開についてまとめ、その思想と運動の特性をつかんでおきたい(4)。

創価学会の基礎情報

創価学会（以下、基本的には学会と略記）は、東京都新宿区信濃町に本部を有し、現在公称八二七万世帯、海外では一九二の国・地域に一七五万五千人の会員を擁する、日本国内最大の新宗教運動である。

その現在の活動目的と目標は、以下のとおりである。

……創価学会は、大乗仏教の真髄である日蓮大聖人（一二二二〜一二八二）の仏法を信奉する団体である。その目的は、仏法の実践を通して人間革命し、一人一人が真の幸福境涯を確立するとともに、生命の尊厳を説く仏法哲理を根本に、恒久平和、豊かな文化、人間性あふれる教育の創造を推進し、人類社会の発展に寄与することにある。

…中略…

……「創価」とは価値創造を意味する。その価値の中心である「生命の尊厳」の確立に基づく「万人の幸福」と「世界の平和」の実現が、創価学会の根本の目標である。

このように学会は自らを日蓮仏教の系譜に位置づけているのであり、根本経典は法華経と「御書」（日蓮の著作・書状の総称）である。

会員の日常的実践としては、勤行《ごんぎょう》（朝夕、法華経の一部を読誦し「南無妙法蓮華経」の題目を唱える）、布教、座談会、機関誌紙の購読、教学の学習、平和・文化活動、選挙活動などが挙げられる。入会条件は、①勤行・唱題の実践、②機関紙『聖教新聞』の三ヶ月以上の購読、③定例座談会への二回以上の参加、などとなっている。

その教団組織は、本部のもとに、一三方面─県─分県─圏─本部─支部─地区─ブロック─会員とつながる地域別の縦割り組織[5]と、壮年部・婦人部・青年部（男子部二七五万・女子部一六八万・学生部・未来部）といった性別・年齢別の横割り組織からなる。

教育事業では、東京・関西にそれぞれ小・中・高校（北海道には幼稚園）があり、さらに創価大学（東京都八王子市、一九七一年創立）・創価女子短期大学（同、一九八五年創立）・アメリカ創価大学（カリフォルニア州）などがある。文化・出版事業関連では、聖教新聞社（宗教法人の出版部門）、潮出版社、第三文明社や、民主音楽協会などがある。機関誌紙としては、『聖教新聞』（日刊・五五〇万部[6]）・『大白蓮華』（月刊・二八〇万部）などがある。

以上が、現在の学会の基礎情報だが、これだけではまだよくわからない。なぜこれほど巨大になったのか。なぜ池田名誉会長が崇拝されるのか。そして、どのように政治に出るに至ったのか。それには、歴史をひもとく必要がある。

戦前・創価教育学会の創立と宗教伝統

創価学会の歴史は、戦前まで遡る。一九三〇年一一月一八日、地理学者・教育者で東京の白金尋常小学校長などを歴任した牧口常三郎（一八七一－一九四四、初代会長）らが、「創価教育学会」を東京で創立した。なお同日は、牧口の『創価教育学体系』第一巻の発刊日である。牧口は、『人生地理学』などを著し、柳田国男や新渡戸稲造なども交流があり、独自の価値哲学（美・利・善）の構築を模索した知識人であった。草創期の学会は、教師ら比較的階層の高い人々が多く集った教育研究団体であったのだ。

牧口は会創立に先立つ一九二八年、日蓮正宗《しょうしゅう》（以下、基本的には正宗と略記）の熱心な信徒である研心学園校長の三谷素啓に出会い、議論の結果、正宗に入信した。教育・出版などに携わっていた戸田城聖（一九〇〇－五八、第二代会長）も続いた。こうして会は、徐々に宗教色を強めていった。

日蓮正宗とは、鎌倉時代の日蓮没後、弟子の六老僧の一人・日興（一二四六―一三三三）が身延山久遠寺（現在の日蓮宗総本山、山梨県身延町）を離れて興した富士（日興）門流に始まる。総本山は、大石寺《たいせき》（静岡県富士宮市）である。

牧口らは、一九三七年には、創価教育学会を正宗の在家講として発足させている。すなわち、同会に入ることは同時に、個々の正宗寺院に所属し、本尊を受け取り、正宗の信徒となることであったのだ。これは基本的には、後述する一九九一年の正宗からの学会の分立まで同様のことである。教えや実践の基盤は正宗のそれなのであり、この点で創価学会という新宗教運動が、日蓮正宗の講という既成の宗教伝統の基盤上に成立している「内棲宗教」［西山 一九九八ほか］であったということをまず確認しておく。

その点で注目したいのが、その排他性・他宗排撃の姿勢である［大西 二〇〇九］。これは、日蓮が他宗を批判し（「念仏無間 禅天魔 真言亡国 律国賊」の四箇格言）、法華経の真正性を強調した思想に一応は淵源を求められよう。正宗・学会においては、それが「折伏《しゃくぶく》」という相手の論を説き伏せ、日蓮仏法に帰依させようとする強い布教姿勢として現れるのである。またそれは、日蓮仏法を謗るような他宗のシンボルや儀礼、崇拝物など（神棚・御札や御守、祭り、民間信仰や習俗など）をタブーとして排する「謗法払《ほうぼう》い」という実践の形態をとる(7)。こうした強い排他性・タブーの存在は、勝劣派を中心に日蓮系宗派・教団の一部の流れにも見られるものではあるが、他宗や伝統宗教との棲み分けが一般的である多くの日本の新宗教運動のなかではかなり特殊だといえるだろう。

こうした姿勢が、「神社（神道）非宗教論」をとる戦前の「国家神道」体制との間で軋轢を生んだのはある意味当然だった。戦時の挙国一致体制のなかで、国家が正法《しょうほう》（正宗）に帰依しなければ勝てないと主張し、伊勢神宮の大麻（神札）の授受を拒否した牧口・戸田らは、一九四三年に治安維持法違反と不敬罪容疑で検挙された。高齢の牧口は獄中で没した。幹部らは転向し、五千人程度だったとされる組織は散り散りとなった。信仰に殉じたため（反戦ではない）の国家による苛酷な弾圧、これが戦前・創価教育学会の経験における最大の刻印であり、後の政治進出の方向付けの一端を担ってもいる。

戦後・創価学会の再建と大教団化

獄中を生き抜いた戸田は、戦後に組織の再建をはかる。一九四六年、「創価学会」に改称し、活動を再開した。一九五一年、戸田は第二代会長となり、本格的な布教活動「折伏大行進」が開始された。戸田は、自分の在世中に七五万世帯の折伏という目標を打ち出した。以後、激しい布教活動は社会的注目と批判を浴びつつも、急激に教勢を拡大させていった。一九五二年には、東京都より宗教法人認証を受けている。もちろん、個々の会員は、学会の会員であると同時に、正宗寺院に所属した法華講員でもあるのである。

写真１　在りし日の大石寺正本堂（ウィキメディア・コモンズより）

戸田の路線を大胆にまとめてみると、それは、①「人間革命」と勤行による現世利益の実現、②「王仏冥合論」（後述）による政教一致と「国立戒壇」建立による救済、となる。獄中で、仏＝大生命であることを感得した戸田は、大石寺の本尊は「幸福製造機」であり、日蓮仏法に帰依し、題目を唱え、心を変えていく（人間革命）ことで、その生命力が得られ問題解決がなされるとした。そして、民衆を折伏教化し、正法を広め（広宣流布）、大石寺に国立の戒壇を建立することを目指すようになった。そうすることによる、一国民衆の救済を目指したのである。

次節以降で詳述する政治進出は、端的に言ってしまえば、そのために導き出されたものだ。一九五四年、創価学会文化部が設置されて政治進出の準備が進められ、一九五五年の地方選で五三人、一九五六年参院選で三人が当選した。すでに大教団化していた学会は、強固な信者組織を基盤に、徐々に政治的成果を挙げ始めたのである。

一九五八年、戸田が亡くなった。そして、一九六〇年に三二歳で第三代会長に就任したのが、池田大作である。池田は、戦後まもなくから戸田に従い、青年幹部として教勢拡大にあたった人材だった。池田は、戸田の路線を基本的には継承した。組織の拡大・整備がこの間も著しく進んだ。一九五七年に七五万を超えた公称会員世帯数は、一九六五年には五百万世帯、一九七〇年には七五〇万世帯超となったとされる。

その著しい展開のなかで、一九六四年、池田は正宗の法華講総講頭となった。つまり、学会の会長であると同時に、その巨大な組織を背景に、正宗の信徒のトップ（宗門のトップは法主《ほっす》）ともなったのである。正宗内での影響力は強まった。一九七二年、大石寺に壮大な正《しょう》本堂が建立された。学会の音頭で大量の寄進がなされ、四日間で三五五億円が集まったとされる。

海外布教も活発化し、一九七五年にはＳＧＩ（SOKA GAKKAI International）が設立され、池田が会長に就任した。

政治進出は池田時代もさらに進み、一九六四年には、公明党が結成された。一九六七年、当初は出ないと言っていた衆院選にも候補を立て、二五名が当選し、野党第三党となった。

こうした急速な拡張にともない、進出当初からの政教一致路線は、社会から強い批判を受けた。一九六九～七〇年には、学会に対する批判書・藤原弘達『創価学会を斬る』［藤原 一九七〇（一九六九）］の出版妨害工作をしたいわゆる「言論出版妨害事件」が起こり、大きな批判を呼んだ。これらを受け、学会と公明党の関係も再考されていくこととなった。

このように、戦後に再出発した創価学会が急激に伸張し、今日の組織基盤を確立させたのは、一九五〇年代～七〇年代初頭、すなわち高度経済成長期にあたる。そうした大発展の要因は複合的であり、その解明が本章の目的ではない。これまでの研究成果等を総合して指摘できる範囲では、①高度経済成長期という急激な社会変動期に「離村向都」（単独で地方を離れ、都市に職を求めてきた）型の都市下層の人々に信仰共同体を提供したこと［鈴木 一九七〇］、②彼らが抱える諸問題に対し教えへの帰依と勤行という平易な実践による明快な解決法を示したこと、③「国立戒壇」建立という究極的目標と選挙という具体的目標を提示し集団の凝集力を高めたこと（次節以降で検討）、④他宗教や文化との軋轢を謗法払いという決然とした形で処置したこと、などを挙げられるだろう。(9)

日蓮正宗からの離脱と現在の創価学会

一九七九年、主に宗門とのさまざまな軋轢の余波を受け、池田は会長を辞任し、名誉会長（新設の職位）となった。第四代会長には、北条浩（一九二三－八一）が就任した。

国境を越えて巨大化し、大きな政治力を持つ信徒集団が、一伝統宗教に内棲している状態は、そのままではいられなかったのだろう。一九九一年、ついに学会は正宗から「破門」され、分立した。

すでに自立性を持っていた学会だったが、自立にともなう問題が二点ほどあった。

一つは信仰のシンボルに関わる問題である。かつての信仰の聖地・大石寺への参詣はできなくなった。信仰の根本対象だった大石寺の御本尊をどう位置づけ、また正宗寺院で新入会員に受け渡していた御本尊をどうするかという問題が出てきた。この点は、すでに各地の会館に本尊を模刻してあったので、会員への受け渡しもこれに準じて行うこととなった。

もう一つは、従来は正宗の僧侶に拠っていた葬儀をどうするかであった。これは既成仏教に葬儀を委ねたままが多い他の新宗教運動では考えにくい問題であった。学会は、「友人葬」という学会員のみで執り行う形式を整えた。

指導者の意味づけという点では、二〇〇二年に改定された「創価学会会則」において、「前文」には「三代会長」に貫かれる師弟不二の精神と広宣流布実現への死身弘法の実践こそ「学会精神」であり、永遠の規範である」との言が、「第一章 総則 第三条」には「牧口常三郎初代会長、戸田城聖第二代会長、池田大作第三代会長の「三代会長」は、広宣流布実現への死身弘法の体現者であり、この会の永遠の指導者である」との言が、新たに盛り込まれた。池田以降、会長は現在までに四代・北条浩、五代・秋谷栄之助（一九三〇―、会長在任一九八一―二〇〇六）、六代・原田稔（一九四一―、会長在任二〇〇六―）と替わったが、それはあくまで実務職にすぎない。牧口・戸田と現前の池田の「三代会長」は、学会をここまで大きくした象徴であり、宗門離脱後の信仰の中心といえるのである[10]。

以上のように、日蓮正宗の信仰世界と伝統教学を基盤に、牧口の価値哲学、戸田の生命論・王仏冥合論、池田時代の展開、脱宗門路線などが幾重にも堆積し、現在の創価学会が存在している。

現在、池田の高齢化にともない、ポスト池田体制が取りざたされている。巨大化した学会は、日本社会のなかの一つの大きな同心共同体となっている。二世・三世信者が増え、ゆりかごから墓場[11]まで学会内でということも充分にありうる。他方で、現在の学会は、必ずしも教勢を伸ばしているとはいえない。それでも、日本社会におけるその存在感は圧倒的だ。その動向が引き続き注目されるのである。

以上、本節では、創価学会の概要と歴史的展開をみてきた。戦前に発生し、日蓮正宗の在家講を基盤とすること、戦後再建され、高度成長期に大教団化したこと、その発展過程のなかに、政治進出の問題が大きく絡まっていることをまずは確認できた。

4-2 戸田城聖時代・創価学会のナショナリズムと政治進出

本節では、戦後再建を果たし、折伏大行進を経て、政治進出を開始する、一九五〇年代までの創価学会のナショナリズム＝国家意識とユートピア観の展開を、主に第二代会長・戸田城聖の言説に着目しながら追っていく。

広宣流布・国立戒壇論と「民族」「日本」

戦後まもなく、戸田は学会の再建にとりかかった。一九四六年一一月一七日の牧口の三回忌で戸田は「広宣流布」を誓ったが、具体的ヴィジョンはまだ提示されていない。

再建まもない段階における学会の主張と活動は、主に個人的な現世利益についてであり、戒壇論や政治への言及はほぼない〔西山 一九七五：二四四〕。一九四六年一一月一七日の第一回総会における戸田の講演のテーマも、「罰《ばち》と利益《りやく》」だった。他方で、戸田の講演や文章にはよく「民族」「日本」の語が用いられている。

……この国土を救いたい、この民族に楽土を与えたいと、乞い願わないではおられないのは、わたくしどものみではないでありましょう。……われわれは、日蓮大聖人様に随順して、大聖人様の文底秘沈の妙法を、個人の救いのために、国土、民族、いな、全宇宙の衆生を救わんがために、説かなくてはならないのであります。

（一九四七年一〇月一九日、第二回総会）〔戸田 一九六一a：一六一一七〕

……日本の国の敗れた罪は、…中略…大聖人様の教えを、教えとしてあおがぬ仏罰であると、わたくしは申します。

……戦いに敗れたわが国が、真に道義と平和を愛好する民族として再起するためには、正しい宗教と正しい思想に根底をおいて、その上に、政治、経済、文化等を、打ち立てなければならないことは、いうまでもありません……。

（一九四八年一〇月一七日、第三回総会）〔同：二五一―二七〕

……わが国にのみ現存する大乗仏教の真髄を、世界に向かって説き明かすべき使命と、責任と、義務を、日本民族がもっていると信ずる。

（「日本民族の生命」『大白蓮華』六、一九五〇年一月一〇日）〔戸田 一九六〇：二一二〕

正しい仏教・仏法が唯一存在している日本国・日本民族の使命が繰り返し強調されている。日本が戦争に敗れたのは、日蓮の教えがあるにもかかわらず帰依しなかった「謗法」による。敗戦からの復興には、正しい宗教への帰依が必要だ。それによって民族が救済される。このように、真理の独占性と「広宣流布」の必要性が説かれている。では、そこに政治（「王法」）はどう関わるのか。

……（仏法の根本にある）この慈悲の理論が、王法に具現するならば、前にのべたような劣悪な政治はなくなるのである。

……（王仏冥合のときとは）正しい仏法が、正しく民衆に理解され、民衆に信じられるときであって、それがゆえに吾人は大衆のために、正しい宗教を求め、正しい宗教を叫び続けているのである。

（「王法と仏法」『大白蓮華』七、一九五〇年三月一〇日）〔同：二一四〕

仏法と王法の一致、仏法の王法における具現が語られるが、その具体的手段はまだ不明瞭だ。

管見のかぎりでは、一九五〇年一一月一二日の第五回総会での講演にて「(日蓮は題目と本尊を残したが)国立の戒壇は、まだ建立せられず、現在にいたっております」〔戸田 一九六一a：四六〕とあるのが、この時期唯一の国立戒壇[12]に関する言及だが、これも具体的ではない。

一九五一年五月、戸田は第二代会長に就任し、「折伏大行進」が始まった。戸田は会長就任の挨拶で「広宣流布」を強く訴えるとともに、

……天皇に御本尊様を持たせ、一日も早く、御教書《みきょうしょ》を出せば、広宣流布ができると思っている人があるが、まったくバカげた考え方で、今日の広宣流布は、ひとりひとりが邪教と取り組んで、国中の一人一人を折伏し、みんなに、御本尊様を持たせることだ。こうすることによって、はじめて国立の戒壇ができるのである。　（一九五一年五月三日、会長就任式）〔同：五一〕

と、初めて国立戒壇建立という目標の（やや）具体的な実現方法を述べた。広宣流布―日本民衆の折伏―国立戒壇建立の三者の連結を示したのである。

戸田は、同年一一月の第六回総会では、創価学会の目的を「大御本尊様を、日本に流布せんこと」「東洋への広宣流布」「『日蓮正宗、日本にあり』と仏法界に示すこと」の三つだと示した〔同：七二―七四〕。

また、この頃には、以下のようなことも述べている。

……広宣流布の暁、天皇が御本尊様を拝みたいとおおせられたときに、日蓮大聖人様のおのこしくだされた御本尊様は、いったいどこにあるか。わが大石寺の御宝蔵に、紫宸殿御本尊様がきちんとまします。邪

宗には、ぜったいない。（一九五三年九月二〇日、築地支部第二回総会）〔同：二二八〕

これは、他宗の「邪宗」性と正宗の正統性に言及する際の常套句で、その後もしばしば用いられるが、広宣流布・国立戒壇建立の方法論とも関わっている。

広宣流布・国立戒壇建立の具体論が動いてくるのが、一九五四年である。前年末に戸田は、「ところで、わたくしからきみたちに相談したい。広宣流布をどうやってする。そこで願いがある。方法を考えてもらいたい」（一九五三年一二月二三日、男子青年部第二回総会）〔同：二四七〕と相談していたのだが、一九五四年元日の『聖教新聞』社説には、

……大法広宣流布の時機到来を知る……その完成の日は……後二五年以内と確信してよい。この期間に……国立戒壇建立の御教書が発せられるであろう。否発せさせなければならないのである。御教書とは衆議院に於て過半数の構成を以て発せられるものである故、これが獲得の為にも正法弘通の活動は今後新生面が展開されなければなるまい。昭和二九年度は、その準備の年として邪教との法戦の徹底化、民衆に対する折伏の徹底化が計られる期間であろう。

とある。また、戸田は、

……戦争で負けたということになって、広宣流布は、ずっと早くなってくる。必ずできる。軍隊という、おっかないものがありません。枢密院という、じゃまなものもありません。もう、こわいものは、国会ひとつなんです。こうなると御教書は出る。広宣流布には、もってこいの態勢が整っている。

（一九五四年四月二九日、一支部一部隊結成式）〔同：二九〇〕

とも述べている。年限や手段の根拠などはわからない。しかし、戦前の弾圧経験を踏まえつつこの頃、戸田は国立戒壇建立――広宣流布のための政治進出をその胸のうちに固めつつあったのだ。同年は、特に「広宣流布」への言及が多くなった年と言える〔戸田 一九六〇：一一〇―一一二、一九六一ａ：三四三―三四五ほか〕。

こうしたなか、同年一一月二二日には、学会内に文化部が新設され、男子第一部隊長の鈴木一弘が文化部長に任命された。いよいよ政治進出が始まる。

以上、戦後初期の創価学会にて「広宣流布」と「日本民族救済」とが強く打ち出されていたこと、一九五一年ごろに「国立戒壇」建立という目標が設定されたこと、折伏大行進による教勢拡大とともに、そのための方法論の模索が進められていったことが確認できた。

政治進出の開始と成果

一九五五年に入り、二月九日には五四名の文化部員が任命された。これは、同年四月の統一地方選挙に立候補する面々であったが、この段階ではまだ政治進出を公表しなかった〔日隈 一九七一〕。

三月、統一地方選を前にして戸田は、

……国立戒壇建立の前提として、真の広宣流布のために、本尊流布をしなければならないのであります。日本国じゅうの人々が、『いかに御本尊様がありがたいか』ということを肝に銘じてこそ、真の広宣流布ができるのであります。

……皆、御本尊様のありがたいことがわかって、これらの人々の中から国会議員が出て、国立戒壇の請願が出され、国会で可決され、天皇陛下も、また、この御本尊様のありがたさを知ってこそ、初めて広宣流布ができるのです。

そこで、この一端として文化部が創設され、文化活動のうちの政治活動が、最初に打ち出されたのです。

（一九五五年三月二七日、鶴見支部第四回総会）〔戸田 一九六一b：二一七〕

と文化部創設の理由を語った。なお、そのなかで戸田は「一党一派に偏するものではありません」〔同：二一八〕と、どの政党でもかまわないとも述べた。

四月からの地方選では、東京都議に一名（小泉隆理事長、最高点）、横浜市議に一名、続いて東京都特別区議に三三名、全国一七市議会に一九名が立候補し、五三名が当選した。こうして会員の強固な組織基盤により、初戦から成功をおさめた。


……私は選挙運動が毎年あったらいいとおもっているのですよ。ないから残念です。そのわけは、選挙をやるという一つの目的をたてると、みな応援する気になります。そこでしっかりと信心させなければならん。

……選挙は、支部や学会の信心をしめるために使える。まことに、これは、けっこうなことではないですか。

（一九五六年三月三一日、本部幹部会）〔戸田 一九六一b：二〇二〕

戸田はこのように述べ、選挙の「効能」についても説いている。

一九五六年七月八日の第四回参議院選挙に、創価学会は、全国区に辻武寿・北条雋八・小平芳平・原島宏治の四人を、地方区に白木義一郎（大阪）・柏原ヤス（東京）の二人の候補を擁立した。初めての国政選挙であ

表1　1956年7月8日　第4回参議院選挙　創価学会候補者データ

選挙区	候補者名	性別	生年	学歴	職歴	結果
大阪	白木義一郎	男	1919	慶應義塾大学	プロ野球選手	当選
東京	柏原ヤス	女	1917	東京女子高等師範学校	小学校教師	落選
全国	辻武寿	男	1918	東京豊島師範学校	小学校教師	当選
全国	北条儁八	男	1901	東京帝国大学	帝室林野管理局技師	当選
全国	小平芳平	男	1921	中央大学	中央労働委員会事務局	落選
全国	原島宏治	男	1909	東京府青山師範学校	小学校教師、大田区議	落選

る。結果は、白木が大阪で二一万八九一五票（一五・六五％）を、辻が三一万五五九七票、北条が二六万一三四二票をそれぞれ獲得して当選した。半分は落選したものの、全国区で計九九万一五四七票を獲得し、その組織力が世間を驚かせた。この回の候補者の社会的属性を表1に挙げる。比較的高学歴であり、三人が小学校教師である点など、初期中心的会員層の属性がよく反映されていると言えようか。

この結果を受けた社会的注目の例として、『週刊朝日』は「戸田城聖という男―宗教法人「創価学会」の支配者―」という戸田へのインタビューを含む五頁の記事を載せている。「創価学会の精神」を問われた戸田は、

……日蓮大上人の三大秘法だ。つまり、題目、本尊、戒壇の三つである。……戒壇とは、本尊を置くべき場所である。……これは国家が作るべきだ。この時にこそ国家が平和になるんだという日蓮大上人の予言がある。この戒壇の問題が政治にからまってくるのである。……国立戒壇の目的は国家の安泰を祈るにある。わしのこわいのは原子爆弾だ。……戒壇の場所は富士山がいいと思う。（国教にするなどと）そんなバカなことは考えていない。衆議院には候補者を立てない。……ただ国立戒壇という国家の祈願所を作るだけだ。

（週刊朝日　一九五六／七／二九）

と応えている。そのままの言葉かはともかくも、信者会員に対したものではない

分だけ、戸田の認識を端的に捉えることができるものである。
こうした初めての国政選挙の前後にも、

……日本民族というものは、朝鮮の民族、中国の民族、インドの民族、フィリピンの民族には絶対に負けない優秀な民族であります。戦争に負けたりとはいえ、アメリカの人々に劣るような民族では絶対にありません。すなわち、東洋の文化を建設し、東洋の文化を指導することのできる民族であります。

（一九五六年七月七日、参議院選応援演説）〔戸田 一九六一b：二二八―二二九〕

……日本民族は秀れているというのが、私の民族観です。あなたがたは、皆秀れた人です。釈迦滅後九〇〇年に出た『ゆがろん』という本に、東洋に一小国があって、この民族だけは大乗仏教がわかると書かれており、……あなた方が大きくなった時、世の中はすっかり変わっている。資本主義でもなく、共産主義でもない、民族主義の勝利となっているだろう。（一九五七年四月三日、杉並支部少年の集い）〔同：三〇二―三〇三〕

と、「民族主義」・日本人の優秀性がかなりストレートに打ち出されている。また、

……今の日本の国の状態をみるに、共産党でいけるわけがない、社会党でも自民党でも、ほんとうの幸福は絶対にできるものではない、社会党も自民党も、共産党もなしえない真実の精神、真実の宗教、われわれの生命の力を発揮して、これが日蓮正宗の信仰によってのみ得られるのであります。また社会党にもせよ、自民党にもせよ、この日蓮正宗の信心のうえに立つものなら、まだしも可能性があると信ずるものであります。

（一九五六年八月二六日、全国新支部結成大会）〔同：二四三〕

などと、日蓮正宗信仰に基づかない既成政党政治への批判も述べられている。
こうして、組織力に下支えされた統一地方選ならびに初の国政選挙は早速の成果を出した[13]。国立戒壇建立と広宣流布と政治進出と日本民族の使命といった理念が、現実性を帯びて連結されていった。

王仏冥合論――政治進出の理論的基盤――

初の参院選での成功と前後・並行して、機関誌『大白蓮華』の巻頭言で戸田によって提示されていったのが、「広宣流布と文化活動」（五八〜六〇号、一九五六年三月〜五月）と「王仏冥合論」（六三〜七一号、一九五六年八月〜一九五七年四月）なる議論である。これらは、戸田による創価学会の政治進出の理論的基盤と位置付けられる内容である。

「広宣流布と文化活動」において戸田はまず、広宣流布には「化法の広宣流布」と「化義の広宣流布」とがあり、後者が「国立戒壇の建立」のことだとする〔戸田 一九六〇：一八九〕。そして御書や書状類をひもときながら、「本門の戒壇」「事の戒壇たる国立戒壇」の建立は、「後世の弟子に残されたのである」とする〔同：一九三〕。そのときの御本尊とは大石寺にある「一閻浮提《えんぶだい》総与の御本尊」〔同：一九五〕であり、そのためには、

……最後の、国立戒壇の建立、すなわち三大秘法の本門の戒壇の建立は、本尊流布の遂行とともに、当然完成されることは、いうまでもないと信ずる。……そこで日本民衆に理解をさせるための、文化活動の必要が生じてくる。……しからば、文化活動の内容はいかにというに、まず政界に、国立戒壇建立の必要性を、十分に理解させることである。〔同：一九七―一九八〕

と、文化活動―政治進出の必要を説いているのである。

より重要かつ議論が展開されているのは、「王仏冥合論」である。戸田はまず冒頭で、創価学会が政治に進出する理由は、国教を目指すとか、政治をとるとかではなく、

……われらが政治に関心をもつゆえんは、三大秘法の南無妙法蓮華経の広宣流布にある。すなわち、国立戒壇の建立だけが目的なのである。ゆえに政治に対しては、三大秘法稟承事《ぼんじょうのこと》における戒壇論が、日蓮大聖人の至上命令であると、われわれは確信するものである。〔戸田 一九六〇：二〇四〕

と明確に宣言している。日蓮正宗教学の詳細には立ち入らないが、戒壇については日蓮の御書中の「三大秘法稟承事」に詳しくあり、なかでも重要なのは「王法仏法に冥じ仏法王法に合して」また「勅宣並に御教書を申し下して」成立するものだとされている点である。王法と仏法については、

……王法と仏法とが冥合すべきである。王法とは一国の政治、仏法とは一国の宗教を意味する。宗教が混乱するときには、国の政治も混乱する。〔同：二〇六〕

としている。これを現代における国で考えると、

……国とは、今時の世界情勢からすれば、全世界のことであるが、いまただちに、この一大秘法の大法を理解させることはできない。ゆえに、この深秘の一大秘法に縁があり、かつは、その理解がなされる民族の国、すなわち日本国を意味することになる。この日本国に、一大深秘の大法が発生して広宣流布し、し

かるのちに、全世界が救わるべきものとなる。〔同：二〇九〕

と普遍性を視野に入れながらも、まずは現前の日本を念頭に置いている。以降、戸田は経典を引きながら、王仏冥合の精神に基いて先哲が行った実践例として、日蓮・日興・日目・日道・日行・日有らの行動を詳しく取り上げている。そしていよいよ結論として、

……吾人が、王仏冥合論を説くゆえんは、利潤追求の資本主義も、消費と生産の道をたどる共産主義も、また民族主義も、共につかみ得ない政治の実体を、示唆したものを述べんがためである。
……日蓮大聖人が、政治と個人の幸福とは一致しなければならぬと主張あそばされたのが、王仏冥合論である。社会の繁栄は、一社会の繁栄であってはならない。全世界が、一つの社会となって、全世界の民衆が、そのまま社会の繁栄を満喫しなければならない。それが、王法と仏法との冥合である。〔同：二五七―二五八〕

とまとめているのである。

やや観念的・教義的な記述が先行してしまったが、戸田の考えはこれでほぼ出尽くされている。戸田は、「広宣流布」のためには日本民衆の理解が必要であること、そのためには文化活動が必要であり、それはまず政治活動であることを述べた。そして、政治活動の目的とは国教化や政治支配ではなく国立戒壇の建立だけであること、さらに「王仏冥合」という日蓮正宗の正統な教えに則った個人と社会、そして日本、世界の幸福・繁栄が一致した状態が目指されるべきとした。それは、実質的には「政教一致」観と言ってよいだろう。こうした理念が、政治進出と並行して提出・確立されていったのだ。

なお、一九五七年九月八日、戸田は第四回東日本体育大会の席上、「原水爆宣言」を行い［上藤・大野編 一九七五：一六四－一六五］、

……もし原水爆をいずこの国であろうと、それが勝っても負けても、それを使用したものは、ことごとく死刑にすべきであるということを主張するものであります。……われわれ世界の民衆は、生存の権利をもっております。その権利をおびやかすものは、これ魔ものであり、サタンであり、怪物であります。

［戸田 一九六一b：三四六－三四八］

と述べた[14]。戸田のほぼ最後のラディカルな主張は、今日の学会の反核・平和運動の礎の一つになっている。すでに、病が進みつつあった戸田は、一九五八年四月二日、五八歳で亡くなった。

戸田城聖時代・創価学会のナショナリズムとユートピア観

戦後の創価学会の再建から戸田の逝去まで（一九四六～五八年）を見てきたところで、そのナショナリズムとユートピア観について概括したい。学会の特に戦後期のナショナリズムのタイプについては、すでに寺田喜朗が手際よくまとめているので参照する［寺田 二〇一〇］。寺田は、『戸田城聖先生 質問会集』［戸田 一九六三］の記述などにより、創価学会のナショナリズムの特徴とは、日蓮聖人の誕生と、血脈相承による日蓮正宗の正統的系譜、板本尊の存在、という伝統的な宗門内文化資源から説明される「伝統資源に依拠した文化的ナショナリズム」だとしている［寺田 二〇一〇：二一九－二二一］。

以下、それを踏まえつつ、本書のナショナリズム分析の七指標に沿ってまとめなおそう。

戸田にとって、日本と日本民族は特別で優れたものであった。第一に、日蓮大聖人が生まれ日蓮正宗と創価

学会という「本当の宗教」があるからであった。「大乗仏教の真髄」は日本のみに存在するのであった。だから、日本・日本人にはそれを広める使命があるのだ。同時に、素朴な愛郷心・民族主義も存在していた。戸田は、「日本に日蓮正宗と創価学会のほかに誇り得るものがありますか」という問いに、

……あります。富士山です。それから日本の文化、芸術ぜんぶであります。日本のごとく偉い者がそろっている所はありません。日本の水はきれいな水であり、きれいな水は民族を優秀にし、水の速さの激しい気性を持っています。日本人くらいりっぱな素質の民族はありません。〔戸田 一九六三：一九二〕

と答えている。こうした①文化・伝統観が基底にある。

ただし、それは天皇中心主義や、神道的伝統には立脚していない。

……（天照大神は）国を守る神であります。大御本尊様におしたための天照大神は、日蓮大聖人様己心の天照大神であり、あなたがたの国土を守るものであります。〔戸田 一九六三：一五八〕

……天照大神だって、日本の国にはおりません。ましてや、社の中になんかおりません。いるのなら、私はあの神札を焼けとはいいません。いないのに、気がつかないのです。なぜかというと、日本人は、仏教を知らないから気がつかないのです。〔同：一六〇〕

……本門戒壇は日蓮大聖人様のおおせのとおり、建てなければならないのだと納得した時、はじめて日本の国に、あらゆる大宇宙に住む正八幡大菩薩や天照大神がおのおの祈りをあげる場所へいっしょになって帰ってくるのです。〔同：一六八〕

……日本の国民は天皇陛下をだいたい忘れたみたいです。そういうかわいそうな天皇陛下にしてしまった

というのは、天照大神に守護の力のないせいかもしれません。こういうと、天照大神の悪口をいっているようですけれども今度の戦争中には、ほんとうの天照大神は、日本の国にはいなかった。〔同：一八二〕

このように天照大神は尊い神ではあるが、皇室の先祖だから尊いというのではない。仏法を守護する諸天善神の一なのである、と戸田は言う。しかるに、謗法の状態にある日本においては、正法に帰依していないために、天照大神もまた存在しないとする。天皇や皇室を否定することはないものの、「天皇陛下がこの御本尊様を拝んだところで、断じて、広宣流布はできない」などとしており、その重要度は必ずしも高くない（②天皇観）。いわば天皇・皇室重視なしのナショナリズムなのである。

⑤戦前・大戦観については、戦前の苛酷な弾圧の経験もあり、もちろんポジティブには捉えられていない。「謗法」の状態にあったため、戦争にも負けたのだという認識である。

④経済的優位観については、戦後の焼け野原の中からの復興と歩調を合わせてきたので、背景的要因としては考慮に入れにくい。後に高度成長期に入ってからは、その高成長も日本・日本民族の優秀性の一つの証左として触れている程度である。むしろ戦後の混乱・混沌状況を、「広宣流布」の好機とみている。

③対人類観と⑥欧米・西洋観については、未だ海外布教等も組織的に展開されていない段階ではあるが、まずは日本での「広宣流布」を前提とし、その後、東洋の文化を建設・指導し、さらには世界の民衆を救済することを視野に入れた段階論をそなえている。日本以外の特定の国に宗教的な意味は付与されていない。他方で日蓮正宗の教えの「広宣流布」は、資本主義・共産主義・民衆主義等を超えて浸透する正統性を持つと考えられている。

そして、この「広宣流布」が実現した世界として、⑦ユートピア観が持たれており、その手段としての政治進出が選択されている。戸田—創価学会におけるユートピアとは、観念上のものや会員の心の問題、あるいは教団聖地の造成といったようなものではない。本門の題目・本尊・戒壇といった日蓮正宗教学に基づいた具体的シンボルをそなえ、民衆の折伏教化→広宣流布→国立戒壇の建立→一国民衆の救済→東洋・世界民衆の救済という連環を想定した、現実社会の変革を迫るものなのである。そして、その具体的手段として、文化活動なかでも政治活動という道が選択され、政治進出に至ったのである。(15) そこにおいては、宗教的目標と政治的目標の間に隔たりはない。他の宗教運動と合同しようとか、既成の政党・政治家を支援して希望を託そうといった考えの入り込む余地はほぼない。

以上のように、戸田城聖と創価学会の基本的世界観には、日蓮正宗教学と正法意識に基づいた独自のナショナリズムとユートピア観があり、その政教一致的な理想実現のために独自の政治進出の道が取られたことが、ここまでで明らかになった。

4−3　池田大作時代と公明党の展開

本節では、戸田の死後、池田大作が第三代会長となり、公明党を結成し、参議院のみならず衆議院も含む国政に本格的に進出する過程と、そこにおける理念の変化を追う。

池田大作の路線継承と「国立戒壇」の書き換え

戸田の死の翌年には、早くも二度目の参院選がやってきた。一九五九年六月二日の第五回参院選である。地方区では東京に柏原ヤスが、全国区では、石田次男・中尾辰義・小平芳平・原島宏治・牛田寛の五人が立候補した。柏原は、落選した前回の二倍以上の四七万一四七二票（一八・三七％）を獲得し当選した。全国区の五人も、計二四八万六八〇一票を獲得し全員が当選した。着実に地歩を固めたのである。

一九六〇年五月三日、池田が第三代会長に就任した。池田は基本的には、戸田の路線を継承した。政治進出についても、「創価学会は政党ではない。したがって衆議院にコマを進めるものではない。あくまでも、参議院、地方議会、政党色があってはならない分野に議員を送るものである」（『大白蓮華』一九六一／六）としていた。一九六一年五月には、従来の文化部は文化局政治部へと改組され、同年一一月には、政治団体・公明政治連盟へと展開されていった［堀一九九九ほか］。

三度目の参院選となる一九六二年七月一日の第六回参議院選挙には、地方区で東京に和泉覚、大阪に白木義一郎が、全国区では、北条雋八・鈴木一弘・辻武寿ら七人が立候補した。東京の和泉は五二万九五七五票（一四・四三％）の二位、大阪の白木は四二万八六〇四票（二〇・三五％）の二位でどちらも当選した。全国区も、計四一二万四二六九票と票を著しく伸ばし、七人全員が当選した。この回も完勝であった。

さて、この時期において学会は、戸田があれほど重視したはずの「国立戒壇」の語を、「本門の戒壇」「民衆立の戒壇」などと言い換えるようになった［西山一九七五：二五一－二五二］。

例えば、前節でみた『戸田城聖先生 質問会集』は、内容的には当然戸田生前のものだが、刊行されたのは一九六三年であり、「国立戒壇」の語は見当たらず、「本門戒壇」が用いられている［戸田一九六三：一八九］。

一九六四年六月三〇日、池田は学生部の第七回総会で以下のように述べた。

……御書には、「国立戒壇」ということばなどはどこにもありません、戸田先生も、ちょっと「国立戒壇」ということばをもらしたことはありますが、私も先生がおっしゃったから申し上げたことも、一、二、ありますけれども、御書にも日興上人のおことばにも、日寛上人のおことばにも「国立戒壇」ということばはないのです。「戒壇」といえば「本門の戒壇」となるのです。

…中略…

……（戒壇建立ということは）実質は全民衆が全大衆がしあわせになることであります。その結論として、そういう、ひとつの石碑みたいな、しるしとして置くのが戒壇建立にすぎません。したがって従の従の問題、形式の形式の問題として考えてさしつかえないわけでございます。［池田 一九六五：二一四-二一六］

世間からの「政教一致」「国教化」といった批判を回避し、来たる公明党結成・衆院選進出をにらんだ対応と言えるのだろうが、前節からの展開を踏まえれば、やや苦しい弁明としか見えないだろう。なお、前節でみた戸田の「王仏冥合論」冒頭の「われらが政治に関心をもつゆえんは、…中略…国立戒壇の建立だけが目的なのである」という部分も、一九六五年に『戸田城聖全集第一巻』に同論が収録された際には、何のことわりもなく「本門戒壇」に書き換えられている［池田編 一九六五ａ：一五〇］。これも、歴史的宗教家のテクストの文言とその解釈とが時を経て徐々に変転していく、よくある過程の一つなのだろうか。

公明党の結成と変化

一九六四年五月三日、創価学会第二七回本部総会の席上、池田は、

……公明政治連盟を一歩前進させたい。すなわち、公明政治連盟を、皆さん方の賛成があるなら、王仏冥合達成のために、また時代の要求、大衆の要望にこたえて、政党にするもよし、衆議院に出すもよし、このようにしたいと思います。

と諮り、参加者全員の賛成が得られた、という［松島・谷口編 一九六九：四〇-四一］。

同年一一月一七日、東京・両国の日大講堂にて、約一万五千人が集まり、公明党結成大会が開かれた。委員

長には原島宏治、副委員長に辻武寿、書記長に北条浩、副書記長に竹入義勝が選出された〔同：五〇〕。「公明党結党宣言」は次のように謳う。

今や混沌たる世界情勢は、一段と緊迫の度を加えるにいたった。一方、国内情勢は、依然として低迷をつづけ、国民不在の無責任政治がくりかえされている。……（日蓮大聖人の）この仏法の絶対平和思想、即ち、王仏冥合の大理念のみが、世界を戦争の恐怖から救いうる唯一の道なりと、われわれは強く確信する。……公明党は、王仏冥合、仏法民主主義を基本理念として、日本の政界を根本的に浄化し、議会制民主政治の基礎を確立し、深く大衆に根をおろして、大衆福祉の実現をはかるものである。しこうして、ひろく世界民族主義の立ち場から、世界に恒久的平和機構を確立することを、最大の目標として、勇敢にたたかうことを、国民の前に堅く誓うものである。

『党綱領』も同様の内容を展開している。「王仏冥合」はそのままに、「仏法民主主義」「世界民族主義」といった語が新出する一方で、運動の「最大の目標」のはずだった「国立戒壇建立」は見当たらない。結党宣言・党綱領なのだからと言ってしまえばそれまでだが、題目・本尊・戒壇論や「広宣流布」の姿勢は見えない。結党日に合わせては、「池田大作著」の『政治と宗教』も刊行された〔池田 一九六四〕。

……政治は大地に育つ千草万木のごとく変化の世界であり相対的な世界である。宗教は大地のごとく政治・経済・教育等のあらゆる文化の本源であり永久不変の哲理である。偉大なる宗教、偉大なる哲学のない政治は根無し草であり、権力の争奪、民衆の不幸をくり返すのみである。〔池田 一九六四：一一二〕

……日本の国には、あたかも大河の流れの悠久たるごとく、何百年、何千年の昔から東洋民族の心の奥底に流れてきた大乗仏教の思想があるのである。〔同：二〕

……私はあくまでも仏法の指導者である。……政治のことは政治家にまかせ、私が政治家になるという意思は毛頭ない。〔同：二一三〕

といった「はしがき」で始まる同書は、「序説」「政治思想の史的考察」「政治の本質」「現代政治の課題」と古今東西の政治思想のレビューを中心に論が進められる。その上で「政治の根底は宗教」だとして、「真の宗教による人間革命が、その基底となって、それが社会のあらゆる階層におよんで、政治、教育、経済、文化等の革命にまで発展されなければならない」〔同：一七二〕と、宗教の根源性・優位性、宗教が政治をはじめ社会の諸セクターの基盤にあるべきことが述べられる。そして、「第四章　王仏冥合論」に進む。

……王仏冥合とは、仏法の哲理と慈悲を根本精神とし、具体的には大衆の福祉を根本として政治を行うことである。個人と社会に分けて考えた場合には、信仰は個人であり、政治は社会が対象となる。よって、正しい信仰と生命哲学によって、生命の浄化、人間革命を成し遂げた者が、慈悲を基にした政治を行なうのが王仏冥合である。〔同：二〇五〕

……創価学会の目的は、端的にいえば、日蓮大聖人の仏法、すなわち三大秘法の大仏法を、日本のみならず、東洋に世界に流布することであって、これを「広宣流布」というのである。／三大秘法とは、本門の本尊・戒壇・題目である。……本門の戒壇とは、広宣流布の暁に、本門戒壇の大御本尊を正式にご安置するところであり、すなわち民衆の総意で建立すべき事の戒壇である。〔同：二二一―二二二〕

……民衆も指導者も、すべて日蓮正宗富士大石寺の大御本尊に帰依し、国民の総意によって本門戒壇を建

立する以外には、楽土日本を建設する道はないと確信するものである。〔同：二二二〕

ここでは、「国立戒壇」の語こそはやはり見られないものの、戸田以来の基本路線が継承されているのがよくわかる。また、日蓮の言う「一閻浮提」とは全世界であって、「わずか日本一国の国教にするなどということは、大聖人の教えに背反する」〔同：二二四〕と語気を強めている。「仏法民主主義」については、

……すべての人々に「自由」と「平等」を与え、かつ、個人と社会の関係をも、立派に調和のできる思想こそ王仏冥合であり、仏法民主主義なのである。〔同：二三七〕

……「生命の尊厳」と「慈悲」を根幹にし、個人の主体性を確立し、人間革命を成就して社会に貢献してゆくことが、仏法民主主義なのである。〔同：二三八〕

と解説し、

……われわれの思想は、文明論でいえば第三文明、政治観からいえば仏法民主主義、経済観からいえば人間性社会主義、新社会主義、福祉経済、国際観からいえば、地球民主主義である。その根底はすべて、最高の仏法なのである。〔同：二四九〕

と総括している。

以上のように、公明党の結成にともない、創価学会の政治進出過程としてはもちろん、その基本的世界観にも若干の修整が加えられ、新たな段階に進んでいった。戸田以来の広宣流布と王仏冥合論は継承されつつも、

「国立戒壇」のタームは放棄された。また、戸田に強く見られた「民族」「日本」の強調もあまり見られなくなり、かわって「民衆」「大衆」が前景化していった。さらに、「仏法民主主義」「人間性社会主義」「世界民族主義」「地球民主主義」など一般性・普遍性を帯びたタームが浮上してきたのである。

衆議院への進出とその余波

こうして公明党は、その体制を整え、国政選挙の経験を重ねた。

一九六五年七月四日の第七回参議院選挙には、地方区で東京・大阪・愛知・兵庫・福岡の五名、全国区に九名が立候補した。地方区は二名が当選となり、東京の北条浩が六〇万八二三五票(一四・九三%)の二位、大阪の田代富士男が四九万一〇四七票(二〇・四七%)の二位という結果だった。全国区では、計五〇九万七六八二票を集め、柏原ヤス・小平芳平ら九人が当選した。

一九六七年一月二九日実施の第三一回衆議院議員総選挙に、公明党は衆院選として初挑戦し、東京・神奈川・大阪などを中心に三二名の候補を擁立した(当時は中選挙区制)。結果は、竹入義勝(東京一〇区)、石田幸四郎(愛知六区)、矢野絢也(大阪四区)ほか、二五名が当選した。大阪一~六区は全員が当選した。日本社会党(一四一議席)、民社党(三〇議席)に次ぐ野党第三党に一躍躍り出た。**表2**には当選者の社会的属性をまとめた。全員が男性であり、大卒相当は三分の一程度、七割ほどが地方議会議員を経験しているのが特徴的である。創価学会の役職歴ももちろん目立つ。

一九六八年七月七日の第八回参議院選挙には、地方区で東京・大阪・愛知・兵庫・福岡の五名、全国区に九名が立候補した。大阪では白木義一郎が六七万四八一九票(二二・九四%)を獲得するなど、東京・大阪・愛知・兵庫の四名が当選した。全国区では、計六六五万六七七一票を集め、九人が当選した。

一九六九年一二月二七日実施の第三二回衆議院議員総選挙には、三六都道府県にわたり七六名が立候補し、

表2　1967年1月29日　第31回衆議院総選挙　公明党　当選者データ

氏名	選挙区	性別	生年	学歴	職歴
斉藤実	北海道1	男	1923	函館市立商工青年学校	創価学会理事　札幌市議　北海道議
小川新一郎	埼玉1	男	1926	都立芝商業高校	創価学会理事　埼玉県議
鈴切康雄	東京2	男	1926	神戸高等商船学校専科中退	材木店経営　大田区議
伊藤惣助丸	東京5	男	1933	日本大学中退	印刷会社社長　豊島区議
有島重武	東京6	男	1924	慶應義塾大学	創価学会理事　作曲家
大野潔	東京7	男	1930	攻玉社高等工学校	東京都建設局　創価学会副理事長
松本忠助	東京9	男	1914	茨城県立古河商業学校	運送会社役員
竹入義勝	東京10	男	1926	政治大学校	日本国有鉄道　文京区議　都議
伏木和雄	神奈川1	男	1928	都立化高中退	神奈川県議　創価学会副理事長
小浜新次	神奈川3	男	1915	海軍航海学校	横浜市議
石田幸四郎	愛知6	男	1930	明治大学	聖教新聞
樋上新一	京都1	男	1907	京都市立商工専修学校	創価学会理事　京都市議
沖本泰幸	大阪1	男	1920	日本大学大阪中学校	創価学会理事　大阪市議　大阪府議
浅井美幸	大阪2	男	1927	東京歯科医学専門学校	創価学会理事　大阪府議
近江巳記夫	大阪3	男	1935	関西大学	大阪市議
矢野絢也	大阪4	男	1932	京都大学	大林組　大阪府議
正木良明	大阪5	男	1925	堺市立工業高等学校	創価学会理事　堺市議　大阪府議
北側義一	大阪6	男	1927	城東工業学校中退	近畿日本鉄道　大阪市議
渡部一郎	兵庫1	男	1931	東京大学	聖教新聞社　公明新聞
岡本富夫	兵庫2	男	1921	東亜高等経理学校	創価学会理事　岡本製作所代表
山田太郎	岡山1	男	1918	慶應義塾大学	岡山市議
広沢直樹	徳島	男	1931	高知追手前高校	高知市議　香川県議
中野明	高知	男	1926	扇町商業高校	倉敷市議
田中昭二	福岡1	男	1927	大蔵省税務講習所	国税庁
大橋敏雄	福岡2	男	1925	福岡市立城西高等小学校	福岡県議

※［堀 1999：294-308］、新聞報道などを参照して作成

四七名が当選した。落選者も多かったものの、東京一〜一〇区、神奈川一〜三区、大阪一〜六区、福岡一〜四区は全員が当選し、大都市部での強さを見せつけた［堀 一九九九］。民社党を抜き去り、野党第二党に躍り出た。

この間も創価学会＝公明党は、新たなステージに踏み出したがゆえの対応に追われた。池田の『指導集第一巻』では、「公明党の主張する中道主義、中道政治は、仏法の真髄の生命哲学にもとづき、真に人間性を尊重する慈悲の政治を実現しようとするものです」［池田 一九六七：二一九］などと説かれた。

興味深い変化があったのは、『折伏教典』である。全ての改訂版を確認できてはいないが、少なくとも校訂三版（一九六一年五月）と改訂三二版（一九六八年九月）を比べてみるだけでも大きな違いがある。特に、「第一三章　王仏冥合と第三文明」の章と、「第五章　入信した人のために」のなかの「公明党と創価学会との関係」が加筆されている。

前者は特筆すべき内容は特にはないが、

……王法とは政治であり、広い意味では、個人の生活、一般社会の諸活動を含むのである。仏法とはいうまでもなく、日蓮大聖人の三大秘法の南無妙法蓮華経をいうのである。そして、冥合とは、仏法を土壌として、一切の政治、文化の草木が成長するように、仏法の慈悲の精神を政治に具現し、個人の幸福と社会の繁栄が一致する理想社会を実現することである。［創価学会教学部編 一九六八：二七二］

と、この時点でも「王仏冥合」論が強調されているのを確認できる。

他方、「公明党と創価学会との関係」の節においては、

……個人の生活を、根底から幸福にしきる創価学会の実践と、社会に繁栄をもたらす公明党の政治活動が、

別々である道理がない。このあたりまえの原理が王仏冥合の理念である。……祭政一致は、原始的な素朴な形態であり、未来の新しい時代の理念である。……さらに日蓮正宗の御僧侶は、一人として政界に出た人はいない。ひたすらに清浄に正法を護持しておられるのである。学会員が政界に出るのは、在家の社会人として、国民として当然の権利である。……公明党はあくまでも宗教政党である。……ゆえに、創価学会を離れて公明党はありえない。もしあるとすれば、既成政党となんら変わることなく、政治のための政治に堕することは必然である。……されば、永久に創価学会と公明党は、常に一体不二の関係であり、さらに幅広く大衆の支持を得て進んでいくものである。……学会員が日本の総人口の三分の一となり、さらに信仰はしないが、公明党の支持者である人たちが、次の三分の一となり、あとの三分の一は反対であったとしても、事実上の広宣流布は達成されたことになるのである。〔同：三七九―三八四〕

などと、執拗なほど創価学会と公明党との「永久」の一体性を入信者に向けて説いている。まさに公明党が本格的な政治進出を始めたこの時期とは、そのような理念に基づいて運動がなされていたことをあらためて確認できるのである。

4―4 「政教分離」以後の公明党の展開

そのようなかで、一九六九年末から一九七〇年前半にかけての「言論出版妨害事件」が起こった。池田は一九七〇年五月には、「永久に」「一体不二の関係」であるはずの、創価学会と公明党との「政教分離」と「国立戒壇論」の放棄を宣言した。役員の分離などが行われるとともに、「党綱領」にあった「王仏冥合の大理念」「仏法民主主義」「世界民族主義」といった文言が削除され、新たな綱領が採択された。「中道主義」「人間性社会主義」「福祉社会」「人類永遠の平和と繁栄」が前面に出され、「宗教政党」から「国民政党」への脱皮が目指された［松島・谷口編 一九六九、公明党公報宣伝局 一九七三］。

その後の宗門や妙信講（現・顕正会）との軋轢や戒壇論の変遷については、興味深いテーマではあるが、本章の課題ではないためここでは展開しない（［西山 一九七五、一九七八a・b、一九八六、一九九八］ほかを参照）。

創価学会のナショナリズム＝国家意識、ユートピア観と、政治進出の経緯と動機を追うという本章の目的のほとんどは果たせたと考えられるため、ここでは補足的に、主に国政選挙の結果を中心に、以降の公明党の展開の概要を提示する。

創価学会＝公明党の国政選挙結果の推移

まずは表3・4・5において、公明党の国会（衆・参）における議席数、参院選と衆院選における総得票数と比例（区）得票率、それぞれの推移を示す。視覚的にその動きを捉えてみてほしい。

以下、ごく簡単に各国政選挙における動向と結果を列挙する。

一九七一年六月二七日の第九回参議院選挙では、地方区に黒柳明（東京）・田代富士男（大阪）が立候補し当選した。全国区では、柏原ヤス・小平芳平ら八名が立候補し、全員が当選した。

一九七二年一二月一〇日の第三三回衆議院選挙では、五九名が立候補し、二九名当選と大幅に議席を減らした。沖縄返還後初の選挙となったが、沖縄選挙区の玉城栄一は落選した。共産党が四〇議席を獲得し、議席数で抜かれた。

一九七四年七月七日の第一〇回参議院選挙では、地方区で三六名もの立候補者を擁立したが、当選者は北海

表3　公明党　衆参議席数の推移

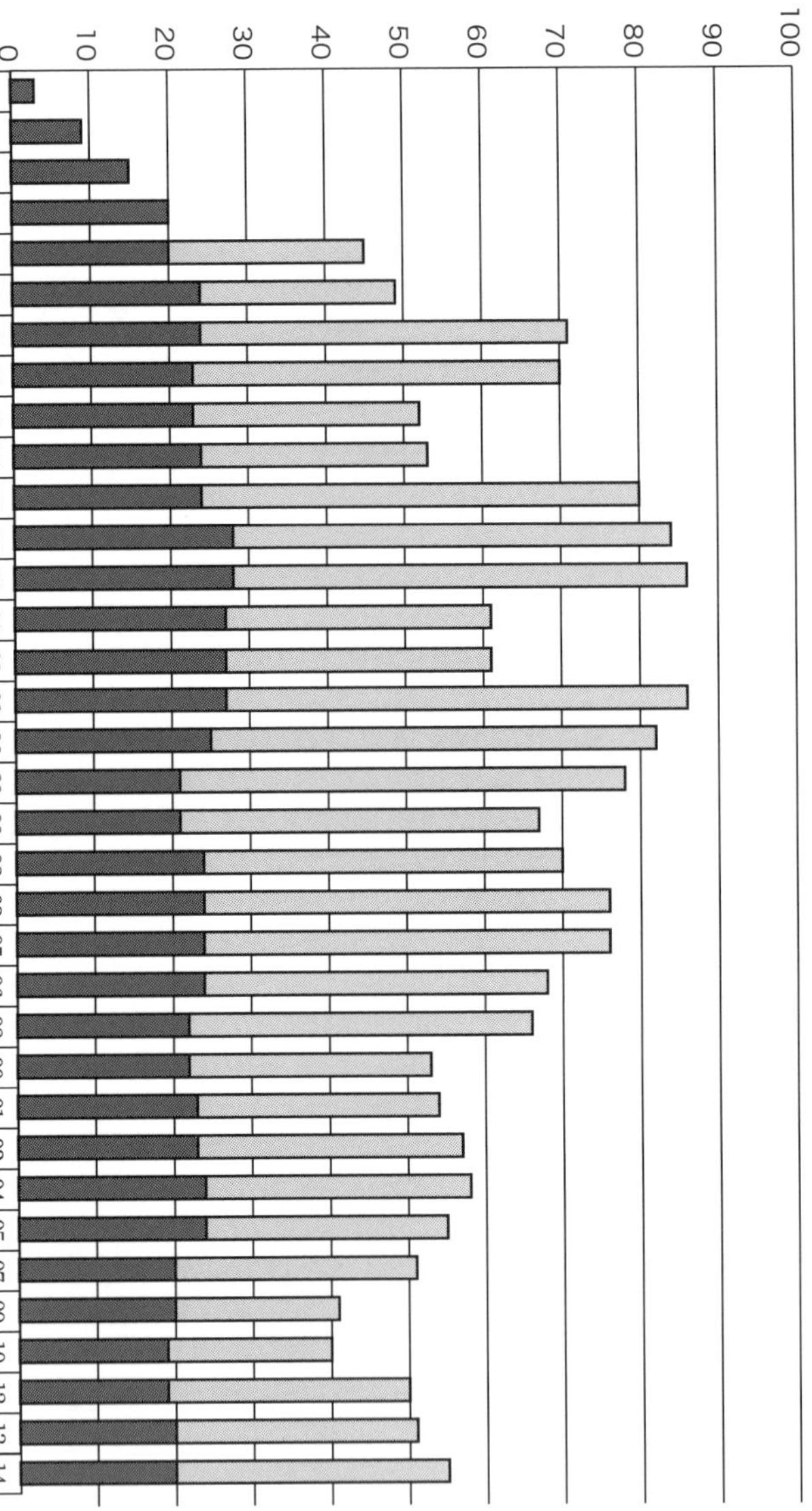

年	選挙	衆院議席数	参院議席数
56	参	0	3
59	参	0	9
62	参	0	15
65	参	0	20
67	衆	25	20
68	参	25	24
69	衆	47	24
71	参	47	23
72	衆	29	23
74	参	29	24
76	衆	56	24
77	参	56	28
79	衆	58	28
80	衆参	34	27
83	参	34	27
83	衆	59	27
86	衆参	57	25
89	参	57	21
90	衆	46	21
92	参	46	24
93	衆	52	24
95	参	52	24
96	衆	44	24
98	参	44	22
00	衆	31	22
01	参	31	23
03	衆	34	23
04	参	34	24
05	衆	31	24
07	参	31	20
09	衆	21	20
10	参	21	19
12	衆	31	19
13	参	31	20
14	衆	35	20

※［石川・山口2010］、新聞報道などから作成
※衆院選時の参院議席数、参院選時の衆院議席数は、くら替え、くり上げなどの影響から若干の増減がある場合があるが、直前の回の結果に拠った
※95年参院選・96年衆院選の数値は、新進党内の旧公明党系議員の数をカウントしたものである

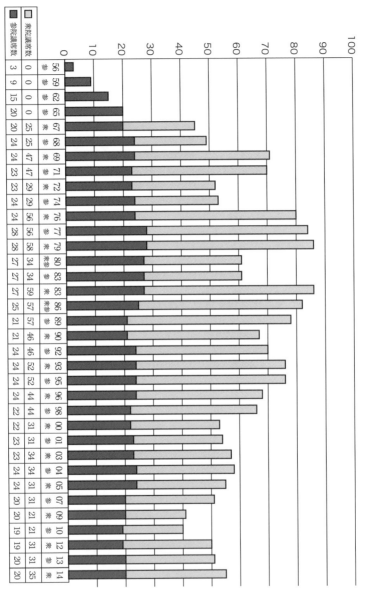

表4　公明党　参院選における総得票数と全国区・比例区得票率の推移

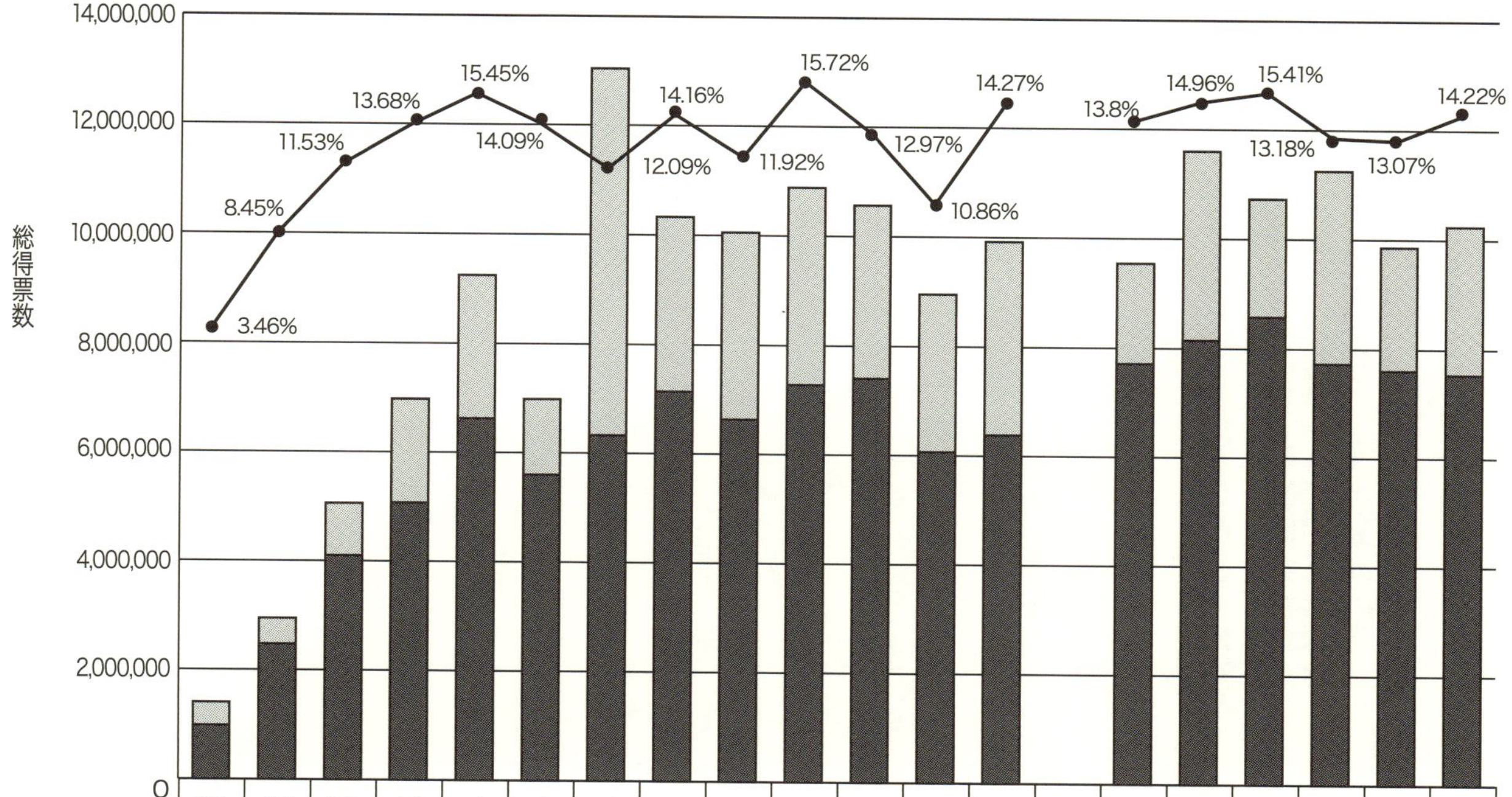

	56年	59年	62年	65年	68年	71年	74年	77年	80年	83年	86年	89年	92年	95年	98年	01年	04年	07年	10年	13年
地方区・選挙区	422,538	471,472	958,176	1,910,975	2,632,528	1,391,855	6,732,937	3,206,719	3,434,524	3,615,994	3,178,530	2,900,947	3,550,060	—	1,843,479	3,468,664	2,161,764	3,534,672	2,265,818	2,724,447
全国区・比例区	991,547	2,486,801	4,124,269	5,097,682	6,656,771	5,626,292	6,360,419	7,174,458	6,669,386	7,314,465	7,438,501	6,097,971	6,415,503	—	7,748,301	8,187,804	8,621,265	7,765,329	7,639,432	7,568,082

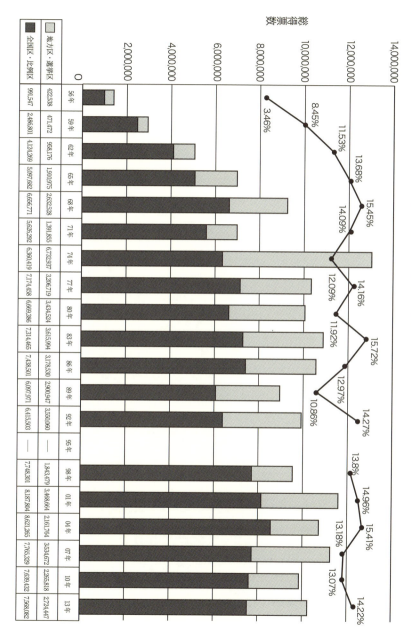

表５　公明党　衆院選における総得票数と比例得票率の推移

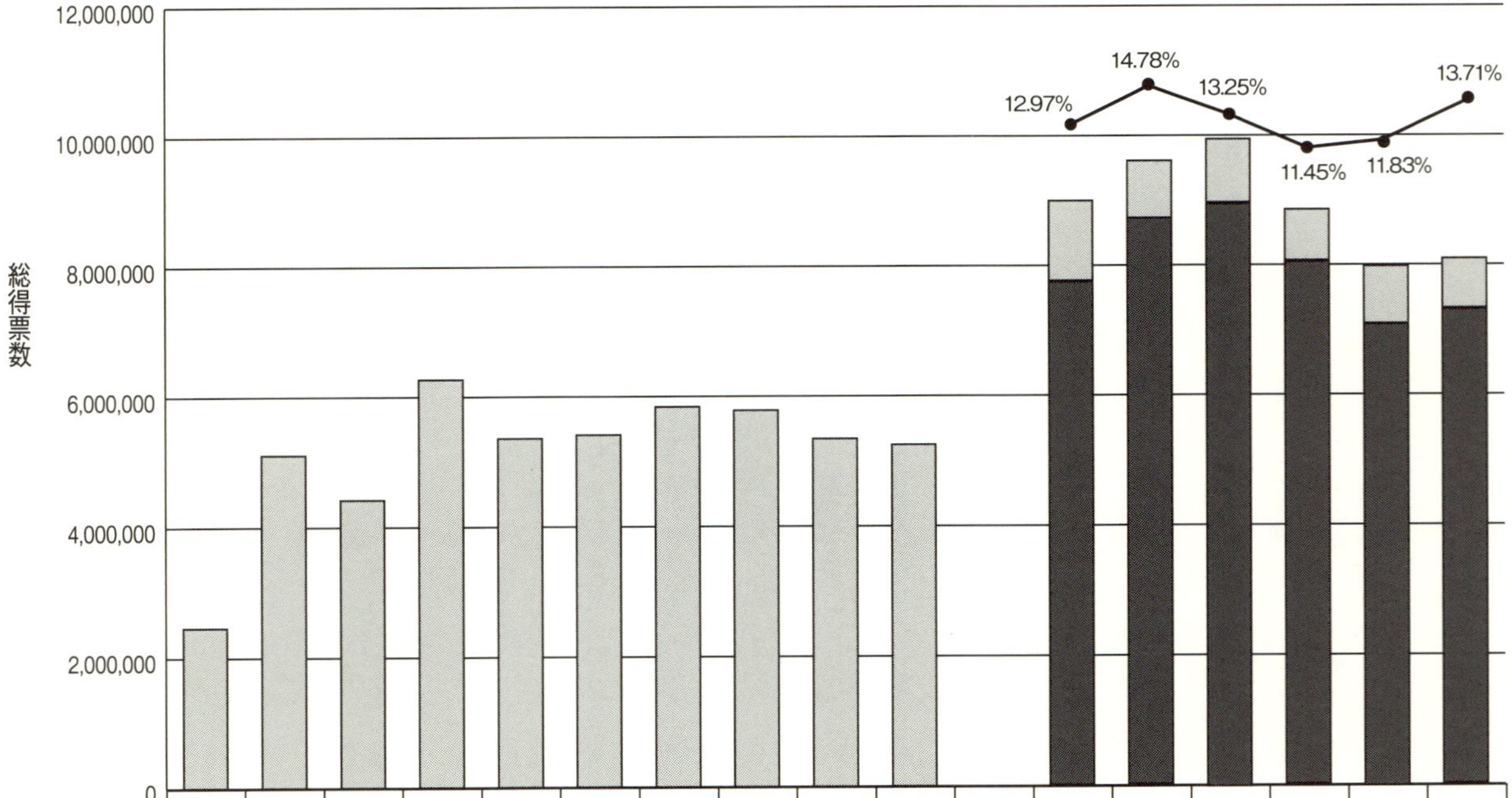

	67年	69年	72年	76年	79年	80年	83年	86年	90年	93年	96年	00年	03年	05年	09年	12年	14年
選挙区	2,472,371	5,124,666	4,436,755	6,290,829	5,376,316	5,427,616	5,860,053	5,803,012	5,360,400	5,265,611	—	1,231,753	886,507	981,105	782,984	885,881	765,390
比例区	—	—	—	—	—	—	—	—	—	—	—	7,762,032	8,733,444	8,987,620	8,054,007	7,116,474	7,314,236

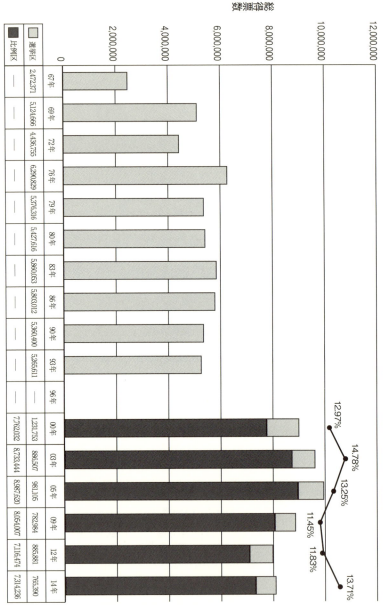

道・東京・大阪・兵庫・福岡の五名にとどまった。全国区では、九名が立候補し、全員が当選した。

一九七六年一二月五日の第三四回衆議院選挙では、党史上最多の八五名で、ほぼ全都道府県において候補を擁立し、五六名が当選となり前回から倍増した（以下、無所属からの加入者を含む）。再び野党第二党となった。

一九七七年七月一〇日の第一一回参議院選挙では、地方区から六名の候補者を出し、東京・愛知・大阪・兵庫・福岡の五名が当選した。全国区では九名全員が当選した。

一九七九年一〇月七日の第三五回衆議院選挙でも、ほぼ全国で六五名が立候補し、五八名が当選した。東京・大阪では全選挙区から立候補し、全て当選だった。

一九八〇年六月二二日は、党初の衆参同時選挙（衆議院第三六回、参議院第一二回）となった。衆院選では六五名が立候補したが、当選は三四名。常勝大阪の三区をはじめ、東京・神奈川・福岡で落選者を出した。一位当選は一人もおらず、停滞を見せた。

他方、同参院選では、地方区で立候補者五名、当選者は東京・大阪・福岡等の四名、全国区では候補者九名の全員が当選し、全国区での強さを保った。

一九八三年六月二六日の第一三回参議院選挙では、比例代表制が導入された。比例区では一七名が立候補し、当選者は八名だった。選挙区では六名全員が当選した。

一九八三年一二月一八日には第三七回衆議院選挙が行われ、六〇名が立候補し、初当選の神崎武法ら五九名が全員当選した。

一九八六年も衆参同時選挙（衆議院第三八回、参議院第一四回）となり、七月六日に投開票が行われた。衆院選では、六二名が立候補し、五七名が当選した。

同参院選では、選挙区で立候補者五名のうち四名が当選した。比例区では一七名の立候補者から七名が当選した。

一九八九年七月二三日の第一五回参議院選挙においては、選挙区では五名が立候補し、四名が当選した。比例区では候補者一七名で、六名が当選している。

一九九〇年二月一八日の第三九回衆議院選挙では、立候補者五九名、当選者は四六名である。前回まで八期務めた竹入義勝は、今回から地盤を山口那津男に譲り、矢野・竹入体制に終止符が打たれた。

一九九二年七月二六日の第一六回参議院選挙では、地方区から出馬した六名が全員当選した。比例区では一七名の立候補者から八名が当選している。

一九九三年七月一八日の第四〇回衆議院選挙では、五四名が立候補し、初当選の太田昭宏ほか、五二名が当選した。この回は、新生党が五五（後、六〇）議席を獲得したため、第四党・野党第三党となった。竹入とともに全盛期を築いた矢野絢也が引退している。

宗門からの離脱を経て、衆参それぞれの選挙を経た。八〇年代に比べれば、参院比例区全体での得票などは落としているものの、宗門離脱の政治活動への影響や動揺はそれほど大きくなかったと言えようか。

公明党は、一九九三年八月に発足した日本新党・日本社会党・新生党・新党さきがけなどによる細川護熙連立政権に参加した。新生党の小沢一郎と公明党書記長の市川雄一との「一・一ライン」が政権運営のカギを握るに至った。公明党結成から三〇年近くを経て、ついに公明党は政権与党の一角を担うまでになったのである。

細川連立政権は長くは続かず、一九九四年六月には自・社・さの連立政権が成立し、公明党は再び野党となった。そのなかで、一九九四年一二月、新生党・日本新党・民社党などにより、新進党が結成された。自民党に次ぐ大政党の誕生であった。公明党は、同年一二月五日に解散し（一二月二七日届出）、地方議員を中心とした一部を除き「公明新党」を経て、新進党に合流した。

これに先立つ一一月一〇日、学会は第三五回総務会において、以下のような「今後の政治に対する基本的見解」を決めた［創価学会広報室編 二〇一五］。

……これまで創価学会は、日本国内の政治については、「生命の尊厳」「人間性の尊重」「世界の恒久平和」という普遍的な理念を、民衆の側に立ち、現実社会のうえに実現するために、公明党を誕生させ、献身的にその支援を行い、庶民を基盤とした政治の潮流をつくりあげてきた。
…中略…
……創価学会としては、これを機に、今後の政治との関わりについて基本的態度を明確にしておきたい。まず、これまでの公明党一党支持を見直し、今後の選挙においては、候補者個々の政治姿勢、政策、人格、見識等をより重視し、人物本位で対応することを基本としたい。また政党支持については、これまでのように常に特定の政党を支持する立場はとらず、フリーハンドで臨み、選挙ごとに、その都度、態度を決めていくこととする。

創価学会が、政治・社会に関わるのは、「立正安国」の理念に基づくものであり、信仰が単に個人の内面の変革にとどまらず、具体的行動を通じて社会の繁栄に貢献していくのが、仏法本来の在り方である。

こうして立ち上がった新進党自体は数年で頓挫したが、現在の時点から考えれば、これは「人物本位」と判断すれば他党候補者でもいくらでも支援できるのであり、後の自民党との連立体制の準備段階と見ることもできるだろう。現に、この基本的見解は今日まで引き継がれているのである。

一九九五年七月二三日の第一七回参議院選挙では、初の新進党からのチャレンジとなった。旧公明党の非改選議席が一一あったが、新進党内の旧公明党所属者は、選挙区で六名が当選した。比例代表では福本潤一ら七名が当選した。新進党は比例代表区で、計一二五〇万六三二二票を獲得し、自民党を超える一八議席を獲得した。前回・前々回比例で公明党は軽く六百万票を獲得していたことを考えると、新進党躍進の原動力となったことは間違いない。

一九九六年一〇月二〇日の第四一回衆議院選挙では、小選挙区比例代表並立制が初めて導入された。新進党からは最多の三六一名が立候補し、小選挙区九六名・比例代表六〇名が当選した。公明系議員では、小選挙区からは一三名、比例代表からは三一名が当選した。

全国的に会員の組織基盤が強固である創価学会＝公明党にとって、衆院選における比例代表制導入は名簿順位次第で当選が強く見込める適合的な制度だと言えよう。

しかし、烏合の衆であった新進党は長くは続かず、一九九七年一二月には解党した。一九九八年一一月、公明党（New Komeito）[16]が再結党された。

一九九八年七月一二日の第一八回参議院選挙には独自で臨み、候補者は比例区に一八人、選挙区に二人、当選は比例区七・選挙区二であった。参院の第四党となった。

自民党との長期連立与党へ

一九九九年一〇月、新たな展開がなされた。自由民主党・自由党・公明党の自自公連立政権（二〇〇三年からは自公連立）が成立し、政権与党となったのだ。

二〇〇〇年六月二五日、与党として迎えた第四二回衆議院選挙では、選挙区に一八名、比例代表に六三名（うち選挙区との重複立候補は七名）を擁立した。結果は小選挙区七名、比例代表では計七七六万二〇三二票を獲得し二四名が当選した。比例区では力を見せた。

二〇〇一年七月二九日の第一九回参議院選挙では、比例代表で候補一七名のうち当選者八名、選挙区では五名全員が当選している。自民党、民主党に次ぐ第三党となった。

二〇〇三年一一月九日の第四三回衆議院選挙では、小選挙区で一〇名、比例代表で四五名の候補者を擁立し、それぞれ九名、二五名が当選した。

二〇〇四年七月一一日の第二〇回参議院選挙では、選挙区で三名、比例代表で一七名が立候補し、三名、八名がそれぞれ当選した。

二〇〇五年九月一一日の第四四回衆議院選挙では、小選挙区で九名、比例代表で四三名の候補者を立てた。自民・民主の二大政党制が定着化しつつあり、小選挙区では太田昭宏や冬柴鉄三ら八名、比例代表では坂口力など二三名と、当選者には常連が多い。比例代表での総得票数は八九八万七六二〇票と、過去最高となった。

自民党との連立後の一連の選挙では、小選挙区は自民党と重複しない確実に勝てる場所にしぼり、それ以外の多くの区では「人物本位で」自民党候補を応援する。他方、自民党候補者側は、「比例は公明へ」と訴える。こうした自体が常態化していった。

二〇〇七年七月二九日の第二一回参議院選挙では、選挙区で五名、比例代表で一七名が立候補した。当選者は選挙区で二名、比例代表では七名であり、自民党・民主党の二大政党化のなか、議席の減少傾向が続いた。

写真２　自民党と公明党の「連立」の様子
（2008 年 10 月、都内、藤田庄市氏提供）

そして、二〇〇九年八月三〇日の第四五回衆議院選挙。公明党の候補者は小選挙区で八名、比例代表では四三名であった。民主党への政権交代の風が吹き荒れ、自公連立政権は崩壊し、与党の座から転落した。公明党の小選挙区は全・滅となり、東京一二区の太田昭宏代表ら幹部までも落選した［藤田 二〇〇九］。比例代表では二一名が何とか当選した。公明党の衆議院進出以来、最低の議席数となった。

二〇一〇年七月一一日の第二二回参議院選挙

は、野党として臨み、小選挙区で三名、比例代表で一七名が立候補し、三名、六名がそれぞれ当選した。非改選と合わせて参議院議席が一九となり、一九六〇年代以来の二〇名割れとなった。

こうして衆参双方進出以来の低調となるなかで、公明党の今後の方向性がどうなるか注目が集まった。ところが、二〇一二年一二月一六日の第四六回衆議院選挙で、自民党が再び与党に返り咲くなか、公明党も復調を見せた。すなわち、小選挙区には九名、比例代表に四五名を立て、それぞれ九名、二二名が当選したのである。そして、再び連立政権与党に返り咲いた。

二〇一三年七月二一日の第二三回参議院選挙では、選挙区で四名、比例で一七名を立て、四名・七名が当選した。ほぼ現状維持である。

そして、二〇一四年一二月一四日の第四七回衆議院選挙では、小選挙区九名、比例で四二名が立候補し、それぞれ九名・二六名が当選した。やはり復調を見せ、現在に至っているのである〔藤田二〇一五〕。

現在の公明党議員五五人の社会的属性を、表6・7で見てみよう。

男性は四九人・女性は六人（一〇・九％）である。一人を除いてみな戦後生まれで、四〇〜六〇歳代が多く、継承・育成が着々と進んでいるようである。学歴はおしなべて高く、大学院修了・博士号取得者も目立つ。また、創価大（院）卒も一七名（三〇・九％）いる。職歴も弁護士や官僚、有名・一流企業が目立つ。表1・2と比べてみると、大きなちがいがわかる。現在の学会員の属性をそのまま反映しているかはわからないが、少なくとも戦後創価学会がこういった社会層の人々を育成し、政治の最前線に送り出していることがわかる。

表3を見てわかるように、創価学会＝公明党は、一九五六年からの参院選出馬、一九六七年からの衆院選出馬を経て、驚異的に議席数を伸ばした。「言論出版妨害事件」の余波を受けて、一九七〇年代初頭はやや衆議院において議席を減らしたが、再び一九七〇年代後半から八〇年代にかけて党勢を増した。一九七九年衆院選後・一九八三年衆院選後の衆参八六議席というのが国政におけるピークである。その後は、参議院ではほぼ横

表６　公明党　現職衆議院議員データ

氏名	選挙区	任期	性別	生年	学歴	職歴
赤羽一嘉	兵庫 2	7	男	1958	慶應義塾大	三井物産
伊佐進一	大阪 6	2	男	1974	東京大	文部科学省
石井啓一	北関東	8	男	1958	東京大	建設省
石田祝稔	四国	7	男	1951	創価大院	東京都職員
伊藤渉	東海	3	男	1969	大阪大院	JR 東海
稲津久	北海道	3	男	1958	専修大	北海道議（3 期）
井上義久	東北	8	男	1947	東北大	公明新聞記者
上田勇	神奈川 6	7	男	1958	東京大	農林水産省
浮島智子	近畿	2	女	1963	東京立正高	バレリーナ　参議院議員（1 期）
漆原良夫	北陸信越	7	男	1944	明治大	弁護士
江田康幸	九州	6	男	1956	熊本大院（工学博士）	㈶化学及血清療法研究所
大口善徳	東海	7	男	1955	創価大	弁護士
太田昭宏	東京 12	7	男	1945	京都大院	公明新聞記者
岡本三成	北関東	2	男	1965	創価大	ゴールドマン・サックス証券
北側一雄	大阪 16	8	男	1953	創価大	弁護士　税理士
國重徹	大阪 5	2	男	1974	創価大	弁護士
輿水恵一	北関東	2	男	1962	青山学院大	さいたま市議（3 期）
斉藤鉄夫	中国	8	男	1952	東工大院（工学博士）	清水建設
佐藤茂樹	大阪 3	8	男	1959	京都大	日本 IBM
佐藤英道	北海道	2	男	1960	創価大院	公明新聞記者　北海道議（5 期）
高木美智代	東京	5	女	1952	創価大	――――
高木陽介	東京	7	男	1959	創価大	毎日新聞記者
竹内譲	近畿	4	男	1958	京都大	衆議院議員　京都市議（2 期）
角田秀穂	南関東	1	男	1961	創価大	水道産業新聞社　船橋市議（4 期）
遠山清彦	九州	3	男	1969	ﾌﾞﾗｯﾄﾞﾌｫｰﾄﾞ大院（平和学博士）	宮崎国際大講師　参議院議員（2 期）
富田茂之	南関東	7	男	1953	一橋大	弁護士
中川康洋	東海	1	男	1968	創価大	四日市市議（1 期）　三重県議（2 期）
中野洋昌	兵庫 8	2	男	1978	東京大	国土交通省
濱地雅一	九州	2	男	1970	早稲田大	弁護士
濱村進	近畿	2	男	1975	関西学院大	野村総合研究所
樋口尚也	近畿	2	男	1971	創価大	清水建設
古屋範子	南関東	5	女	1956	早稲田大	――――
桝屋敬悟	中国	7	男	1951	創価大	山口県職員
真山祐一	東北	1	男	1981	東北学院大	参議院議員秘書　公明党職員
吉田宣弘	九州	1	男	1967	九州大	大牟田市役所　三井三池製作所

※ 2015年2月時点、50音順
※ 公明党サイト（https://www.komei.or.jp/）などから筆者作成

表7　公明党　現職参議院議員データ

氏名	選挙区	任期	性別	生年	学歴	職歴
秋野公造	比例	1	男	1967	長崎大院（医学博士）	内科医　厚生労働省
荒木清寛	比例	4	男	1956	創価大	弁護士
石川博崇	大阪	1	男	1973	創価大	外務省
魚住裕一郎	比例	4	男	1952	東京大	弁護士
河野義博	比例	1	男	1977	慶應義塾大	東京三菱銀行　丸紅
佐々木さやか	神奈川	1	女	1981	創価大	弁護士
杉久武	大阪	1	男	1976	創価大	公認会計士　税理士
竹谷とし子	東京	1	女	1969	創価大	経営コンサルタント　公認会計士
谷合正明	比例	2	男	1973	京都大院	公設国際貢献大学校上席研究員
長沢広明	比例	1	男	1958	東洋大	公明新聞記者　衆議院議員（1期）
新妻秀規	比例	1	男	1970	東京大院	技術士　防災士
西田実仁	埼玉	2	男	1962	慶應義塾大	東洋経済新報社
浜田昌良	比例	2	男	1957	京都大	経済産業省
平木大作	比例	1	男	1974	東京大	米大手銀行
矢倉克夫	埼玉	1	男	1975	東京大	弁護士
山口那津男	東京	3	男	1952	東京大	弁護士　衆議院議員（2期）
山本香苗	比例	3	女	1971	京都大	外務省
山本博司	比例	2	男	1954	慶應義塾大	日本IBM
横山信一	比例	1	男	1959	北海道大院（水産学博士）	北海道職員　北海道議（2期）
若松謙維	比例	1	男	1955	中央大	公認会計士　税理士　衆議院議員（3期）

※ 2015年2月時点、50音順
※ 公明党サイト（https://www.komei.or.jp/）などから筆者作成

ばいだったが、自（自）公連立の二〇〇〇年以降、衆議院で縮小傾向となる。これは、選挙協力によって、小選挙区候補をしぼったためと言えよう。

表4・5で得票数を確認すると、参院選では、一九六八年時に全国区六百万の大台に乗り、以後およそ二〇年以上にわたり六〜七百万票を獲得してきた。二〇〇一年に八百万票を超え、二〇〇四年の比例区約八六二万票が最高である。自公協力体制にあったとはいえ、驚異的な得票数である。他方、衆院選では、一九六九年に全選挙区の合計が五百万票を超え、ほぼそのスケールを保ってきた。圧倒的なのは、比例代表制が導入され、自公協力が始まった二〇〇〇年以降である。二〇〇五年にはついに比例代表で八九八万票を超えた。翻って言えば、参院選・衆院選における、特に二〇〇〇年以降の比例と選挙区得票の「差」である。これは、

主にどこに投票されたと言えるのだろうか。その国政上の意味は大きい。

4-5　創価学会＝公明党の政治進出とは何だったのか

以上、創価学会＝公明党のケースを見てきた。

第一節ではまず、創価学会の概要と歴史的展開を追った。日蓮正宗の在家講を基盤とした内棲宗教としての特殊性と、戦後再建され高度成長期の大教団化に並行して政治進出がなされていった過程を概観した。

第二節では、第二代会長の戸田城聖の言説を中心に、戦後～一九六〇年前後までにおける創価学会の内包するナショナリズム、ユートピア観の特性を捉えた。教勢拡大のなかで、民衆の折伏教化→広宣流布→国立戒壇の建立→一国民衆の救済→東洋・世界民衆の救済という段階的回路についての理念が具体化されていったことが確認できた。政治進出はその目標を現実化するための具体的手段として選択されたものであり、当初は「国立戒壇」建立を明確な目的として宣言していた。一見して「日本」「民族」を強調するナショナリスティックな言説だが、それは日蓮正宗の教学とその正統性に裏打ちされた特殊性・使命感であり、王法は仏法を基盤にして成り立つという「政教一致」観とユートピア観に基づいたものであった。

第三節では、池田大作が第三代会長となり、公明党を結成して衆議院も含む国政に本格的に進出する過程と、それにともなう言説の変化を追った。政治進出した創価学会は、その強固な会員組織基盤により着々と成果を上げていった。他方、そうした拡大にともない、「国立戒壇」論は後景化し、言い換えや修整が意図的に行われた。「王仏冥合」と創価学会と公明党との一体性は強く保持されたが、「仏法民主主義」「地球民主主義」など一般性・普遍性が高いタームの提示が進められていった。しかし、軋轢はそれでは収まらなかった。

第四節では、一九六九～七〇年の「言論出版妨害事件」以降の公明党の展開の概要を補足的に追った。創価学会と公明党の「政教分離」が行われ、「国立戒壇」論はおろか「王仏冥合」も撤回された。他方、選挙では著しい躍進を遂げ、国政における有力勢力となった。また、一九九九年に自民党と連立するようになってからは、新たなフェイズに入ったことがデータの上からも確認できた。

創価学会のナショナリズム＝国家意識の特殊性は、日蓮正宗教学に立脚しつつも、それを戸田城聖が独自に展開したところにあった。敗戦まもない日本民族を鼓舞し、日本の特殊性と使命感を強く説いたが、それは日蓮正宗という「正しい仏教」が存在するがゆえのものだった。天皇は広宣流布の過程における一アクターではあるものの、教化の主体ではなく、相対的な位置しか占めなかった。神道の神々は仏法を加護する諸天善神の一つという位置づけである。「国立戒壇建立」「王仏冥合」「広宣流布」を唱える以上、すなわち「排他的戒壇論」［大西 二〇〇九］という独自のユートピア観を展開しようとする以上、その理念は独自の政治進出という選択肢に強力に向かわしめた。他宗は「謗法」の「邪宗」であるため、他と合同して既成政党・政治家を支援するような体制が採られるべくもなかった。

以上の点において、創価学会とは、独自のナショナリズム＝国家意識・天皇観・ユートピア観を持った「H異端」の運動なのであり、それが「政治進出」の道筋を規定したということが言える。

本章は、これまでの重厚な創価学会＝公明党研究・論考の蓄積を踏まえつつ、特に戸田城聖ならびに池田大作の言説をナショナリズムとユートピア観という観点から本書の七指標を軸に分析し、それと政治進出との関連を、具体的データを提示しながら解明したという点において、研究史上に一つの蓄積をなすことができたと言えるだろう。これは、続く「政治進出」の事例研究の足場としても機能しうると考える。

一九九九年～二〇〇九年、そして二〇一二年以降の政権与党という「栄華」にある創価学会と公明党は、いったいどこへ向かうのだろうか。それは本章の直接の研究課題ではない。としても、本章で丁寧に追ってきた草創期の理念とは、だいぶ距離がある位置に現在していることは確かだろう。もちろん、変節し、適応していくことがいけない、というのではない。「民族救済」「国立戒壇」「王仏冥合」「広宣流布」、そして創価学会と公明党の「永遠の一体不二」。これらの基点としての理念はどこかに行ってしまったのか。それとも、姿形を変えて底流を流れ続けているのか。宗教運動―政治運動は、ひとたび強い理念と決断のもとに動き始め（しかもある程度の「成功」を収め）ると、立ち止まることは容易ではない。創価学会と公明党のこれからは、本書の問題関心のこれからを、示唆しているにちがいない。

第4章　註

（1）創価学会の毎年の活動報告『SOKA GAKKAI ANNUAL REPORT』には、宗教団体が政治に関わるのは憲法違反ではなく、そういった批判を繰り返すのは特定の政治的意図に基づく策略だとする「政教一致批判に関する見解」（『聖教新聞』一九九九年九月一八・一九日付）が毎年掲載されており、これが教団側の基本的見解だと言える。ただし、選挙活動と宗教活動の一体性、教団組織や施設の選挙時の活用の実態、教団の意向の党方針への反映度合などの問題は、別に検証・検討される必要がある。

（2）そうした基準から、初期の政治進出の過程と内的論理を詳しく扱っているものとして、［佐木・小口 一九五七］［村上 一九六七］［村上編著 一九六九］［ホワイト 一九七一（一九七〇）］［日隈 一九七一］［西山 一九七五］［堀 一九九九］［中野 二〇〇三a・b、二〇一〇］などが特に信頼でき、参考になる。また、批判的トーンが強く、さまざまな論考が並ぶが月刊誌『FORUM21』も参考となる資料である。『週刊佛教タイムス』も学会の問題・動向を継続的に追っており、参照している。

（3）西山による創価学会関係の研究は、他にも［西山 一九七八a・b、一九八〇、一九八一、一九八六、一九八九、一九九八、二〇〇四、二〇一四］など多数あり、本章執筆にあたって大きく参照している。

（4）本節の記述は、拙稿［塚田 二〇一二a］を下敷きにしている。学会に関する基本情報は、［創価学会広報室編 二〇一五］や教団公式サイト（http://www.sokanet.jp/）を参照。その運動の展開と特徴については、［西山一九八〇、二〇〇四］［大西 二〇〇九］を特に参照している。教団史は［創価学会四十年史編纂委員会編 一九七〇］［上藤・大野編 一九七五］、牧口常三郎については［熊谷 一九七八］［斎藤 二〇一〇］、戸田城聖については［日隈 一九七一］などをそれぞれ参照。

(5) この縦割り組織は、地方選や衆院選の小選挙区の区割りに対応しているとされる。
(6) これは、国内全国紙では、読売新聞(約九九四万部)・朝日新聞(約七七九万部)に次ぐ部数であり、毎日新聞(約三四五万)、日本経済新聞(約三〇三万)、産経新聞(約一六一万)をしのぐ(参照部数は二〇一二年時点)。
(7) 地域の祭りに参加しない、初詣や修学旅行などで寺社を参詣しない、鳥居をくぐらない、などの形で現れうる。もっとも、近年ではある程度の融和姿勢を取り、「つきあい」「習俗」として許容される場合もある。会員個人や世帯ごとの意識や判断に左右されるのが実際だと思われる。
(8) 正本堂は学会の分立後、宗門によって一九九八年から跡形もなく取り壊された。同地には二〇〇二年に奉安堂が建てられた。
(9) このうち①・②は、戦後高度成長期の他の新宗教運動とも(信者階層については議論があるが)ある程度共通である。そうすると、③・④が学会のケースの特殊要因と言えそうである。既述のとおり、正宗の在家講である点、排他性・他宗排撃性が強い点、などを考え併せると、学会を単純に戦後日本の新宗教運動の「代表」「典型」と見なすことはできない。
(10) 学会内部には池田を日蓮の生まれ変わりとみたり、池田こそ仏の本体であるとしたりする「池田本仏論」なども、非公式に流布しているとされる。
(11) 文字通り、全国に一三の墓地公園、六ヶ所の長期収蔵型納骨堂、一五ヶ所の永久収蔵納骨堂が存在する。
(12) 日蓮正宗の詳しい教学に立ち入る余裕はないが、富士山に戒壇(僧侶に受戒する場)を建立することが、日蓮没後の使命であると考えられてきた[大西 二〇〇九:一五四−一五六]。戸田の「国立戒壇論」とは、それを踏まえつつも、彼独自の認識が付加されて展開されたものと言える。
(13) なお、一九五七年四月の参院補選(大阪)でも候補を立てたが、落選した。この折に、公職選挙法違反容疑で、小泉隆理事長、池田大作渉外部長ら四七人が逮捕された(裁判で小泉・池田は無罪)。
(14) [戸田 一九六一b:三四八]には、一九五七年九月一三日の青年部東京第五回体育大会におけるものとの記載がある。
(15) 西山によれば、創価学会の政治進出は「国立戒壇の建立」という大義名分のほかに、対内的な結束効果、対社会的なデモンストレーション効果、政治弾圧に備えた組織防衛などを同時に狙ったものとしている[西山 一九七五:二四七]。もちろんそうした「利害状況」をめぐる動機の存在を本章は否定するものではない。
(16) 二〇一四年の結党五〇年を機に、Komeito に復された。

第5章　浄霊医術普及会＝世界浄霊会——浄霊普及、神意としての選挙戦——

はじめに

浄霊医術普及会、といってもほとんどの人は聞いたこともないだろう。なぜ、ここでそのようなあまり知られていない団体を取り上げるのか。それは、後述するように宗教的団体である同会が一九八三年、突如政治団体・世界浄霊会を結成し、同年の第一三回参院選挙に打って出たためである。以後、三年ごとの参院選に、一九九五年まで計五回にわたって毎回一〇人以上の候補を擁立してきた。多くの場合、届出団体のなかでもほぼ最下位の得票で、当選者はゼロである。そうしたきわめてニッチな事例ではあるものの、宗教（的）団体が自前の政治団体を結成して「政治進出」をなした数少ない事例の一つであることから、本書において取り上げないわけにはいかない[1]。

管見のかぎりでは、浄霊医術普及会＝世界浄霊会についての先行研究は皆無である[2]。他方、筆者は同会の書籍・冊子類約三〇点を収集できており、その刊行書籍類のほとんどをカバーしている（写真1）。また、国会図書館には、同会の月刊機関紙『光友』（一九六三年創刊）も部分的に（一二三九―一二八三号、一九八三年一〇月

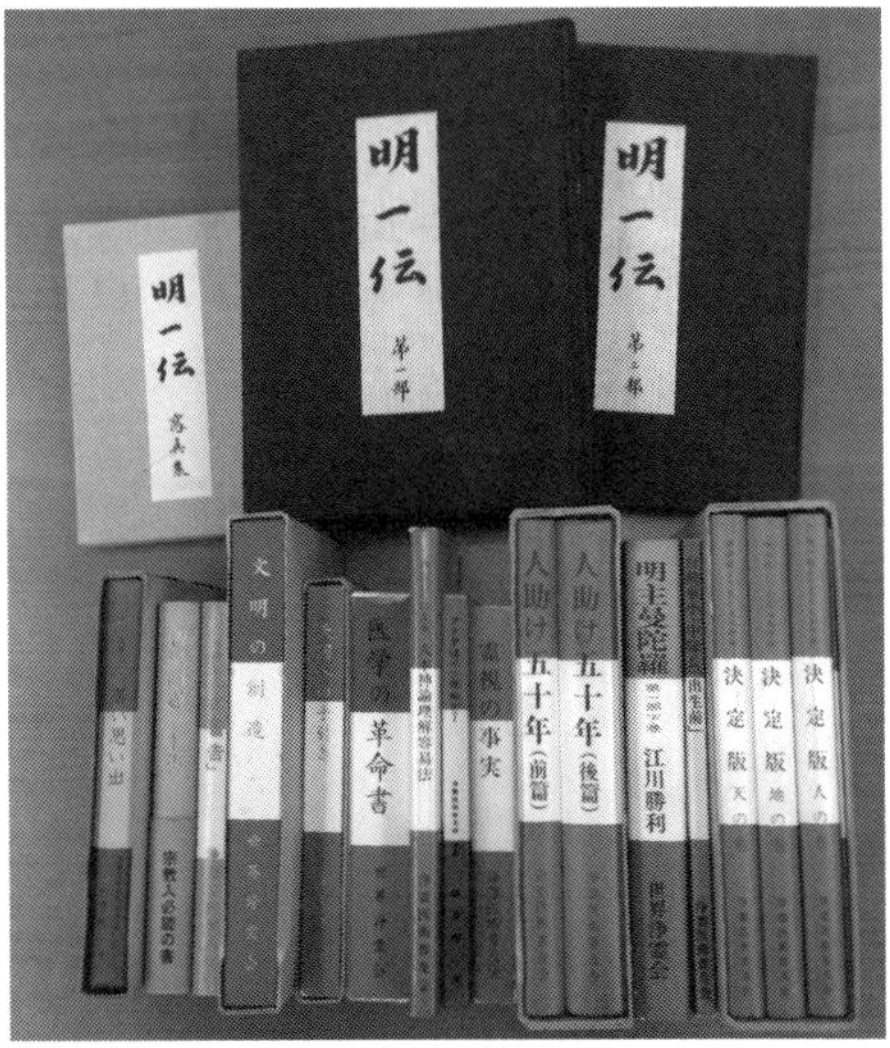

写真１　浄霊医術普及会の刊行書籍

〜一九八七年六月）所蔵されており、その全てに目を通している。これらの資料と、選挙に関する新聞記事、関係者への聞き取り調査などに基づいて、同会の歴史と世界観、政治進出をめぐる動向を可能なかぎり再構成してみたい。

以下、まず第一節で、浄霊医術普及会の概要と設立以来の展開を記述する。続く第二節で、その基本的な世界観についておさえる。それらを踏まえた上で第三節において、同会が結成した政治団体・世界浄霊会に焦点を当て、その政治進出の展開について詳述していく。

5―1　浄霊医術普及会の概要と展開

浄霊医術普及会は、世界救世教《メシヤ》（以下、救世教）進々教会光友会支部長だった野澤明一《めいいち》（一九一三―九九、生名・正一、以下、野澤）によって、一九五六年に設立された。本部は、東京都目黒区中目黒にある。同会は、宗教法人ではなく、宗教団体とも称していない任意団体である。ただし、会内に宗教部門の「救世神道《メシヤしんどう》光友会」が含まれ、主宰神は「東光明主神《メシヤミロクしん》」（観世音菩薩）、根本教典は、『光友教典』である。同会の目的は、「誤まれる現代医学を革命し、薬毒の恐ろしさを世人に徹底せしめ、浄霊医術により真に健康なる人間を造ると共に健全なる世界の建設を実現せんとす」というもので、中心的な実践は「浄霊法」（施術者と被施術者とが約一メートル離れて向かい合って座り、掌をかざすことで、一種の不可視光線が放射され、霊が物質化したものである血液が浄化されるというもので、講習を受ければできるようになる）である。

野澤は、一九一三年一月一日、目黒区中目黒に、志保澤忠三郎（布哇新報社長）・伊志の五男として生まれた。[3]生後間もなく、二六新報記者の野澤藤吉の養子となった。一九三六年、立教大学経済学部を卒業。一九三七年に入営、翌年に応召となり、武漢作戦に参加した。一九四〇年復員し、結婚、東横電鉄ＫＫ自動車部に教養係として就職した。一九四一年、応召のため退社し満洲へ出征。翌年、復員。こうした応召と復員を繰り返すなかで、野澤は「国民精神を立替える」必要性を痛感し、「新宗教」を立てようとした。

……私は軍隊生活での「苦い思い出」によって例え日本が戦争に勝ったとしても軍人達のやり方ではとても国民は幸せにはなれない。勿論軍人以外のお国の偉方達も自己本位の人間が多い。どうしても古来の真の日本精神に立返らねば駄目だ。国民の精神改革こそが重要な鍵である。日本精神の作興には宗教による外はない。宗教は数多くあるにはあるが、それによる国民精神の作興は無理である。何故ならば国民の精神が今日のようになったのも宗教が無力であった証拠である。とすれば新しい宗教による外はない。よし私が新しい宗教を作ろうと、飛んでもない考えになったのが昭和一六年のはじめ頃であった。

［野澤 一九八三ａ：三八二―三八三］

ただし、ここでいう「日本精神」とは必ずしも皇国・国粋思想的なそれではなく、むしろ脱自己中心主義的な心のあり方に特化したものである点は注意が必要である。

そうしたなか、妻の産後が思わしくなかった。知人から蒲田の矢口渡で「医者で治らぬ病気を治して呉れる処がある。その上講習を受ければ自分でも治せる様になる」［野澤 一九七六：三三二］と紹介されて行ったのが「日本治療」（「日本療法」とも。救世教の戦前の活動呼称の一つとされる）の治療所だった。一九四二年、妻に続き、自らも講習を終えた野澤はその「浄霊法」の力に感心し、自ら宗教を起こすことは止めた。翌年からは、治療を専業とし、一九四四年には自宅を独立した治療所とした。

一九四六年七月、岡田茂吉（一八八二―一九五五、後の救世教教祖・「明主」、以下、岡田）より「光友会」と命名され、その会長に任命された。会名を与えられるのは第一号だったという［野澤 一九七六：六四］。現在の「光友会歌」三首も岡田から与えられた。同年九月には、岡田より唯一「遠隔浄霊」を許され、「明一」の名を授かったとされる［浄霊医術普及会編 一九九三ａ：三二二］(4)。会名の命名、会歌の賜与、遠隔浄霊の認許、「明一」命名の四点は、野澤＝浄霊医術普及会の特別性・正統性を示すものだとされる(5)。

戦時下では、岡田の療術活動には厳しい目が注がれていたが、戦後は比較的自由となり、一九四七年二月には「日本浄化療法普及会」として再出発をしていた。同年八月には「日本観音教団」となり、野澤もその教師となった。当時の同教団では、岡田の有力な弟子たちがそれぞれ導いたメンバーを組織化し、「天国会」「五六七会」など八つの分会（後の教会）が形成されていた。野澤は、そのうち大沼光彦の「大成会」(6)に籍を置いた。一九五〇年二月、日本観音教団は世界救世《メシヤ》教となった(7)。そのころの野澤の光友会支部は二〇家族程度であり、一九四九年より「長生会」（長村卯太郎会長、大成会から独立）に所属していた。一九五〇年五月、岡田は脱税・贈賄の容疑で、静岡県清水市庵原地区署に留置されることとなった（「御法難」）。このとき野澤は、会員数人とともに清水市に乗り込み、また嘆願書を提出するなどの独自の活動を展開したようである。こうした行動の影響もあり、一九五一年二月には「鶴明会」（湯本会長）に移籍となった。さらに一九五三年二月には、野澤が岡田に直接相談(8)しに行くことなどから、問題視されるようになり、「進々会」（荒屋乙松理事）に所属が移った。教団内では扱いに困る人物だったようだ。

一九五四年四月ごろから、岡田は病で床に伏せるようになった。同年一二月二二日、野澤は、腹部でピンポン玉大の玉が動き、心臓部にかけて突き上げてくるような苦痛を体験したという。野澤は、これにより、岡田の神魂が自分に転移したと考えた。

一九五五年二月一〇日、岡田が逝去した。理事長の木原義彦が「光宝会」の五千人を引き連れて教団を離脱し、九州に「世界明主教」（後・晴明教、現・新健康協会）を設立するなど離脱が相次ぐなか、野澤は「昭和三〇年中は教団に留まり、進々教会の光友会支部として潜在しつつ、二代教主以下首脳部の行動を注目した」という〔野澤 一九七六：一二二〕。岡田の妻・よ志の「二代様」体制に対しては、批判的な目を持って観察していたようだ。

一九五六年二月五日、野澤は、「明主様御遺業の完遂」を掲げて救世教を離脱し、「浄霊医術普及会」を創設し、会長となった。(9) 所属会員の全員が従ったが、一八家族・四八人しかいなかったという。以後、「御守様」や「御神体様」の掛け軸の作成、授与などを始めた。

救世教を離脱した野澤は、早くも同年三月には岡田の論考を集めた『医学の革命書』の要約・編集を始め、刊行準備を進めた。救世教に発行についての問い合わせをしたところ、「明主様の御論文でありましても医学に関する御論文は目下四囲の状勢から取り上げかねます」との返事を受け取ったという〔野澤 一九七六：一三〇〕。

一九五八年、同会は、『医学の革命書』上巻を刊行した（内容は後述）。中・下巻も続いた。「現界の夜昼転換の年に入った」とされる一九六一年には、同様に岡田の論考を集めた『文明の創造（書）』を刊行した。

同時期には、野澤は九年間に及ぶ霊的修行を始めたとされ、こうしたなかで、野澤は岡田の「代行者」という自覚と使命感を強め、それに則った活動を展開していった。

救世教離脱後も、野澤は同教との縁を一切絶つのではなく、積極的にアクセスを試みている。野澤にとって同教は「本家」であり、現在たまたま本来的なあり方から外れているものと考えられているのである。特に、救世教が岡田の「医療革命」面を「封じ込め」たことに強く憤慨している。救世教の管長や総長らに書面や刊行物を送ったり、面会を申し込んだりしたのだが、ほとんど反応がなかったようである。

一九六四年には、徳永富三（後に十三）・庭山石松（後に十郎）といった救世教時代に有力な資格者だったメンバーが、同会に入会した。二人は後に、ともに副会長を務めた。徳永は、野澤とは日本観音教団・救世教時代の支部長同輩で、浄霊医術普及会の約半数の会員を導いたという［浄霊医術普及会編 一九九三b：一三］。

救世教を何とかしたいという野澤の姿勢は、ある試みを生む。一九七四年、野澤は「世界救世教団を救え」「世界救世教団の救済連盟会を結成せよ」との「御霊示」を岡田から受け取ったと言い、「世界救世教団救済連盟」の結成を、旧教団関係者に訴え始めたところ、救世教を離脱して同年に松江市で「みろく神教」を設立した石坂隆明などから反応があったのである[10]。同年一二月、京都で「明主様奉讃会」の発会式が行われた。救世教より離脱した四団体から代表者八名が参加したという[11]。同会委員長に、浄霊医術普及会副会長の徳永十三が就任した。

こうした野澤らの活動の影響もあろうが、一九七五年一二月、野澤・小林三也（後の同会副会長）・石坂が、岡田の著作を無断で転載・公刊しているとして救世教から著作権侵害などで訴えられた。民事裁判は一九八三年まで続き、ようやく和解となった。訴訟の詳細については省略するが、ここで野澤が訴えたのは、著作権は確かに救世教側にあるかもしれないが、自分は岡田の「代行者」であって、その遺命を託された者であること、宗教団体の教祖が教えを広めるために書いたものが、その意に反して死後に「封じ込め」されるのはその宗教的意義を考えると本来的ではないのではないか、といったことだった。

ここまで、八〇年代の政治進出の前までの同会の主な展開を辿ってきたが、同会が運動としてのピークをむかえたのもこの時期である。一九五六～八九年の入会者数は延べ一万五八〇人（年平均三一一人）で、最盛期には会員（家族含む）五千人程度であった［浄霊医術普及会編 一九九三b：三五〇］。現在の規模の詳細は不明だが、一分会で百人程度、数分会が存在し、多くても数百人規模ではないかと思われる。

以上、本節では、野澤明一と浄霊医術普及会の来歴と活動展開について見てきた。「日本精神」作興を志した野澤は、「日本治療」＝世界救世教に触れ、そのなかで独特の存在感を示していった。分立後は、岡田茂吉の遺訓を継ぐ者として、小さいながらも活動を活発化させていき、一九八〇年代に運動としてのピークをむかえたことが、確認できた。こうした流れの先に、第三節で詳しく見ていく政治進出が展開されていくのである。

5−2　浄霊医術普及会の基本的世界観と国家・社会観

本節では、浄霊医術普及会が政治進出へと舵を切る基盤理念となった、同会の世界観、特にその国家・社会観やユートピア観を見ていきたい。

世界救世教・岡田茂吉と浄霊医術普及会・野澤明一の位置関係

浄霊医術普及会は、すでに見てきた通り、世界救世教＝岡田茂吉の系譜にあることは明らかである。「光友会教義」には、

……抑々、世界の創造主たる主の大神は、この地上に天国を樹立すべく、太初より経綸を行わせ給いつつある事を吾等は信ずるのである。…中略…今や、世界の状勢は、挙げて世界連邦建設を待望す。この時に際し、主神は教祖自観大明主之大神（＝岡田、筆者註）を通じ吾等の教主野沢自浄師に救世の大任を下し給い、人類救済の聖業を達成せしめ給うを信ずると共に、人類の三大災厄たる病貧争を根絶し、真、善、美の完き恒久平和の世界連邦実現を目標として精進邁進せん事を期するものである。

〔野澤編 一九八一（一九六四）：二二〕

とあり、同会と野澤の位置づけが端的に示されている。また、

……この大本教から世界メシヤ教は生まれ、世界メシヤ教から私達の浄霊会が生まれたのだという因果関係を覚ったのであります〔野澤 一九九〇：一五一―一六〕。

と、大本―救世教―浄霊医術普及会と続く系譜を「三代教の継続（リレー）的経綸」とし、大本は「心直し」を説いたが「改心不徹底」、救世教は「病気治し」と「伊都能売心」を説いたが「薬物併用」で「病気増し」であり、そこで浄霊医術普及会は、双方の長所を具えつつ、「大和魂」によって「完成」をなすのだとしている〔浄霊医術普及会編 一九九三b：三八〇―三八四〕。

野澤は、前節で見たようにさまざまな「証拠」をもって、自らを岡田の正統な後継者であると考えている。ただし、岡田の遺したもの全てをそのまま忠実に継承・展開するという原理主義者かというと、そうとは言えない。たとえば、岡田は人類の不幸の原因である「三大迷信」として「薬剤迷信」「肥料迷信」「法律迷信（法律ではなく人間の魂の改善が必要）」を挙げたが、野澤はその全てを展開するのではなく、「特に私が強調するのは第一の『薬剤迷信』」としている〔浄霊医術普及会編 一九九三a：一七一―一九〕。今日の救世教では「浄霊」「自然農法」「芸術」を三本柱としていることはよく知られているが、浄霊医術普及会においては、後二者についてはほとんど重視していない。その名の通り、きわめて「浄霊法」のみに特化した継承なのである。

こうした岡田の教えを継承し伝えるために野澤が力を注いできたのが、前節でも触れた岡田の著作の復刻・頒布である。すでに、一九五八年から『医学の革命書』（上・中・下）、『文明の創造』（一九六一年）、『救世の警鐘と福音』（一九七九年）、『天国への手引き』（一九八一年、岡田の論考を意訳）などが次々と刊行されていった〔野澤編 一九八七a・b・c、一九八六、一九八八、浄霊医術普及会刊 一九八六〕。その主な内容は、『光』『救世』『栄光』『地上天国』などの救世教機関紙・誌、書籍『天国の福音』などからの収載である。だいたいが昭和二〇年代のものであり、「現代医学論」「薬剤論」「浄霊医術論」「諸病論」「霊的諸病論」などの部にまとめられた、医学・薬学批判関係のものである。これらの岡田の論考は、月刊紙『光友』の冒頭に毎号掲載されて、教化にも用いられている。

このように、岡田の教えを継承しつつ、それを「医学・薬毒批判」――「浄霊法」の一点に集中させ、その「普及」による「地上天国」実現を目指したのが野澤なのである。

神訓数・経綸日次・「二式」陽陰判定法・命名

岡田の代行者を自認する野澤であったが、そこにオリジナルな部分はあっただろうか。特筆すべきなのは、「神訓数（字）」と呼ばれる、姓名判断にも似た独特の数的解釈法の援用である。これは一から十までの各数字に個別の意味を与え、それに基づいて日付・時間・数字・画数などを読み解くというものである。次節の政治進出においても重要な意味を持つものであるので、ごく簡単に説明しておく。

野澤によれば、神は、人間に言葉や文字・数字を与えたが、なかでも㊀から㊉までの数字で「地上天国」を建設するためのさまざまな計画や考えを啓示したという。㊀は神、㊁は人間、㊂は小神人（基本）、㊃は小経綸（小進展）、㊄は主神、㊅は救世主、㊆は小完成、㊇は大経綸（大進展）、㊈は大神人、㊉は結び（大完成）をそれぞれ意味するという。また、㊁と㊈（「明一」の画数）は、野澤を示すとされる［浄霊医術普及会編 一九九三b：一三七–一三八、野澤編 一九九三d：一七–一八］。

関連する「経綸日次」は、年・月・日の数字を合計して「一」から「九」までの「経綸数」に置き換え、「何の日」かを読む方法であり、「「二式」陽陰判定法」は生年月日などから「陰陽の気」「宿命」などを判断するものである［野澤編 一九九三d：一二三–一二六］。

こうした数字による読み解きは、救世教＝岡田には基本的に見られなかったもので、野澤のオリジナルな創案といえる。確認できる範囲では、一九七九年ごろから、諸事象を数字で読み解くこうした方法が前面に出てきているようだ[12]〔浄霊医術普及会編 一九九三b：六四―六八〕。

一九八〇～九〇年代の会刊行書籍の多くは、神訓数で教典や現代世界の諸事象を読み解こうという趣旨のものである。また、機関紙『光友』にはほぼ毎号、野澤による時評や論考が掲載されているが、そこでは、台風などの最近の気候、時事問題、高校野球の組み合わせや結果、教育勅語から、同会に届いた怪文書までが、神訓数・経綸数によって読み解かれるのである。

会外の人間には荒唐無稽・無意味に思えても、数字や文章、現象全てが、「神訓数」を通すことで「神の経綸」上の有意味性を帯びて読み解かれる。これが野澤＝浄霊医術普及会の最大のオリジナリティと言え、政治進出の過程における言動もこの点を踏まえて検討される必要がある。

なお、こうした神訓数や「二式」陽陰判定法により、野澤は会員に対する「命名」を広く行っていた[13]。政治進出の際には、候補者のほとんどが野澤によって改名された「通名」を用いている。

浄霊医術普及会の国家・社会観とユートピア観

ここでは、前項までの野澤＝浄霊医術普及会の基本的世界観を踏まえた上で、その国家・社会観やユートピア観を、先行研究から析出された七指標を軸に見ていきたい。

「日本精神」の作興を志した野澤であるが、その「①文化・伝統観」はどのようなものであったか。はたして日本文化やその伝統に特殊性・優越性を認めているのだろうか。まずは、同会刊行書籍のなかの岡田の二つの論考から見てみよう。これは確かに岡田の言ではあるが、わざわざ選択して収載し、さらには機関紙『光友』にも掲載されていることから、野澤の考えと同一視しても間違いではないだろう。

「日本の誇り」

これは衆知の如く、昔から日本には世界に誇り得る程のものは、遺憾乍ら殆んどなかつたといつていい。強いて求めれば人間が造ったものの内、絵画、彫刻の如き美の文化財位なものであろう。…中略…処が喜ぶべし、私が神示によって創生した神霊医学なるものは、恐らく有史以来未だ嘗てない偉大なものであって、これこそ初めて世界に誇り得るものが日本に生まれたといつても過言ではあるまい。

…中略…

これが動機となつて世界文明はここに百八十度の転換となり、新文明生誕となるのは断言するのである。故にそうなつた暁、日本国民は今更のように驚き手の舞、足の踏む所を知らざる一大歓喜の渦に巻かれるであろう。ここに於て我民族の如何に優秀性であるかを感得せずには居れまい。何しろこの事たるや全人類が何千年も前から要望し、念願していた最大悩みである病気が追放され、人間の寿齢は百歳以上は易々たるものであるという夢の実現であるからである。

…中略…

世界の歴史はここに書き変えられると共に、日本は一躍世界の救世主として仰がれると共に、釈迦キリストをはじめ、幾多聖者の予言の裏附がここに実現した事によつて、その教えの信仰者の歓喜も亦大変なものであろう。

（初出：『栄光』二四一号（一九五四／一／二）、『光友』二六七号（一九八六／二／一五）、［野澤編 一九八六：二四一－二四二、一九八七a：二一五－二一六］に掲載）

「浄霊医術の実験」

……本療法の支持者は日に月に激増しつつある現状であるから、前途を考えたら猶予は出来ない筈である。要は個人的利害を犠牲にしても国家人民の幸福を図るべきで、若しこの目的が故障なく運ぶとしたら、ここに病なき日本となり、国家の隆昌は勿論、世界もこれに見習うのは必然であるから、日本は世界の救世主として仰がれ、日本民族の汚点は払拭され、輝かしい日本として平和のシンボルとなるであろう。

（初出：『栄光』二三九号（一九五三／一二／一六）、『光友』二七一号（一九八六／六／一五）、［野澤編 一九八六：三三八―三三九］に掲載）

今ここにある「神霊医学」「浄霊医術」によって初めて、日本が世界に誇るものができたのであり、それを日本から世界に広めることによって「日本民族」の「優秀性」が示され、世界の「救世主」となるのだというヴィジョンが示されている。日本文化や伝統に本質的な独自性・特殊性を認め、称揚する性質のものではないのである。岡田の思想全体を検討する余裕はないが、少なくとも戦後の岡田の論考には、日本人の特殊性・優越性を強調するナショナリスティックなものは少なく、代わって普遍主義的傾向が増している［島薗 一九九三b、一九九四b、一九九六、寺田 二〇一〇：二一七―二一九］。野澤の考える「日本精神」や「日本の誇り」も、そうした岡田の思想を踏まえた上で、「浄霊法」普及に特化させたものなのである。

関連して、野澤の「②天皇観」はと言えば、ほとんど言及が見当たらない。復員後は、「勅諭勅語集」を頼りに「皇道教」を起こそうとした彼だったが、自伝的書籍にもほとんど関連する言及がない[14]。明主信仰と「浄霊」普及に専心する野澤の世界観において、「天皇観」は大きな位置を占めなかったようだ。

次に、「⑤戦前・大戦観」だが、これも戦争体験や戦前社会の様子などを述べることはほぼない。従軍記・回想録などでも、大戦について特別な意味は認めず、「当事者双方に長期間の苦しみを与える」「侵略行動」だとしている［野澤 一九八三a：三八一―三八二］。

では、次にその「⑦ユートピア観」を見てみよう。それは、端的に言えば「地上天国」の実現となるが、具体的にはどのようなものだろうか。

……創造主の経綸は大、小の二乗を越えた伊都能売《いづのめ》乗的人間や国家によって程良く調和された新世界を建設されるのである。これが即ち「地上天国」の出現である。…中略…伊都能売とはかたよりのない大調和である。…中略…三大災厄の根本的原因は「病」であるから、この「病」さえ真に解消する事ができれば自ら「貧・争」は解決されるものである。この「病」を解決する力こそ大調和力であり、伊都能売力である。

［浄霊医術普及会編 一九九三a：二〇〇―二〇一］

……来る可き地上天国は宗教も医学も不必要な世界である。創造主への感謝と祖先への崇拝の所謂「敬神崇祖」の信仰心だけとなり健・富・和の世界に人類は安住できる事になる。

［同：二〇五］

「貧・病・争」の解決による「健・富・和」世界の実現という、岡田の思想・救世教系教団の世界観の基本枠を踏まえながらも、それが「病」の一点に集中しているのが看取できるだろう。

こうしたユートピア実現のために、今この日本にある「浄霊」を世界に広げていくこと、そこには「③対人類観」が認められる。その方法とは、

……真の健康者の集まった家庭が健康家庭であり、健康家庭の集まった社会が健康社会であり、健康社会の集まった国家が健康国家であり、健康国家の集まった世界が健康世界である。とすれば教祖様のお唱えになった地上天国とは、この健康世界の事ではあるまいか。

［野澤 一九八四：一四三］

という積あげ型のものだ。ただし、日本や日本人に特殊な役割を与えてはいない。「主の大神」―岡田―野澤

の浄霊を、人類に広く伝えていくことのみが念頭に置かれている。

そのなかでは、アメリカや諸外国もあくまで浄霊を広げて救う一対象である（「⑥欧米・西洋観」）。野澤の理解では、岡田は一九五三年刊行の『アメリカを救う』において、薬剤一辺倒のアメリカ国民に浄霊を知らせ、その実績によって同じく医学一辺倒の日本を啓蒙しようとした。野澤も、「今日のアメリカ国内に起こっている未曾有の霊的不幸の原因は同国人が霊的に曇り切っている事である。そしてこの霊的曇りの原因は他国民に比べて薬剤が多く使用せられているからである」［野澤 一九八三b：九四］と批判している。ただし、実際にアメリカなど海外へ普及に行く姿勢は見られないようだ。

以上からは、野澤＝浄霊医術普及会の「浄霊」に特化した「地上天国」建設というユートピア観を確認できたが、では他方で現実の日本社会、すなわち戦後の高度経済成長期から低成長期に入り、バブル経済をむかえようとする日本社会はどのように捉えられていたのだろうか。同会の言説のなかに、「④経済的優位観」を示すものは特に見当たらない。「今日の日本ほど一時的ではあるが恵まれた国はないのではあるまいか」「病気は別として〝飢・戦〟の憂いを忘れている」［野澤 一九八二：三七二］などと、「豊かな社会」は前提とされつつも、それ自体に大きな意味は与えられていない。ただし、それに附随する精神性の問題、そして何よりも医学・薬学信奉により「真の健康」からは程遠いことが重く受けとめられている。

こうした現代社会に対する眼差しは、特に一九八〇年代以降、切迫感を強めていく。一九八四年初め、野澤は「一九八六の危機」と題した文章で、経綸数などに基づき、

……世の終り、最後の審判、法滅尽、世界的大浄化と言われる未曾有の時期は三六九経綸によって一九八六年に迎えるのではあるまいか。（光友二四二号・一九八四／一／一五）

と予測・警告した。その一九八六年になると、「今年は三六九元年である」とし〔浄霊医術普及会編 一九九三b：一四三〕、「この普及活動も愈々終了して本年秋からは救済活動に入る事となる模様である」（光友二七三号・一九八六／八／一五）などと、新たなステージに入りつつあることを仄めかした。

さらに一九八九年には、「神は医学の革命では間に合わなくなった為、更に「生存革命」として空気・水・土を清浄化するという最後の御経綸に着手され給うたのであります」（光友号外・一九八九／五／一五）とし、切迫の程度を高めている。ここではやはり経済的に豊かな日本には重きが置かれていない。むしろいつまでたっても医学革命・薬毒論の浸透がなされず、浄霊法が普及しない現状への批判や危機感の高まりが認められる。

以上、本節では、野澤明一と浄霊医術普及会の基本的世界観と、その国家・社会観、ユートピア観を追ってきた。岡田茂吉の思想を特に医学・薬学批判と浄霊法に特化させて継承・展開させようとしていること、オリジナルに「神訓数」などを創出して諸事象を読み解こうとしていることをまずは確認した。「日本精神」の作興を目指す野澤であったが、その内実は日本文化や日本人の優秀性・特殊性・固有性を称揚したり、ナショナリズムを煽ったりするようなものではなく、今ここにある浄霊法を広めることによって日本が世界の「救世主」になりうるといったものであった。全人類は浄霊法を広める対象であり、自ら実践する主体でもあるので、そこに本質的な差異は存在しない。目指されるのは、災厄の根本的原因である「病」が解消された「健・富・和」の「地上天国」という理想世界である。現在の日本は経済的には豊かだが、それだけいっそう医療・薬害が蔓延しており、その危険性・切迫性はいよいよ高まっているのが現状である、という認識であった。このような世界観に基づき、「政治進出」という道が選び取られていくのである。

5-3 政治団体・世界浄霊会の結成と政治進出

本節では、浄霊医術普及会が一九八三年三月一二日に結成した政治団体・世界浄霊会に焦点を当て、いよいよ政治進出の過程を詳しく見ていく。

一九八三年参院選における世界浄霊会

これまで見てきたような世界観、国家・社会観のもとに活動を展開してきた浄霊医術普及会であるが、ではなぜ一九八三年になって突然、自前の政治団体を結成し、政治進出をなしたのだろうか。その直接的と言えるきっかけはシンプルに説明されている。一九八三年より参議院議員選挙に比例代表制が導入されたからだ、という。

……昭和五八年〝比例代表区〟という参院選の新しい選挙制度が実施されたのを機に、何等かの方法で一大普及活動を実施せねばならぬ時期に立至っていた本会は、「浄霊医術普及会」を母体に／会長明一様を会主に奉じて新政党「世界浄霊会」を創設結成いたしました［浄霊医術普及会編 一九九三b：一一五］。

……「世界浄霊会」は政界に議席を得るために政治団体を作ったのではなく、／教祖様の御教えの〝医学の革命〟〝夜昼転換〟〝最後の審判期の警告〟〝浄霊法による真の健康化〟を全国民に知らせるということが目的でございます［同：一二三］(15)。

ずいぶんと率直に語られているが、その意味ではきわめて現実的に、浄霊法普及のための「手段」として、政治進出が選び取られたケースだということがまずわかる。彼らにとって、比例代表制導入という制度的変革は、「神の御垂示」〔同：一二六〕のようにも感じられたのである。

次に、「世界浄霊会綱領」としては、以下のものを掲げている。

> 本会は、救世主大明主岡田茂吉師の宣せし病・貧・争絶無の地上天国建設の意に随い、その御力と御教えを継承せる野澤明一師を会主と奉じ、メシヤが揮う救済力の顕現たる浄霊法の実行により、現下の悉く病体なる個人・家庭・社会・国家・世界の浄化を図り諸悪の根源たる薬毒を排して、誤れる現代医学を革命し、国民諸相に多大なる負担を強いる健康保険制度の民主的自由化を求め、封建的厚生行政の根本的改革を推進して、真に健康なる理想社会を実現せんとするものである。

ここには、現代医学の批判、国民健康保険制度の自由化などの同会が目指すところや、「病・貧・争絶無の地上天国建設」といった理想社会・理想国家像が端的に表されている。よって、浄霊医術普及会＝世界浄霊会の政治進出を単に宣伝目的とのみ見るのは、理解が浅いだろう。その背景には、前節やこの綱領に見られるような浄霊法を通じた社会批判と理想社会建設のヴィジョンがあることには、注意を払わなくてはならない。

こうして、世界浄霊会は一九八三年六月二六日実施の第一三回参議院選挙の比例区に一〇人の候補を擁立し、政治進出を開始したのであった。同選挙は、自民党の第一次中曽根康弘内閣のもとで、前述のように初めて拘束名簿式の比例代表制が導入された参院選であり、一八団体が届け出た[16]。

ここで、世界浄霊会が候補を擁立した一九八三～一九九五年の五回の参院選における同会候補の候補者の数、性別、平均年齢、得票数、得票率、全届出団体中の順位の一覧を表1に挙げよう。結果だけを見れば、泡沫

表1　世界浄霊会　参院選における候補者データと結果一覧

年	回	候補者数（人）	性別（人）	平均年齢（歳）	得票数（票）	得票率（%）	順位
1983	13	10	男 10	40.1	15,921	0.03	18/18
1986	14	10	男 10	41.1	18,025	0.03	24/27
1989	15	10	男 10	44.1	8,857	0.02	37/40
1992	16	10	男 10	47.1	9,779	0.02	37/38
1995	17	3（比例）	男 2 女 1	53.5	11,391	0.03	23/23
		8（選挙区）	男 6 女 2		14,165（8区計）	——	——

※各回の選挙データについては、朝日・東京・夕 1982/6/3、同 1983/6/15、朝日・東京 1986/6/30、日経・東京 1989/6/21、読売・東京 1989/7/6、同 1989/7/22、毎日・東京 1992/6/18、読売・東京 1992/6/21、日経・東京 1992/6/23、日経・東京 1992/7/9、同 1992/7/23、朝日・東京・夕 1995/7/6、日経・東京・夕 1995/7/6、読売・東京 1995/7/25などを参照して、筆者が作成・構成した。

中の泡沫であったことは一目瞭然だ。だが、ここではその展開過程を詳しく見ていこう。

一九八三年参院選の候補者一〇人は全員男性で、平均年齢は四〇・一歳だった。彼らは会内の分会長やその家族など活発なメンバーだと言える[17]。

同会の重点政策（公約・マニフェスト）は以下の通りであった。

薬（厄）三原則（作らず、使わず、持ち込まず）をスローガンに、薬害により発生する多くの不幸を断つため、現厚生行政の改革を求める。農薬・食品添加物の使用の規制、薬乱用の元凶である健康保険制度の改革を推進する。

（日経・東京 一九八三／六／三）

同会の初の選挙戦は、かなりユニークなものであったようだ。

明一様はこの参院選を普及活動の本舞台とされ〝審判期入り〟を目前にした昭和五八年二月より「特別普及活動」の実施を御計画遊ばされました。飛行船「明主号」による空からの普及活動と、街宣車により全国を隈無く巡回しての普及活動というように活動は開始されたのでございます。

明一様のテレビ政見放送により「医学の革命」「薬毒論」が日本全国に伝達されました。テレビから／明一様の御浄霊が頂けましたことにより、会員、未会員の区別なく、御浄霊による奇蹟的体験をされた方の御礼の電話、手紙、御奉告が連日、本部に寄せられました。それればかりではなく、「今の厚生行政を変える政策には大賛成」という激励のお電話もございました〔浄霊医術普及会編 一九九三b：一二三―一二四〕。

また、管見のかぎりでは、新聞広告も複数出稿していた。読売新聞では、少なくとも四広告が確認できた（読売・東京 一九八三／六／五・一二・二〇・二四）が、一番大きいものでは一つの面の三分の一を占めている。「浄霊会は、全国民の健康化を希い次の綱領をかかげ、厚生行政の改革を図る団体です」（同 六／五）、「今、この社会に必要な力は、金でも、学問、道徳、宗教の力でもありません。／人の内外の汚濁を浄める力です」（同 六／一二）などの文字が躍っている。地球に対してかざした手から光線のようなものが出ているイラストも載っている。

朝日新聞には、他政党・団体と同様に、候補者一〇人の顔写真・アンケート回答が掲載された（朝日・東京 一九八三／六／一五）。「なぜ参院比例区に出るか」という問いには、多くが「本会政策を告知するに最適」などと答えている。政策課題については、「医学革命」「厚生行政改革」など党議の通りとしている。現行憲法については、全員が「改正する必要なし」としている。選挙費用については、ほぼ「党費でまかなっている」としているが、「供託金を含め約五千万円」と答えている者もいる。

このように、政治進出を機に、街宣活動、飛行船「明主号」、政見放送における「テレビ浄霊」、講演会活動、広告出稿、新聞掲載などの取り組みが展開され、浄霊医術普及会＝世界浄霊会の思想と活動は急激に社会に発信されるようになった。こうした活動をたまたま目にした国民や、あるいは世界救世教系ならびに浄霊・手かざしを実施する団体の信者らは、驚きを禁じ得なかったのではないだろうか。なお、野澤自身は会代表の「会主」として政見放送には出たものの、名簿によれば候補として出馬はしていない。

こうした選挙戦を経て、六月二六日、投票が行われた。選挙全体としては、自民党が六八議席と改選過半数を獲得した。世界浄霊会の総得票数は一万五九二一票（〇・〇三％）であり、むろん全員が落選した。供託金四千万円は全て没収された。候補を擁立した一八団体のうちでも最下位だった。圧倒的な惨敗である。

この結果を、野澤と同会はどのように受け止めたのであろうか。野澤は、以下のような行動を取り、選挙を総括した。

……六月三〇日早朝、私は〃参院選敗者の弁（負け惜しみ）を書き郵送せよ〃との御霊示を受けた。／六月二六日の投票日を過ぎて四日目の早朝である。大体、一八政党中の一八位であり得票数は〃一五九二一〃である事を確認して、まあ、こんなものか⁉と、素直に認めたのであるから別に敗者感も無く、口惜しさもなかったのである。／然し御霊示を頂いた以上、これは何かを書いて発表せねばならぬと、新たなる使命感が燃え上がったので早速、新聞紙を拡げて選挙の結果に関する記事をにらんだのである。／成程、確かに御神意が明瞭に判ってきた。そこで午前中に一七党の党主宛の原稿と、会員に発表する分の原稿とを書き上げて、党主宛の方は印刷して翌日郵送するように準備させたのである。

［浄霊医術普及会編 一九九三b：一一四―一一五］

その送付した文章とは、以下のような内容であった。

参院選（比例代表制）敗者の弁（負け惜しみ）

昭和五八年七月一日

世界浄霊会

会主　野　沢　明　一

御当選組の九党主へ御祝詞を

御落選組の八党主へ御弔詞を

謹みて申し上げますと共に敗者の弁（負け惜しみ）を述べますから、御笑覧頂ければ光栄です。

（一）出馬政党数「一八」は観音様の御開示である。

（二）浄霊会は「一八位」で分相応である。

（三）当選者を出した政党は「九」政党である。

（四）当選者が出なかった政党は「九」政党である。

（五）本会は〝一八位〟で経綸数は「九」である。

（六）本会の得票数は「一五九二二」でこれも「九」である。

（七）〝一五九二二〟の意味は〝天の神（一）〟と地の神（一）に囲まれて主（五）の経綸を行う九（私の代名数）・二（私の代名詞）である。ちなみに「明《8》一《1》」は〝九画〟「野沢明一」の言魂返しは「二」である。

（八）体（物）主霊（心）従の「選挙体質」から見れば本会は〝終わり〟である。

（九）霊（心）主体（物）従の「神則」から見れば本会は〝始め〟である。

（一〇）霊主体従の神則によって落選組を占えば〝浄霊会が世直しして雑民多数の日本を教育し、自由で平和で勝手で無党派の真体制を作る。[18]

という事になる。

以上〔同：一二五―一二六〕

こうした書状を受け取った各団体の心中がどのようなものであったか、推察するに余りある。一団体を除いては返事もなかったという（光友二四二号・一九八四／一／一五）。

それはともかくも、選挙結果をめぐる諸数字が、神訓数によって何らかの意味を持つものとして解釈されているのがわかる。そこでは、惨敗・最下位という結果も、宗教的世界観上から価値転換されて捉えられているのである。

さらに、選挙活動については以下のように振り返っている。

……五千人に満たぬ本会会員中有権者は三千人弱である。三千票は確実だが、あとの見込みなどたてようがない。

会員の親戚知人などは特に当てにならない。その理由は浄霊法に反対であり、医学信奉者であるからである。とすれば最も身近な親戚知人は駄目であるから、全く未知の大衆に呼びかけるだけである。ところが未知の大衆は〝病気になれば医者と薬〟が当然の人達である。〝浄霊〟など全く〝馬の耳に念仏〟で関係ない。その上〝医学の革命〟などといっても、直ちに成程と思う訳がないのである。とすれば〝浄霊会〟などという政党名は投票日は勿論のこと選挙運動期間中でも雑音を聞く位で直ぐ忘れてしまう事であろう。

にもかかわらず、投票の結果は北は北海道から南は沖縄に至る迄得票数は僅かずつではあるが「四七都道府県」もらすところなく投票者があったという事実は全く奇蹟であると共に、神様の御経綸以外の何ものでもなかった次第である。

そこで参院選への出馬が御神意であると受取らせて頂いた以上、その結果には何等かの御神示があるだろうとは当然考えていたのである。

…中略…

（ＮＨＫの政見放送の）テレビ放送によって一大御神示が頂けたのである。それはテレビで行った〝浄霊法〟だけで相当な治療効果があるという事である。来たるべき〝世界的大浄化作用〟の時期には私は居ながらにしてテレビ放送だけで世界中の病者を癒すことが出来る訳であるからこれは人類史上未曽有の事柄であるという可きである。

このように見て来ると今回の参院選を利用しての大普及活動は私竝に本会の使命が如何に重大であるかが判ると共に最後の審判期が間近に迫っている事も予測できる訳であって私は御神意に対し新たなる決意をもって御奉仕させて頂く心算である。

〔浄霊医術普及会編 一九九三b：一二七―一二八〕

このように、惨敗という選挙結果も含めて、「御神意」「御経綸」という有意味性を帯びて受容されるとともに、その方法の有効性をあらためて認めていることが看取できる。切迫する終末意識、現代社会（医療）への批判という内的動機に、比例代表制の導入やテレビ政見放送といった外的制度もあいまって、このような宗教的団体の独自の政治進出という事態が生起・展開していることを、ここまでで確認できよう。

一九八六～一九九五年の参院選における世界浄霊会

初めての選挙戦では惨敗を喫した世界浄霊会であったが、そこで断念することはなく、その挑戦は続いた。一九八六年の参院選を見据えて、すでに一九八五年には「一九八五年度特別普及活動」が開始された。「この世界浄霊会の活動の如何によって大きく日本及び世界の将来に影響があります事は確実」なのであり、「一人でも多くの人が健富和の天国生活を謳歌出来得るよう、すでに結縁あって明るい現在と将来を約束されている私達が、その使命を果すべき」と鼓舞された（光友二五四号・一九八五／一／一五）。

具体的には、一九八五年からたびたび飛行船「明主号」を飛ばし、一九八六年の前半にかけては、全国三〇ヶ所ほどで飛行がなされた（光友二六七号・一九八六／二／一五）。また、会員による街宣車は、一九八五年二月～七月にかけて、数人の規模で活発に全国を回り、PRをした。[19] このように二度目の選挙を前に、早くから準備が進められていた。

こうして、世界浄霊会は二度目の選挙をむかえた。一九八六年七月六日実施の第一四回参議院選挙である。この回は、第三八回衆議院議員総選挙との同日選挙となり、第二次中曽根内閣・自民党政権の是非が問われた。比例区には、二七団体が候補を擁立した。世界浄霊会は前回同様、比例区のみに一〇候補を擁立した。前回同様、男性のみで、平均年齢は四一・一歳だった。一〇人中八人が前回に続いての立候補であった。

この選挙戦においても、浄霊会は活発な「普及」活動を展開した。「人を汚した薬の毒性、自然破壊の化学物質、許容の限度は、はるかに超えた！　大自然の起こす一大浄化作用は、本年の秋以降からと予測されます」（読売一九八六／六／二五）など複数の広告を全国紙に出稿した。

朝日新聞には、一〇候補者へのアンケート結果が掲載されている（朝日・東京一九八六／六／三〇）。参院選比例区への出馬理由については、「比例代表選により全国を遊説出来るため」「政党本位の主義主張が出来る比例代表区が採用になったゆえ」と選挙戦自体を手段視した回答が目立つ。政策については「八六秋以降に大浄化、世の終わりが来ることを世界に知らせる」、比例代表制の存続については「どちらでもよいが、三年後には最後の審判により不可能」といった回答もあり目を引く。選挙費用については、個人ではゼロ、党では二人が六千万円（ひとりは一億二千万円）と答えている。尊敬する人物あるいは目標とした人物は、八人が「世界浄霊会会主・野沢明一師」などと答えている。

選挙に臨む基本的方向性に大きな変化はないが、前節で確認したように一九八六年秋頃から「世界的大浄化作用（最後の審判期）」に入るという同会の「予言」が背景にあるため、三年前と比するとより切迫感が強まっていると言えるだろう。

同選挙の結果を見てみる。全体としては、自民党が七四議席を獲得し、参院二五二議席中一四五を占めるようになった。そして、衆院選でも三〇四議席を獲得し、政権としての安定感を増した結果となった。世界浄霊会は、全体で一万八〇二五票（〇・〇三％）を獲得した（これが同会の比例区での最高得票数である）ものの、当選者は当然出ず、二七団体中二四位だった。

前回よりは票を増やしたとはいえ結果自体は厳しいものだったわけだが、この結果を野澤はどのように受け止めただろうか。七月一五日、「参院選に憶う〝お願いしない〟政党」という論が発表された。やや長いが引用しておく。


三年前の選挙に続いて本年二回目の参院比例代表制選挙に出馬した我が「世界浄霊会」は〝お願いしない〟超ミニ政党であった。

では何故〝お願いしない〟のかというと、国民の投票を目的とした政党でないからであって、真理を国民に知らせる為に政党の型をとっただけの事であるからである。

三年前の選挙の時に前年一一月に青年資格者の意見具申をきいて〝成程尤もだ、神の声だ〟と私は思った。というのは〝本教の薬剤否定や医学の革命といった問題は、何程お金を出しても公共の報道関係では扱って貰えませんから、選挙に政党として出れば政見、政策の発表であるから自由にできますから如何でせうか‼〟というのである。

…中略…

私は活動部員達の特別面会の際、大いにその労をねぎらったが、結果は御神意であるから喜ぶべきである旨を伝えたのである。

選挙を通じての御神意を簡単に説明して置こう。

一、選挙の届け出受付番号　一四番（㊄）
二、得票順位　二四番（㊅）
三、得票数　一八〇二五票（㊆）

得点順位で〝二四〟と出ていたので矢張り㊅が啓示された訳である。そして「㊄・㊅・㊆」は〝主神（五）が救世主（六）と成る（七）〟との御予言でもあり、合計は〝一八〟で〝観音様〟であり夜の世界の御経綸が示されている。

ところで、右の三項目に示された如く、神訓数は〝㊄・㊅・㊆〟であってこれは「五六七《みろく》」であり経の経綸であって緯の経綸である「三六九《みろく》」ではない。つまり夜の世界の経綸である。この「議会制度」というものは〝憲法〟による法治国であり、これは理想的な制度ではないと教祖明主様は御垂示遊ばされている。この御垂示は「文明の創造書」の百頁に「道治国」と題して御教示遊ばされている。

そこで今回の参院選でも右の如く〝㊄・㊅・㊆〟と浄霊会の出陣に対して御啓示が出ている訳であるが、神様は全く有難いものである。それは得票順位と本会名称と得票数を組合わせて明瞭に本年秋頃より開始される大救済活動に付いて御啓示遊ばされていることである。それは

一、得票順位の〝二四〟――㊅（救世主）
二、浄[10]霊[24]会[13]は〝四七〟㊁（人・私の代名詞）
三、得票数は〝一八〇二五票〟で㊆（完成）

…中略…

今度の参院選の比例代表制の出馬政党は二七党であったが得票数（一四〇一〇）で㊅の神訓数を示し、略称で神訓数の㊄で示された〝誠[14]流[10]社[8]〟は流石である。何が流石であるのかといえば、〝投票をするな〟

〝棄権しろ〟というのであるから、これは法治国の議会制度に反対を表明している訳であって最も新しい考え方である。しかし最少得票数であったから二七位と最下位ではあるが、逆から見れば第一位という訳で、これは前回の場合、出馬政党一八中の一八位であった浄霊会が逆から見て第一位であったのと同じ意味である。

（光友二七三号・一九八六／八／一五）

このように前回と同じように、選挙結果等をめぐるあらゆる数字が神訓数に沿って、有意味なものとして読み解かれている。それは他団体の選挙結果にまで及ぶのである。惨敗という負の結果は、「法治国」に対する「道治国」、「逆から見れば」といった見方により、価値反転がはかられ、現状に対する批判的視角として働いているのが看取できる。

三度目の挑戦は、一九八九年七月二三日実施の第一五回参議院選挙である。同選挙は、消費税問題・リクルート事件・宇野宗佑内閣総理大臣の女性問題などを国民がどう審判するかといった回であった。世界浄霊会は、これまでと同様に比例区に一〇候補を擁立した。全員が男性で、平均年齢は四四・一歳であるが、これは前回と全く同じメンバーである。

選挙戦では、「審判到来の大警告」と「生存革命」をスローガンに［浄霊医術普及会編 一九九三b：三一］、「空気、水、土、そして人間の清浄化」などを訴えた。

朝日新聞の恒例の候補者アンケート調査では、党員は約三千人であること、選挙費用は会として五千万円であることなどがわかる（朝日・東京 一九八九／七／一七）。また、「一番訴えたいこと」の回答としては、「汚濁の極限に大浄化時代が来る、浄霊が救世主」「世の終わりの到来と乗り越す力の実施」「最後の審判期到来と救済方法の浄霊法の宣布」などがあり、「医学革命」から「生存革命」へと展開したことも含め、終末意識がいっそう高まっているように思われる。

選挙結果を確認する。全体としては、社会党が五二人、連合も加えると六三人が当選し、改選議席の半数を得た。自民党はわずか三八人の当選であり、一四三議席から一一一議席へと参院での過半数を大幅に割ることとなった。自民党政治にノーが突き付けられた結果となった。また、社会党の土井たか子人気もあり女性候補が二二人当選し、「マドンナ旋風」と呼ばれた。世界浄霊会は、そうした動きの全く蚊帳の外にあった。全体で八八五七票（〇・〇二％）とひどく低調であり、四〇団体中三七位だった。

同会の選挙結果の受け止めを、以下に引用する。

神の経綸と参議院選挙の結果に示された四〇政党の使命

主神（造物主）の地上天国建設の大経綸は愈々その完成期に入り、最後の段階である。〝最後の審判〟とキリスト教で唱えられ、又仏教では〝法滅尽〟、世界救世教で予言された〝世界的大浄化作用〟、大本教で唱えられた〝立替え立直しの世の大峠〟を迎える時期に到達しました。

此度、行われました参議院選挙に際しましても、その参加四〇政党竝に所属各議員候補者方に対しまして、それぞれの使命が明確に啓示されて居ります。勿論、本浄霊会以外の方には到底御理解頂けぬ事ではありましょう。

…中略…

今回の選挙に当たりまして本会の政策目標は〝平成維新〟であり、〝空気・水・土〟の清浄化でありまして、この主旨に反対される方は一人もない筈であります。

…中略…

初めに各政党に関係ある方に神がその使命を啓示されたと書きましたが、然らば如何なる方法で啓示されたかと申しますと、甚だ簡単明瞭な方法であります。即ち〝一〟から〝九〟迄の九つの「数字」で啓示されたのであります。

…中略…

参議院選挙に活動された四〇政党の各位も同封の一覧表により各位の「神訓数」を発見されて、その数字の意味する活動に向かって精進されるならば、神の使命にお使い頂けて良結果を必ず得られると共に、若し数字の意味と違った行動をされるならば必ず思わしからぬ結果となる事を警告させて頂くものであります。

…中略…

今度の選挙の結果にみても私（㊁・㊈）の説明通りに一切が運ばれた事が証明されています。

と申しますのは、

○四〇政党 ―― ㊃で〝経綸〟
○新政党二〇 ―― ㊁が結ぶ㊉
○旧政党二〇 ―― ㊁が結ぶ㊉
○旧政党中、前回より得票数が増えたのが二政党 ―― ㊁（私）
○旧政党中、前回より得票数が減ったのが一八政党 ―― ㊈（私）
○浄霊会の得票順位　三七位 ―― ㊉（大完成）
○浄霊会の得票数　八、八五七 ―― ㊉（大完成）
○投票日　一九八九・七・二三（三・〇） ―― ㊉（大完成）

［浄霊医術普及会編　一九九三b：三一一―三一五］

附属の表では、各団体の得票数・票数の増減・前回得票数、得票順位などが神訓数によって読み解かれている。世界浄霊会＝野澤の手にかかれば、同会にまつわる数字はおろか、その参院選全体が「神の経綸」の現れとして理解される。そこでは惨敗という現実的な結果など大したことではないのである。

続いて、同会の四度目の国政進出・選挙挑戦は、一九九二年七月二六日実施の第一六回参議院選挙である。自民党・宮沢喜一内閣のもとで、事実上自民党と社会党の争いとなった。全部で三八の団体が比例区に届け出た。世界浄霊会は、これまでと同様に比例区に一〇候補を擁立した。全員男性で、平均年齢は四七・一歳、前回・前々回と同じメンバーである。

同会の公約は、「人畜に害を与えず人畜に益を与える。会憲法二章の実行で医学・生存革命を推進、地上天国をつくる」というものだった（毎日・東京 一九九二／七／一九）。

この回の選挙活動の様子を伝える資料はほとんどない。教団刊行物でもわずかに記録程度に触れられているに過ぎず［浄霊医術普及会編 一九九三b：四五六］、いわば恒例行事のような扱いである。

同選挙全体では、投票率が五〇・七％と参院選史上最低を記録したが、結果は自民党が七〇議席を獲得し、大勝した。世界浄霊会は、全体で九七七九票（〇・〇二％）、三八団体中三七位と低調だった。

世界浄霊会の五度目の国政選挙は、一九九五年七月二三日実施の第一七回参議院選挙である。自・社・さ連立の村山富市政権の是非が問われた。供託金が増額されたこともあってか（比例区六〇〇万円、選挙区三〇〇万円）、届出団体数は二三に減った。世界浄霊会は、この回では比例候補は三人とし、初めて選挙区に八人の候補を擁立した。秋田・千葉・東京・神奈川・新潟・富山・熊本・大分の各選挙区である。この戦略変更の意図は不明である。供託金の問題なのか、それとも各地域での普及活動を重点化したのだろうか。一一人中三人が女性であり、全体の平均年齢は五三・五歳である。比例一位の候補は野澤の長女で、後の「二代様」である。東京選挙区の候補は野澤の娘婿で浄霊医術普及会の会長代行であった。

この回の同会の公約は、

誤れる現代医学を改めて、薬害のない健康大国を築く。生存革命。空気、水、土の清浄化。環境破壊の元凶＝有害な農薬、化学肥料、化学合成物質の使用中止。医学革命。薬漬け医療の元凶＝健康保険制度の強制加入を任意加入とし、健康保険料の減額の実施。現代医学偏重の医療制度を、民間療法でも保険が使える制度に改革する。

というものであった（毎日・東京 一九九五／七／一六）。選挙公報などでは、同様の内容に加え、「特に今回は日本接骨師会の主張する柔道整復師法を改正し、その身分の確立を図る」としている。また、「新たに「大審判」へ入った」との切迫感が強まり、「自然からの大警告」を訴え、薬害で滅びるか浄霊法を実行するかの決断を迫っている[20]。

この回の選挙全体では、投票率が過去最低の四四・五二％（選挙区）となるとともに、新進党が四〇議席を獲得し大躍進を遂げた。自民党はやや議席を増やしたものの、社会党は大きく議席を減らした。他方、世界浄霊会の選挙結果はこれまでどおり、振るわないものであった。比例区は、計一万一三九一票（〇・〇三％）であり、特に大きな前進・後退もなく、全届出団体中最下位であった。選挙区も、他の泡沫候補が多い東京を除いて、全て最下位だった[21]。

この選挙を野澤ならびに同会がどう位置付けたかについては、資料がない。だが、以降、世界浄霊会は選挙に出ることを止めた。一九九八年六月、世界浄霊会は日本浄霊会と改称した［小川 一九九九：一四九］[22]。翌一九九九年八月、浄霊医術普及会会長・救世神道光友会教主・日本浄霊会会主の野澤明一は亡くなった。二〇〇三年一二月三一日、世界浄霊会は解散した[23]。一九八三年から一九九五年の五回にわたる参院選出馬とその活動は、客観的に見るなら、議席獲得や制度改革といった具体的成果を特に生まなかった。はたして、この活動により、どれだけ薬毒論・現代医療批判、浄霊法が「普及」されたのだろうか。回を追うごとに高まっていった終末意識の行き着いた点はどこであったのであろうか。

5―4 浄霊医術普及会＝世界浄霊会の政治進出とは何だったのか

浄霊医術普及会の展開と、その政治団体・世界浄霊会の政治進出の顛末は以上の通りであった。第一節では、同会の概要と歴史的展開を記述した。「日本精神」作興を志した野澤明一は、「日本治療」＝世界救世教に出会い、分立後は岡田茂吉の遺訓を継ぎ、その教えを広めるという使命感のもとに運動を活発化させていった。第二節では、同会の基本的な世界観と国家・社会観、ユートピア観を追っていった。岡田の思想を特に医学・薬学批判と浄霊法に特化させて展開していること、オリジナルに創出した「神訓数」などを通じて諸事象を読み解くことなどが確認できた。浄霊法を広めることによって日本が世界の救世主となるのであり、それにより災厄の根本的原因である「病」が解消された「健・富・和」の「地上天国」という理想世界が実現する。よって、現状の医学・薬学重視の日本／世界は批判の対象であり、その危機感・切迫観は八〇年代に高まっていったのであった。

そのようななかで、医学革命の必要性を訴え、浄霊法を広く知らせるための手段として、参院選の全国比例区出馬という政治進出の道が選ばれた。選挙結果自体は無残なものだったが、浄霊法が新たな形で広報されることになったとともに、「神訓数」などによって有意味なものとして解釈されることで、神の計画上のものとして理解されたのだった。五回の選挙戦は、そのような認識のもとに行われた。

そもそもは「日本精神」の作興・復興を目指した野澤であったが、岡田茂吉―世界救世教の回路を経由するなかで、浄霊法の普及という点に特化した形に方向づけられた。「地上天国」というユートピア実現のためには、戦前社会であれ戦後社会であれ、また海外であれ、薬毒論の理解と医学革命と浄霊法の普及が必要であり、現実社会は厳しい批判の対象である。いまこの日本にある神霊医学と浄霊法を広めることによってこそ、日本は世界の救世主として誇りうることができるのであって、そこには戦前回帰や伝統墨守、文化的独自性の称揚などの要素は入り込む余地がない。

よって、その政治に対する姿勢とは現状に批判的なものとならざるをえなく、独自の路線を進むしかない。戦後に大教団化した世界救世教は、民社党や自民党、民主党候補の支援を折々にしてきた。だが、野澤と浄霊医術普及会にとっては、「正統」的ナショナリズムはおろか「O異端」からも隔たりが大きい「H異端」性を強く持っていたために、(他の浄霊重視・岡田茂吉中心主義の世界救世教系教団との連携は可能性としてあったかもしれないが、) 既成政党・政治家に自運動の理想ユートピアである「地上天国」の実現を望むべくもなく、自前の政治団体結成による「政治進出」の道が取られたのだと結論づけられよう。

本章は、五回の参院選で複数の候補擁立をしていながらも、特殊な事例として看過されてきた浄霊医術普及会＝世界浄霊会のケースを初めて正面から取り上げ、その思想と活動の淵源にまで遡って辿ることで、その政治進出の動機と過程を初めて明らかにしたという点において、「戦後日本の宗教団体の政治進出」研究史上に貴重な蓄積をなしたということができよう。

第5章　註

(1) なお、宗教(的)団体ということを差し置いても、本章は参院選における比例代表制導入にともなうミニ政党参入のモノグラフとなっており、政治研究の領域においても貴重な蓄積になるのではないかと考える。

（2）『新宗教教団・人物事典』には、「浄霊医術普及会」とその会長「野澤明一《めいいち》」の項目がある［井上・孝本・對馬・中牧・西山編 一九九六：一〇八―一〇九、五四四―五四五］。複数の「霊能者」を紹介した『日本の霊能者』には、野澤自身の紹介記事がある［野澤 一九八六］が、それ以外には雑誌報道などもほぼ見当たらない。

（3）以下、野澤と会の来歴については、［野澤 一九七六］［内海ほか編 一九九〇］［浄霊医術普及会編 一九九三a・b］を中心とした同会刊行書籍に拠る。

（4）「明一」命名の時期は、一九四七年九月との記述もある［浄霊医術普及会編 一九九三a：八五］。「明主」が「明一」と命名したことに、後継者としての正当性が見出されている（光友二六九号・一九八六／四／一五）。

（5）もっとも救世教系教団は他にも数多くあり、それぞれが岡田との特別な関係性、浄霊の効果、神示・霊示などを持ち出してその正統性を訴えている。それらを比較・検証しないかぎり、野澤と同会の特別性は明らかにならないが、本章の主目的とは異なるため、ここではそれを行わない。

（6）大沼没後、一九七二年に息子夫婦が救世教から離脱し、現在の「救いの光教団」を立教している。

（7）世界救世教が、「世界救世《きゅうせい》教」となったのは岡田没後の一九五七年である。

（8）註5と同様に、岡田と野澤の関係については、浄霊医術普及会側の資料における言及のみしか確認できていない。ただし、日本観音教団—救世教内で野澤が独特な位置にあったことは確かなようだ。日本観音教団管長であった志保沢武は、野澤の実兄であるという。「且って昭和二三年八月、日本観音教団設立に当って初代管長となられた故志保沢武先生は明一様の実兄であられた御縁に因って、初代管長帰幽されるや、二代目管長として、明一様が推薦されたのでありますが、時未だ熟せざるか御辞退遊ばされたのであります」（光友二六九号・一九八六／四／一五）との証言もある（以下、機関紙『光友』からの引用は、（光友●号・西暦／月／日）のように示す）。志保沢は、当時の教団内での渋井総斎と中島一斎の二人の実力者間の軋轢を緩和する意味で管長に擁立されたようだが、いずれにせよ野澤の積極的な行動は教団内である程度目立っていたのではないだろうか。

（9）救世教から離脱・分派した教団の系譜については、［對馬 一九九〇］を参照。浄霊医術普及会についても記載されている。

（10）救世教とみろく神教＝石坂との軋轢については、［縄田 一九七六］に若干の記述がある。

（11）浄霊医術普及会側の言では、石坂はじめ二〇〇名弱の会員は同会に入会した。「私（石坂隆明）は現在、明一様に帰依する一員となっています。これが教祖明主様の御旨に最も叶う道であると信ずるに至ったからです」との記述もある［浄霊医術普及会編 一九九三a：二八九］。一九七五年には、同会内に「第一〇分会」（支部）ができ、石坂明己（＝隆明）が分会長に就任している。石坂のグループは千名近くまで増えたが、一九八三年には挙って脱会したという（光友号外・一九八七／八／一五）。
（12）「私は「神訓数」による独特の数字占いを数年前から行なっている」（光友二四二号・一九八四／一／一五）。
（13）「これは所謂姓名判断の大家、「熊崎健翁」氏の方法を採用すると共に教祖〝明主様〟の命名法と私の「二式陽陰判定法」とを併用して命名している」（光友二七八号・一九八七／一／一五）。さらには、これを踏まえて、会員の〝帰幽日〟（亡くなる日）を知ることもできるのだという。
（14）一九八九年の昭和天皇崩御に際して若干の言及があるが、これも昭和天皇に対して「浄霊」「救霊」ができず、「薬物利用の西洋医学にその心身をお任せになっていた」と述べる程度である［浄霊医術普及会編 一九九三b：二七二―二七三］。
（15）一九八六年時点では、当時の副会長・事務局長がその進出動機を以下のように語っている。「これも政界に議席を得る為に作ったのではなく、というのは「現代医学が誤っているよ」というのを意見広告として新聞社に持っていっても受けつけないんです。だとすると公的に私達がそういう意見を発表するとすれば、政治の世界へ足を踏み入れるしかないんです。つまり〝選挙公報〟です。選挙放送用のテレビのあれしかないんです。…中略…五八年にはどういう神様の御仕組か、政党選挙という、どんな小さな政党でも政策を持って争う事ができるというものですから、その政策として私達は教祖様の御教えにならわれた〝医学の革命〟〝夜昼の転換〟という〝最後の審判〟期がくるよ、といったこういう事を政策の中に入れて、皆に知らせてやろうということで新しい政治団体を作った訳です」（光友二六九号・一九八六／四／一五）。
（16）以下、各回参院選の基本動向・データは、［石川・山口 二〇一〇］を参照。なお、比例区の供託金は、一九八二年の法改正により、旧全国区の二〇〇万円から四〇〇万円に増額された。また、「当選人数を二倍しても名簿登載者数に達しないときは、その差の人数分の供託金は没収される」との規定が定められた（日経・東京 一九八三／七／二二）。
（17）候補者名やそれぞれの年齢、学歴、職業、会内での役職名などは、煩瑣になるのでここでは省略する。職業では、中小企業の経営者や、一般会社員などが目立つ。
（18）傍点は原文ママ。これらは、同参院選比例区に候補を擁立した、日本世直し党、雑民党、（日本国民政治連合、）教育党、自由超党派クラブ、ＭＰＤ・平和と民主運動、田中角栄を政界から追放する勝手連、無党派市民連合、の団体名の一部分を指していると思われる。
（19）なお、道中では大本の綾部本部や離脱したみろく神教に乗り込み、面会を申し込むなどもしている。
（20）なお、選挙戦に先立つ一九九五年二月ごろに、浄霊会本部がある中目黒近辺で配られたとされるチラシがウェブ上で確認できる（http://www.kansuke.jp/text/jo0kai.html）。それによれば、「本来、病気と薬は全く関連性がありません。これは虚構論理において医学信仰させてきた世界制覇を狙う少数民族ユダヤ（影の世界政府・フリーメーソン）の陰謀なのです。…中略…戦後の国際社会は政治・経済・金融・情報など全てにおいてユダヤ民族が完全に操っているといえます。特にユダヤの作り上げた日本国憲法によって悪の陰謀路線に気がつかないまま着実に歩み、大和民族はすっかり骨抜きにされてしまった」などといった露骨な陰謀論が展開されている。また、「本年より三年間で世界人類の約九七％が自然淘汰されるであろう」終末的状況のなか、浄霊法によって、「この荒廃した地球世界を天地精霊純真魂（ヤマトダマシイ）に立替え・立直すことが明一師の心より望んでいることであります。薬剤使用によって、世界制覇を狙うユダヤの陰謀を阻止し、真の健康世界建設にご理解いただきたいのです」としている。最後に「法三章」として、「一、本会は日本精神（ヤマトダマシイ）の復興を目的とする。二、日本精神とは「不害・与益」の積極的実行である。三、「不害・与益」とは〝生きものに害を与えず・益を与える〟事である」と結んでいる。このチラシの現物は確認できておらず、こうした内容が会内においてどの程度オーソドックスなものであったかはわからない。もっとも野澤の回想によれば、一九四二年に「日本療法」の講習を受けた後に渡されたパンフレットに「薬物応用の現代医学は「ユダヤの世界制覇の陰謀の手段」であると記かれ、このユダヤの陰謀を覆して人類を救うのが「日本療法」である」とあったのだという［浄霊医術普及会編 一九九三b：二四七–二四八］。これは、岡田茂吉思想におけるユダヤ観（とその継承・展開）という別のテーマを孕んでいるように思われる。

（21）もっとも、このときの候補者の一人によれば、会本部からも「当選なんかしなくてもいいので行ってきなさい」と言われ、とにかく浄霊法をなるべく多くの人に伝えることのみを考えて選挙戦を行ったという（二〇一二年九月の筆者聞き取りによる）。

（22）ただし、総務大臣・東京都選挙管理委員会に、この名称変更の届出はなされていない。

（23）総務大臣・東京都選挙管理委員会への「政治団体解散届」（二〇〇四年一月二〇日付）により確認。

第6章　オウム真理教＝真理党——シャンバラ化の夢想、ハルマゲドンの回避——

……この（日本シャンバラ化）計画は、日本全体にオウムの聖なる空間を広げ、多くの聖なる人々をはぐくむことによって、日本を世界救済の拠点としようという比類なき遠大なものです。信徒の皆様のお力なくしては、とても実現することなどできません。…中略…（この計画は）世界シャンバラ化に向けての第一歩です。

（『限りなく透明な世界へのいざない』、一九八八年[1]）

はじめに

一九八四年の「オウムの会[2]」創設から一九九五年の地下鉄サリン事件（あるいは翌年の解散）までのオウム真理教（以下、オウム）教団史のなかでひときわ目を引くことの一つに、一九九〇年二月の第三九回衆議院議員総選挙への出馬がある。麻原彰晃（以下、麻原）を含む二五人が首都圏で出馬し、珍奇な選挙運動パフォーマンスを繰り広げた様子は、ＴＶのワイドショーでも報じられたため、かすかに記憶する人々も多いかもしれない。

この出馬は、教団史＝事件史のなかではほぼ折り返し地点にあたり、また、すでに内部での信徒殺人と坂本弁護士一家殺害事件とが起こり、宗教法人認証間もない時期のことである。刑事裁判のなかでは、この選挙惨敗後の一九九〇年四月ごろに麻原は、

……今回の選挙は私のマハーヤーナにおけるテストケースであった。その結果、今の世の中は、マハーヤーナでは救済できないことが分かったので、これからはヴァジラヤーナでいく。現代人は生きながらにして悪業を積むから、全世界にボツリヌス菌をまいてポアする。

（二〇〇四年二月二七日東京地裁、麻原判決文、以下、麻原地裁判決文）

と述べたとして、武装化へ舵が切られた転機として扱われている。では、そもそも何のために選挙に出たのか。それについては、「教団の勢力をより一層拡大するためには、宗教活動をするだけではなく、政治力を付ける必要があると考え」（同）たためとされている。裁判の場では、このようなシンプルでわかりやすい説明が採用されたとしても仕方ない。

翻って学術研究においても、この問題は、拙稿〔塚田 二〇一一e、藤本・塚田 二〇一二〕を除いてほぼ等閑視されてきている[3]。だが、宗教団体の「政治進出」を広く検討する本書においては、オウム真理教＝真理党のケースは、たった一度の出馬であっても、看過できない重要な事例であることは間違いない。

また、オウムについて従来は、その過酷な修行による心身変容、魂の修行や現世否定の世界観、反社会性などが注目されがちであった。もちろんそうした側面があることは確かだが、だからといってそればかりを強調していては、同教団の展開史を読み違えることになりかねない。そして、それでは政治進出という事態を十分に説明できないのではないか。

オウムと麻原には、その当初から、その運動を方向づけるような強い国家・社会観、ユートピア観といった

理念が確かにあり、繰り返し表明されていた。本章では、そのことを明らかにし、それと政治進出との連関を示したい。

以下、まず第一節において初期オウムと麻原の国家・社会観を把捉する。続く第二節では、政治進出の動機と決定に至るまでの経緯を描く。第三節では、真理党の選挙戦の具体相を記述し、またその結果の提示と分析を行う。さらに第四節では、麻原の選挙結果の受け止めと、その後の動きを追う。

用いる主な資料は、外部社会からのものとして新聞・雑誌報道、教団内部のものとして教団発行の書籍・機関誌・新聞[4]、その他、元幹部の手記などである。

6-1　初期オウム真理教と麻原彰晃の国家・社会観

本節では、オウム設立後から政治進出に至るまでの期間を「初期オウム」と捉え、そこにおける国家・社会観、ユートピア観を、特に一九八五～八八年の一般雑誌記事の内容を中心に見ていく。

一九五五年三月二日に熊本県八代郡金剛村（現・八代市）に生まれ、熊本盲学校専攻科を卒業した麻原（本名・松本智津夫）が、本格的に上京したのは、一九七七年春のことだった。翌年には結婚し、千葉県船橋市で鍼灸院を始める。まもなく、漢方薬の販売なども手掛けるようになった。数々の宗教書などを読み漁るとともに、桐山靖雄の阿含宗にもしばらく所属していた。一九八二年七月には、薬事法違反の罪で罰金刑に処された。その後の麻原は、渋谷でヨーガ教室を始める。一九八四年初頭、「オウムの会」を主宰し始め、五月には「株式会社オウム」を設立登記している[5]。オウムという宗教運動の萌芽である。

麻原の『ムー』『トワイライトゾーン』デビュー

こうして始動した麻原とオウムとが、その存在を広く知らしめるのに文字通り利用したのが、雑誌メディア――なかでも八〇年代オカルト文化を牽引した代表格の『ムー』(学習研究社)と『トワイライトゾーン』(ワールドフォトプレス、以下、『TZ』)であった、というのはすでによく知られた事実である。表1は、両誌を中心に、一九八五〜八八年の間に麻原が登場した雑誌記事の一覧である。[6] まずはその広がりを確認できよう。

一九八五年九月、『ムー』と『TZ』両誌の一〇月号が発売された。『ムー』は、「レポートコーナー」という読者投稿の拡大版のようなコーナーにて、麻原の「空中飛行」の様子と、そのための修行法やヨーガのポーズ、「オウムの会」の連絡先などを五頁にわたり掲載した。内容的にはそれだけであり、本節の主旨とは直接関係しないので省略する。

『TZ』も、巻頭グラビアの方は麻原の「空中浮揚」のみが焦点化されているが、続く六頁にわたる「編集部の不思議体験レポート」の方は、「最終的な理想国を築くために神をめざす超能力者」とタイトルにあり、修行法だけではない。「麻原彰晃氏。あと一年もすれば、空を自在に飛ぶ人である」と始まり、その来歴が三人称で紹介されていく。

麻原氏は、これまで世に出ようとは考えなかった。ところがある時、声を聞いたのである。
『地球はこのままでは危い!』
彼は今、シャンバラのような王国、神仙の民の国を築く準備を開始するため、多くの人に修行法を開放する必要を感じた。
今年の五月のことである。彼は神奈川県三浦海岸で頭陀の行を行なっていた。

表1　80年代中盤における麻原の雑誌掲載記事一覧

記事署名	記事タイトル	掲載媒体・年月号：頁
麻原彰晃	実践ヨガ 私は驚異の空中飛行に成功した！	『ムー』85年10月号：151-155
高井志生海	独立独行のヨガ修行者〈麻原彰晃〉シャクティが吹き上げ身体はそのまま空中に浮揚	『TZ』85年10月号：14-15
高井志生海	編集部の不思議体験レポート22 最終的な理想国を築くために 神をめざす超能力者	『TZ』85年10月号：118-123
麻原彰晃	実践ヨガ 連載第2回 空中飛行を完成させる霊的覚醒	『ムー』85年11月号：151-155
麻原彰晃	甦る古代史／著者鑑定のヒヒイロカネ50名にプレゼント 幻の超古代金属ヒヒイロカネは実在した⁉ ヒヒイロカネは超能力増幅器か⁉	『ムー』85年11月号：172-179
麻原彰晃	特別寄稿 解脱への道 超能力獲得のカリキュラム〈精神編〉	『TZ』85年12月号：124-128
(署名なし)	ヨガ行者・麻原彰晃師が奇跡へ挑戦！ 今年あなたも空を飛べる⁉	『新鮮』86年1月号：125-129
(署名なし)	日本人ヨガ行者の《空中浮揚》実験レポート！！ フワリ地上40センチ！	『プレイボーイ』86年2月18日号：(2頁)
麻原彰晃	解脱への道 超能力獲得のカリキュラム〈実践編〉第1回 クンダリニーを覚醒させる	『TZ』86年2月号：129-133
麻原彰晃	解脱への道 超能力獲得のカリキュラム〈実践編〉第2回 シャクティー・パットによる覚醒体験	『TZ』86年3月号：129-133
麻原彰晃	解脱への道 超能力獲得のカリキュラム〈実践編〉第3回 天眼通（透視能力）の開発法	『TZ』86年4月号：113-117
麻原彰晃	総力特集 偉大なる聖地インドを行く―― ヒマラヤの真の聖者たち	『TZ』86年6月号：30-51
麻原彰晃	巻末特別企画 インドの聖者が明かす――最終解脱にいたるヨーガ・テクニック	『TZ』86年6月号：177-188
麻原彰晃	来日記念特別企画 インドの聖者パイロット・ババ 驚異の地中・水中サマディ	『TZ』86年10月号：9-11
麻原彰晃	より良い転生をつかむために 第1回 死後に役立つテクニックとは？	『TZ』87年1月号：124-129
麻原彰晃	より良い転生をつかむために 第2回 色界に飛び込むテクニックとは？	『TZ』87年2月号：92-94
麻原彰晃	より良い転生をつかむために 第3回 欲界の救世主として生まれ変わるには？	『TZ』87年3月号：128-130
麻原彰晃	より良い転生をつかむために 第4回 肉体を抜けだして異次元へと飛ぶ!!	『TZ』87年4月号：66-68
麻原彰晃	より良い転生をつかむために 第5回 過去世を見とおし、未来をも知る少女	『TZ』87年5月号：128-130
麻原彰晃	総力特集 初公開！ 地上最高の医術 仏陀がもたらしたチベット神秘医学	『TZ』87年6月号：30-48
麻原彰晃	インド ダラムサラ訪問記 ダライ・ラマ法王とともに瞑想して至高体験を味わった！	『TZ』87年7月号：160-162
麻原彰晃	より良い転生をつかむために 第6回 来世での救世主をめざす人の瞑想法	『TZ』87年8月号：160-162
麻原彰晃	総力特集 宇宙エネルギーの流れを透視する奥儀“大宇宙占星学”1999年8月1日人類は運命の日を迎える！	『TZ』87年9月号：30-51
麻原彰晃	気象・政治・経済・天変地異…… 私の予言は世界的規模で1つずつ現実になっている！	『TZ』87年12月号：124-127
麻原彰晃	総力特集 私は変化身となって未来世界を体験した！ 水と火の大災害―― 1999年、ハルマゲドンが人類を襲う	『TZ』88年1月号：30-53

※ 筆者作成
※『TZ』は、『トワイライトゾーン』（ワールドフォトプレス）誌を示す

五体投地をしていたときのことである。突然、天から神が降りてきた。神は彼に向かってこういった。

「あなたに、アビラケツノミコトを任じます」

…中略…

彼は、サンスクリットを教えている人を訪ねた。

すると、アビラケツとは、地水火空の意味で、アビラケツノミコトとは、「神軍を率いる光の命」、戦いの中心となる者と判明したのである。

彼は、天から降りてきた神によって、西暦二一〇〇年から二二〇〇年頃にシャンバラが登場することを知り、それまでアラビケツ《ママ》ノミコトとして戦うように命じられたのである。（TZ 一九八五／一〇：一一九―一二〇）(7)

麻原は続ける。


二〇〇六年には、核戦争の第一段階は終わっているでしょう。核戦争なんて、ほんの数秒で終わってしまいます。日本も死の灰の影響を受けているはずです。…中略…

私の目指すのは『最終的な国』なんです。それは仏教的・民主主義的な国で、完璧な超能力者たちの国なんです。（同：一二〇）

ここからは、修行・超能力開発とは麻原の最終目的ではなく、そこに至る過程であることが読み取れる。その過程において、麻原は「ヒヒイロガネ」に出会う。

修行で岩手県におもむいたときのことである。彼は、天からオリハルコン、またはヒヒイロガネと呼ばれる神秘の石を与えられた。

ヒヒイロガネとは、超古代文献『竹内文献』などにも登場する石である。神社の玉砂利のように滑らかだが、それよりずっとツヤがあって黒い。ズッシリと重たく、カネの名の通り、金属的な感じの石なのだ。

（同：一二二）

写真１　『ムー』『トワイライトゾーン』の麻原デビュー号

ここで出てきた「ヒヒイロガネ」は、さらに翌月の『ムー』一一月号の「幻の超古代金属ヒヒイロカネは実在した!?　ヒヒイロカネは超能力増幅器か!?」という麻原名の記事で詳しく展開される。麻原は、「かつて、本誌でも取り上げた謎の古文書」である「竹内文献」について触れ、「神代の日本は世界の中心であり、神通力をもつ神々の国であった。その高度な文化は、ヒヒイロカネと呼ばれる特殊な金属によって支えられていた」とする。また、「神代の天皇は、即位を天下に宣布するため、一代に一度は世界の国国を巡幸した」とし、「まさに神代の日本人が、超能力で世界に君臨していた姿が目に浮かぶようではないか」としている（ムー一九八五／一一：一七二―一七三）。同じ『竹内文書』に世界観の淵源がある真光系教団（第3章参照）では、これが天皇＝スメラミコトの神聖性・中心性と日本の霊的優位性・使命感を担保するものとして捉えられているのに対し、麻原においては超能力の証左として取り上げられているのが特徴的だ。

いずれにせよ、麻原はその力の淵源をヒヒイロカネだとし、「大正から昭和初期にかけて、超古代史を復活させた」酒井勝軍《かつとき》

（一八七四―一九四〇、同記事では「かついさ」）に話を展開させる。酒井がヒヒイロカネを発見したという岩手へ出発した麻原らは、あちこちを訪ね回ったのち、「酒井勝軍と行動をともにした、最後の生き残り」だという人物に出会う。そして、その人物に酒井が語ったとされる「予言」の一つが、

今世紀末、ハルマゲドンが起こる。生き残るのは、慈悲深い神仙民族（修行の結果、超能力を得た人）だ。指導者は日本から出現するが、今の天皇とは違う。

（ムー 一九八五／一一：一七五）

というものだったとする。真偽は不明である。さらに、麻原が手に入れたという「ヒヒイロカネ」[8]を修行時に使ったところ、即座に幽体離脱ができ、「二〇〇六年のハルマゲドン後の広島」へ飛んだという（後述）。麻原はさらに続ける。

予言のハルマゲドンまで、わずか十数年を残すのみである。ハルマゲドンが起これば、人類は滅亡への道をひたすら進んでいくしかないだろう。生き残れるのは、唯一、神仙民族だけなのだ。
私は今、こう思っている。予言に出会うとともにヒヒイロカネを手に入れることができたのは、超能力を得るだけではなく、神仙民族になれることへの大きな可能性をも手に入れたということなのだと。

（同：一七八）

以上、まずは麻原の『ムー』『TZ』への登場シーンの辺りをやや詳しく見てきた。もちろん人々の目をまず引きつけたのは、「空中浮揚」する麻原の姿だっただろう。だが、それと同時に繰り広げられる、シャンバラ、神仙民族、竹内文献、ヒヒイロカネ、酒井勝軍、超能力、ハルマゲドン……などのタームの彩りは、それ

発に留まらない麻原とオウムの世界観・社会観が滲出していたのである。そして、実はそこにこそ単なる超能力開発に留まらない麻原とオウムの世界観・社会観が滲出していたのである。

『トワイライトゾーン』における麻原の連載の展開

麻原の『ムー』『ＴＺ』への登場やオカルト文化との親和性については、従来の諸論考やエッセイ等においても、すでに指摘されてきたことであった［原田 一九九五、藤田 二〇一一ほか］。だが、**表１**の通り、ここまではほんの序の口に過ぎない。デビューを果たした麻原は、その後『ＴＺ』において連載を展開していった。

『ＴＺ』一九八五年一二月号・一九八六年二〜四月号では、「解脱への道」という「超能力獲得のカリキュラム」が示された。「シャクティーパット」の初登場、一九八五年末のセミナーの様子などがレビューされている（同三月号）が、特筆すべき内容はあまりない。麻原の初の著作『超能力「秘密の開発法」』（一九八六年三月）とも通じる内容である。

ところが、続く六月号になると、だいぶ様子がちがってくる。まずこの号は、全体一九〇頁余のうち巻頭と巻末の計三〇頁強が麻原の署名記事である。『ＴＺ』の他の号では、このような事態はまずない。内容は、一九八六年初頭からヒマラヤ・インドに旅立った麻原が各地で聖者に出会ったレポートである。麻原は、聖者アカンダナンダとパイロットババの次のような言により、「最終解脱へと至る修行」に入る決心をしたと述べる。

> あなたには、特別の使命がある。弟子を育てようと考える前に、静かなところで自分の修行を完成させなさい。…中略…近い将来、日本はほとんど破壊されるでしょう。それは神の意志なのです。その時、歴史に姿を現わす新人類を率いなければならないのが、あなたです。
>
> （ＴＺ 一九八六／六：三三）

あなたは、三〇日間の修行で最終解脱をするだろう。…中略…日本は近いうちに、水によって滅びる。しかし、あなたは滅亡から日本を救うことができるだろう。（同）

ここでは、両者が何者であって、実際に言ったかどうかなどは脇に置いておく。それ以前に、脈絡もなく、日本が滅亡状態になること、麻原が救済の指導者であることが既定事項として宣言されるのである。また、「一九八七年から八八年にかけて富士山の噴火。一九九〇年、日米経済戦争の本格化。一九九三年、日本の再軍備、一九九九年から二〇〇〇年にかけて核戦争」といった「ビジョン」も披瀝されている（同：三四）。麻原は、「今回のポイント」として、この経験を丁寧にも以下のようにまとめている。

①日本の終末のビジョンが一致した。
②それを救える道が存在する。
③それは日本に正しい宗教を広めることである。
④どうやら、私がそれをやらなければならない。
⑤聖者は超能力を持っていた。
⑥私と聖者パイロットババ、また日本とヒマラヤを結ぶパイプができた。
⑦自然が私を必要としている期間、私は人類のために働かねばならない。
⑧日本の滅亡が近づいているので、いそがねばならない。
⑨弟子のことを考えると、正しい修行のみが結果を生む。

（同：四二―四三）

前述の酒井の「予言」に上積みされた、実にわかりやすい牽強付会的な自己認識と世界観である。一九八六年前半のこの頃、オウムはちょうど「宗教化」を進めつつあった。その「正しい宗教」が迫りくる日本と世界の滅亡を救えるのであり、それをやるのが自らの使命だというのである。基本枠組が固まりつつあるのがわかる。

一九八七年に入り、再び連載「より良い転生をつかむために」（全六回）が始まる。修行法の延長線上にある内容だが、瞑想法や死後世界など、より宗教性が強まり、語彙も複雑になってきている。同年六月ごろ、会は「オウム真理教」となった。八月には、四冊目の著作『イニシエーション』が刊行され、月刊の機関誌『MAHA-YANA』も創刊された。組織的な活動がいよいよ本格化していった。

『イニシエーション』は、同年五月の集中セミナーにおける麻原の説法を収録しており、重要な内容を含む。「第六話 予言と救済」から引用する。まず麻原は、

日本は今まで豊かな生活をしてきたね。それは、戦中・戦後しばらくの間の苦しい生活がもたらしたものだ。苦しい生活がもたらしたというのは、日本人が苦しい生活をすることによって功徳を積んだ。その積んだ功徳によって豊かな生活を得たという意味だよ［麻原 一九八七：一〇六］。

と「現在（これまで）の日本」に触れる。しかしそれが転換するという。

これは私の予言だよ。日本は、アメリカ・ヨーロッパとのね、経済摩擦をきっかけとして、少しずつ少しずつじり貧の生活に入っていくだろう。いいですか。その本当の口火が切られるのは一九九〇年だ。そしてもしだよ、一九九三年までにオウムがね、世界に、世界各国に少なくとも一つないし二つの支部を持っていたら……私が今から話す予言は外れることになるだろう。

しかし、もし一九九三年までに、本当のボーディサットヴァ（大乗の仏陀になる為に修行している人）が集まって、世界各国に二つ以上の支部ができなかったらどうなるか。九三年に再軍備だよ。いいですか。そして、一九九九年から二〇〇三年までに確実に核戦争が起きる。ね、私麻原は初めて核戦争について触れたよ。私達に残されている時間は、あとわずかに一五年くらいしかないんだよ［同：一〇七］。

『TZ』に既出の予言との共通性も垣間見える。では、なぜ各国に支部ができれば核戦争が回避できるのか。それは、「仏陀達の根本」「仏陀達の根元的エネルギーを発しているところ」は日本でありオウムであるから、であり、「自分達の魂の根源、魂の根源的城」が日本だからだと麻原は言う［同：一〇八］。そして、「今の日本こそ、自由に発言し、表現できる国はないよ。おそらく、この中の多くの人は過去世において多大な修行をし、その功徳によって日本に生まれてきたのだろう。救済の一端を担う為に生まれてきたのだろう」と述べる［同：一一三］。今までの予言に、オウムの救済活動が連結されているのである。また、一九八七〜九〇年の間に、選挙に波があること、マスコミが精神的な面を制約していくこと、国家・警察の力が増大していくこと、なども予言されている［同：一一六—一一七］。

『TZ』では、一九八七年六月号に約二〇頁にわたる「チベット神秘医学」特集が、翌七月号にはダライ・ラマ一四世と謁見した様子が、引き続き掲載されている。

九月号において、麻原は新たな展開をなす。「奥儀〝大宇宙占星学〟」である。麻原によると、これは三国志の諸葛孔明が用いていた「完全な「奇門遁甲」」であり、「アストラル世界」で伝授されたものだという。麻原は、それによって「予言」もできるとした。(9) 同一二月号では、さまざまな「予言」を展開している。

一連の「予言」のテンションが最も高まるのは、一九八八年一月号である。二〇頁超の「総力特集」においては麻原は、修行中に「変化身」となって二〇〇六年の広島を見てきた経験から語り始める（TZ 一九八八／一：三〇-五三)。それによると、「二〇〇六年、人類はすでに第三次世界大戦を経験している」という。それを確かめるべく、麻原は大宇宙占星学を用いる。ノストラダムス、エドガー・ケイシー、チベット仏教の予言なども引きながら、日本の水没や「核による恐ろしいハルマゲドン」がほのめかされる。そうした危機の回避法として、麻原は再び酒井の予言を持ち出し、以下のように述べる。

これらの予言や、私の見たビジョン、大宇宙占星学の分析から、ひとつの答が導きだされてくる。「一九九九年にハルマゲドンが起こり、二〇〇三年には核とSDI兵器による最終的な破滅がもたらされる」

このハルマゲドンによって、ほとんどの人類は死に絶えてしまうかもしれない。しかし、一部に生き残る人たちがいる。彼らは〝別のもの〟〝神仙民族〟〝霊的進化を遂げた人間〟などの言葉でいい表わされる新しいタイプの人類なのだ。

私が使っている言葉で表現するならば、〝解脱者〟〝成就者〟〝超能力者〟と呼ばれる人たちである。ハルマゲドンの試練を通りぬけることのできた人々は、超能力と高い精神性をもった新人類として、新しい王国をきずくだろう。

(同:五一)

そうして、麻原は以下のように結んでいる。

残された年月は、あとわずか。あなたはどうするつもりだろうか。

……中略……

私は、解脱者のもつ力で怒りや動性のエネルギーを静めたいと考えている。だが、一九九九年の日本沈没を防ぐには、私一人の力では足りない。

三〇〇人――。そう、それまでに日本に三〇〇人の解脱者が誕生していたならば、力を合わせて日本を沈没から救うことができると信じている。

また、ハルマゲドンを回避するには、世界各国に真理を広めなければならない。

……中略……

この体がボロボロになろうとも、私は救済のための活動に尽力したい。それが私の使命なのだから。できれば、一人でも多くの人々に力を貸していただきたい。そう願っているのである。（同：五二）

一読するかぎりでは、悲壮な決意である。確認できる範囲で最後の『TZ』の記事を、麻原はこのように結んだ。目的と目標、そして期限とがここまで明確にセットされたのである。

初期麻原―オウムの世界観と「シャンバラ化」というユートピア観―

以上、一九八五～八八年の麻原による／関する雑誌掲載記事を中心に、その思想の形成と表出過程を見てきた。その世界観の主要な要素と骨格がほぼ出揃っているのが看取できよう。これらにて展開されたアビラケツノミコトの意味性、ヒヒイロカネ・ハルマゲドンの示すもの、そして以下で論じるシャンバラ思想の系譜については、すでに藤田庄市［藤田 二〇一一：二四―三二］が丁寧に論じている。ここではそれを踏まえつつ、先行研究から析出された七指標に沿って、その世界観を整理してみたい。

まず、一連の言説において、「日本」に特殊な意味が置かれているのは一目瞭然である。だが、概して日本の文化的優位性や伝統性が重視されているわけではない（①文化・伝統観）。単に舞台が日本だから、日本と世界を滅亡の淵から救う救世主・指導者である麻原が日本におり、オウムという集団が日本にあるからという、自己言及的・内部循環的な論理に基づいているのである。『竹内文書』などの超古代史的資源も、その伝統性に依拠するのではなく、超能力開発の正当性の論拠として動員されていた。そのなかで万世一系あるいはそれ以前にまで遡るとされる天皇・皇室は見向きもされず、出現する指導者は「今の天皇とは違う」とする（②天皇観）。戦前社会や大戦にもたいした意味は置かれず、「苦しい生活」により「功徳を積んだ」ので（⑤戦前・大戦観）、今までの豊かな生活があると、宗教的に解釈されるだけである（④経済的優位観）。物質文明の堕落性と崩壊の方向性は指摘されるものの、必ずしも終末観と直結しているわけではない。もっとも重要視されるのは、ハルマゲドン・核戦争の終末が確実に近づいており、日本も世界も滅亡の危機にあるなかで、それを回避するには、正しい宗教を広め、修行により新しい人類（解脱者・成就者・超能力者）を生み出す、残すことである（③対人類観）。よって、日本以外の人々も教えを広める対象として措定されている（⑥欧米・西洋観[10]）。

では、そうした麻原―オウムが目指す理想社会とはどのようなものだったのか（⑦ユートピア観）。それが、一九八八年中ごろから提起されていった「日本シャンバラ化計画」と「ロータス・ヴィレッジ構想」であると言ってよいだろう。「シャンバラ」というターム自体は、麻原―オウム登場以前の一九八〇年前半の『ムー』を主な舞台として、「実在としてのシャンバラ」（チベット）と「心の理想郷シャンバラ」を両極に、多様な現れをしていたオカルト・キーワードだった〔宮坂 二〇〇九〕。麻原のそれは、前者のチベットという場所性と後者の観念性をともに脱色しつつ、教団理念に沿った現実世界の変革を含むものであった。本章冒頭で示したように、日本にオウムの聖なる空間を広げ、その日本を世界救済の拠点とする「真理に基づいた社会」を実現するという、宗教的ユートピア建設の構想であった。それをより具現化しようとしたのが、「この人間世界に生をうけた者が、真理の流れに入り、真理の教えにのっとった小学校、中学校、高校、できたら大学まであって、真理の実践をしながら社会生活を送っていく」（ＭＡＨＡ-ＹＡＮＡ 一九八八／八：四七）、衣食住・修行・医療・教育等すべてが整ったオウムの村たる「ロータス・ヴィレッジ構想」であった。

以上で、初期麻原―オウムの世界観・国家観の基本枠組を確認できた。本節の意義は、それを主に『ムー』『TZ』などの一般雑誌記事から跡付けたということである。もちろん、それも悲惨な事件後の現在から遡っているためにできることだろう。また、多くの読者にとっては、笑い飛ばされたような内容だったのかもしれない。それでも、それらは隠されていたのではなかったのだ。麻原は連載を重ねるごとに、己の考えについての確信を強めていったのではないか。そして、それらの主張に率直に共鳴した人々もいた。そういう舞台として機能したのである。

この間もオウムは、宗教活動を活発化させていった。さまざまな書籍も刊行されていったが、いずれもここまでの基本形の変奏であるので、逐一検討はしない。そしていよいよ、凶悪事件を重ね、並行して政治進出を始める一九八九・九〇年をむかえる。

6-2　オウム真理教＝真理党の政治進出の経緯と動機

オウムの政治進出が社会に知られるようになったのは、衆院選の四ヶ月ほど前、一九八九年一〇月ごろのことだが、その前段として教団内における事情と話し合いとがあった。この間の様子については、裁判判決文や、元幹部らの回想などに頼るしかない(11)。

一九八九年三月一日、オウム真理教は宗教法人設立のために、宗教法人規則認証申請書を都知事宛に提出した。だが、なかなか認証がおりない。幹部の早川紀代秀などによれば、出家に反対する信者の家族らが、自民党の北川石松衆議院議員（大阪七区）を通じて、都に圧力をかけていたのだという（サンデー毎日 一九八九／一一／一九ほか）。結局は、オウム側が文化庁や都におしかけるなどして、八月二五日には認証された。その流れのなかで麻原は、政治力の必要性を感じていたとされる［野田 二〇一〇：二七］。なお、設立登記における教団の目

的は、

主神をシヴァ神として崇拝し、創始者麻原彰晃はじめ真にシヴァ神の意志を理解し実行する者の指導の下に、古代ヨーガ、原始仏教、大乗仏教を背景とした教義を広め、儀式行事を行い、信徒を教化育成し、すべての生き物を輪廻の苦しみから救済することを最終目標とし、その目標を達成するために必要な業務を行う

（麻原地裁判決文）

というものだった。同時期には、前述の「ロータス・ヴィレッジ構想」に基づく学校や病院設立も計画していたが、こちらも実現には行政の壁を感じていたようで、やはり政治力の必要性を感じたのだとしている［早川・川村 二〇〇五：一四六–一四七］。

こうしたなかなか法人認証がおりない苛立ちのなかで、政治力の必要性から政治進出という道が取られた、というのが、裁判判決を含むこれまでの大方の見方だった。

だが、早川によると動機はそれだけではなかったという。

……この時点でグル麻原はこの年（八九年）の参院選で野党が大勝したことから、翌年（九〇年）の衆院選は当選するチャンスであり、このチャンスを活かせば、九九年までに政権を取り、オウム真理教を国教にすることによって、三万人の成就者を出すことも可能と考えたことによるように思います。もしそれが可能となれば、ハルマゲドンを回避できるとの考えから、一か八かの賭けに出たのではないかと思います［同：一四七］。

こうした麻原に対し、早川が次回総選挙ではだめなのかと提案したところ、

……来年出ないのだったらもう出ない。長年かけて一人当選しても意味がない。来年に一人とおり、その次は十数名、その次の次は数十名がとおって九九年までには政権が取れるのでないと意味がない。そうでないとハルマゲドンに間に合わない〔同：一四八〕

と答えたという。このやり取りを前提とすると、真理党の政治進出とは、単なる麻原の野心や、政治力の必要性といった動機のみによるのではなく、年限が区切られた終末意識に基づく経綸上の階梯として措定されたものとして見えてくるのである。

出家者向けの『シッシャ新聞』四号（一九八九年八月）には、政治進出を決める議論と経緯が詳しく載っている。[12] 麻原と信徒らが、現在の教団と世俗、政治と宗教などをどう見ているのかをつかむための他に類のない資料であるので、やや長くなるが見ていく。

まず、「麻原尊師の政治参加の話が大師の間から持ち上がったのは、去る（一九八九年）七月二五日のことであった」（MAHAYANA一九八九／一一・一二：一四六）。夜を徹したという大師会議で、「尊師に政治的アプローチをしていただくこと」が決まったという（同）。

七月二七日早朝、麻原は道場に出家者（シッシャ）らを集め、話を始めた。

……今回の参議院選挙によって――参議院は、ね、要するに、保守ではなくて革新の方が議席を多く取ったと。そして今の様相だと、ね、衆議院選挙でも自民党が負ける可能性の方が高いと。…中略…いよいよ波乱含みの世の中が来たわけだ。

ここで考えなければならないことは、ね、オウム真理教は宗教団体一本で攻めていくのか、それとも政治的なアプローチをしていくのかということである。

大師会議の結果、ね、当然政治的アプローチが必要であると。なぜ必要なのかというと、自分たちの修行そのものを、ね、政治的に守らなきゃならないと。そして、それだけではなくて、オウムの構想しているロータス・ヴィレッジ構想は、地球そのものを、ね、ロータス・ヴィレッジとしてシャンバラ化していかなきゃならないわけだ。だとするならば、ね、やりたくない選挙に対しても、当然戦いを、ね、挑まなければならない（シッシャ新聞 一九八九／八：二二）。

写真２　説法をする麻原（1991年11月、山梨県上九一色村、藤田庄市氏提供）

麻原はこう既定の結論から切り出しながらも、オウム真理教は教団だから信徒らの意見は無視できないとし、これも「修行」だとして反対・賛成双方の意見を募る。「オウムの波動と現世の波動の差」「宗教的な活動に集中して救済を広めるべきでは」「現世にまみれてしまうと他の宗教団体と変わらない」「実数四千名の団体が、議席その他を獲得できるのか、時間が一一年しかないが政権が握れるかどうか疑問」「政権に近付いた場合、尊師の生命の危機がある」といった数々の反対意見が挙がる（部分要約、以下同）。オウム信者の自団体認識の一端が看取できる。

続いて、「尊師のご意向がすべて」「宗教的アプローチだけでは不十分ではないか。例えば文化、政治など様々な方面からのアプローチが必要だと思われるし、オウムはそれだけの可能性を持っている」「いくらロータス・ヴィレッジを作っても、外国の圧力にやられてしまったら元も子もないので、政治に打って出るのは必要」といった賛成意見が出た(同:三)。

第一回目の採決がとられ、結果は賛成一二〇・反対五四だった。

麻原の指示により、議論が再開された。「現実的に考えてみて、かなり厳しいものがあると思う」「オウムの教義とシステムがあれば救済はできると思う。政治はよごれているので、あえてその中に入っていく必要はない」と反対意見は少なくなる。他方、「オウムには政治的な後ろ盾がないために、宗教法人の件のように障害、妨害が起こっている。実際の能力以下の動きしかできない現状を打開していかなければならない」「宗教は嫌いだけど政治は良くしたいという層も引き込んで、救済を進める可能性がある」「欲六界にまみれることは、大乗の修行としてむしろ喜ぶべきである」「救済活動と政治がそんなにはっきりと切り離せるものか。政治的な力を付けなければ、救済活動そのものができないのではないか」「今後、オウムの刊行物の発禁や所持の禁止、布教の規制の時代が来るような気がする。そうなるとしたら、今しか時間はない」「救済のため賭けをする時期」「オウムは宗教の主催者と党首を一致させることにより、日本、あるいは世界を背負っていくような一つの勢力になるのではないか」と賛成意見が多くなっていった(同:三–四)。オウム信者の宗教―政治観の振幅がうかがわれる。

第二回目の採決結果は、賛成一四八・反対二八。

再度、麻原から議論の継続が指示される。「オウムの素晴らしい空間が道場に行かないと得られないというのでは、これは趣味の一端でしかない」「シャンバラ化計画が日本の一万分の一というような小さな空間では、魂の救済にならない」「この一〇年の間に政治で大きな力を持つためには、今をおいて出る時期はない」「本当に救済活動をやろうと思ったら、こちらの方から世俗にまみれていくしかない」「反対者は救済活動が宗教的な活動のみでは立ちいかない状況なのではないかという認識に欠けている」「社会との接点なしには救済できないのではないか」、賛成派の声が大きくなる（同：四－五）。賛成派の意見を集約してみれば、「純宗教的アプローチだけでは不十分」「宗教と政治の境界を越えるべき」「救済活動のなかに政治も包含される」「今しかチャンスはない」などとなろう。

これまでの議論を受けて、麻原は最後に自らの見解を述べる。

……私は政治と宗教というものは一体ではなかろうかと考えている。

……（教育・軍備などの問題を）じゃあ、これをね、純粋に宗教的な面だけで、ね、解決できるのかと。当然できないよね。

……もちろん、今の国会に私が出たとしても、あるいはオウム真理教のメンバーが出たとしても、初めのうちはそれほどの力にはならないだろう。

……仮に負けたとしても、ね、私達の要するに広報活動というものはすべてが真理に結び付くような広報活動だから、逆に教団としては大きくなっていくんじゃないかと……まず、この理由によって、私は今こそ選挙に打って出るべきであると。

そしてもう一つだ。それは何名かの大師も言ったように、時間がなさすぎると。例えば二〇〇三年に原爆が爆発するとして一四年しかないと。その間に総選挙は何回繰り返されるだろうかと（同：六－七）。

「転輪聖王《てんりんせいおう》」としての役割を果たしていきたい、と結ばれた麻原の話の後、第三回目の採決が取られ、賛成一七五・わからない一（後、賛成）となり、こうして「全員一致」で内部での政治進出が決まった、という。(13)

もっともこれは民主的手続きのように見えても、麻原の意向と大師会議で決定済であることを考えれば実質はトップダウンであり、信徒全体に決定責任を押し付けているようにも見える[14]。

しかし、ここで語られている麻原の考え、信徒らの議論を見れば、オウム真理教＝真理党の政治進出の動機を、教団PRのためだとか、一般的な意味での政治力を必要としたとか、教団内事件を隠すためだとか、単純に決めつけて軽視することはやはりできない。

八月一六日、真理党の政治団体設立届（政治資金規正法六条一項の規定による）が、自治大臣と東京都選挙管理委員会に提出された（組織年月日は同一〇日、写しにより確認）。代表者は松本智津夫、会計責任者は石井久子、事務所所在地は東京都杉並区宮前である。党則全文は、以下の通りシンプルである。

一（名称）本党は、真理党と称する。
二（目的）本党は真理に基づき、一人一人の絶対的幸福と世界平和の実現のために必要な政治活動を行なうことを目的とする。
三（事業）前条の目的を達成するために必要な諸活動を行う。
四（会員）党員は、真理を実践し、愛を持ち、一人一人の絶対的幸福と平和を願って活動している者とする。

同月二五日には、前述の通り宗教法人の認証がおりた。『サンデー毎日』一〇月一五日号では、全七回の連載「オウム真理教の狂気」が始まった。一〇月には「オウム真理教被害者の会」が設立された。そしてまもなく、一一月四日の坂本一家三人失踪（殺害）事件を起こした。もちろんすでに教団内部では、真島照之氏死亡事件（一九八八年九月）、田口修二氏殺害事件（一九八九年二月）などが起きている。教団をめぐる状況は、じわじわと動き始めている。その最中での政治進出決定と政治団体設立であった。麻原や幹部ら、そして一般信者らの胸中はどのようなものだったのだろうか。再び野田によると、メディア報道や批判を受け、

……私を含めた出家者の多くは、これらの世間の反応に対して、「これではとても選挙どころではない」と意気消沈したものです。これに対して麻原は、「マスコミは悪である、真理を守れ」と社会との対決姿勢を強めながら、出家者たちを鼓舞し続けました［野田二〇一〇：二八］

という。この時期、麻原は説法のなかで信者らを繰り返し叱咤激励している。そこには、政治進出の動機や内部向けの論理が確認できる。

……今回の選挙は私はマハーヤーナ、そして、ヴァジラヤーナの修行だと考えています。……中略……すべての魂の済度を考えるならば、例えば政治的に問題があれば、その政治を改善しなければならない。そうだね。そして、演説のとき当然非難をするような演説もやるだろう。これは口のカルマになると。それは理解できると。しかし、ここでたとえ罵倒してもみんなに真理を気付いていただかなければ、私がここに存在しているという意味がない。よって、これはマハー、ヴァジラの修行であると。

（一九八九年八月二〇日、富士山総本部道場での説法（シッシャ新聞一九八九／一〇：一八））

……（話し合いの上で）満場一致でオウム真理教はこれから選挙に出るんだという決定を下した。／であるならば、いかなる苦難があろうとも、その道を進まなければならない。そして、それが私達の考えているシャンバラ化計画というものを実現する、必要かつ十分な条件――必要十分条件だね――であるとする

ならば、どんな苦難があろうとも、この道を進まなければならない。

…中略…

……君達は、貴重な人生のとき、生きるということを、ね、今、この選挙運動、そして、救済活動に賭けているわけだよね。この救済活動に賭けていながら、いったい何を考えているんだと。四区は一三人の立候補者が出るそうだ。しかしだよ、三〇〇人近い人間が動いている選対などない、どこにも。これは私達の陣営だけだ。ところが、君達の心は五人で一人前、一〇人で一人前の本当に弱い心の働きをしていると。

…中略…

……普段これが自分だと思っている自分、それは単なるカルマによって形成されている自分にすぎないからなんだ。そして、それを破壊するための選挙運動であるし、それを破壊するための救済運動でなければならない。

（一九八九年一〇月二四日、富士山総本部道場での説法（同：六-七））


麻原の生々しい認識が伝わってくる。シャンバラ化計画というユートピアの顕現・促進のための政治進出であると同時に、選挙運動と救済活動とが連結されているのがわかる。さらに、選挙活動に「カルマ破壊」「マハーヤーナ」といった宗教的な意味づけがなされていることにも注意が必要だ。また、ここでの「ヴァジラヤーナ」とは、罵倒が「カルマ」を積むことになったとしても、真理を気付かせる必要があるという意味だが、これは数々の事件を下支えした「目的のためには手段を選ばない」という思考法と基本的には同型である。

以上、本節では、オウム真理教＝真理党の政治進出の動機と経緯を見てきた。単なる思いつきではなく、前節の基本的な世界観の延長線上にあったことが明らかになったはずだ。

6-3　真理党の選挙活動の全体像

本節では、オウム真理教＝真理党の選挙活動の具体相を追いながら、その選挙結果までを見ていく。

真理党の政治活動の展開

真理党について一般の活字メディアが報じたのは、管見の限りでは、『赤旗』一九八九年一〇月二六日付の「〝超能力〟の新興宗教「オウム真理教」衆院選四区 教祖を押し立て〝事前運動〟野菜安売りなど公選法違反の恐れ」が初報と思われる。同紙は一一月二日付にも続報を載せており、政治と宗教の問題に敏感な姿勢が反映されている。その後は、週刊誌などを中心に、他メディアも続いていった。

他方、教団資料では、前出『シッシャ新聞』を除くと、『真理月報』一九八九年一〇月一〇日の一面（全四面）が、「超新星、麻原彰晃氏出馬！〝転輪聖王〟登場で、東京四区激震 大荒れ、衆院選！」との見出しで報じている。[15]『MAHAYANA』二七（一九八九年一一月・一二月合併）号には、「輝け！転輪聖王の道―日本の政治を正すために―」というレポートがある（同：一四五–一五四）。また、一九九〇年一月二五日発行の同誌二七号増刊号は、さながら選挙特集となっている。他にも、ビラやパンフレット類がある。

これらの資料を照合して、真理党の具体的な活動展開を見ていきたい。

一九八九年七月三一日、麻原彰晃後援会事務所の設置、スローガン・ポスター等の企画、「アストラル・ワールド・コンサート」の開催などが決まった。その後、「シッシャの大幅な人事異動の告示」があり、多くの出家者が東京に向かった。[16]

八月七～一〇日、麻原は出家者用説法のなかで、教育問題・防衛問題などの基本政策を明らかにした。「国を守る」というテーマのもと、政治家は国民に対して「真の愛」を持たなければならないと説いた。

八月上旬には、麻原彰晃後援会が発足した。当時の衆院選は中選挙区制であり、麻原が出た東京四区とは、中野・杉並・渋谷を範囲とする。各区に複数の選挙対策事務所が設置された。同後援会員の特典として、「消費者共同体」「新しい医療を考える会」「各種無料相談」「レクリエーション」「月報二一世紀《みらい》へ」などが企画された。教団内では、イベント班、政策班、選挙カー班、製作班などの分担が行われた〔早川・川村二〇〇五：九六〕。

八月二七日には、「麻原彰晃アストラル・ワールド・コンサート」が久我山会館で開かれ、以降各所で続いた。ウルヴェーラ・カッサパ（鎌田伸一郎）率いるいわゆるオウム音楽（アストラル音楽）のコンサートだが、これも政治―救済活動の一環として据えられている。

九月下旬、選挙区内各地で、「無料健康相談会」が開かれた。中川智正ら教団内の医師らが活動する「治療センター」のスタッフが担当した。これは現代医学を批判する教団の「アストラル医学」に基づいたもので、「ロータス・ヴィレッジ構想」の中の「アストラル・ホスピタル」の第一歩とされた。

一〇月、「麻原彰晃の消費者共同体」が発足した。これはいわゆる生協にヒントを得たもののようで、年会費千円の会員制で、注文すると自宅に有機農法野菜などが「ガネーシャ帽子のお兄さん」によって配送される、というものだった。市価の三〜五割引で、自民党政治への対抗的意味から消費税は同共同体が負担するとしている。これについては、前掲の『赤旗』一〇月二六日付が、選挙区の人のみが対象で、同時に麻原後援会への入会を働きかけているとして問題視している。一方、教団側は、今後は東京全域・全国に広げていきたいとするとともに、「麻原が政治に出るので応援をという意味で、その実践力をみてもらうために活動している」とコメントしている（赤旗一九八九／一〇／二六）。もっとも、教団機関誌の選挙リポート（MAHAYANA一九八九／一一・一二）でも取り上げているので、政治活動・投票勧誘との認識はあったのだろう。

こうしたなかで同月、『サンデー毎日』による連載「オウム真理教の狂気」が始まった。その内容は、主に金銭問題・家族問題・出家問題・イニシエーションや修行内容・宗教法人としての妥当性などに関わるもので、政治活動や終末観にはあまり触れていないので、本章では詳しくは取り上げない。それに対しオウムは、抗議に押しかけ、後には提訴するなど、強硬な対応に出た。

一〇月三〇日、麻原は西荻窪・久我山・高円寺の駅頭で初の街頭演説を行った。

一一月四日、坂本一家失踪（殺害）事件。同事件への関与が疑われ、麻原らはボンへと外遊をし、前後してマスコミをにぎわせた。

帰国後の一九九〇年一月七日、中野文化センターで出馬表明式が行われた。メディアも複数かけつけた。その場で、候補者の（ホーリーネームでの）紹介と、消費税廃止・医療改革・教育改革・福祉推進・直接民主制の導入の五政策が発表された（東京新聞・東京版 一九九〇／一／八、スポーツニッポン・東京 一九九〇／一／八ほか）。候補者と政策については後述する。坂本事件については、「今日は事件についてはノーコメント」「オウム叩きの中だからこそ立候補する意義がある」などとした［江川 一九九五（一九九〇）］。

こうして、一月二四日の衆議院解散を経て、いよいよ選挙期間に突入した。

真理党の選挙活動と政策内容

真理党の突然の登場と、その数百人にも及ぶ信者による派手な選挙活動は、メディアの眼をひいた。主に週刊誌やスポーツ紙・夕刊紙などで、真理党の公約、候補属性、資金源などがさまざまなトーンで報じられている（ＳＰＡ！ 一九九〇／一／一七、週刊新潮 一九九〇／二／一八、週刊ポスト 一九九〇／三／二ほか）。麻原以外の二四人の候補者全員の顔写真とプロフィールを掲載したものもある（ＦＯＣＵＳ 一九九〇／二／二六）[17]。

真理党の候補者が二五人であるのには、実利的な理由がある。これによって、公職選挙法上の「確認団体」

（当時）と認められるのである。「確認団体」になると、①政談演説会の開催、②街頭政談演説会の開催、③政治活動用自動車の使用（六台）、④拡声器の使用、⑤ポスターの掲示、⑥立札・看板の類の掲示、⑦ビラの類の配布、⑧選挙に関する報道評論を掲載した機関紙等頒布または掲示、⑨連呼行為、⑩公共の建物における文書図画の頒布、などが可能になる［江川 一九九五（一九九〇）］。「広報活動」の力が、大幅にアップすると言ってよいだろう。

よって、「大型の選挙カーの使用を認めてもらうため、真理党を結成し、二四名の候補者を立てることにもなりましたが、ねらいはあくまでグル麻原の当選でした」［早川・川村 二〇〇五：九七］、「尊師一人が国会に出るだけで大きな力になる。当選を信じている（信徒の言葉）」［柿田 一九九〇］などとあるように、二五人は数合わせであって、実際はひたすら麻原中心の活動だった。東京四区以外では実質的な選挙活動はほぼなされなかった。[18]

教団PRのためならば、全選挙区をくまなく周って活動すればよい。やはり、東京四区の麻原のみは本気だった、と見るべきだろう。[19] 次のような報道もあった。

……（真理党は）東京の全選挙区で一八人、近県で七人の計二五人の候補を立て、確認団体となった。しかし、実際の選挙運動は、四区に集中している。「消費税廃止、医療・教育の改革、福祉の推進、国民投票制の導入」が政策だ。昨年から杉並を中心に大量のポスター、文書配布や駅頭でのユニークな宣伝で名前を売り込み、公示後も信者の人海戦術などが話題に。「理想郷を早期に実現するため、宗教的な救済と同時に政治の変革をめざしている」と話している。

（朝日・東京 一九九〇／二／一四）

このように、真理党の主張と目指すところは正確に報じられてもいたのである。[20]

次に、真理党の公約・政策を見ていく。真理党政策本部発行の『進化―私達の五大政策―』（約八〇頁の冊子、マニフェスト）を特に参照する（写真3）。

真理党の公約・政策の柱は、「消費税廃止」「医療改革」「教育改革」「福祉推進」の四つに「国民投票制度導入の構想」を加えたものである（写真4）。

「消費税廃止」については、「財源は行政改革による一一兆円」「政府が癒着をなくしさえすれば、消費税など必要ない」としている。無駄な補助金の削減、地方公共団体の民間委託の推進、地方公共団体の給与の適正化、地方・国の行政機構の簡素化、特殊法人の整理・統合、不公平税制の改革（宗教法人の収益事業に対する課税強化を含む）[21]、などを挙げている。一九八九年四月に消費税が導入され、この衆院選では大きな争点となっていたことを受けている。

「医療改革」については、「患者本位の医療と新しい医学の創造」とあり、具体的には予防医学の推進、不適正医療の根絶（薬・検査・入院漬けの批判）、末期医療の確立、新しい医学の国家的研究（東洋医学の導入・保険適用）を挙げる。無料健康相談会の開催や、附属医院の設立計画、西洋医学と東洋医学・ヨーガや瞑想を融合した「新しい医学」の確立を謳った教団の姿勢の反映と言える。

「教育改革」については、「明るい学校と知能教育の推進」「子供達の健やかな成長のために」とし、教師研修制度や青少年に有害なマスメディアの規制強化などを挙げる。

「福祉推進」については、「豊かで充実した長寿社会を目指して」「安らぎに満ちた毎日を」とし、高齢者雇用の推進と年金制度の改善を挙げる。

「国民投票制度導入の構想」については若干言葉を多くし、「今の政治は不満だらけ。国民投票制度を導入すれば、消費税強行採決のような事態も防げるし、汚職議員も私達の手で解職できる。金権・腐敗政治の温床を一掃できる」などとしている（「真理党衆院選 法定ビラ二号」による）。

写真３　真理党マニフェスト表紙

写真４　真理党法定ビラ２号ウラ

写真５　真理党法定ビラ１号オモテ

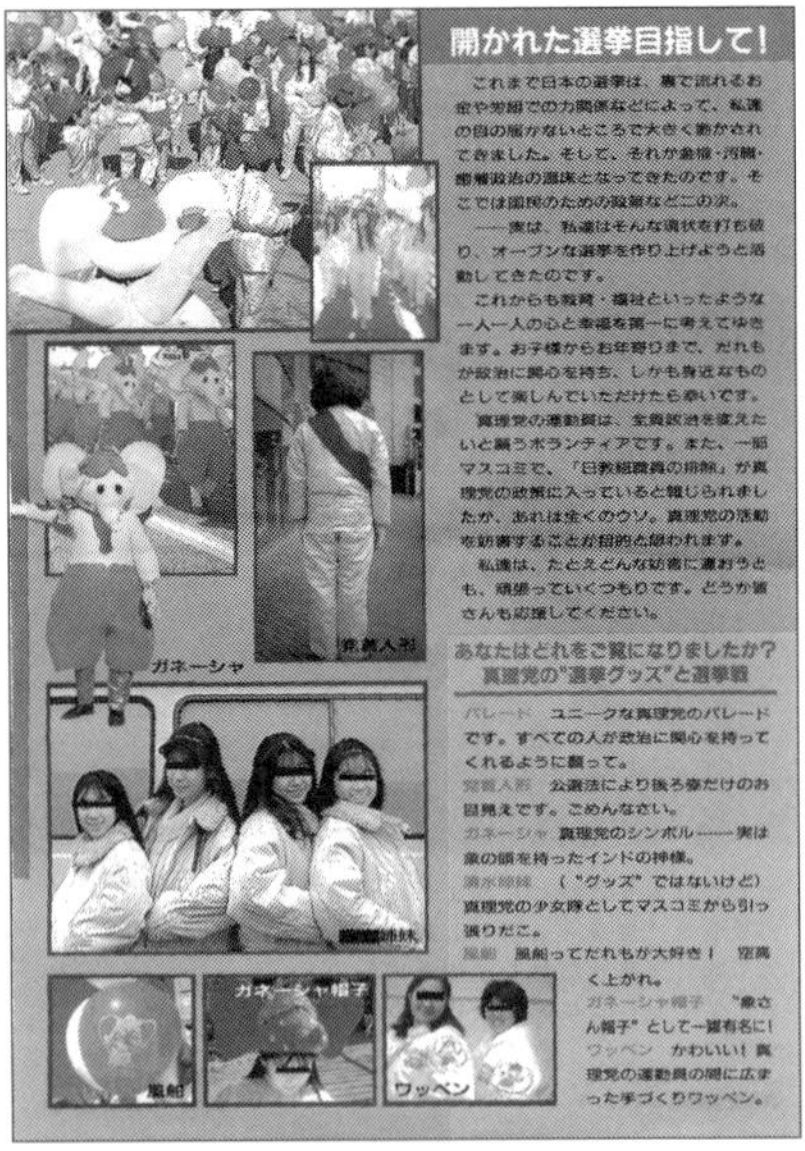

写真６　真理党法定ビラ１号ウラ

はたしてどれだけの人々がまともにこのマニフェストに目を通したかはわからないが、内容としてはデータ類も豊富で「意外にまとも」な体裁・内容と言ってよいかもしれない[22]。東洋医学導入の点には独自色があるが、全体的に宗教的語彙はなく、宗教的世界観に裏打ちされていると読むことは困難だ[23]。マニフェスト全体を通して、麻原が「宗教家」であることは「マルチ人間」の一側面としては紹介されているが、前面には出ていない。「オウム真理教」の文字は、ほぼ見受けられず、不自然なほどに伏せられている。

同党が掲げた運動方針について、諸報道に基づき、さらにいくつかを補足する。政治と宗教の関係については、結成当初から信者らに「文字通り政教一致の党をつくる」と明言していた（赤旗 一九八九／一一／二[24]）。一九九〇年一月七日の会見時の質疑応答でも、「政教分離の原則は宗教を強制することを阻止する憲法だと思っている。原則には反さない」と麻原が答えている（スポーツニッポン 一九九〇／一／八）。さらに、「国民投票制度導入」「直接民主制」政策とも関連し、「大統領制を考えたい」と述べている（夕刊フジ 一九八九／一二／一三）。

続いて、選挙活動で配られた「真理党衆院選 法定ビラ一号」を見る（写真5）。表面は、麻原の娘とガネーシャ（象の頭をしたインドの神[25]）人形のショットである。裏面には、以下のようにある（写真6）。

これまでの日本の選挙は、裏で流れるお金や労組などの力関係などによって、私達の目の届かないところで大きく動かされてきました。そして、それが金権・汚職・癒着政治の温床となってきたのです。そこでは国民のための政策など二の次。

——実は、私達はそんな現状を打ち破り、オープンな選挙を作り上げようと活動してきたのです。

これからも教育・福祉といったような一人一人の心と幸福を第一に考えてゆきます。お子様からお年寄りまで、だれもが政治に関心を持ち、しかも身近なものとして楽しんでいただけたら幸いです。

真理党の運動員は、全員政治を変えたいと願うボランティアです。また、一部マスコミで、「日教組職員の排除」が真理党の政策に入っていると報じられましたが、あれは全くのウソ。真理党の活動を妨害することが目的と思われます。

私達は、たとえどんな妨害に遭おうとも、頑張っていくつもりです。どうか皆さんも応援してください。

そして「選挙グッズ」として、パレード、党首人形、ガネーシャ、S姉妹（いわゆるオウムシスターズ）、風船、ガネーシャ帽子、ワッペンが紹介されている。具体的な政策の話はなく、政治の現状批判と自己の活動紹介のみである。

一方、「真理党衆院選 法定ビラ二号」は、「有言断行 真理党」「真理党にだったら私たちの未来を託せる――そんな確かな思いがする！」の文字と、やはり娘の写真が表面にある。「有言断行」は、選挙活動を通じての同党のスローガンである。裏面は、五大政策の紹介である（写真４）。

麻原の正式な選挙ポスターの現物は確認できていない。[26] 公示前のポスター[27]やパンフレット（全一六頁）を確認すると、「有言断行」「天命徳政」「一人一人の幸福と地球の平和を」の文字が並ぶ。麻原は白い法衣姿で、いつの写真なのか、ヒゲは無く、髪も肩につかない長さである。清潔感を出そうとしたものかもしれない。パンフレットでは、「徳の高い者がその徳によって人々の信頼を集め、すべての人々の幸福を願って行なう政（まつりごと）」などと説いている。

いずれの資料にも、「オウム」の文字はなく、[28] 宗教的背景があることをことさらに伝えようとはしていない。そもそもどういった団体であり、なぜこのような活動を展開し、何を目指しているのか、は初見者にはわからない。そして、麻原――オウムの世界観の重要な一角であるはずの終末観・ハルマゲドン・核戦争などについても、全くわからないのである。[29] 教団PR・広報活動のためにはネガティブなことは書かない方がよいと判断されたのか、それとも最後の可能性に賭けるに際しての期待感の表れなのか。

なお、この選挙活動で著しく有名になったのが、「麻原彰晃マーチ」（麻原の作詞・歌、ウルヴェーラ・カッサパ作曲）である〔藤野 二〇一二〕。「しょーこー しょーこー しょうこう しょうこう あーさーはーらーしょーこー（×2）」に続き、「中野のしょうこう 杉並のしょうこう 消費税廃止だ しょうこう しょうこう」と続く。さらに、「教育改革だ」「福祉推進だ」「日本のしょうこう 四区のしょうこう 新しい政治家だ」と、曲のなかに主張がシンプルに織り込まれている。この歌は、メディアによっても拡散された。

このようにして、オウム真理教＝真理党の熱狂的な（そして有名な）選挙運動が展開されていったのである。なお、投票日約一週間前の二月一〇日には、選挙戦のなかでは些末な一コマであったが、後の展開を考えると重い意味を持つ「事件」が起こり、一部で報道もあったことを記しておかなければならない。候補者の一人でもあった佐伯（後・岡崎、現・宮前、死刑囚）一明が教団の資金三億円を持って逃げたと、教団が警察に通報したのだ。だが、教団は同日中には勘違いだったと取り消し、沙汰やみになった（毎日 一九九〇／二／一九、赤旗 一九九〇／二／二〇ほか）。実は、この件は田口氏殺害・坂本一家殺害に関わった佐伯が、脱会しようとした際のトラブルだった。佐伯は、坂本弁護士子息の遺体遺棄現場の概要を警察に通報する一方で、麻原と交渉し口止め料八三〇万円を受け取っていたのだった（毎日 一九九七／六／二二）。通報を受けて、神奈川県警は佐伯と接触もし、長野県警とともに長野県大町市内を捜索したのだが見つからなかった（サンデー毎日 一九九〇／三／一一ほか）。もし、ここで判明していれば、本章の選挙以降の記述どころか、以降の一連の事件もまた存在しなかったはずだ。痛恨事である。

真理党の候補者データと選挙結果

二月一八日、投票が行われた。この回全体の動向としては、自民党当選者が二八六で、前回より一八議席減となった。安定過半数は確保したが、前年の参院選に続き厳しい結果となった。他方、公明・共産・民社は議席を減らしたが、社会党は八六から一三九へと伸ばし「ひとり勝ち」となった〔石川・山口二〇一〇：一六九〕。

そのようななかで、真理党は全員が落選し、惨憺たる結果であった。麻原を含む候補者二五人の属性とともに、結果を表2にて示す。

候補者二五人のうち、東京が一～一一の全選挙区に計一八人、神奈川に二人、埼玉に四人、千葉に一人が擁立されている。東京では、計七区に二人ずつ立てているが、特に大きな意味はないだろう。麻原が四区（渋谷・中野・杉並）から出たのは、かつて中野に住み、「オウム」を立ち上げたのが渋谷だったこと、同区は五人区であり、かつ社会的注目が大きく、商店街などで演説や選挙活動がやりやすいことなどが挙げられるようだ（報知・東京 一九九〇／一／八）。他の選挙区は、首都圏ということ以外に大きな理由はないと思われる。

候補者は、男性一七人・女性八人。出馬時の平均年齢は二九・六八歳と若い。麻原は三四歳、最年長は三八歳の満生、最年少は二五歳（被選挙権の下限）の松葉・新実・広瀬である。

学歴を見ると、大卒が一五人、短大・専門等卒が六人、高卒が四人である。京大大学院の遠藤、早大大学院の広瀬・上祐、阪大大学院の村井などをはじめ、学歴は比較的高いと言えよう。早大・早大大学院が四人いる。

候補者には、教団幹部が目立つ。後述する省庁制を取った際の大臣・長官・次官クラスであれば、一二人ほどが該当する。また、後の裁判での確定刑を見ると、死刑確定が麻原・新実・佐伯・広瀬・中川・遠藤の六人である。立候補時にはすでに田口事件・坂本事件を起こしていた。国政選挙に、すでに重大犯罪に関わっていた人物、後に死刑判決を受ける人物が、何人も出馬していたということになる。

他方、アレフにまで残った杉浦兄弟（後に離脱）は別として、後の事件でも教団の前面に出ることはなかった者も多い。また、早川紀代秀ら中心幹部であっても、候補者にならなかった者もいる。(30)

選挙結果を見ると、得票数がもっとも多かったのは東京四区の麻原で、一七八三票（得票率〇・三％）である。杉並区で一〇五五票、中野区で四七一票、渋谷区で二五六票（一票分は不明）だったという（夕刊フジ 一九

表2　真理党1990年衆院選候補者データと得票数

立候補名（通称）	選挙区	性	年齢	学歴 職歴	得票数（率）	順位／候補者数	教団内役職	備考
麻原彰晃（松本智津夫）	東京4	男	34	熊本県立盲学校専攻科 ――	1,783 (0.3)	13/17	教祖	死刑確定（松本・地下鉄他）
マハーマーヤ（松本知子）	東京1	女	31	木更津高校 ――	276 (0.1)	8/10	郵政省大臣	懲役6年（落田事件）
マルパ・ロサ（満生均史）	東京2	男	38	千葉工業大学 不動産業	58 (0.0)	11/11	建設省	国土法違反逮捕
スッカー（松葉裕子）	東京2	女	25	早稲田大学 ――	360 (0.1)	10/11	――	――
マハー・ケイマ（石井久子）	東京3	女	29	産業能率短大 日産火災海上保険	398 (0.1)	11/12	大蔵省大臣	懲役3年8月（犯人隠匿）
マイトレーヤ（上祐史浩）	東京5	男	27	早稲田大学大学院 宇宙開発事業団	310 (0.1)	8/8	外報部長	懲役3年（偽証等）
ウルヴェーラ・カッサパ（鎌田伸一郎）	東京6	男	30	東京音楽大学 ミュージシャン	71 (0.0)	12/12	究聖音楽院	――
バッダー・カピラーニ（松田ユカリ）	東京6	女	28	富山大学 小学校教師	202 (0.0)	10/12	――	――
カンカー・レーヴァタ（杉浦実）	東京7	男	28	早稲田大学 日立製作所	232 (0.0)	10/10	文部省次官	――
キサーゴータミー（山本まゆみ）	東京7	女	35	実践女子短大 生命保険会社	536 (0.1)	9/10	労働省大臣	懲役1年4月（越智事件）
マンジュシュリー・ミトラ（村井秀夫）	東京8	男	31	大阪大学大学院 神戸製鋼	72 (0.0)	9/9	科学技術省大臣	※95年刺殺（松本・地下鉄他）
マチク・ラプドンマ（宮本公恵）	東京8	女	29	福井県立足羽高 イラストレーター	99 (0.0)	8/9	――	――
ナローパ（名倉文彦）	東京9	男	28	芝浦工業大学 大和ハウス	188 (0.0)	8/9	――	――
ダルマヴァジリ（坪倉浩子）	東京9	女	26	京都教育大学付高 フリーアナウンサー	272 (0.1)	7/9	――	――
ミラレパ（新實智光）	東京10	男	25	愛知学院大学 マルサンアイKK	205 (0.0)	12/13	自治省大臣	死刑確定（坂本・地下鉄他）
マハー・カッサパ（岐部哲也）	東京10	男	34	阿佐ヶ谷美術専 デザイナー	139 (0.0)	13/13	防衛庁長官	懲役1年（建造物侵入）
サクラー（飯田エリ子）	東京11	女	28	文化女子大短大 日産火災海上保険	494 (0.1)	15/16	東信都庁長官	懲役6年6月（假谷事件）
マハー・アングリマーラ（佐伯一明）	東京11	男	29	小野田工業高校 日新製薬	217 (0.0)	16/16	※逃亡・脱会	死刑確定（田口・坂本事件）
アジタ（秋山伸二）	神奈川2	男	27	東京学芸大学 ――	487 (0.1)	11/11	――	――
ヴァジラティッサ（中川智正）	神奈川3	男	27	京都府立医科大 医師・大阪鉄道病院	1,445 (0.2)	7/7	法皇内庁長官	死刑確定（坂本・松本他）
シーハ（富田隆）	埼玉1	男	31	日本大学 ダンス教師	484 (0.1)	9/9	自治省	懲役17年（松本）
ヴァンギーサ（杉浦茂）	埼玉2	男	31	北海道大学 図書印刷勤務	553 (0.1)	8/8	文部省大臣	懲役1年6月（執行猶予3年）
プンナ・マンターニ・プッタ（大内利裕）	埼玉3	男	37	東京高等鍼灸学校 鍼灸師	303 (0.1)	7/7	――	懲役8年（田口事件）
サンジャヤ（広瀬健一）	埼玉5	男	25	早稲田大学大学院 ――	397 (0.1)	10/10	科学技術省次官	死刑確定（地下鉄）
ジーヴァカ（遠藤誠一）	千葉4	男	29	京都大学大学院 ――	508 (0.1)	11/11	厚生省大臣	死刑確定（松本・地下鉄他）
					計10,089票			

※［江川 1995（1990）］［塚田 2011e］、FOCUS 1990/1/26、朝日・東京 1990/2/20、ほかを参照し、筆者が作成
※得票率は、小数点以下第2位を四捨五入
※教団内役職は、1994年省庁制採用以降のもの

九〇／三／二三）。そうはいっても、東京四区の当選者は上から、粕谷茂（七万八一一四票・自民党）、石原伸晃（七万三九二九票・無所属）、高橋一郎（七万二一六五票・自民党）、外口玉子（六万九一三一票・無所属）、沖田正人（六万六三三七票・社会党）だったのだから、差は歴然である。真理党のなかでは、次が神奈川三区の中川で一四四五票（〇・二％）[31]。最低は、東京二区の満生で、わずか五八票だった。それ以外も大方は二〜三ケタの得票で、得票率は〇・〇〜〇・一％。一四人が各選挙区の最下位、七人が下から二位であった。全員が法定得票数に届かなかったため、ひとり二百万円の供託金・計五千万円が全て没収された。あれほど意気込んだ選挙の結果が、これであった。

6-4 選挙後のオウム真理教＝真理党

陰謀論的思考の抬頭とヴァジラヤーナ路線への転換

こうした圧倒的な惨敗という現実を、麻原とオウム真理教＝真理党はどう受け止めたのだろうか。これについては、雑誌メディア等がその姿勢の一部をきちんと伝えている。

……選管がインチキしたに違いありません。自民党、国家権力の圧力です。私自身、当選ラインにあると思っていました。六万票は獲れるはずだったのです。だいいち、選挙区内に信者が五〜六百人はいるし、後援者も千五百人いる。さらに〝励ます会〟が一万五千人。千数百票なんてことはありませんよ。選管が票を操作したに違いない。国家権力の妨害の証拠はいくつもあります。一つは、私のポスターが一日に一五〇枚も、選挙期間中、毎日破られたのに選管から連絡がない[32]。それに、朝日、読売、毎日、東京の各紙に、選挙広告を出そうとして、いずれも拒否されたという事実がある。理由を聞くと、〝紙面の都合〟というだけです（朝日は「オウムの手続きミス」といっている）。朝日新聞は反自民のような姿勢を取っていますが、結局、裏では国家権力とつながっているのです。繰り返しますが、電話アンケートでは、十数％の人が私を本当に支持してくれていたのです。（FOCUS 一九九〇／三／二）[33]

そんなはずはないという認知的不協和の状況を、陰謀論的思考を動員することで、責任転嫁をして解消しようとしている様子がわかる。

このように、麻原と教団は「六万三千票が消えた」とし、「何者かの手により不正が行われ、票が消えた」「何らかの黒い力が働いたにちがいない」「麻原彰晃尊師の社会的信用を完膚なきまでに失墜させ、オウムをつぶそうという企てなのである」などと主張するビラを選挙区に撒いたという（夕刊フジ 一九九〇／三／二三）[34]。

『MAHAYANA』二八号（一九九〇年三月）に挟み込まれたと思われる四頁の小冊子「衆院選についてのご報告」によれば、「何らかの不正が行なわれたに違いない」と考えた信者らは、渋谷区で得票数以上の投票者を捜そうとしたという。その結果、少なくとも三四二人の麻原への投票を確認できたとするが、証明書を書いてくれるのは百人程度だといい、うやむやになっている。そして、さまざまな「妨害」と感じられたできごとを挙げて、「オウムは真理の実践をし、すべての魂の救済のために活動しています。となると、オウムつぶしを狙う影の力は、当然そのオウムの活動を阻んで人類を破滅へと向かわせるものであると考えざるを得ません。その力は想像以上に大きく強い――これを私達は今回の選挙を通じて学んだとは言えないでしょうか?」と総括している（同）。

善である自分たちの行動がうまくいかない、それは悪の勢力の仕業だ。陰謀論的・善悪二元論的思考が、これを機に抬頭してきているのがわかる。

こうした思考展開は、元幹部の回想からも跡付けられる。野田成人によれば、麻原は投票以前から投開票作業の公正性を疑問視していたため、野田を含む数名に「麻原彰晃」ではなく「松本智津夫」名で投票させ、野田が「開票立会人」（各陣営から一人選出）として開票に立ち会った際に、その票があるかどうかを確認するように指示したという［野田 二〇一〇：二九］。しかし、票の山の中から、その数票を見つけられず、麻原の妻に見つけられなかったと報告した。それを受けた麻原の説法とは以下のようなものだったと言う。

……実は、わたしは二日前から瞑想に入り、そして、一体今回の投票というのは、すべては人のマインドで、心で決まるわけだから、どの程度の票が動くんだろうかと。神々とこれを対応しました。そしてその結果というものは、大体七万八千から八万七千ぐらいの票が動くだろうと。ところが、実際に発表された票というものは、千七百数票であると。これは麻原彰晃が、まず神通力がないからそういうデータが出たんだろうかと。あるいは、もっと作為的なものがあったんだろうか……。どうですか、皆さん。渋谷の票数は二四〇数票と。そして渋谷の立会人、ま、これはヴァジラティクシュナ（野田）が渋谷の立会人をやったわけだけども、その中に、実際に紛れ込んでいなければならないわたしの本名の票数がなかったのです［同：三〇］。

当選するはずという見込みと、惨敗という受け入れがたい現実の間の歪みが、見つからない数票という些細な事実を媒介に、陰謀論的思考によって浸されていく過程を看取できる(35)。

こうした説明は、その場しのぎのものに留まらなかった。確実に、麻原とその教団の路線方針に転換をもたらしていった。幹部らへの麻原の言を重ね合わせてみよう。

……選挙というマハーヤーナ（大衆）的な活動では、もう世の中は救われない［野田 二〇一〇：三二］。

……麻原は、はじめは選管の票のすり替えによる結果だといい、やがて選挙に出たこと自体、救済が大乗でまっとうできるかどうかをみる実験だったと説明しました［林 一九九八：一〇四］。

……選挙で大敗したグル麻原は、もうこの国は汚れきっており、通常のマハーヤーナ的な方法（合法的な方法）で救済することは無理であり、一気に大量ポアすることによってしか救済されないと考えたようでした［早川・川村 二〇〇五：一六六］。

衆生救済的で穏健な「マハーヤーナの修行」という道は潰えた。他方、「ヴァジラヤーナ」路線とは、選挙時には「あえて悪口を言ってでも、目的を遂行する」という意味だったが、ここでの射程はもう異なってきている。麻原は三月にはボツリヌス菌の大量生成を指示するとともに、石垣島セミナーへと出発した。終末観を煽りながら、信徒により強く出家と財産供出を求めた。そして本章冒頭で挙げた、一九九〇年四月ごろの、「これからはヴァジラヤーナでいく。現代人は生きながらにして悪業を積むから、全世界にボツリヌス菌をまいてポアする」という明確な武装化路線につながっていったのである。以降、政治進出・選挙出馬という道は二度と選ばれることはなかった。麻原彰晃とオウム真理教＝真理党の政治進出は、終わったのである。(36)

一九九五年に向かって──擬似国家「真理国」計画と「国家」との戦い──

ここまでで、選挙終了直後の一九九〇年三・四月ごろまでを詳しく見てきた。オウムの展開全体からすれば、ようやくその歩みの半分である。もっとも、本章の目的はオウムの展開全体を描き、「なぜ地下鉄サリン事件にまで至ったか」を解明することではない。当該運動の国家・社会意識の基本枠組を捉え、その形成と展開を追い、それと政治進出との関連を考察するという目的からすれば、そのだいたいはすでになされたと言える。以降は、その後の展開のなかから特筆すべきと思われる事項のみ言及する。

選挙以後〜地下鉄サリン事件までの、オウムの方向性を強引に整理すれば、武装化路線の進展、終末論のいっそうの強調、陰謀論・反国家性の肥大化、暴力化などとなるだろう。[37]

武装化路線については、一九九〇年三月のボツリヌス菌毒の研究開始、同年一〇月からのホスゲンガス生産計画（中止）、一九九二年一二月からのプラズマ・レーザー兵器の開発（中止）、一九九三年のロシアでの武器調査、一九九三年六月のサリン製造研究の開始、同年六・七月の炭疽菌噴霧（失敗）、同年九月のオーストラリアでのウラン調査、一九九四年二月の自動小銃密造の指示、などと続いた［藤田 二〇一二］。そして松本・地下鉄の両サリン事件に至るわけである。その進展のなかで麻原は、

……オウム真理教を母体として、あるいはバックに軍事的なものがついたとき、そのときいよいよ予言が成就に向かうであろう。

（一九九一年一〇月二七日、杉並道場）

などと、軍事力の必要性、それを持つことの必然性を唱えた機会もあった。

終末観の強調については、書籍内容の変遷に端的に表れており［塚田 二〇一一c］、陰謀論については、一九九四年八月創刊の雑誌『ヴァジラヤーナ・サッチャ』のなかで縦横無尽に展開されていくのが確認できる。

暴力化・反国家性の肥大化という点では、一九九三・九四年あたりから内外にその牙が向けられるようになっていく。一九九三年六月の信者の越智直紀氏死亡事件の隠蔽、一九九四年一月の元信者の落田耕太郎氏リンチ殺害事件、同年五月の滝本太郎弁護士サリン殺人未遂事件、六月の松本サリン事件、七月の信者の冨田俊男氏リンチ殺害事件、九月の江川紹子氏ホスゲンガス襲撃事件、一二月から一九九五年一月にかけての濱口忠

仁氏VXガス殺害事件ならびに永岡弘行氏らへのVXガス襲撃事件、仮谷清志氏拉致監禁致死事件、そして地下鉄サリン事件という「国家との戦争」へとつながっていく。

その中で麻原は、日本の現状を批判しつつも、日本の中心性や使命感は一貫して持ち続けている。

……文明の発展にはこの非双極磁場が、どれくらい強いかということが一つのポイントになるんではないかとわたしは考えている。この磁場が完全に日本を真中心にするのは、これから四三年後である。そしてこの日本を中心としてアジア大陸等に大きな影響を与えることとなっている。

つまり、これから未来は日本を中心として、新しい文明の発展発達が約束されているとわたしは考えているのである。

（一九九二年一二月二五日、松本支部）

……この日本の果たさなければならない役割というものは、非常に大きい。……人間が完全に金星の法によって、欲望のケダモノと化し、そして三悪趣へ落ちる。その魂に対してストップをかけ、そして高い世界へと至らせる――つまり、太陽の法に従わせるために、この日本は存在しているからである。

（一九九三年三月二七日、京都支部）

だが、その「日本」とは、あくまで麻原―オウムによって鋳直された、麻原―オウムを中心としたものなのである。こうした麻原自身とオウムという教団の自己中心性と、現状批判の姿勢は、特に一九九四年に入り新たな動きを生んだ。

一九九四年二月二二日から数日間、麻原は幹部や出家信者約八〇名と中国に行き、朱元璋ゆかりの地をめぐるなどした。その中で麻原は、「一九九七年、私は日本の王になる。二〇〇三年までに世界の大部分はオウム真理教の勢力になる。真理に仇なす者はできるだけ早く殺さなければならない」などと述べたとされる（麻原地裁判決文）。

同年六月、教団内で「省庁制」が採用された。これは、「麻原が各国の政治機構を模倣して作り上げたシステム。麻原を頂点にして各省庁に大臣、次官を置いて上意下達のシステムをはっきりさせた」（一九九六年九月一九日東京地裁における林郁夫証言）ものだという（毎日・東京 一九九六／九／二〇）。「神聖法皇《ほうこう》」である麻原をトップに、法皇内庁、法皇官房、新信徒庁、諜報省、自治省、防衛庁、建設省、科学技術省、東信徒庁、西信徒庁、究聖音楽院、文部省、車両省、法務省、治療省、厚生省、大蔵省、流通監視省、郵政省、商務省、外報部、労働省、といったものも設けられた[38]。

同年七月ころまでには、「祭政一致の専制国家樹立の際の憲法に当たる」（公安調査庁）という「真理国基本律草案」が教団内部で作成されたとされる。捜査資料は未見だが報道類を参照すると〔産経新聞社編 一九九五：二三〕、同草案は前文と第一～五章の全二〇条から成り、以下のような内容を含む[39]。

前文　真理暦一年　月　日、神聖法皇は（富士神都）にて真理国の建国を宣言された。すべての真理国国民にたいし、真理国建国の聖なる目的とその手続を明らかにするため、ここに真理国基本律二〇条を公布する。

第一章　神聖法皇

第一条　神聖法皇は、（シヴァ大神の化身であり、）大宇宙の聖法の具現者であって、何人といえども、その権威を侵してはならない。

第二条　神聖法皇は、大宇宙の聖法に則り、すべての魂の救済を目的として、真理国を統治する。

…中略…

第二章　国民の権利義務

第九条　すべての真理国国民は、大宇宙の聖法に則った真理国の救済活動への参加を通じて、自らの魂の向上をはかる恩恵を享受することができる。

また、教団は、「太陽寂静国刑律草案」[40]（刑法）や、各種の法律も制定しようとしていたという。他にも、「真理国の樹立と法皇の即位により、天皇は当然廃位され、葛城等の氏を与えて民籍に就かせる」とし、「神聖法皇」である絶対者・麻原が、「僧籍人」（信者）とその下の「民籍人」（それ以外）を統治する「祭政一致の独裁国家」を構想していたとされる（毎日・東京・夕一九九六／一／一八、朝日・東京一九九六／一／一九ほか）。

これらを「国家ごっこ」などと揶揄することは簡単だが、端的に言えば、現状の国家を否定し超克した、祭政一致の宗教的国家を構想していたということである。もちろん公安調査庁がオウムへの破防法適用を請求するための書類内容であるので、その性質には注意しなければならない[41]。また、実際に「建国」が宣言され、「基本律」が発布・施行されるまでには至らなかったようだから、その点は差し引かなければならない。

しかし、それでもこれらの構想・妄想は決して唐突なものとは言えない。初期麻原―オウム以来展開・蓄積されてきた世界観・国家観の延長線上に出てきたものなのである。

一九九五年。年頭のラジオ放送で麻原は、

……地球の大規模な破壊が起きたとしても、少なくともオウム真理教にはすべての叡智が温存されるという状態を考えているのである。

（エウアンゲリオン・テス・バシレイアス一九九五年一月一日放送）

と述べた。そして、日米戦争、核戦争がこれから起きたとしても、……オウム真理教ではこれらの戦いの後、たとえアジアの、日本を含めてアジア文明＝精神文明が滅ぼされた後にも、その精神文明を残し、そして発展させ、早くそれを回復させ新たな息吹をこの日本に、そしてアジアに残したいと考えている［麻原 一九九五b：二六二］

のだとした。善と悪との戦い、国家との戦争が「必ず起きる」という予言が、「自ら起こす」に転換したのかはわからない。麻原とオウムが打った手は、強制捜査が差し迫るその目前に、信者ら五人をサリンとともに朝の地下鉄に送り込むことだった。

逮捕後、破防法適用の請求に関する弁明において、麻原はこう言った。

代理人：九〇年二月、衆院選に立候補したときの目的は。何を実現しようとしたか。
麻原：教団は三つの目的があり、一般の方には五つのスローガン、公約があった。三つは真理学園、病院、火葬場の建設。公約は信徒は貧しい人が多いので、消費税の廃止、医療、教育改革、福祉推進、国民投票による直接民主主義の導入。
代理人：祭政一致の政治体制を目指したことは。
麻原：ない。
…中略…
代理人：選挙結果が出た後、政治的関心は。
麻原：完全に放棄しております。
…中略…

代理人：「シャンバラ化」という言葉が出てくるが、その説明を。
麻原：「シャンバラ計画」とはすべての日本人が、ということではない。いろいろな方がたくさん瞑想していただくことによって、その世界と通じることが主眼で、具体的世界とは関係ない。
代理人：「シャンバラ」とは幻の国、賢人たちが住む世界という宗教概念か。
麻原：私にとっては真実だが、宗教的概念でいい。
代理人：シャンバラ化計画とは、瞑想する場所をたくさんつくりたいということでいいか。
麻原：そうだ。（朝日・東京 一九九六／五／一六）

また、省庁制や国名については、「温泉町などで「何とか国」というのがあり、マスコミにも楽しく報道されていた。修行は楽しくなければならないので、サマナ（出家信者）や信者たちに面白みを持たせるのが目的だった」などと述べている（読売・東京 一九九六／五／一六）。本章の記述を振り返れば、この麻原の主張をそのまま文字通り受け取る者はいないだろう。

6-5 オウム真理教＝真理党の政治進出とは何だったのか

以上、本章では、オウム真理教＝真理党の展開と政治進出の過程を追ってきた。

第一節では、一九八五～八八年ごろの雑誌記事を中心に、麻原とオウムの世界観・国家観の形成・表出過程と基本枠組を捉えた。麻原は日本と世界の終末が近づいていると考え、そのためには「正しい宗教」を自分が広め、修行により解脱・成就し超能力をそなえた「新人類」を生み出さなければならないとする使命感を持っていった。そうすれば終末は回避できると考えた。日本とその先の世界を「シャンバラ化」していくというユートピア観が醸成されていった。その限りにおいて、日本ならびに日本人は、特別な意味を有していた。

第二節では、政治団体・真理党の設立ならびに選挙出馬の動機と経緯を追った。政治力の必要性、教団ＰＲといった利害関心も確かにあったが、根幹にあったのは、「ハルマゲドン」に間に合わせるための「最後の賭け」という意識であり、宗教的理想と徳によって政治も行われるべきとする政教一致の理念であった。それは「マハーヤーナ」の修行という人びとに広く訴えかける方途であり、「シャンバラ化」への道程として構想されていた。

第三節では、真理党の政治進出・選挙活動の全体像を追った。選挙戦は、教団の全精力を注いだような運動目標となり、宗教活動と政治活動の境界はあいまいだった。活動自体は、結果的に教団の知名度を押し上げたが、教団側は麻原の当選を本気で狙った。政策レベルでは、宗教色をそれほど出さず、現行体制への批判姿勢を強く打ち出した。結果は全くの惨敗であった。

第四節では、選挙結果の受け止めと、その後の展開を追った。選挙結果を麻原は、「国家権力の妨害」と考え、自分たちをつぶそうとしている力が動いていると認識した。それはすなわち、救済計画を妨げ、人類を破滅へと向かわせるものと映った。その結果、「マハーヤーナ」路線は放棄され、「ヴァジラヤーナ」路線に向かうこととなり、生物兵器の開発に始まる武装化が着々と進められることとなった。日本とは、使命を持った麻原がおりオウムがあるがゆえに特別な意味を持つのであって、そのためには現行体制としての「日本」は改められるべき対象となる。それは国家との対決姿勢となった。一九九四年以降、「日本の王になる」と宣言し、省庁制採用による擬似国家を立ち上げ、「基本律」まで構想していたオウムは、麻原—オウム—国家の一体性をもって、既存の国家＝日本に置き換わろうとしたのであった。

オウム真理教＝真理党の政治進出と惨敗とはいったい何だったのか。オカルト文化によって固められ独善的に構築されていった国家・社会観は、とても既存勢力との連携や既存の政党政治の枠に収まるべくもない

「H異端」性を強く持つものであった。「シャンバラ化」というユートピア観は、単なる観念上のものではなく、学校・病院などの具体的イメージをそなえ、特殊な宗教的理念と実践を基盤としていたものであり、これも現行体制の枠内での実現化は難しく、出家という参画形態も相まって軋轢や挫折をむかえた。また、「一九九九年、ハルマゲドン」という宗教的世界観上の終末観に明確な年限区切りがあった点も、他を寄せつけない切迫感・焦燥感に塗れた独自の「政治進出」を生んだ要因であろう。さらにそれは、惨敗による大幅な路線転換という選択も取らしめたのである。初期に形成・構築されたその宗教的世界観・国家観・ユートピア観・終末観の持つラディカリズムの規定力は、重い意味を持った。

彼らは、本気だった。そして、当初からそのシグナルを発し続けていた。社会はそれをほとんど見過ごしてしまっていた。PR活動、泡沫候補に見えたその政治進出。宗教団体が政治に進出する、という事態には、もしかしたらそのような背景と意味があるのかもしれない。彼らの世界観、国家意識とユートピア観の性質を注視し、分析すること。麻原彰晃とオウム真理教＝真理党の顚末は、そういった教訓を与えてくれる。

第6章　註

(1) このパンフレットに刊行年月日の記載はないが、八八年六月の麻原彰晃の説法が掲載されている一方で、同年一一月に開設された東京総本部道場の記載がないことから、同年後半の作成と考えられる。

(2) 二〇〇四年二月二七日の東京地裁・麻原判決などでも、一九八四年ころに「オウム神仙の会」を設立したとされているが、筆者自身はたして当初からそのように名乗っていたのか未だに確証が持てない。雑誌初登場の『ムー』一九八五年一〇月号には、連絡先は「オウムの会」と記載されている。一九八六年に改称したとの記述もある［早川・川村二〇〇五：三二三、高山二〇〇六：一一四］。『MAHA-YANA』一六号（一九八八年一一月）には、「オウム真理教の前身である「オウム神仙の会」ができたのも、この頃」（一九八五〜八六年の年末年始のセミナー）とある。よって、本章では「オウムの会」と記載しておく。

（3）例えば、オウムを「擁護」した宗教学者である島田裕巳［塚田 二〇一一d］が、オウム問題に「一応の決着」をつけようとした大部の書［島田 二〇〇一］を見ても、わずか五頁において、経過として触れられているに過ぎない。そこでは、「出馬は、田口修二や坂本堤弁護士一家の殺害と関係しているのでは」「深い考えのないまま出馬を決めてしまったように見える」［同：一八一―一八三］などと推測が重ねられており、参考にならない。

（4）教団資料の多くは、公益財団法人国際宗教研究所 宗教情報リサーチセンターが収集し、同センター編の『情報時代のオウム真理教』［宗教情報リサーチセンター編 二〇一一］執筆時に用いられたものに多くを拠っていることをことわっておきたい。井上順孝・同センター長には、記して感謝申し上げたい。

（5）麻原の来歴については、［高山 二〇〇六］［宗教情報リサーチセンター編 二〇一一］などを参照。

（6）これらに続く雑誌報道が、一九八九年一〇月一五日号から七週にわたってオウムのトラブルを報じた『サンデー毎日』の連載「オウム真理教の狂気」になると思われる。

（7）なお、後に一九九五年の書籍で麻原は、「わたしは純粋な国粋主義者の一面を有している。それはわたしが修行しているとき、これはいつかの雑誌や出版物にも載せたが、聖徳太子が侍者を引き連れ現れ、そしてわたしに「日本をお願いしますよ」というメッセージを残している。／そしてまたあるときは、アビラケツノミコトという古神道的な、そしてヒンドゥーイズムの名前を授けられたものである。／わたしは日本の古来の文化が好きである。もちろんその文化の中に欠点もたくさん内在しているが、その中で仏教と共通する部分というのはたくさん存在するのである。例えば例をあげるならば、徳の高い年長者を敬うとかがその例である。…中略…また、他人のために命を犠牲にする精神とか、あるいは父母のために生きるとかがそうである。…中略…この欲深き日本、欲望多き日本にとっては、その欲望多き日本を支えるだけの大きな出家教団が逆に必要なのである」［麻原 一九九五b：二四一―二四二］と述べている。麻原の宗教的原体験と日本観の根幹にこの「アビラケツノミコト」体験があるのがわかる。

（8）ここで入手された「ヒヒイロカネ」は、読者プレゼントとして、抽選の上、三百円分の切手と引き換えに送られたようである。読者にとってこれはかなり魅力的だったようで、これをきっかけにオウムにアクセスした者も目立つ。いわば初期オウムの呼び水の一つだったのだ。その後も特定コースに入会するともらえた。

（9）なお、教団月刊誌『MAHA-YANA』で「新連載 奥儀！大宇宙占星学」が始まったのは、一九八八年三月の第八号である。『TZ』の記事内容が、教団活動よりも先んじていたことがわかる。

(10) もっとも、後にはユダヤ・フリーメーソン陰謀論が取り入れられ、「教団がアメリカ軍によって攻撃されている」などといった妄想の肥大化へとつながっていった［辻二〇一二］。
(11) 本章第二〜四節は、拙稿［塚田二〇一一e］に大幅な加筆・修整を加えたものである。
(12) 既存の研究・エッセイのほとんどはこの資料を参照しておらず、政治進出の具体的な経緯と意味を読み違えてきている。自らの資料・調査不足と、当該対象に占める重要性の低さとを混同してはならないだろう。
(13) 早川は、「こうしたプロセスを踏んで物事が決定されたのは、私が知る限り後にも先にもこの時だけでしたが、それだけグル麻原も、サマナの意思を無視してはできない大きな選択であったということができます」と回想している［早川・川村二〇〇五：九六］。
(14) 坂本一家殺害事件・松本サリン事件などに関わり、二〇一一年に死刑判決が確定した中川智正は、一九八九年九月一日に出家したとの記録があるが（シッシャ新聞 一九八九／九：二〇）、この政治進出決定の話し合いについては、出家後に録音されたものを聴いて知ったという（二〇一一年、判決確定前の東京拘置所における筆者の聞き取りによる、以下同じ）。政治進出決定の場にもいなかった彼は、（二ヵ月後には坂本事件を犯し）約半年後には神奈川三区から出馬した。
(15) ただし、同紙がどの程度刊行され、配られていたかは定かではない。
(16) 註34で後述するが、住民票の大量移動が行われ、杉並区の同一地番に二〇二人が転入扱いとなっていた。
(17) なお、「候補者を決めるにあたって、シッシャの間で人気度調査が行われている。男性は女性の、女性は男性の信者の中で誰を好ましく思うかを書いて投票。そのアンケートで高位の人物を中心に候補者が選ばれたという」との報道（週刊文春 一九九〇／三／一）もある。
(18) 神奈川三区から出馬した中川智正は、「自分の選挙区に行ったのは一回か二回くらいだった」という（筆者の聞き取りによる）。
(19) 同選挙は、全体的にユニークな小政党や候補者が多かったとされる。東京四区では、石原伸晃が初出馬ということもあり、「石原軍団vs.教祖」などとワイドショーの恰好のネタにもなった。また、細木数子の実弟の細木久慶もスポーツ平和党から同区に立候補しており、党首のアントニオ猪木参議院議員が応援演説に駆けつけるなどしていた（東京スポーツ 一九九〇／二／一ほか）。
(20) なお、末端信徒による選挙戦の過酷な様子は、［加納二〇〇〇：二一六-二一八］に一例を見ることができる。
(21) 「宗教法人オウム真理教の教祖でもある麻原彰晃党首も、これを当然の改正であると考えています」（『進化』：一八）。
(22) なお、後に麻原は「わたしのポリシーは、政治的には社会党の考えに近い。それは八九年の選挙公約を見てもわかるはずである。消費税反対、福祉充実、教育改革等がそれである。そして、去年村山氏が首相になったとき、わたしは、これから日本は少し変わるかなという期待を持った」と自らの政治的位置について述べている［麻原 一九九五b：二四七］。

(23)麻原以外の候補者の公約については、［産経新聞社編 一九九五］に都内から立候補した一七人の選挙公報の一部が掲載されている［塚田 二〇一一e］。一部には宗教的語彙も含まれるものの、大方は一般的な意気込みといった内容である。

(24)また同紙では、真理党は「反共主義」だとも報じられている。

(25)ガネーシャが同党のシンボルとなったのは、ガネーシャがシヴァ神の子であり、「〝シヴァ神の息子〟を自認されてきた尊師の、「ガネーシャと同一体としてのイメージを強化したい」とのご意向があったから」（ＭＡＨＡＹＡＮＡ 一九八九／一一・一二：一五〇）だという。

(26)ウェブで「麻原」「選挙」「ポスター」を検索すれば、それらしき画像を確認することは現在でもできる。

(27)『ＭＡＨＡＹＡＮＡ』一九八九年一一月・一二月合併号の選挙リポートに、その写真がある（同：一四七）。

(28)パンフレットでは、麻原のプロフィール文中にのみ記載がある。

(29)『ＭＡＨＡＹＡＮＡ』二七号増刊号には、「麻原彰晃師の予言では、今年一九九〇年は「日米経済戦争の本格化」の年に当たる」「この尊師の予言がもし成就するならば、その後の予言である「九三年の日本再軍備、九九年の世界大戦開始」といった恐るべき予言もいよいよ現実味を帯びてくる」と、一連の予言が触れられている（同：一二八）。だが、ここでも終末や核戦争には言及しておらず、切迫感はあまり表れていない。

(30)早川は、当初は候補リストに入っていたようだ［早川・川村 二〇〇五：一六三］。

(31)特に選挙区で活動をしなかった中川がなぜこれだけ得票できたのかは不明だが、中川自身は、「他の候補は政見放送のときも教団で用意した原稿をただ読み上げただけだったが、自分は少々アレンジして自分の言葉に変えたのがよかったのかもしれない。選挙後、麻原に「なぜそれだけ得票できたのか」と聞かれたが、麻原の得票を自分が超えなくてよかった。また、そのように自分と麻原の得票数があまり変わらなかったことが、麻原が票を操作されたと考える根拠の一つになったようにも思う」と回顧している（筆者聞き取りによる）。

(32)もっとも元信者の言によれば、教団側も大師クラスから指示があり、深夜のビラまきや、石原伸晃らのポスターを汚すなどしていたという［江川 一九九一a：二〇八］。また、戸別訪問を「布教活動だといえ」との指示も出ていたようで、深夜の活動は「時間外に活動しているのは宗教活動で、政治活動ではない」（青山吉伸弁護士）としていた（ＦＯＣＵＳ 一九九〇／三／二）。

(33)この点に関して、近年のオウム論の一つである大田俊寛の『オウム真理教の精神史』(春秋社、二〇一一年)では、「惨敗という選挙結果に対して麻原は、対外的には真摯に敗北を認める態度を示したが、教団の内部に対しては、……「陰謀論」を吹聴した」などと書かれている。ここであげた資料により、これが事実に反したストーリーであることがわかる。
(34)なお、三月八日には、選挙区内・杉並区の二四〇㎡ほどの同一地番に二〇二人が転入扱いになっていたのは虚偽であるなどとして、東京・横浜の弁護士八二人が公職選挙法違反等で幹部らを警視庁に告発している(朝日・東京 一九九〇/三/九ほか)。
(35)なお、そこでは、上祐のみが「自分独自の電話調査では、麻原に投票すると言った有権者は、百名中誰もいなかった」と反論し、場が凍りついたという[同:三二]。
(36)だが、書類上では現在に至るまで、真理党の解散届の提出は確認されていない。
(37)もっとも、一九九一~九二年に特に集中した数々のメディア出演や各大学文化祭での講演会などを見ると、この五年間を単純に「現世拒否」「内閉化」などと括ることも難しい。むしろ、政治進出とマハーヤーナ路線が頓挫した後にこそ、社会がより注目し始めたことの意味は大きい。
(38)なお、宗教的職階としては、麻原の下に、麻原三女、村井、上祐、松本知子、石井の五人の「正大師」がいた。その下に、正悟師、師長・大師、師、スワミ、サマナなどがいた。
(39)公安調査庁の提出資料によれば、「基本律」には「真理国基本律第一次草案」と「太陽寂静国基本律第一次草案」の二案があるという(朝日・東京 一九九六/一/一九ほか)。大きな違いはないようだが、ここで引用するのは、「太陽寂静国」の記載がないことから前者に相当すると考えられる。
(40)「大宇宙の聖法に則った行為、あるいは神聖法皇の教勅または律令に従った行為は、これを罪としない」とされる。また、刑のなかの「転生刑」とは、「罪人を縊首」するものだとする(読売・東京・夕 一九九六/一/一八)。
(41)他方で麻原側は、破防法適用の請求に関する弁明(一九九六年五月一五日、第三回弁明期日)のなかで、「専制主義体制の樹立という政治目的は一度も持ったことがない」「秩序の破壊の説法などは宗教的な意味」「基本律について青山と話し合ったことはない」「神聖法皇と呼ばれたことはない」「省庁制になって権力が削ぎ落とされた」「私の体調が悪かった」「公安調査庁は本当の仏教を示せ」などと、公安調査庁側の言い分をほぼ全て否定した(朝日・東京 一九九六/五/一六)。一九九七年一月三一日、オウムへの破防法適用の請求は棄却された。

第7章　アイスター＝和豊帯の会＝女性党

――「新しい女性の時代」のために――

……会長の考えを世界へ広めるには、企業とは別に宗教法人や政党としてやらなければならない。

（『AERA』一九九五年八月七日号）

はじめに

「子どもたちの未来のために」「働きたい女性が、働けるように」「国会議員の半分を女性に」――。国政選挙の折に、こうした政策を声高に掲げる「女性党」の名を聞いた覚えのある人はかなりいるはずだ。シンプルな党名、女性重視の政策提言、女性ばかりの候補者。女性運動・フェミニズム運動の流れにある団体と思ったとしても無理はない。国政選挙への初挑戦は一九九五年参議院選挙（当時は「新しい時代をつくる党」名）であり、以降三年ごとの参院選に二〇一〇年まで毎回複数の候補者を擁立してきた。議席獲得こそないものの、二〇〇四年参院選では比例で約九九万票を獲得する（あと九万票弱で一人当選）など、主要政党以外の政治団体としては一定の存在感を示してきたと言えよう。あまり深く考えず、この団体名や印象のみで投票してしまった女性も多かったのかもしれない。だが、この団体が実はそうしたフェミニズム運動などとは関係がないこと、関連団体として宗教法人・和豊帯《わほうたい》の会があり一体性・重複性が見られること、さらには両者の母体として西山栄一（一九三〇–、以下、西山）が創業した化粧品製造販売等の株式会社・アイスターが存在することなどは、おそらく広く知られていないであろう。

こうした化粧品会社＝宗教法人＝政治団体の一体性や来歴等を併せ考えると、ややイレギュラーなタイプではあるものの、宗教団体の「政治進出」という問題を検討するための貴重な一ケースであることは間違いない。管見のかぎり、アイスター、和豊帯の会、女性党それぞれについて、学術的観点から論じたものはない[1]。よって、本章でそれぞれの展開と政治進出を詳しく見ていくことの、研究史上ならびに社会的発信の意義も小さくはないだろう。

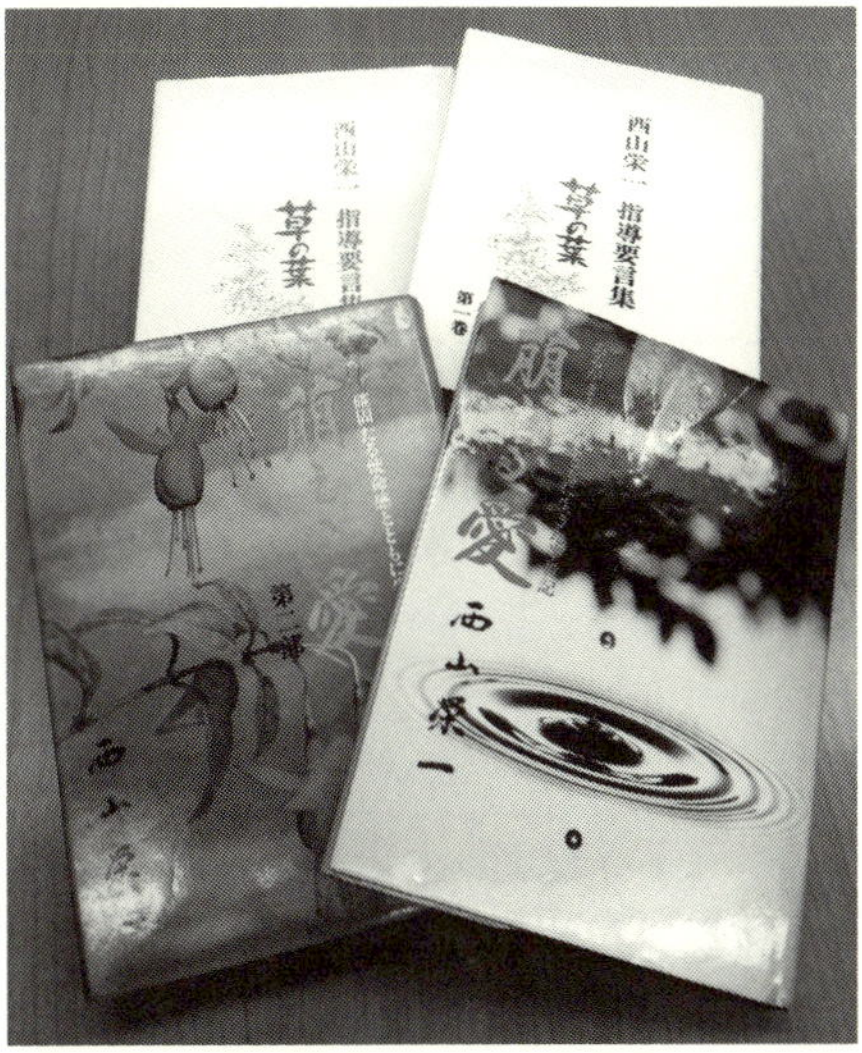

写真１　西山栄一・アイスターの著書・刊行物

以下、第一節では、政治進出の前提にある化粧品製造販売会社・アイスターの概要とその展開を記述する。第二節では、その創業者である西山の理念とその世界観・社会観・ユートピア観などを、「宗教性」との関連から検討したい。第三節では、宗教法人・和豊帯の会の概要をレビューする。そして、第四節において、政治団体・女性党による政治進出の過程を詳しく見ていきたい。

本章で用いる主な資料は、アイスターの歩みについて西山が記した『萌える愛』第Ⅰ部・第Ⅱ部〔西山 一九八一、一九八二a〕、『西山栄一 指導要言集』第一巻・第二巻〔西山 一九八二b、一九八三〕、アイスターの機関紙『ニューアイスターｎｅｗｓ』一〜二四号（一九八一〜八三）・『アイスターＮＥＷＳ』二五〜二一七号（一九八三〜八九）、一般の新聞・週刊誌等の報道記事（国会図書館所蔵のもの全て）などである。

７―１　母体としての化粧品会社アイスター

本節では、宗教法人・和豊帯の会と政治団体・女性党の実質的な母体と言える化粧品製造販売等を行う株式会社・アイスターの概要とその展開過程について記述していく。

アイスター(2)は、一九七六年九月に、西山栄一によって設立された(3)。現在、同社は、西山の息子・庸行《つねゆき》が代表取締役であり、本社は東京都港区にある。販売業の方は、一九八〇年一〇月設立の株式会社アイスター商事が担っている。他にも、複数のグループ企業がある。また、学校法人萠愛学園が経営する萠愛調理師専門学校と西山学院高等学校もグループに含まれている。

同社の経営理念は、以下の通りである。

> 弊社（アイスター）は、ヒューマンライフに役立つことをモットーに、一貫してお客さまの立場で、品質本位に販売業務を続けてきた会社です。
>
> 私たちは、日本にはじめてアイレディース化粧品を紹介して以来、みなさまの健康と美容にご奉仕しております。
>
> 人間は誰でも幸せになる権利があります。私たちは自分自身も幸せになり、自分以外の人たちも共々に幸せになっていただきたいと考えています。
>
> 〝美しく　心とともに美しく〟をテーマにして、一人一人が希望を胸に日々充実の人生を送ることこそ、私たちの究極の目的であります。（同社サイト）

こうした経営目的・理念は、一般の会社と比べるとやや特異なようにも思える。こうしたタームがなぜ打ち出されているのかを理解するには、同社と西山の来歴と思想を辿っていく必要がある。

西山は、一九三〇年四月一二日、大阪市で生まれた〔［安田 一九八五a］、財界 一九八一／一〇／六、週刊新潮 一九九二／五／一四〕。生家は貧しく［西山 一九八一：四〇］、小学校を出て働き始め、「とにかくお金をかせぎたい」と考えた西山は、四〇を超える仕事を遍歴した［同：四一］。一九七〇年代には、洗剤販売や自然・健康食品販売を手がけていたという［安田 一九八五a］。

あるとき、知人が「素晴らしい化粧品をつくっているから私（西山）に売ってくれ」と頼みにきた。それをきっかけに、化粧品業界についての勉強を始めた西山は、

……化粧品は、たくさんの種類を使う必要は全くない。基礎化粧品は一種類だけでいい。それで全てが補えるはずだ。そのような化粧品をつくるべき時期が来ている。今の化粧法は間違っている［西山 一九八一：二七］。

写真２　アイスターの看板

と悟り、販売を始めたという。一九七七年八月二二日が、「アイレディース化粧品が初めて世の中に送り出された日」とされる［同：五五］。会社事務所は、横浜市瀬谷区に設けられた。まもなく五人の女性が「代理店」となった。訪問販売を中心に展開し、化粧品を

買った主婦らが次は知人にそれを勧め、セールスレディとなっていった。

一九七八年二月頃までは、苦しい時期が続き、在庫が山積みとなった。だが、代理店という人件費がかからない手法と、品数が少ないというシンプルさがうけたようで、徐々に販路と使用者が拡大していった。

一九七九年春、伊豆の海上ホテル「スカンジナビア号」を約七百万円で貸し切りとし、一八〇人が集まり、新たに四〇人が代理店契約を結んだ。こうした派手なイベント開催により、拡大をねぎらい、同時に新規開拓を目指すというやり方はその後も続けられていく。

一九七九年七月には、二ヶ月半の期間に各代理店がケース単位でどれだけ販売できるかを競い合うキャンペーンを打った〔西山 一九八二a：一〇三〕。このようなノルマを競わせるキャンペーンもさかんに行われた[4]。同社は、急成長を遂げていった。

一九八一年、西山はこの年を「一千万人の女性を組織化するという大目標に向かって新たな第一歩を踏み出した」〔西山 一九八二：一七〕と総括した。この段階で同社の規模は、従業員八〇人弱、代理店二千五百強、販売部員が八千ほどになった（財界 一九八一／一〇／六）[5]。八月、同社はそれまでの訪問販売から、店頭販売システムという新体制に移行した。年間売上は、四〇億円になっていた（同）[6]。

一九八二年一〇月には、日本武道館に一万三千余の女性が集まり、五周年記念式典が行われた。この時点で、五つの販社体制・二五支部の創設がなされていた〔西山 一九八三：九八―九九〕[7]。

このように急激に伸張した同社に対しては、批判や軋轢も大きかったのだろう。一九八五年一一月一一日、国会の「物価問題等に関する特別委員会」において問題視されることとなった[8]。取り上げたのは、草川昭三衆議院議員（公明党・国民会議）である[9]。ここでは「マルチまがい」などとされたのだが、それは同社が「直接代理店制」を取っており、商品代金一四四万円、代理店登録料一〇万円、書類代三万円の計一五七万円を納金し、西山の面接を受けると代理店となったこと、「子」を増やすと九％、「孫」を増やすと六％が同社から支払われたことなどをめぐってである（実業界 一九八五／一〇）。

これに関しては、一九八〇年には通産省からの呼び出し・指導もあり、同社は商品委託制と、成績良好の営業部員の代理店昇格制を導入した［坂口 一九九二］。このように、末端販売員から始まり、代理店主、地区支部長、商品を管理する本社員へと上がるピラミッド構造が形成されつつあった（AERA 一九九五／八／七）。

また、同委員会では、化粧品の成分に薬事法違反の疑いがあるのではという点も重点的に取り上げられた[10]。こうした国会委員会での名指しの批判は、同社に動揺を与えただろうが、それでもその後も着実な展開を続けていったようだ（財界 一九八八／一、国際商業 一九八九／七）。

一九八八年には、東京都八王子市に蒴愛調理師専門学校が開校した。一九九一年には、宮城県刈田郡七ヶ宿町に全寮制普通科の西山学院高等学校が開校した。建学の精神は、「人類の永遠なる幸福のために　人類の一員としての責任と目的を見失うことなく　利他の精神のもとに自信と信念を持って行動し　一人立つの精神と社会に貢献できる豊かな心の人間を育成することにある」という西山の言である[11]。

一九九二年一月には、東京ドームで「アイスター創立一五周年記念大会」が行われた（週刊新潮 一九九二／五／一四）。この時点では、販売員二〇万人［坂口 一九九二］、売上は四百億円超（一九九一年）で、化粧品業界ではポーラ、メナードに次ぐとされる（週刊新潮 一九九二／五／一四）。また同年には、販売員三千人がハワイに研修旅行に行った［坂口 一九九二］。

こうした展開を経て、本節冒頭の現在のアイスターがある[12]。そしてこの途上で、派生的に宗教団体ならびに政治団体ができ、政治進出が展開されていったことになる。

7–2　西山栄一の理念とその「宗教性」

一九八五年一二月一二日の国会委員会における草川議員の発言には、示唆深い内容が含まれている。

……この会社のあり方が従来のマルチとも全然違うのは、会長という方を中心に、代理店という衛星のグループとの関係が宗教的な次元で結ばれるわけです。会長の指導はすごいんだ、そのすごいのにこたえるために化粧品を売ろうというならいいのですが、…中略…化粧品を売ろうということは余り書いてないのです。代理店をつくっていこう、品物を回転しようという言い方をしてみえる。しかもそこには宗教的な次元の中で（会長に）こたえていこう…中略…というような販売方法をこの会社はとっているようですね。

（同議事録による）

また、一九九二年の週刊誌記事にも、以下のような業界関係者の言がある。

……化粧品販売に、宗教的な色彩を取り入れたといいますかね。西山さんの教えは、人間はみな幸福になる権利がある、とか、究極の目標は世界平和、といった抽象的なものなんですが、物品販売に精神的な問題をくっつけたというのは、いいところに目を付けたといえますね。

（週刊新潮一九九二／五／一四）

そして、「アイスター化粧品を広めることが、人々の幸福に繋がると固く信じて疑わない。／ほとんど新興宗教と同じである」などと報じている（同）。

一般に、ビジネスに熱心な様子を「宗教っぽい」と喩えることはある。また、訪問販売やネットワークビジネスの組織拡大の仕組みと、新宗教運動の布教による組織形成との類似性を指摘することもよくあるだろう。だが、アイスター＝西山の場合、それは単なる喩えや類似性の次元を超えており、その企業理念と思想自体に「宗教性」が強く認められるのではないだろうか。宗教団体の政治進出の過程と動機の検討を主目的とする本書・本章では、そうした観点から、その背景にあるアイスター＝西山の理念の特性を見ていきたいのである。

そこでまず触れておきたいのは、西山の宗教歴である。西山は一九六二年頃に創価学会に入り、アイスターが著しい伸張を遂げていった一九八二年に退会しているという（週刊新潮 一九九二／五／一四ほか）。これは、同社の広報も認めていることである（AERA 一九九五／八／七）。西山と同様に学会員だったという竹中恒男広報室長（当時）は、「私と同じで昔は創価学会員でしたから、池田大作氏のようになりたいと口にしたことはあるでしょうけど」と述べている（東京新聞 一九九五／八／一九）。また、西山はアイスターのメンバーたちに、「お前たち、神様が見たいか」「俺がそうだぞ、生き神様だ」「釈迦の生れ変りだ」などと述べたり、「西山会長は常々〝池田大作を超える〟といっている」との報道もある（週刊新潮 一九九五／六／一）。こうした志向性や背景も念頭に置く必要がある。

西山栄一の基本的人間観・世界観

西山の理念の主要部分は、その著書『萠える愛』第Ⅰ部・第Ⅱ部、『西山栄一 指導要言集』第一巻・第二巻［西山 一九八一、一九八二a・b、一九八三］によくまとめられている。特に『萠える愛』は、「この本の一行の中に、一言の中に、あらゆることを含めた内容が書いてある」［同 一九八二b：一三四］とあり、実質的に「根本テクスト」と言ってよいだろう。これらを中心にその世界観を見ていく。結論を先取するなら、西山の理念・世界観は新宗教運動のそれ［塚田 二〇一二a］にかなり近似している、ということだ。

西山がその世界観の根本に置くものを端的に言うなら、それは「幸福《しあわせ》」と「利他の精神」である。

……まず相手に喜こんでもらい、幸福になってもらうことがなければ、自分の幸福は絶対にあり得ないというのが私の人生体験から身に泌みて体得した人生訓なのです。私は、それを〝利他の精神〟と呼んでいます〔西山 一九八一：二二五〕。

こうした「我が身助かりたければ、人を助けよ」という「自利」と「利他」の転換・連結の構造は、日本の新宗教運動が広くそなえていると指摘されてきている通りである〔西山二〇一二〕。

では、その理念を具現化するための方法とは何か。西山は、「アイレディース化粧品を通じて、幸福の輪を一人ずつ広げていく」〔西山 一九八一：七〇〕ことを強調する。すなわち、商品を売るという化粧品会社にとっての目的が、少なくとも思考の上では転回されており、商品は手段・媒介物と捉えられているのが看て取れる。この手段・媒介によって、何が起こるのか。「幸福の輪を広げる」とはどういうことか。

……アイレディース化粧品を通じて、新たな自分を見出したり、新たな友情が芽生えたり、あるいは、人生とは、生きがいとは、といった問題を改めて考え直す機会が訪れるといった変化がつぎつぎと起こってくるのです〔同：七〇〕。

すなわち、「アイレディース化粧品」は「現世利益」をもたらす。利用者は、「肌が変ると心も変るんです」（週刊新潮 一九九二／五／一四）と考える。それは、自己や人生、人間関係を変革してくれる、いわば「秘儀」なのである。さらに西山は、……私は、世界のどこに出しても自慢できる化粧品をわがものにできた時、「この製品を通じて、世の女性たちが幸福と平和の輪を広げていってもらいたい」と念じたのです〔同：四八〕。

と、「究極的な目標」も述べる。「基礎化粧品は一種類だけでいい」〔同：二七〕という西山の基本理念は、いわば真理の独占性・手段の唯一性の「啓示」である。その唯一の方法に基づけば、御利益が得られるとともに、利他行為ともなり、全人類の平和にまでつながる、というのである。

さて、この手段としての「アイレディース化粧品」は、単に販売し収益を上げることだけが目指されているわけではない、とされる。

売りに行っては駄目です。教えてあげることが大切なのです〔同：七〇〕。

魚をとって与えるのではなく、魚の取り方を教えればいい〔西山 一九八二b：一五〕。

西山はまた、「教えることは学ぶことである。また、教えられる人が教える人を成長させることもできる」〔西山 一九八二b：八二〕と「教化」について述べる。利用者が、教え、教えられ、またその輪を広げる。その販売システムとあいまって、万人が「布教者」になる体制が構想されているのである。

では、こうした行動を進めるアイスターとはどのような集団なのか。集団論である。

……アイレディースを生活の糧と考えないでもらいたいのです。アイレディースを生きがいの場にしてください。…中略…世界中の人たちに思いやりの心をこめて幸福を分かち与えていく創造集団なのです〔西山 一九八一：一四〇〕。

……私たちはゲマインシャフト、つまり志を同じくすることによって結ばれている共同体なのです。…中略…同じ水面上に並んだ同心円のつながりなのです〔同：一七二〕。

……どんな時にも絶対にこの輪から離れない、自分を離れないようにして下さいという祈りが一人一人に必要なのです〔西山 一九八三：四〇〕。

アイスターとは、商売・生業のための集まりではなく、「幸福を創造する」「生きがいの場」だという。また、究極的目的を同じくし、絶対に離れるべきではない、同心円状の運命共同体とされる。同じ究極的目標に向かい、考えを共にし、新たな参画者を次々に求める共同体。いわゆる新宗教運動と近接してくる。そうした組織のなかで、西山はどのような存在なのか。指導者観・師弟観である。

その輪の中心にいる私の考え方、やり方を皆様一人一人十分理解していただき、私の言う通りに行動していただくことが何よりもまず大切なことです〔西山 一九八一：一七〇―一七二〕。

……目標の完遂は指導者を信ずる事以外にない。目標に向かう途中の過程におけるいかなる結果であろうとも最後まで疑いをもたず、最後の出た結果においても疑いをもたない事が信である〔西山 一九八二b：四四〕。

……人間は人生の師を得てこそ最高の人生を送ることが出来るのであります。人生の師とは、原理原則を教えてくれる人のことであります〔西山 一九八三：一五四〕。

同心円的な組織のなかで、西山だけが突出した中心的存在である。それは無謬性をそなえており、その「人生の師」の正しい考えを「信じて」「伝える」ことである。霊能的要素こそ見られないものの、教祖的人物像を看て取ることは容易である。

その成員は、その運命共同体に所属し、化粧品を広めさえすればよいのだろうか。そうではない。西山はどのような人生観・人間観を唱えているか。まず、西山は、「人生は価値の創造だ。何事も価値の創造につながるように、とらえなければならない」ことを強調する〔西山 一九八二b[13]：五七〕。

そのために「自分」をどうしていったらよいか。それには、「自分の中に革命を起こし、現在の自分から脱皮してゆこう」〔西山 一九八三：七五〕、「自分の考え方を変えることによって自分の人生を変えることができる」〔西山 一九八二b：八〇〕とする。自己変革・心直しの強調である。西山の座右の銘は、「目的を見失うな、できない筈はない」〔西山 一九八二b：三三〕である。

こうした自己変革と心直しをなし、「自分を厳しく律する人間、自分をコントロールできる人間こそ、人生の勝利者なのだ」〔西山 一九八二b：六四〕と説く。西山は、「私の哲学の根底は、心プラス経済です」〔西山 一九八三：一三九〕とし、「幸せというのは豊かな経済と豊かな心の両面からとらえていきたい」〔同：一六一―一六二〕と捉えている。

こうした心直しの強調は、唯心論的な病気直しにまでもつながっている。

……病気は精神のゆがみ、心のゆがみが肉体にあらわれてきたものといえましょう。逆にいえば、豊かな精神、心が病気を治すことになります。心というのは、このように私たちの全てを支配しているものなのです〔同：一六二〕。

もはや、単なる化粧品販売会社の経営理念という枠に収まっていないのは明白だろう。以上から、西山の理念と思想の構成が日本の新宗教運動のそれに近似していることを確認できたと言えよう[14]。

西山栄一の国家観・理想社会観・女性観

次に、西山の国家観や理想社会観などを、本書で依拠する七指標を軸に見ていきたい。西山の思想が「宗教的」であると確認しただけでは、「政治進出」という社会変革の方向に進む背景と動機は見えてこない。そこには独特の国家・社会観があるのではないか。

西山による「日本」についての言及は、限定的である。

……もともと日本の風土は、美しい四季に恵まれ、自然も豊かであり、人情もこまやかで、人のことを思いやるという素晴らしい生き方を身につけている民族です。……この日本独特の風土は、そのまま運命共同体のふるさとといえるでしょう。

その美しいふるさと意識が薄れ、損得勘定が先に立つ利己的な考えが幅をきかせはじめたのは戦後のことであり、特に高度成長期以後のことではないでしょうか。みんなが「物」に目を奪われ、「心」を忘れてしまったのです。

……アイレディース化粧品は、…中略…身体をむしばむ公害要素を厳しく取り除くことから製品化を始めたのです。

〈美しく心とともに美しく〉

このアイレディースの主張は、日本の美しいふるさとを取り戻そうというねがいを込めた言葉なのです

［西山 一九八一：一七三―一七四］。

ここには、素朴な日本＝郷土観が見られる（①文化・伝統観）。ただし、敬神崇祖・皇室崇敬・愛国などと結びつくわけでもなく（②天皇観、に関する言及はほぼない）、伝統・日本文化重視とも言えない、きわめて

具体性に乏しいものである。そして、それらを蝕む、戦後日本社会＝経済性重視＝文明に対する批判的認識が見える（④経済的優位観）が、これも「利己心」という心の問題に特化されている。こうした問題認識は、日本社会だけではなく、現代社会・現代世界全体に向けられている（⑥欧米・西洋観）。

こうした現代社会批判は、これもまた抽象的な核戦争の不安・脅威などと連結させられて、西山の言説のなかに浮上してくる。

……いま、確実に人類は滅亡の危機に瀕していると言える。地球上にその核が、人類を百回以上滅亡させるだけの核が貯蔵されている［西山 一九八三：一八三］。

……核戦争がぼっ発しかねない危険な状況が今日あります。これは結局〝力の均衡〟論に立った男性社会の帰結といっていいでしょう。こうした状況をなんとか打開しなければなりません［同：一一四－一一五］。

こうした核の脅威認識などが、創価学会の戸田城聖の認識に影響を受けたものなのかは判然としない（第4章参照）。だが、西山にオリジナルなのは、それを導いているのが「男性社会」と見なす点であろう。そして、それを打ち破るのが「女性」なのだという（③対人類観）。西山の女性論を見ていこう。

……女性は元来、情報を提供するのが好きな性質を持っている。……それと教育者としての能力をそなえているようにも思える。この特性をセールスの世界に生かさない手はない。口コミの最も得意とする女性をシステム化しない手はない。女性のすばらしい天性を生かす事である。そのためには女性への教育が必要である。その教育方法は、理論では駄目で、体験させる［西山 一九八二b：一一八］。

このように、女性の特性や体験主義的志向性などが強調される。こうした女性が、どのように世界の脅威に立ち向かうのか。

……男たちの悲しい性癖と違い、女性は生来の平和主義者です。……世界に永久の平和をもたらし、真の幸福《しあわせ》を築く原動力は女性しかないというのが私の持論です［西山 一九八一：四四–四六］。

……女性が中心になり、世界のリーダーシップをとるとき根本的に平和への流れが出来ることは間違いありません。……新しい時代をつくろうとの女性たちの意識がもう近くまできている——その足音が私には聞こえるのです。……私はここに「真に平和を実現するのは女性である」と宣言しておきたいと思います［西山 一九八三：一〇一–一〇二］。

脅威を孕む現状＝男性社会＝悪に対置されて、女性社会＝平和と捉えられている。そして、こうした特性を持つ女性たちによる「新しい時代」というユートピア実現が、高らかに宣言されるのである（⑦ユートピア観）。

……新しい時代をつくるのは女性だ。この人類を滅亡からもし阻止できるとしたら、それは女性しかいない［西山 一九八三：一八七–一八八］。

……女性がその長所を大いに発揮し、女性がリーダーシップをとって、平和な社会を形成していく時代がもうそこまで来ているのではなかろうか［同：四六］。

アイスター創立の五周年記念式典となった一九八二年一〇月二〇日の「武道館大会宣言」とは、以下のようなものであった。

一、私たちアイレディースのメンバーは、一人ひとり相手の立場に立って大きな大きなアイレディースの輪を広げ地域社会に貢献しよう。

一、女性としての自立と相互の連帯と協調を通して平和な社会を創造しゆく責任を一人ひとりが担っていこう。

一、十年後に私たちアイレディースのメンバーは、女性として豊かな人間性に基づく社会のリーダーに育とう〔西山 一九八三：五三〕。

一化粧品会社の記念式典の言葉とは思えない。会社創立（＝「立教」）数年にして、基本路線は定まっていたと言えよう。「一千万人の人を組織化するという大目的」〔西山 一九八二b：五二〕を持つ西山＝アイスターは、その「教え」を広め、「世界平和」を実現するために、歩を進めていた。そしてそのなかの「新しい時代をつくる」「女性」の「社会のリーダー」という部分が、この後、「五年後にアイスターから四百人の女性を国会へ立候補させ、女性総理大臣を出す」〔安田 一九八五b〕、「アイレディース化粧品グループの中から議員を出してみせる」〔坂口 一九九二〕といった方向に展開していくことになるのである。

以上、西山＝アイスターの理念と世界観を見てきた。西山の世界観は、新宗教運動のそれに近く、自利―利他の連結転換と、化粧品を通じた現世利益と心直し、西山を中心とした同信共同体により、世界平和を目指すものであった。そこには、核の脅威に象徴される強い現状批判認識があった。それは、男性社会の論理によるものと考えられている。戦後日本は経済的には繁栄したものの、利己主義の蔓延が、本来的な心の豊かさを失わせてしまった。欧米・西洋も先進国という点では、同じである。戦前回帰や伝統墨守、皇室崇敬や敬神崇祖を主張するものではない。こうした状況を打破するのは、とにかく女性の力である。女性が新しい時代をつくり、世界を平和にすることができるのだ、とする。

7─3 宗教への展開─宗教法人・和豊帯の会─

西山＝アイスターには、中心的理念すなわち「教え」があり、それを広めることが強く目指されていた。それは、単なる企業理念の枠に留まらない、自利・利他論、心直し論、世界平和という究極的目標とユートピア観までをも含む、「宗教的世界観」と言えるものであった。そうした西山＝アイスターにとって、実際に宗教活動を開始し、宗教団体を創設するという流れはごく自然だったのかもしれない。本節では、その展開を追う。

一九八五年三月三〇日、和豊帯の会の前身である、理創教会が設立された。横浜の相鉄線三ッ境駅近くで活動が始められたという（週刊新潮 一九九五／六／一ほか）。

一九八五年五月一〇日、「同心一・和豊帯」が開顕される。これはいわば本尊である。

この、後の教団名ともなる「和豊帯」とは、いったい何だろうか。どうやら一九八二年ごろにアイスターの活動のなかで用いられ始めたようだ[15]。同年刊行の『萌える愛 第二部』には、西山作詩の「アイスター心の歌 和豊帯」が掲載されている。一番「和」、二番「豊」、三番「帯」とあり、歌詞に「和豊帯」が出てくる（西山一九八二a：六四）。また、報道では、「昭和五七年に〝天の河キャンペーン〟をやり、その時のキャッチフレーズが『和豊帯』です。〝帯〟は日本列島を帯に見立てたもので、〝日本列島を平和で豊かに〟といった意味」とある（週刊新潮 一九九五／六／一）。いずれにせよ、アイスターの活動のなかで、このころ膾炙されてきた理念に沿ったタームなのである。

こうして、八〇年代中盤から九〇年代初頭にかけて、アイスターの活動と並行しながら、徐々に宗教活動の部分が形成されていったようである。たとえば、同社の朝礼や研修において西山直筆の額を前に「和豊帯、和

豊帯、和豊帯」と唱えたり（[安田 一九八五a・b]、実業界 一九八五／一〇ほか）、会社関連の旅行先で「ワホウタイ、ワホウタイと言って拝んだら病気が治った」といった体験談の発表があったという（東京新聞 一九九五／八／一九）。また、信仰対象物として西山の法名を書いたペンダントを会員向けに一個五万円で発売し、さらに額が異なる数種の鎖が用意され、これがなければ西山との師弟関係が結べないとされていたとの報道もある［坂口 一九九二］。

一九九三年四月三〇日、本部を神奈川から千葉へと移転する。千葉県船橋市習志野台の現本部の所在地であり、住宅地のなかの工場跡地である（ＡＥＲＡ 一九九五／八／七ほか）。

一九九三年一一月一〇日、「和豊帯の会」に名称を変更した。一九九四年一二月一〇日には、「御宝殿」が落成した。

写真３　和豊帯の会の刊行物

一九九五年三月二九日、千葉県知事の認証を受け、宗教法人格を取得し、四月一二日には登記を行った。基本財産額は、約七四〇〇万円であった（週刊新潮 一九九五／六／一）。時おりしも、オウム真理教事件と騒動の真最中であった。

その活動目的は、「この法人は、『同心一・和豊帯』を大御本尊として、御尊厳の教義を広め、儀式行事を行い、会員を教化育成することを目的とし、そのために必要な業務を行う」である（財界展望 一九九五／九）。「御尊厳」とは、西山のことである。[16]

この法人認証直後、次節で見る一九九五年七月の参院選における初出馬となるのである。

その後、一九九七年一二月一六日には北海道に紋別分教会が、一九九八年六月二七日には滋賀県に別格本山が設けられた。さらに千人を収容できる大講堂など、本部施設も整えられ、現在に至っている。

次に、和豊帯の会の概要をつかんでいく。信者数は、一九九五年時点では三千人超とされていたが（東京新聞一九九五／八／一九）、現在は不明である。[17] 本部敷地や施設、全国施設の規模等を考えると、それほど大きいとは思われない。西山の息子でアイスター社長の西山庸行は、教団では「お上人」とされている（和豊帯 三：一四）。教団サイト[18]などには、同教団は「新しい時代の実現を目的とし」、そして、

> ……生活の中で、利他を実践することによって、地上に〈平和、豊かさ、連帯〉を実現しようと考えております。そのための具体論として〈生活法〉を全会員に提供しております。具体的な生活法の指導としては、〈界内界外一如〉（かいだいかいげいちにょ）という実践原理を教えております。〈思いはかたちになる〉ということです。

としている。

また、教典として『実践教典』という小冊子・経文がある。なかでも最も中心的なメッセージである「実践指導」（一九八九年三月一七日）は、以下の通りである。

> 人間は宇宙大の力を持っています
> しかし自分をコントロールできなくては駄目なんです
> 人間という器のなかに神も仏も地獄も極楽もあるのです
> だから人間が根本です

人間が根本ですから人間という器のなかにすべてがある
どの生命を使うかで幸、不幸が決まるのです

同教団では、『西山栄一 指導要言集 草の葉』(〔西山 一九八二b、一九八三〕を再編したもの)を、「教本」「人類の究極の指導書」「世界平和実現のための根本の指導書」などとして、教学研鑽に用いている。以上の諸点を総合しても、同教団の世界観の基盤が、前節で見てきた西山=アイスターの理念・教えにあることは明らかであろう。

儀礼・行事としては、「自分の中にある 和豊帯を目覚めさせる 生涯で たった一度の 大切な儀式」である「御授戒」という入信儀礼がまずある。年中行事には、春秋のお彼岸やお盆法要などに加え、四月一二日(西山の誕生日)には「御生誕の祈り」、八月には「世界平和祈念法要」がある。他に、病気平癒・安産成就・交通安全・商売繁盛・家内安全・夫婦和合・金運開眼・先祖供養等の各種祈願や、「御符のお授け」、葬儀・法要、人生相談等がある。また、本部大講堂には「大御本尊様」が安置されており、それに直接触れて悩みを解決するという「おさわり和豊帯」がある。

日常実践としては、本尊に向かい、「南無和豊帯」と三唱、「和豊帯」を繰り返す、「新しい時代」「大歓喜文」などを唱える、「日々の実践の祈り(平和への祈り)」が中心的なものである。[19]

では、あらためて和豊帯の会とアイスターならびに西山との関係性はどのようなものなのか。会社側、教団側双方からの説明を、いくつか以下に引用する。

……会長の考えを世界へ広めるには、企業とは別に宗教法人や政党としてやらなければならない。企業の利益追求のために政治権力や宗教法人の免税制度を利用するのではありません。販路拡大でもありません。

……西山会長は和豊帯の会の教祖というか開祖なのですが、もともと企業経営の場でも新しい時代をつくるための理念を説いています。

（竹中恒男・アイスター広報室長）（ＡＥＲＡ一九九五／八／七）

（同氏）（東京新聞一九九五／八／一九）

……西山さんはアイスターの経済人だと思っています。……その中で言っている内容を宗教レベルまで高めたと言われるなら仕方ないが……。

（和豊帯の会理事）（財界展望一九九五／九）

このように、タテマエとしては別組織であることを訴えてはいるものの、理念的にはアイスターという企業と和豊帯の会という宗教団体との一体性は否定できないだろう。[20] よって、本章ではやはり「アイスター＝和豊帯の会」と表記していく。西山の理念と教え、宗教的世界観を基盤とし、それを広めるために、宗教法人和豊帯の会が派生・展開してきたことが確認できたと言えよう。

7―4　政治への展開―政治団体・女性党の結成と政治進出―

西山＝アイスターの教えを広めるため。こうして宗教活動が派生したのだが、それだけには留まらなかった。「新しい時代をつくる」ために、女性が「社会のリーダー」になるために、政治団体の結成と政治進出が始まった。本節ではその過程を見ていく。

一九九五年参院選への初挑戦

一九八九年、アイスター関係者のなかから「生活研究会」が発足した。ここでは「主婦ら」が環境など身近なテーマを勉強していたという。そのうちに「議員を出さねば社会を変えられない」（毎日・東京 一九九七／五／二二）、「『新しい時代づくり』を政治面で実践するため」（AERA 一九九五／八／七）、政治団体設立に向かったのだという。

一九九三年一〇月一七日、政治団体「新しい時代をつくる会」が創設され、自治大臣・東京都選挙管理委員会に届出がされた。代表者には、アイスター創業時からの拡販の幹部・今野《こんの》福子（一九四二―）が就いた［辻野 一九八八：二五〇］。会規約によれば、同会の目的は以下のものである。

本会は、「人間が根本」の基本理念に基づき、全人類が和やかに、豊かに、連帯して生きる人間社会をつくるために必要な政治活動を行なうことを目的とする。

会費は年一万円である。一九九四年四月には「新しい時代をつくる党」に名称が変更された。このように党名や目的からしても、西山の理念そのままに「新しい時代」と「和豊帯」の実現を目指した政治進出であることが一目瞭然であろう。

国政初挑戦となったのは、一九九五年七月二三日実施の第一七回参議院選挙である。このタイミングが選ばれた特別な動機があったかは、定かではない。社会情勢とのリンクは、他の宗教団体―政治団体と比較しても稀薄である。なお、この参院選は、自民党・社会党・さきがけの村山富市政権の是非を問う回となり、旧・公明党を内包する新進党が躍進した回である。(21) また、一九九二年の公職選挙法改正により、供託金が値上がりするとともに、「確認団体」になるには、比例・選挙区合わせて一〇人以上の候補が必要となった（毎日・大阪 二〇〇四／七／三）。比例区は、拘束名簿式比例代表制（党名投票）である。

新しい時代をつくる党（略称・新時代党）は、比例区に七人、選挙区に一五人の候補を擁立した。供託金は候補者各人が工面し、計八千七百万円（六百万×七＋三百万×一五）となった。本部は東京都大田区に置かれ、選挙直前の一九九五年六月に、全国二五府県に支局（支部）が相次いで設立されている。党員は、党発表で全国六千人以上とされた（朝日・埼玉 一九九五／六／一三、ＡＥＲＡ 一九九五／八／七）。

同党のスローガンは、「女性でできることは女性の手で」「国会議員の半数は女性がやりましょう」であり、以後の基本路線にもなっている。公約は、以下の通りであった。

……新しい時代とは、相手を思う思いやりのある人たちが、お互いに信頼して生きられる時代のことです。人類が和やかに、豊かに、連帯して生きる人間社会をつくることが、わたしたちの願いです。国会議員の半数は女性がやりましょう。生活に密着しているごみ・水・エネルギーの問題で、すぐにできることから取り組みます。

（毎日・東京 一九九五／七／一六）

次に、候補者のデータと得票数などを見てみよう。表1に、一九九五～二〇一〇年までの六回の参院選における新時代党―女性党の候補者の数・性別（全候補者が女性である）・平均年齢、同党の得票数・得票率・全届出団体中の順位の一覧を挙げる。(22)

一九九五年参院選では、同党の全候補が女性で、平均年齢は四九・四歳。学歴は、多くが高卒・短大卒などである。この傾向は以降も共通で、延べ七四候補のうち「大卒」と確認できたのは四人のみである。職歴については、「アイスター」とは明記されてないケースもあるが、全員が同社の役員や社員などである。しかも、各地方の販社社長だった者も多い。学歴・職歴からは、アイスターのアクティブメンバー層の社会的属性が

表１　女性党　参院選における候補者データと結果一覧

年	回	候補者数（人）	性別（人）	平均年齢（歳）	得票数（票）	得票率（%）	順位
1995	17	7（比例）	女 7	49.4	130,205	0.32	16/23
		15（選挙区）	女 15		390,463（15 区計）	0.37 ～ 4.90	——
1998	18	3（比例）	女 3	43.9	690,506	1.23	9/14
		7（選挙区）	女 7		378,932（7 区計）	0.72 ～ 5.28	——
2001	19	2（比例）	女 2	46.0	469,692	0.86	11/14
		8（選挙区）	女 8		732,153（8 区計）	1.69 ～ 5.57	——
2004	20	10（比例）	女 10	49.4	989,882	1.77	6/8
2007	21	12（比例）	女 12	51.4	673,591	1.14	8/11
2010	22	10（比例）	女 10	53.8	414,963	0.71	11/12

※各回の選挙データについては、毎日・東京 1995/7/7、読売・東京 1995/7/7、同 7/22、日経・東京 1998/9/25、同 2001/7/12、同 2001/7/31、同 2004/6/24、同 2004/6/26、同 2004/7/12、読売・東京・夕 2004/7/12、日経・東京 2007/7/13、同 2007/7/30、読売・東京 2007/7/15、読売・東京・夕 2007/7/30、日経・東京 2010/6/25、同 2010/7/12、読売・東京 2010/6/27などを参照し、筆者が作成した。
※得票率は、得票数÷投票者数、により算出した。
※1995年参院選は「新しい時代をつくる党」名での出馬である。

透けて見え、そうした同社を牽引する人材が党候補となっていることがわかる。党幹事長によれば、「全員が（選挙に先立ち）退職」（財界展望一九九五／九）しており、「企業活動とは一線をかくすという方針のため」だという（ＡＥＲＡ一九九五／八／七）。また、どれだけの実体があったかは疑問だが、全員が何らかの党の役職を持っている。

この選挙戦の様子は全国紙地方版などでいくつか報道されたが、なかでもそれをよく伝えるものとして、栃木県選挙区の候補に注目した以下の記事を挙げる。

……ワゴン車に積んだ手作りの演台を屋内、街頭へと持ち出す。「女性でできることは女性の手で」がキャッチフレーズ。

…中略…

他候補が宇都宮市内に選挙事務所を構えるのに対し、県南の無党派層をターゲットに栃木市内に作戦本部を置く。以前、訪問販売の化粧品会社に勤めていた関係から、県内約六百店の代理店などを通じて一日二十カ所前後の個人演説会、街頭演説などを開く。「使い捨て社会を見直し、ものを大切に、自然を愛し周りを思いやる心を取り戻したい」と、ごみ、水、エネルギー問題を訴え、主婦の心をとらえようとしている。

約百人いる運動員の大半は女性で、半数が化粧品会社の販売員。おそろいの黄色いポロシャツで支持を呼び掛ける。

……氏は「初めての選挙で緊張するが、有権者からの反応があるのが楽しい。女性が意識すればいくらでも取り組める問題をやらせてもらっている」と話している。ポスターの張り具合は、他陣営のプロを驚かせたほどで「予想より票をとりそう」との声ももれる（毎日・栃木一九九五／七／二二）。

はたして、記者とそれを読んだ有権者は、この選挙運動の背景や特殊性には気づいていたのであろうか。選挙戦では、アイスターや和豊帯の会、ならびに西山の名前を表に出してはいない。だが、この記事などからは、選挙戦がアイスター代理店・販売員のネットワークを介して行われたことがよく伝わってくる。「選挙戦では、かつて築いた顧客人脈を活用して展開した。おもに「座談会」形式のミニ集会を開き、政策を訴えた。化粧品セールスや布教活動とそっくりのやり方だ」とも報道されている（ＡＥＲＡ 一九九五／八／七）。こうした地域での「座談会」に、メンバー以外の人々はどれだけいたのだろうか。

党幹事長は、「私が和豊帯の会の信者なのは事実ですし、他の党員の方にも信者はいると思いますよ」「（別働隊とみられても）ハタから見れば、そう思われても仕方がないし反論する気もありません」と認めている（財界展望 一九九五／九）。

他方、和豊帯の会の理事は、

信者さんが選挙に立たれたとしても、それはプライベートなことですから…中略…（教団は）経済・政治分野と融合することは考えていません。…中略…会の方が立候補して、宗教的意味を政治のレベルで実践していきたいんだというので、そういう言葉を使われたことも考えられるが、こちらとしては〝使ってはいけない〟と言えませんので（同）。

と、別組織であることを強調しながらも、理念の一体性を認めている。よって、やはり本章で「＝」と表記してもよいだろう。

七月二三日、投票が行われた。結果は、全員落選の惨敗であった。得票数は一三万二〇五票（得票率〇・三二%）であった。二三団体中では一六位だった。[23] 供託金は全て没収された。[24]

選挙区一五人の合計は、三九万四六三票。選挙区は県単位なので単純な比較はできないものの、比例区や、あるいは世界浄霊会（第5章）や真理党（第6章）などの得票率と比べれば、ましと言える。また、比較的地方の選挙区では得票率が高かった（栃木で四・九%、静岡で三・八九%など）が、候補者が多い都市部ではやはり泡沫にすぎなかった。

このようにして、アイスター＝和豊帯の会＝新しい時代をつくる党の初の政治進出は惨めな結果に終わった。それは、あくまで西山の理念、世界観の延長線上にあったものであり、理念的にも活動的にもアイスターならびに和豊帯の会との一体性が随所で確認できるものだった。

政治進出の継続と女性党の挑戦

だが、アイスター＝和豊帯の会の政治進出はここで終わらなかった。一九九六年二月には代表が高橋イシ子になり、三月には団体名が「新しい時代を作る女性党」に、さらに六月には、いよいよ「女性党」に変わった。

一九九七年七月六日の東京都議選には、目黒・練馬・世田谷区に計三人の候補を擁立した（毎日・東京 一九九七／五／二二、読売・東京・夕 一九九七／六／二七）。これについては、「首都・東京の選挙は、党としての主張を広く知ってもらえるチャンス。来年の参院選が念頭にある」（党事務局長）としている（朝日・東京 一九九七／六／一二）。この時点では、全国に二百支部と一万人の党員と紹介された（毎日・東京 一九九七／五／二二）。結果は、全員落選した。[25]

一九九七年一一月三〇日投開票の千葉県市川市長選にも候補を擁立した（毎日・千葉 一九九七／一一／二五）が、五人中最下位で落選した（同 一九九七／一二／一）。

一九九八年七月一二日実施の第一八回参議院選挙が、「女性党」となってからは初の国政選挙となった。三人が比例区で、七人が選挙区で立候補した。確認団体となるラインの計一〇人であることを考えると、大量に議員を生むことよりは選挙を通じて考えを広める方を重視しているとみてよいだろう。高橋党代表は、立候補していない。候補者はやはり全員女性で、平均年齢は四三・九歳。一〇人中五人は、前回に続く出馬である。候補者のほぼ全員にアイスター関連の職歴があることは、前回同様だ。

続いて、選挙戦の様子である。この回においては、党名変更通り「女性」による政治を全面的に強調して訴えた。メディアにおいてもこの点が目をひいたようで、地方版などで比較的よく取り上げられている。

宮城県選挙区の候補は、比較的長文の記事で紹介されている。アイスター＝和豊帯の会＝女性党の構造を捉える上で重要と思われるため、詳しく紹介する。

> 「なんとしても比例区で女性党から国会議員を送り込みたい。自分の当選はそれから」。何も尋ねないうちから切り出した。比例区票の掘り起こしが、立候補の最大の目的であることは否定しない。
>
> とはいえ、自身の当選にも意欲はある。普通の女性でも国会議員になれることをみんなに示したい。二世議員や元官僚、地方選の経験者しか国会議員になれないのなら、いつまでたっても政治は変わらない、と語る。
>
> …中略…
>
> （仕事のストレスで体調を崩しがちだったが）近所の友人から、化粧品会社を紹介されたのが転機となった。販売の仕事を始め、その会社の会長に合う機会があった。化粧品の営業よりもまず、人の悩みをじっと聞き、親身になって相談にのる姿に、自分も人の役に立てるような存在になりたいと思った。
>
> 一九八九年に化粧品会社の仲間と「生活研究会」を結成。家庭のゴミなど身近な環境問題を話し合っていたが、政治を変えない限り、根本的な解決にはならないと、九三年に政治団体として再出発した。九五

年の参院選に、仲間が立候補した。選挙運動を手伝ううちに、次は自分が出たいと思うようになった。当選したら、女性を対象に、講演会や座談会を積極的に開いて、生きがいを持つすばらしさを訴えたいと考えている。

所属する女性党の党員は全国で七千人、県内では約七百人を数えるという。党費と個人のカンパが、活動資金だ。

（朝日・宮城 一九九八／六／二八）

また、同紙のアンケートに対しては、座右の銘は「目的を見失うな、出来ないはずはない」、尊敬する人に「西山栄一。人生の師匠です」と答えている。立候補の経緯や動機の記事のはずが、「回心」の体験談が展開されているのである（同）。

千葉県選挙区の候補についても、以下のような経緯が報じられた。

「子育てをしている私たちの声を政治に反映させるため、勇気を持って立候補した。地域の人たちと手を取り合ってやっていくことが大切だと思っている」

女性党の前身の「生活研究会」に参加し、教育や環境など、身近な問題の学習会を続けてきた。参加者でさまざまなことを話し合っていると、決まって政治に行き着く。「素人でもわかる政治」を掲げ、政界に新風を吹き込もうと模索している。

化粧品や飲料水を販売する特約店を営む。…中略…

学校を出て二年間、保母をした。結婚して退職したが、「子どもたちの未来を明るくしたい」という思いは、ずっと持ち続けている。

（朝日・千葉 一九九八／六／二七）

期せずして、これらの記事から、アイスターから政治進出への展開過程と動機の一端をうかがい知ることができる。また、茨城では、同党県役員の、

……政治離れが進む中、一人一人が政治と政治家を見直す大事な選挙。…中略…山積みされている問題の解決策は女性が国政に参加すること。…中略…思い切って女性に国政をまかせてください。

（朝日・茨城 一九九八／六／二五）

……女性党は女性の代表の党と思ってくださる方が男女問わず多くなってきている。一度国政を女性に任せてみようかという有権者の方が多くなったと信じている。議員の半数が女性になるまで訴え続けていく。

（同 一九九八／七／一一）

といった意気込みが報じられた。まるで、女性が国政に参加して半数を占めることが、万能の問題解決手段にして最終目的であるかのような口ぶりだ。

福岡県選挙区の候補についての報道も示唆深い。

立候補を決めるまで勤めた会社では、健康に資するための清涼飲料水づくりにかかわった。社員は女性が中心。女性党の前身は、「会社の先輩たち」が多く加わっていた「新しい時代をつくる党」。「会社にかけてみよう」と、立候補を決意したという。…中略…短大を卒業後、化粧品代理店をへて、この会社に入った。

（朝日・福岡 一九九八／六／二七）

（座右の銘は？）「目的を見失うな、できないはずはない」。
（当選の可能性は？）奇跡が起きない限り無理でしょう。でも負けてもそれで終わりではない。世の中が変わるまで戦う。
（素人に国政が出来ますか？）まず生活あっての政治です。生活者の感覚が欠けた政治はダメ。政治家のほとんどは男性で、理詰めで考える男性に対し、女性は優れた直感力がある。男性には見えない感覚を大切にしたい。その方がより早く政治を変えられると思う。
（選挙資金は？）最低限必要なお金は自分で用意しました。ポスターや車の費用は、党員や支持者の協力で賄ってます。

（毎日・福岡　一九九八／六／二七）

このように選挙戦において全国各地で、各県あたり数百人ほどの党員[26]に下支えされた同党候補者を通じて、西山＝アイスターの教えが広布されていった様子をうかがえる。

だが結果は、やはり全員が落選した。しかし、比例区では、総得票数が六九万五〇六票（一・一三％）で、全一四団体中九位の得票だった。[27]議席獲得には百万票超が必要だったが、七八万四五九一票だった新党さきがけ、五七万九七一四票だった二院クラブ（どちらも議席獲得はゼロ）などとも拮抗した得票である。前回の新時代党としての得票数の五・三倍にものぼる。その理由は、同党の考えが浸透し支持が拡大したとは単純に言えず、やはり何よりも「女性党」への党名変更が奏功したからではないか。「新しい時代をつくる」では抽象的で中身はよくわからない。しかし、「女性」には普遍性と具体性がそなわっている、と思われやすい。有権者にとっては、わかりやすい記号として機能するのである。

選挙区では、七選挙区の合計で三七万八九三二票。単純比較はできないが、前回から選挙区を半数にしたが、得票総数はほぼ同じだった。合計得票は三倍となった。茨城の六万二二二〇票（五・二八％）、千葉の一一万七一六九票（四・七七％）などは、当選にはほど遠いが、軽視できない数字だ。

こうして党名変更後、飛躍的な伸びを見せた女性党は、その後も挑戦を続けた。二〇〇一年七月二九日実施の第一九回参議院選挙では、比例区に二人、選挙区に八人が立候補した。[28] 候補者は全員女性で、平均年齢は四六・〇歳。一〇人中四人は三回目、二人は二回目の立候補である。全員がアイスター関係者であり、党役員なのは、同様である。[29]

この選挙では、「党は比例名簿の二人を当選させるため全国得票三五三万票を目標としている。うち福岡は二〇万票」との報道もある（毎日・福岡二〇〇一／六／九）。

選挙戦では、これまでの主張に加え、子ども問題や、「家計のやりくり感覚で、誰にでもわかりやすい健全な財政の再建に取り組みます」（選挙公報より）などと訴えられた。しかし、これまでと同様に政策の具体性は乏しい。[30]

兵庫県選挙区と東京選挙区の候補に対する以下のインタビューは、そうした点からも目を見張るものがある。

――「子どもの未来のために」を党として掲げているが、具体的な政策は。

今はない。……子どもが安心して心豊かに暮らせる社会づくりが目標だ。政策は当選してから、いろんな人たちの意見を聞いて考えたい。それでも遅くないはず。

――「素人の集まり」だそうですが、政治をやる自信はありますか。

やらせてみて下さい。わかるように説明してくれれば素人でもできる。国の財政危機だって、家計を預かった主婦なら対応できると思う。

…中略…

――小泉首相が明言している靖国神社公式参拝をどう考えますか。

以前は、戦没者にお参りすることの何が問題なのかと思っていた。だが立候補を決めてから、反対する人の意見を聞くと、どちらが正しいのか分からなくなった。

――憲法は改正したほうがいいですか。

戦争は絶対いけないことだから、今の憲法は素晴らしいと思う。ただ、九条以外の問題点は勉強不足なので、改正の是非は言えない。

（朝日・兵庫二〇〇一／七／一七）

三〇分あまりのインタビュー中に、「難しいことはよく分かりませんが……」という言葉を三回繰り返した。プロの政治家なら、記者の前では絶対にそうは言わない。…中略…

一方、野菜など生活必需品の値段は「分かります」とうなずいた。大方の政治家が失ってしまった庶民感覚が息づく。この素人くささは、市民の目線を意識しなくなった永田町に、今一番必要なものだろう。

「母として、時代に、未来に責任を持ちたかった」。そう出馬の理由を語る。

…中略…

「政治はプロ任せ、人任せにできない。政治に関心を持つ人も増えてます」。下町地区と小金井市などを中心に、開いた座談会は四月以降数百回に上る。駅頭での朝立ちも連日こなす。目標票数は八五万票。

「手応えを感じています」と言い切る。

（毎日・東京二〇〇一／七／一六）

要するに、女性・主婦の感覚を訴えているが、本当に「素人」なのである。はたして、そこに西山の基本的世界観以上の具体的な政治像・国家像・社会像などはあったのだろうか。

結果は、比例区では四六万九六九二票（〇・八六％）[31]。議席獲得にはやはり百万票以上が必要であった。選挙区では、八選挙区で計七三万二一五三票。前回からは約二倍となった。だが、同党はさしたる成果も生まず、小泉旋風が吹き荒れたこの参院選は終わった。

四度目は、二〇〇四年七月一一日実施の第二〇回参議院選挙である。最大の変化としては、比例区のみに一〇人が立候補した点である。候補者は全員女性で、平均年齢は四九・四歳。全員がアイスター関係者なのはいつものことである。なお、党組織も各部局などが整ってきている。

全員が比例区となったために、前回までのように各選挙区の候補の動静を伝える報道がなくなってしまった。よって、選挙戦の様子を伝えるデータは、現在ではほぼ入手できないのは遺憾である。従来の主張に加え、年金改革などを主に訴えたようだ。

こうして全精力を比例に傾注したためもあってか、結果は九八万九八八二票（一・七七%）、八団体中六位だった。すなわち自民党・民主党・公明党・共産党・社民党に次ぐ得票数だったのだ。だが、当選者は出なかった。比例の最後の当選に必要な票数は一〇七万七六五八だったと見られる。女性党は、あと九万票弱で議席を獲得していたのである。[32]

西山の理念を広めるためにつくられ、素人感覚を前面に出し「女性」「子ども」「未来」「新しい時代」をひたすら訴えてきた女性党は、一〇年ほどの活動を経た四度目の国政選挙にて議席獲得の一歩手前まで来たのであった。

こうした勢いはその後どうなったのか。二〇〇七年七月二九日実施の第二一回参議院選挙には、比例のみに一二人が立候補した。候補者は全員女性で、平均年齢は五一・四歳、複数回立候補者も一二人中七人である。みなアイスター関係者である。[33]

この回の同党のマニフェストは、以下の通りである。

出産費用は無料に。月額で幼稚園児五万円、小学生一〇万円、中学生一五万円を支給[34] 国家予算のムダを

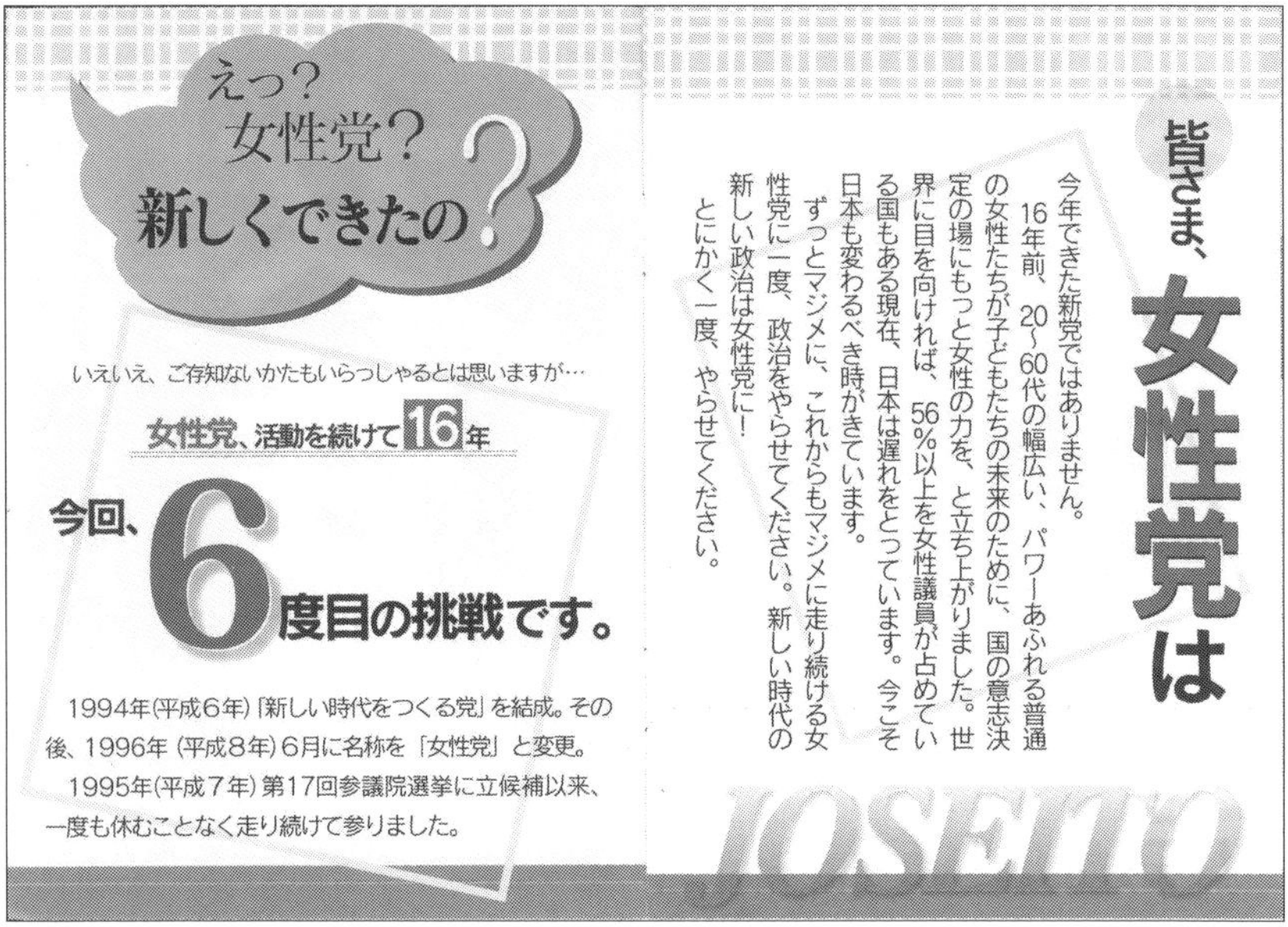

写真４　2010年参院選　女性党パンフレット

徹底的に省く　歴代社会保険庁長官に（天下りを繰り返す）「わたり」で得た収入の半額の返金を求める　年金保険料納付者に納付記録を年一回郵送する　年金制度を一元化　議員特権を廃止　奨学制度を充実　平和憲法を守る　国会議員の半数を女性に

（毎日・東京二〇〇七／七／一八）

これまでの公約に比べれば、多少は具体化されてきていると言えようか。ちょうどこの時には、年金・社会保険庁問題が浮上していた。

この回も、全員が比例区のため、具体的な選挙戦の様子を再構成することはできない。

候補者の一人は、「宗教法人職員」となっている。前回の得票数の余波もあったのだろう、週刊誌が和豊帯の会やアイスターとの関係を問うているが、同社広報は「彼女たちが立候補したのは、うちの西山の考えを広めるという目的ではありません」などとしている（週刊新潮二〇〇七／八／九）。これまでの経緯を踏まえれば、鵜呑みにはできない。

比例では、前回より減らし、六七万三五九一票（一・一四％）で、一一団体中八位だった。議席獲得には一〇一万票強は必要だったので、前回からの退潮は明らかだ[35]。女性党とアイスター、和豊帯の会との関連性が周知されたため、とは言い切れないが、「女性」一辺倒で訴えかけることの限界をむかえたとみていいのではないか。

女性党による最後の政治進出は、二〇一〇年七月一一日実施の第二二回参議院選挙である[36]。比例のみに一〇人が立候補した。全員が女性で、平均年齢は五三・八歳。アイスター関係者なのは変わらない。候補者の平均年齢は二回目の一九九八年以来、上昇し続けていることがわかる。これは、複数回出馬も含め、同党が新たな人材の掘り起こしにあまり成功していないことも反映していよう。

この回の女性党のパンフレットが手元にある。「比例代表は女性党」「子どもたちの未来のために　そして未来の子どもたちのために」「とにかく一度、やらせてください」——。ブレがないと言えばないが、具体性は乏しく、代わり映えがない。

この頃には、同党はほとんど注目もされなくなっていたようだ。結果は、四一万四九六三票で票を減らし、一二団体中一一位[37]。議席獲得には一一二万票強が必要だった[38]。

西山の教えを企業以外の政治の場で広めていくという方向は、頓挫した。二〇一一年八月二〇日、女性党は解散した[39]。同党がなしてきた主張も、今となっては空しく響く。一九九五年の初出馬以来、「新しい時代」「和豊帯」の社会の実現のために走り続けてきたが、結果だけを見れば、何かを生んだとは言えない。はたして、その目的は達成に向かって進められたのか。女性党に投じられてきた票の意味はどこにあったのか。

7-5　アイスター＝和豊帯の会＝女性党の政治進出とは何だったのか

以上、本章では、アイスター＝和豊帯の会＝女性党の展開と政治進出の過程を見てきた。第一節では、株式会社アイスターの概要と展開を追った。創始者である西山栄一の独特な企業理念に基づき、化粧品の訪問販売というある種在家主義的なシステムにより急激に発展拡大した組織であることがわかった。第二節では、西山の思想の特性と構造を捉えた。そこには、日本の新宗教運動にも通じる「宗教性」を看て取れた。それは、アイレディース化粧品という「救済の方途」「秘儀」と心の「革命」を通じ、アイスターという組織と西山という指導者につき従い、「救い」の輪を広げ、女性の特性を活かして新しい時代を切り開き、「世界平和」を実現させようというものであった。続く第三節では、アイスターから派生的に展開した宗教法人・和豊帯の会の概要が示された。西山の教えを広めるために教団がつくられたのであり、理念的にも組織的にも企業と教団の連続性・関連性が明らかになった。第四節では、同様にアイスターから派生的に展開した政治団体・女性党の政治進出の全容が明らかとなった。政治活動における主張は、西山が唱えてきたことの延長線上にあるものであり、それを突き詰めていった結果として社会変革と理想社会実現のための政治進出がなされた。「女性」「子どもたちの未来」「新しい時代」を訴えた同党の活動は、二〇〇四年参院選において議席獲得の一歩手前まで行ったものの、具体性には欠け、以降退潮し、頓挫した。

西山＝アイスターの世界観には、女性の性質を過度に称揚し、それによる現状打破・世界救済を訴えるという特異なユートピア観が存在していた。ナショナリズムという観点から見れば、「昔の日本はよかった」という素朴な感覚はあったものの、主眼にあるのは経済成長により精神的豊かさを失った現状批判・文明批判の側面であり、戦前回帰や伝統墨守、皇室崇敬や文化的伝統の強調などに関わるものではなかった。

よってそれは、戦後日本の「正統」的ナショナリズムや「O異端」に親和性を持つものでもなければ、他方で「西山の教えが広まった結果としての女性主体の世界平和」であるという点で、既存の平和運動や女性運動、他の宗教運動とも連繋を取れるようなものでもなかった。その点において、自前の政治団体結成による「政治進出」という道が取られたのだと言えよう。

本章は、これまで取り上げられるべき文脈を持たなかったアイスター＝和豊帯の会＝女性党について、その理念の全体像と「宗教性」、ならびにその政治進出の様相を初めて詳らかにした点において、「戦後日本の宗教団体の政治進出」研究に新たな厚みを加えられたと言えよう。

第7章　註

（1）和豊帯の会は法人認証が一九九五年で、『新宗教教団・人物事典』［井上・孝本・對馬・中牧・西山編 一九九六］などにも記載がなく、宗教研究の対象とはされてこなかった。なお、アイスターや西山については、週刊誌やジャーナリストによる記事が複数あり、本章でも基礎資料として随所で参照・活用していく。

（2）「アイスター」とは、西山の娘・妻の名の一字「愛」「星」から命名された（財界 一九八一／一〇／六）。

（3）以下、同社の概要は、同社公式サイト（http://www.ai-star.co.jp/）掲載の情報を主に参照している。

（4）一九八二年には、約一〇ケース（一五〇万円以上）の売上達成で、京都研修所の「世界平和の像」の銘板に代理店名が刻まれるキャンペーンが、一九八五年には、京都の西山平和苑の「地湧の人」像に名入りカプセルが格納されるというものがあったという［安田 一九八五a・b］。

（5）他報道では、代理店三千、営業所八千、販売員一万二千人とある（実業界 一九八一／一一）。

（6）なお、同年ごろから西山はゴルフに熱中し［西山 一九八八］、その結果一九八八年には、賞金総額四〇万ドルのアメリカ女子ゴルフツアー「アイスター・センチネラホスピタル・クラシック」を新設した。その目的は、「〝世界の平和〟のための布石と日米親善」だという（FOCUS 一九八八／五／六、国際商業 一九八九／七）。

(7) 売上は、一九八二年が五八億円、一九八三年が九〇億円、一九八四年が二百億円とされる(実業界 一九八五/一〇)。また、一九八五年時点では、資本金八千万円、年商一五〇億円、社員一三〇人(グループで七五〇人)、五つの地域本社、四〇の販売会社、一五〇支部、六千五百の代理店、一〇万ほどの営業部員=使用者、との報道もある[安田 一九八五a・b]。

(8) 国会会議録検索システム(http://kokkai.ndl.go.jp/)による議事録を参照。

(9) ここでは、資本金二億、年商約二五七億九千万円、約二〇の販売会社、八千の代理店、営業部員は約一〇万人と報告されている(同議事録による)。

(10) この点については、一九八六年一月一七日に、検査の結果、問題物質は検出されなかったと発表されている(朝日・東京一九八六/一/一八)。

(11) 西山学院高等学校のサイト(http://www.nishiyama.ed.jp/)を参照。

(12) なお、二〇〇三年には、同社経営のホテル「アイレディース宮殿黒川温泉ホテル」(熊本県南小国町)がハンセン病の元患者らの宿泊を拒否したとして、熊本地方法務局と県が一一月二一日、同ホテルの総支配人と同社を旅館業法違反の疑いで熊本地検に告発した(朝日・東京・夕 二〇〇三/一一/二一ほか)。この件は大きく報道され、同社に批判が集中した。この騒動のなかで、西山は「高齢と健康上の問題」を理由に社長を退任した(日経・西部 二〇〇三/一二/二ほか)。翌年二月、同ホテルの廃業が表明された。

(13) これは「西山栄一語録」の「第一章基本編」の一番初めに来るものであり[西山 一九八二b:七七]、西山のメッセージのなかでも最も中核に位置するといってよいだろう。

(14) また、「人生の師」「自分の中に革命」「人生は価値の創造」「人生の勝利者」などの語法には、創価学会の影響を如実に認めることもできよう。西山は、創価学会における救済の方途である題目とその勤行・唱題行為ならびに折伏・布教を、アイレディース化粧品の使用と販売行為に取って代えたのだと言えるかもしれない。

(15) なお、元社員の言としては「西山会長が、夜寝ていた時に、枕元に表われたのが、「和豊帯」というものだそうです」という(実業界 一九八五/一〇)。また、[安田 一九八五b]は、アイスターが研修などにおいて宗教色を強めたのは「二、三年ほど前から」としており、やはり一九八二・八三年ごろを一つの画期とみてよいと思われる。

(16) 毎月一〇日発行の『器新聞』には、巻頭に「御尊厳指導」が掲載されている。

(17) 文化庁が毎年刊行する『宗教年鑑』には「諸教」の項に掲載されているが、単立であるため、信者数等の記載はない。代表役員は、戸塚道子である（平成二五年版）［文化庁編二〇一四：一五八］。

（18）和豊帯の会公式サイト（http://wahotainokai.com/）を参照。

（19）全体として、仏教的用語を取り入れたり、本部を「総本山 成就山西山寺」、各地の施設を「別院」と称し、尼僧の格好をした「住職」が存在したりしているが、やはり独自色が強い。

（20）なお、筆者が二〇一二年九月に教団を訪れた際には、敷地内には「アイスター」の看板が立てられ、教団施設内には「アイレディース化粧品」のポスターが貼ってあった。

（21）以下、各回の選挙全体の動向については、主に［石川・山口二〇一〇］を参照した。

（22）以下、各回の選挙データは、当時の全国紙新聞報道などに掲載の情報を統合して提示する。各候補者の氏名、学歴、職歴等の詳細は、煩瑣になるのでここでは省略する。

（23）なお、同選挙は、第5章で論じたように浄霊医術普及会＝世界浄霊会が最後に候補を擁立した回でもあった。同会は、全団体中最下位だった。

（24）候補者ら負担の広告料は、約四千七百万円となったという（AERA一九九五／八／七）。

（25）東京都選挙管理委員会の「投開票結果」ページを参照（http://www.senkyo.metro.tokyo.jp/data/data01.html#h25togi）。

（26）朝日・宮城一九九八／一／二七、朝日・神奈川一九九八／二／七、毎日・福岡一九九八／六／一八、などを参照。

（27）『読売新聞』世論調査では、比例代表で同党に投票したとの回答が〇・九％（読売・東京一九九八／七／二六）。

（28）この回から比例区に「非拘束名簿式」が導入され、候補者の個人名、所属政党名のどちらでも投票できるようになった。もっとも、知名度が高い候補がいない同党に何らかの影響があるとは考えにくい。

（29）なお、一九九八年一〇月に、代表が若手の町山恵子に交代している。

（30）各地の様子については、読売・東京二〇〇一／三／二三、同二〇〇一／七／七、読売・大阪二〇〇一／七／一三、毎日・茨城二〇〇一／七／一三、読売・西部二〇〇一／七／一三、などの報道を参照。

（31）『読売新聞』調査で、比例区で同党に投票したのは、〇・六％との回答（読売・東京二〇〇一／八／一一）。

（32）『読売新聞』調査で、比例区で同党に投票したのは、一・一％との回答（読売・東京二〇〇四／七／二八）。

（33）なお、二〇〇四年九月には党代表が篠原芙早子に交代している。

（34）この施策は、「トリプル・ファイブ」と呼ばれ、大きく打ち出された。

（35）『読売新聞』調査でも、比例で投票したのは〇・七％という回答（読売・東京二〇〇七／八／一一）。なお、同党は政治資金パーティー収入の合計が一億一七〇六万円、純益率九四・一％、依存率八一・三％で、上位一〇位に入ると報道された（日経・東京二〇〇八／九／一三）。

（36）これに先立つ二〇〇八年五月、女性党は「新しい時代党」に党名変更し、代表者も福井智代に代わった。さらに、二〇〇九年四月には「利他の党」に変更、同年一二月には再び「女性党」に戻されている。理由は不明である。

（37）なお、比例の最下位は、二二万九〇二六票（〇・三九％）の幸福実現党（第8章参照）である。

（38）『読売新聞』調査でも、同党に投票したのは〇％（小数点以下四捨五入）であった（読売・東京二〇一〇／七／二七）。

（39）総務大臣・東京都選挙管理委員会への「政治団体解散届」により確認。ただし、二〇一三年には「なかよしの党」を結成したようだが、同年の参院選には出ていない。

第8章　幸福の科学＝幸福実現党――選ばれた日本、ユートピア建設の理想と現実――

……未来の文明も、これから私たちが、この日本で、神理の太陽を昇らせることが前提条件となっているのです。世界が闇に沈んだときに、日本が、太陽となって輝くのです。この時代、この日本の国に生まれているみなさんは、そういう意味において、選ばれた方がたなのです。たくさんの使命をもって生まれて来ている方がたなのです。

……かつて、ラ・ムーの時代、アガシャーの時代、あるいは、釈迦の時代、イエスの時代に生まれて、神理の流布を助けた方がたが、いま、日本の国に、多数生まれてきております。光の天使が、たくさん日本に生まれているのです。読者のなかにも、そういう方が、必ずいらっしゃるはずです。

（『太陽の法』［大川 一九八七a：二〇九–二一〇］）

……幸福実現党は、何も隠し立てすることがございません。バリバリの宗教政党です！

（二〇〇九年五月一〇日、東京・日比谷公会堂）

はじめに

第Ⅱ部ではこれまで、「政教一致」と「政治進出」の関係を追ってきたが、いよいよ本章では、幸福の科学＝幸福実現党のケースに取り組む。

対象とする幸福の科学は、一九八六年立教の、日本の新宗教運動のなかでは最も新しいものといってもよい。同教団が成立・展開していった八〇年代後半以降、特に九〇年代初頭という時期は、国際社会・日本社会の大きな転換・変動期である。よって、そのナショナリズムとは、ポスト高度経済成長期という国内状況とグローバル化の進展や宗教復興といった国際状況を色濃く反映したものなのではないか、とまずは推測できる。

幸福の科学は、宗教社会学における新宗教研究において、阿含宗・真光（第3章参照）・GLA、ならびにオウム真理教（第6章参照）・ワールドメイト・法の華三法行などとともに「新新宗教」とグルーピングされることが多かった。その定義と適用範囲には議論もあるが、一九七〇年代以降に急速に伸張し（社会的注目を集め）た、霊術・霊界などの神秘的側面を特に強調する新宗教運動のことだと言えよう［西山 一九七九、島薗 一九九二b、二〇〇一］。

幸福の科学についての学術的研究は、九〇年代初頭の運動の社会的台頭時に、その意味を考察しようとしたものから始まる［沼田 一九九〇、真鍋 一九九二、種田 一九九三、清家 一九九五、Astley 一九九五ほか］。これらの多くは、新奇さに着目した時代評論的な単発のものであり、継続的な成果の産出にはつながっていない。

一方、島薗進は、新新宗教の一例としての同教団とそのナショナリズムに着目した。島薗は、幸福の科学には「日本人には世界を救う使命と資格がある」［島薗 一九九七b：二二七］という主張があり、その背景に「経済的優位に育てられた民族的優位意識」「グローバル化の中での厳しい対外関係についての認識」［同 二〇〇一：一二二一―一二三〕があると指摘した。また、その主張は「日本精神ナショナリズム、日本教ナショナリズムの範疇」〔同一九九三a：一五四〕に含まれるとも指摘している。

中林伸浩は、新宗教の日本イメージとして、日本文明の世界への拡大を願う「『帝国』イメージ」と、ナショナリズムを蒸発させた国際化の夢想である「『国際主義』イメージ」の二類型を立て、前者に真光を、後者に幸福の科学を例として挙げた〔中林一九九九〕。後者については、「極端な日本中心主義はない」が、「日本精神の国際化という現代的ナショナリズム」だとしている〔同：一八七〕。

モニカ・シュリンプは、幸福の科学のナショナリズムを、その日本発の文明が世界に広がりつつ移って行くという歴史観・文明観との関連から考察し、その自己アイデンティティ正当化の論理が日本人論などのように本質主義的ではないというきわめて重要な指摘をしている〔Schrimpf二〇〇八〕。

並行して、同教団の研究は主に海外研究者によって進められてきている。キャサリン・コーニールは、九〇年代の教団書籍に基づいて、その特殊なナショナリズムについて手短に言及している〔Cornille二〇〇〇〕。ウーゴ・デッスィーは、日本の宗教運動や思想にみられるハイブリッドな形態と文化的ショーヴィニズムの関係を扱った論考の中で、同教団を一例として取り上げている〔Dessi二〇一二〕。近年で継続的に研究を進めているのは、エリカ・バッフェッリである。同教団のメディア活用の全体像、オウム真理教との終末・世紀末論の相剋などを論じている〔Baffelli二〇〇七、二〇一一a・b、Baffelli & Reader二〇一二〕。

このように、海外研究者にとって同教団は、日本宗教のなかでも現前のきわめて特徴的な対象として映るがゆえに、注目を浴びてきていると言える(1)。

また、幸福の科学は、二〇〇九年に政治団体・幸福実現党を結成し、眼前で宗教運動＝政治運動を展開している貴重なケースでもある。

それについての学術研究は、筆者による一連の研究・論考〔塚田二〇〇九b、二〇一〇a・b・c、二〇一一a、二〇一二a、二〇一四a・d、藤本・塚田二〇一二］を除いては、ほぼ存在しない。

井上順孝は、グローバル化時代のポスト近代新宗教を論じるなかで、幸福の科学を「ハイパー宗教」（当該文化の宗教伝統との連続性が稀薄である一方で、異文化宗教の要素も自由に取り込む）の例として挙げたが、政治進出は「ハイパー宗教的性格とは関係がない」としている［井上二〇一二：四一七］。

アクセル・クラインは、同教団の政治進出を扱った論考において、ある宗教団体が政治活動を始めるには、①当該社会が危機や不満に対する原因を探っていること、②その宗教団体の教えが強く現世志向であること、③宗教的指導者が政治活動を重視していること、の三条件が必要だとした上で、同教団のケースからは、宗教的な教えに基づいた政策には極端な要素が含まれており妥協しない・断固たる表現が多いこと、そのようなやり方は政治の論理と対立し、日本では宗教団体が政治的な活動を行いにくい理由となっていること、などがわかると述べている［Klein 二〇一二］。数少ない研究だが、日本の多くの教団が現世利益を強調し、社会のみならず宗教運動においても理想社会像とそれと何らかの矛盾を抱える現状への不満を持っている状況を考えれば、運動指導者のイニシアティブによると述べているに等しい。本書で論じてきたような、政治関与から政治進出までの多様なケースを考慮した知見とは言いがたい。

以上のような幸福の科学＝幸福実現党についての十分ではない研究状況[2]を踏まえると、本章において、同教団のナショナリズム＝国家意識、ユートピア観の特性をあらためて分析的に捉え、それと独自の「政治進出」との関連ならびにその過程を明らかにすることの意義も大きいと言えよう。

以下、第一節では、幸福の科学の概要を捉えた上で、その草創期の展開を追い、そこにおけるナショナリズムの原型とユートピア観を把捉する。第二節では、同教団が社会的に最も注目され、そのナショナリズムが最も先鋭化したと見られる一九九一年以降、二〇〇九年の政治進出開始までの展開を検討する。続く第三節では、二〇〇九年の政治進出の動機と背景を検討した上で、その「政治進出」の過程を厚く記述する。第四節では、幸福実現党の政策と目指すものを、世界観・国家意識との関連で整理した後に、選挙候補者の属性と選挙結果の分析を行う。

対象資料は、市販のものを中心とした教団刊行の書籍・機関誌類、外部メディアによる報道、筆者の二〇〇七年以来現在に至るまでの教団調査で得られたデータ、などを用いる。

8—1　幸福の科学の概要と草創期（一九八五～一九九〇）の展開

本節では、幸福の科学という新宗教運動の概要をまず確認する。続いて、草創期の展開とそこで提示されたナショナリズムとユートピア観の原型を捉える。

幸福の科学の概要

幸福の科学は、大川隆法《りゅうほう》（生名・中川隆、一九五六―、現・総裁）が、父親の善川三朗《よしかわさぶろう》（本名・中川忠義、一九二一―二〇〇三）らとともに、一九八六年一〇月に東京都杉並区西荻南にて設立した。

大川は、徳島県川島町（現・吉野川市）に、中川忠義の次男として生まれた。地元の城南高校から東京大学法学部に進み、政治コースを卒業後は、大手商社トーメンに勤務した。

大学卒業間際・就職直前の一九八一年三月、大川は高級諸霊からのメッセージを受けとるようになったという。こうした事態に驚いたのが、父・善川だった。上京した彼は、大川の兄である富山誠とともに「対話者」となり、「霊声者」である大川との問答を進めていった。

こういった「霊媒実験」のようなことを蓄積していき、一九八五年八月には初の著作『日蓮聖人の霊言』［善川編著 一九八五ａ］が刊行された。その後、空海・キリスト・天照大神・ソクラテス・坂本龍馬・卑弥呼の名を冠した「霊言」集が、善川の名で出されていった。

一九八六年七月、大川は商社を退職した。八月から九・一〇月にかけて、根本経典や基本三法が執筆されていったとする（後述）。

同年一〇月六日、幸福の科学が立教となった。「神理の学習団体」としてのスタートが切られた。

その後、学習・講演活動とともに、出版活動が続いた。一九八七年一二月には、幸福の科学出版が設立された。以降、九〇年代初頭まで、こうした宗教家や歴史上の偉人の「霊言」（霊示・霊訓）集を中心として、毎年二〇～三〇冊のペースで書籍が刊行されていった。

一九九〇年ごろからは伝道活動を本格化させ、一九九一年には宗教法人格を取得した。そのころから大会場に数万人を集めるなど、メディアを利用した派手な活動を展開していくこととなる。

幸福の科学の世界観を、簡単に見ていく。

根本経典は『仏説・正心《しょうしん》法語』、基本三法は『太陽の法』『黄金の法』『永遠の法』の三書である。ここに基本的な教えと世界観が示されている。

その活動目的は、「仏法真理」に基づき「幸福」を広げることとする。「仏法」とあるが、他の日本の新宗教運動に広く見られる既成仏教や民俗宗教との直接的な連続性は稀薄である。以下で見ていくように、井上順孝の言う「ハイパー宗教」［井上 二〇一二］の特性を持つと言ってよい。

その世界観の中心には、霊界・霊的存在の実在性がある。人間は、何度も輪廻転生を繰り返す。現在の生は、魂の修行・進化の一過程であり、亡くなると霊界に戻る。そして、生前の生き方に応じて、霊界での行き先も決まる（霊界と現世との照応関係）。

霊界は、何段階にも分かれている（多層的霊界観）。四次元幽界以降、ステージが上がるにつれ、五次元善人界、六次元光明界、七次元菩薩界、八次元如来界となる。歴史上の宗教家・思想家・偉人ら（反宗教的な者を除く）は、ほとんどがこのなかにいるとされる。

さらに上の九次元宇宙界は、救世主の世界であり、一〇の存在がいる。ゴータマ・シッダールタ（釈迦）、イエス・キリスト、モーセ、ゼウス、マヌ、ニュートン、ゾロアスター、孔子、エンリル、マイトレーヤーだとされる。

九次元のなかで、釈迦の本体意識が「エル・カンターレ」であり、最高大霊だとされる。そして、この意識は、過去においてラ・ムー、トス、リエント・アール・クラウド、ヘルメスとして地球に転生したことがあり、それが現在、大川隆法として地球―日本に下生しているのだとされる。こうした救世主信仰が核にある。

また、こうした壮大なスケールの霊界観により、世界の諸宗教ならびに中国思想や科学思想、社会思想に至るまで、全てが包摂されている（されるべきだとする）。こうした万教帰一的思想を看取できる。

現世での「魂修行」の方途は、「現代の四正道」である「愛・知・反省・発展」の四徳目に集約される。人間はそもそも神の子・仏の子である。一人ひとりがその本性を自覚し、他者へ愛を与えていく。そうすることで自分も周りの世界も変わっていく、という性善説的でニューエイジ思想に親和的な考えを持つ。自助努力とポジティブ・シンキングといった心の統御法により、成功・繁栄・発展が目指される。その点では、自己責任の強調と成果主義の肯定姿勢といった経営・自由競争市場的発想と連結され、新自由主義に親和的ともなる。

以上のような考えに基づいた実践を通じ、それを個人から社会・世界へと拡張していくことで、現世でユートピアを建設することが目指されている。

こうした世界観は、当然ながら完全にオリジナルのものではなく、先行する諸思想・潮流の影響を受けている。先行する新宗教運動のなかでは、直接の分派ではないものの、生長の家とＧＬＡの影響を指摘できる(3)。前者からは、万教帰一思想・人類光明化思想・「神の子」的人間観などを、後者からは霊界観・転生観・霊言思想などを継承し、展開させたと言える。

なお、生長の家の谷口雅春は、前世が伊邪那岐命・プロティノスだとされ、初期にはその名を冠した霊言・霊示集も四冊刊行された(4)。

他方、GLAの高橋信次（一九二七-七六）は、初期には「アール・エル・ランティ」＝「ヤーヴェ」「アラー」などとして非常に重要視され、その霊言集の類も二〇冊ほど出され（文庫版再刊を含む）、人々を引きつけた。だが、数度の教義の書き換えにより、現在では払拭されている。

次に、組織と活動の側面である。

公称会員数は一二〇〇万人（海外一〇〇万人）としているが、これは『正心法語』の累計発行部数とされる。実態とはかけ離れた数値を継続して喧伝している。

日常実践としては、経文類の読誦、祈り、心直し、伝道、各種祈願や研修、布施（植福）などがあるが、何といっても重要なのは、大川の著作を読み・学び・広めることである。

大川の著作は、これまでに一八〇〇冊を超えるとされる（公称、教団内のみ流通の小冊子類なども含む）。近年では、大川に降ろした「霊」の「霊言」と幹部ら数名との質疑応答を数時間ほど収録して文字起こしし、行間を広く取り読みやすい大きさの活字で組まれた「霊言集」が、ひと月に数冊程度刊行されている。

その特徴は「出版・読書宗教」とでも言うべきであり、大川が説法・法話・降霊・対談等を行い、その内容が書籍化され、会員が購入・献本活動をし、読んで学び、またその書籍をもとに説法・講義が行われるといったサイクルが、宗教活動の重要な核を構成している。

施設・拠点としては、本部機能は東京の五反田に総合本部があり、宗教的中心地たる総本山は宇都宮・日光・那須にそれぞれある。全国には、一七の「正心館」などの大型施設、数百の支部精舎（自前の土地・建物）、拠点・布教所など、一万ヶ所の国内拠点があるとされる。海外では、百ヶ国超で活動しているとする。

前述のような書籍刊行も含め、メディア利用に著しい積極性を見せているのが大きな特徴である。全国紙や電車の中吊りなどへの広告も頻繁である。「布教誌」として、一九八七年四月創刊の『幸福の科学』など四種の月刊小冊子がある。オピニオン・情報誌としては、月刊『ザ・リバティ』(一九九五年三月創刊)などがある。映画もこれまで八本を製作・公開している。

政治分野では、二〇〇九年五月に、政治団体・幸福実現党を結成した(後述)。活発な活動を継続しているが、五年近くを経て、議席は小矢部市議会の一議席のみである。

教育分野では、二〇一〇年四月に幸福の科学学園中学校・高等学校を栃木県那須町に、二〇一三年四月に滋賀県大津市に同学園の関西校を開校した。二〇一五年四月に開設予定だった幸福の科学大学は、二〇一四年一〇月に不認可となった。

以上、同教団の概要を見てきた。筆者は、同教団のことを、「最後の新宗教か」「(新宗教運動という形態の)最後尾の端境に位置しているよう」と形容したことがある［塚田 二〇一二a：三九‐四二］。これが的確かはまだ分からないが、バブル期のムードを背景に、社会的注目を集め展開していった教団なのである。

幸福の科学のナショナリズムの原型

ここでは、初の書籍刊行から立教を経て、本格的な伝道活動が始まる一九八五～一九九〇年の時期を対象に、幸福の科学の世界観ならびにナショナリズムを、初期霊言集ならびに『太陽の法』『黄金の法』『永遠の法』を中心に見ていく。

立教間もない萌芽的組織の段階にあった幸福の科学の中心的活動は、出版と講演だった。その出版物のなかでやはり注目すべきなのが、さまざまな歴史的宗教家・偉人などの「高級霊」からの霊言・霊示・霊訓集である［善川編著 一九八五a・b、一九八六a・b・cほか］。今風に言えば、「スピリチュアル・メッセージ」となろうか。日蓮に始まり、キリスト、天照大神、坂本龍馬、孔子、谷口雅春、内村鑑三、高橋信次など、軽く五〇点を超

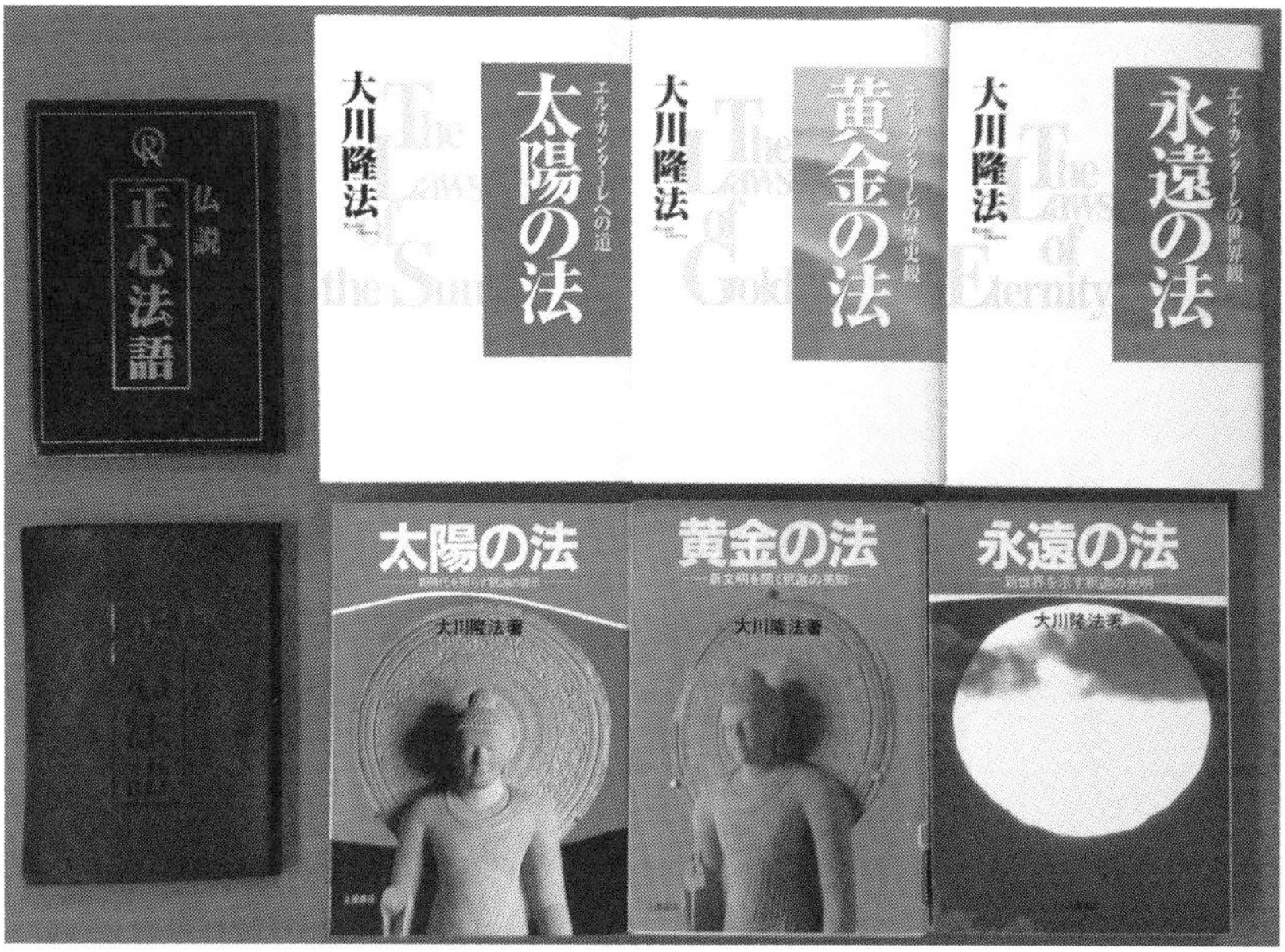

写真１　根本経典『正心法語』と基本三法『太陽の法』『黄金の法』『永遠の法』

える（新版等を含む）。これらは、団体が設立されるより前から出版・収録が始められている。まさに幸福の科学は、「霊言」から始まったと言えるのである。初期の大川は、未だ何者であるかを意味づけられておらず、むしろこうしたメッセージを取り次ぐチャネラー・霊媒的な役割であったのだ。

それらの霊言の内容は多岐にわたるが、大まかに言えば、霊的世界の実在とその仕組みを説くもの、自助努力による現世での成功・繁栄・発展を謳い、そのノウハウを説くもの、が目立つ。本章が焦点化するのは幸福の科学のナショナリズムだが、現在、同教団が政治進出し、過激にも見える論を展開しているからといって、必ずしも当初からそうした政治思想や国家観が全面的に披瀝されていたわけではないことを指摘しておく。

そうしたなかで重要な動きが、一九八六年の根本経典『神理の言葉 正心法語』、ならびに一九八七年の基本三法『太陽の法』『黄金の法』『永遠の法』の成立である。これらはいずれも数度の書き換えを経ながらも、今日でも同教団の根本的世界観を記したものと理解されている。よって、そこに見られるナショナリズム＝国家意識や日本観を捉えることはすなわち、同教団のナショナリズムの原型を把捉するということになるだろう。

『神理の言葉・正心法語』（現・『仏説・正心法語』）には、そうした面はあまり色濃くない(5)。人間が神の子・仏の子であること、愛について、生き方について、などが主な内容である。「神の国」という語はいくつか出てくるが、これは特定の国家を示してはおらず、宗教的精神が充満した理想的状態を指すと考えた方がいいだろう。

続いて、基本三法を見ていく。『太陽の法』では根本的世界観や教義・地球生命の誕生・文明の流転などが、『黄金の法』では世界史・東洋史・日本史（歴史上の偉人や思想家がだれの生まれ変わりか）そして未来史予測といった歴史観が、『永遠の法』では四次元～九次元霊界を中心とした空間論がそれぞれ展開されている。ここでは国家意識・日本観を焦点化してみよう。

『太陽の法』では、本章冒頭の引用の他に、

……これよりのち、神理の太陽の昇りくるにつれて、この地球の一角から、おおいなる光がほとばしり出るでありましょう。その一角こそ、選ばれたる地、日本なのです。ですから、今後、日本を中心として、神理の太陽が、燦然と、悠然と昇りくる姿を、数多くの人々が見ることになるでしょう。［大川 一九八七ａ：二四］(6)

といった日本の使命が述べられている。

続いて、『黄金の法』では、

> ……人類の歴史を鳥瞰してみると、ある一定の時期に、一定の地域を中心に、異常にレベルが高い人びとが住んでいたことが注目されるでしょう。……日本でも、今から二七〇〇、八〇〇年ほど前、天照大神を中心として、多数の諸如来、諸菩薩が輩出しており、大和の国の基礎となる神政政治を行なっておりました。現在の皇室は、その肉体的な末裔ということになるのです。[大川 一九八七b：五七]
>
> ……西暦二〇二〇年頃から二〇三七年頃に、日本は現代のイェルサレムとなり、世界のメッカとなるはずです。この時期が、日本の黄金時代となるでしょう。日本は神理発祥の地として、世界の賞賛を一手にしますが、二〇三七年頃、偉大な光の人が没します。そして、神理の火は、やがて、南のほうへと受け継がれてゆくのです。[同：二一六―二一七]

などと説かれている(7)。

続く『永遠の法』は、主に霊界についての内容なので、日本・日本人について述べた箇所はほぼない。ただし重要と思われるのは、

> ……（九次元宇宙界の七色の光のうち）紫色の光線が、中国に出た孔子の光線であって、……道徳の道、あるいは、学問的なものの考え方、礼節、秩序、こうしたものを主として司っております。……また、この流れのなかに、日本神道の流れがあることも、真実であります。[大川 一九八七c：二一六―二一七]

と述べているところである。

以上から、基本三法において展開されている国家意識・日本観をまとめよう。ここに見られるのは、選ばれた地である日本という意識、日本人は選ばれているという選民意識であり、それはこれから広がる神理（真

理）の発祥地であるがゆえであり、日本・日本人の重要性は大きい。その根拠となっているのは、「光の天使が、たくさん日本に生まれている」からである。これは特に根拠を求めるのではない、「生まれているから生まれている」「選ばれているから選ばれている」といった内部循環的な論理である。また、日本の繁栄は決して永続的ではなく推移するもの、という主張を含んでおり、本質主義的ではない。「日本神道」の神々（そして天皇）は、確かに高級神霊（とその末裔）には違いないが、あくまで国造りに携わった存在としてローカライズされるとともに、より高次元の霊界に包摂され、相対化されている。以上を、幸福の科学のナショナリズムの原型と捉えておく。

こうしたナショナリズムは、一連の「霊言集」のなかでも繰り返され、また微妙な展開を遂げていく。いくつか例を挙げる(8)。

……国際的な地球時代の宗教を創る……あなた方は仏教も超えて行け、キリスト教も越えて行け、そして仏教、キリスト教、神道をも越えたS教団をも越えて行け！（天之御中主之神）［善川編著 一九八六b：一〇七–一〇九］

……いま、私たちは、日本という国をこの次元にまで持ってくることができました。……日本はいま科学において、経済において、世界の一流国となりました。そしていまあなた方数名、数十名、まとまって日本という国に出られて、日本という国に新たな霊文明の夜明けと申しますか、黎明を告げんとしています。これからの日本に新たな霊文明ができていくでしょう。その霊文明を基礎として、今度は日本という国が、世界の政治、経済、文化において、この宇宙船「地球号」の舵とりをする役割を担っていくのです。（聖徳太子）［同：一九三］

……日本国憲法は、いずれは抜本的に改正されます。ただし、天皇に関しては、今のような象徴的な形となりましょう。……その中に、支柱として出てくるものは、正しい〝法〟というもの、これを敬うような国体というものを作っていくでありましょう。（同）［同：二〇三−二〇四］

……わたしたちの目的は、この日本という国を、最高の仏国土、ユートピアにするということであります。（同）［同：二一一］

特に重要なのは、科学や経済において一流である「現実に発展・繁栄した日本」が、その使命や優位性の主張の根拠として示されつつあることである。この点は、基本三法にはなかったものだ。

……ほんとうに神理を知っている人が一国の宰相となっていくべきなのです。そうすれば、世の中、日本全体は、必ず変わっていきます。このように、数多くの宗教政治家たちを輩出していく時代、それが二〇世紀後半から二一世紀にかけての日本を中心とした動きとなっていくと、私は思います。（内村鑑三）［大川一九八七e：一六二］

……あのとき（第二次世界大戦）に亡くならなかった人材がいたならば、日本の繁栄はもっと素晴らしかったかもしれない。……彼らが生きていれば、日本の現在の経営者、政治家、官僚たちのなかに、そうした超一流の人材がいたはずなのです。（同）［同：二三五−二三六］

……真理というものを政治のなかに持ち込んでゆかねばならんということだ。これだけを私ははっきりと言っておかなければならん。天皇制を葬り去るのも結構であるが、そうであるならば、天皇制に替わるものを打ち立てねばならん。（天之御中主神）［大川一九八八a(9)：一一四］

こういった言説は、同時期の著作の随所に認められる（他に［善川編著 一九八六c、大川 一九八七d］など）。注記しておかなければならないのは、これらの言説はあくまで、現在の時点から遡って筆者が分析的に選んでいるということだ。だが、そうであっても立教当初からこのような言説が積み重ねられていったという事実自体は揺るがないだろう。これらが、現在の大川―幸福の科学＝幸福実現党の思想と行動にどうつながっているかいないかは、本章での分析を経て明らかにされるだろう。

なお、これらの著作における「あなた方」とは読者すなわち日本人一般であって、幸福の科学会員に限定されているわけではない。この時点で使命を帯びていて、世界に働きかけていく主体・主語は、「幸福の科学（会員）が」ではなく、「日本が」「日本人が」であることには注意を払っておきたい。

繰り返しになるが、こうした国家意識や日本観は全ての著作に見られるわけではない。だが、それでも霊的世界についての解説、自助努力と心直しによる成功理論などとともに、草創期幸福の科学の世界観の一角を占めていたことが指摘できる。

草創期幸福の科学の政治意識・ユートピア観

霊言集から始まった幸福の科学だったが、基本三法が刊行され、運動も徐々に展開していくなかで、大川は単なる「霊媒」ではなくなっていった。大川がエル・カンターレだと宣言するのは一九九一年だが、一九八九年一二月には仏陀が弟子たちに語りかけるスタイルの『仏陀再誕』が刊行され、一九九〇年一〇月二八日の第一二回大講演会において、自身が「仏陀の魂の法身」であると述べた。こうしたなかで、大川の位置づけは相対的に高まり、大川自身の口からさまざまな教えと考えが語られるようになっていった[10]。

草創期幸福の科学の言説のなかでも、その政治意識や国家観をよく伝えているものとして、一九八九年七月一六日の講演を元にした「成功理論の新展開」が挙げられる［大川 一九九二］。これは「霊言」ではなく、大川自身の言葉である。(11)大川は、「国家としての成功」をこのように話し始める。

……各企業の単位で、「こうした指導者がどうしても必要だ」という話、「指導者に徳が必要だ」という話をしました。これは、当然ながら国家のレベルにおいても通用するはずです。

日本という国の政治は、いま大きな曲がり角を迎え、今後いかなる方向に進んでいったらよいのか、その方途がわからなくなってきております。進むべき方途がわからないならば、それを自分の小さな頭脳に訊くべきではありません。また、それを諸外国の模範に求めてはなりません。神の心、神の念《おも》い、ここに求めるべきなのです。〔同：二二二〕

すなわち、現行の政治の問題点は政治・政治家に徳がない、「神様のめざしている方向が見えない」ことだとする〔同：二二三〕。そして、日本については、

……これから、日本は大きな転換点に入ってゆきます。……中略……しかし、その混乱のゆくてにあるものは一つです。政《まつりごと》というものを本来の人の手に戻すこと。すなわち、実在世界にある秩序、使命を政治に反映させること。これ以外にないのです。〔同：二二四〕

としている。そのための方法は何か。まず大川は、国政が遅れるとして参議院不要論を説く。次に、徳のある政治家が現行では出てこないとして衆議院の改革を説く。その具体案は、六百人くらいの衆議院議員を、政治のエキスパート、各業界別のトップ、選挙による選抜のそれぞれ三分の一ずつにするというものである。政治のエキスパートについては、あくまで「神理、心の教えというものを学んだ人」「専門知識と心、精神の政界、

神理の世界、この両方を学び得た人」であることを条件としている〔同：二二八〕。そして、この各グループのなかから、総理大臣の候補を一名ずつ挙げ、その三人から国民投票で一人にしぼることを提案する〔同：二三〇〕。それ以外にもさまざまな具体案を披瀝した上で、究極的に提示するのは、理想世界・ユートピア建設である。それは、「神理の価値というものは、いろいろな経済単位にも、政治の単位にも働いてゆくべき」とするものである〔同：二三九〕。

二〇〇九年衆院選・二〇一〇年参院選のマニフェスト（本章第四節）などを念頭に置くと、幸福の科学の政治意識の原型がここにあることを看取できよう。もちろん当時の読者・会員が、これを「実際に目指すもの」としてどれだけのリアリティを持って読んでいたのかは定かではない。

同時期には、根本経典に「全ての人　愛し合い　睦み合い　信じ合う　世界なり」〔大川　一九九一（一九八六）〕などと断片的に示されていたユートピア観も、まとまった形で提示されていった。

『幸福の科学入門』では、幸福の科学の使命は日本を中心として、全世界に救世の事業を興すことであり、それは二つの柱からなるとする〔大川　一九八八b〕。一つは「個々人の心の中にユートピアを築こうとする運動」である。もう一つは「全体のユートピア」である「地上天国の建設」であり、それが「幸福の科学の究極の目的」とする〔同：二二一－二二三〕。なぜ、現世・地上でユートピアを建設する必要があるのか。それは、「地上から地獄へ行く人々の供給源を止めないと、地獄は永久になくならない」からだ〔同：六九－七〇〕。このユートピアとは、「万人が神を信じ、万人が神の子としての自覚を持ち、そして互いに愛し合いながら生きていく」世界だとする〔同：二四五－二四六〕[12]。

『ユートピア価値革命』では、さらに論が展開されている。ここでは、「ユートピア価値」と「神理価値」とが区別して論じられ、後者が精神的価値であり普遍性を有すのに対し、前者は時代性や地域性の影響を受けつつもそのなかでの行為・実践をともなう価値だとされる〔大川　一九八九：九四－一〇二〕。そして、このように述べられる。

……今、ユートピア価値革命へと向かっていく私たちにとって、これを単なる精神的活動として押さえている時期は、もう終わりが近づいてきているということを、私は明言せんとしているのです。私たちの運動は、地上的ないかなる定義を付すことも許さない、そう私は思います。これは宗教でもない、思想でもない、信条でもない、経済でもない、政治でもない、教育でもない、科学でもない、こうした一切のものではなく、また一切のものである、それが私たちの動きです。〔同：一四九〕

このように見てくると、大川―同教団のユートピア観の基本枠組がつかめてくる。

それは個人の成功・個人の心のユートピアから始まり、国家の成功・地球のユートピア化に段階的につながっている。現世と来世の照応関係を説き、魂の修行のために輪廻転生を繰り返すと考える同教団では、地上・現世をユートピア化することは、魂のステージを上げ、霊界の浄化・向上にもつながるとされる。

地上のユートピア化とは実践・行為をともなうものであり、それは「宗教」の領域に収まりきらない、社会・世界全体のあらゆる領域までも包摂するようなものである。それを「本来あるべき」とされる「神理」（宗教的価値）の下に取り戻して統合しよう、というのである。その変革は、経済・政治・教育などあらゆる方向に当然向かうものであり、そこでは「神理」に基づいた哲人・宗教的価値の体現者が指導者・リーダーになるべきとされるのである。こうした世界認識は、後の政治進出を考える上でも、非常に重要なポイントとなるだろう。

こうして、幸福の科学は、書籍刊行数に比例するように、その教勢と知名度を伸張させていった。一九八九年末には、総合本部を都心の紀尾井町ビルに移転させた。「精神的活動」のみに留まる時期が終わりをむかえたとする幸福の科学は、一九九〇年には「伝道」活動を本格化させていき、新たな段階をむかえる。

8-2　社会的注目期から政治進出前まで（一九九一～二〇〇八）の幸福の科学

本節では、幸福の科学が社会的注目を集めることとなった一九九一～一九九五年の時期を中心としつつ、二〇〇九年の政治進出に至るまでの期間の、言説と運動の展開を捉えていく。

ナショナリズムの先鋭化

「時代はいま、幸福の科学」――。幸福の科学が大きく注目された一九九一年という年は、確かにそう映ったのかもしれない。同年三月七日、宗教法人格を取得した。東大五月祭では、大川は母校に凱旋し、安田講堂前にて講演を行い、二千数百名が集まった。全国紙への全面広告や、『女性セブン』での連載も行った。「サンデープロジェクト」への大川の出演や、「朝まで生テレビ！」への幹部らの出演とオウム真理教・麻原らとの対決もあった。同時期には、「ミラクル献金三千億円構想」が発表され、二千億円で都内に日本一の高さの総本山ビルを建設し、一千億円で地方本支部・研修施設の建設をすることも目指された（幸福の科学 一九九一／六：七六-七七）。

七月一五日、初の大川の「御生誕祭」が東京ドームで行われた。五万人を集めたとされる。ここでの講演で大川は、「あなた方の前に立ち、永遠の神理を語るは、エル・カンターレである」と自身を意味づける「エル・カンターレ宣言」をなした（幸福の科学 一九九一／九：五〇-五五）。

この時期に何が起こっていったのか、追っていこう。[13]

この時期のナショナリズム＝国家意識を見る上で、一九九一年刊行の二書『アラーの大警告』と『ノストラダムス戦慄の啓示』は、外すことができない。

前者は、元日付で「緊急出版」されたものであり、中東の湾岸危機を背景とした、高橋信次＝エル・ランティ＝アラーの霊言の体裁をとる。

……イスラム教のね、教え、教義等の改革をするのは、実は日本で今、起きている「幸福の科学」の運動なんです。この思想が必ず、……あの中東地域に出ていきます。……それは、日本の経済力とタイアップした動きです。……その経済力が世界を変えていくだろうし、その上に上位概念としての、こうした宗教というものができたときに、国際宗教となって、世界の人びとを救っていくようになると思います。［大川一九九一a：四三―四四］

……いつまで半世紀前の敗戦国のイメージを持っているのだろうか。もうぼちぼち胸を張ったらどうだろうか。……今、日本という国は、神の世界から選ばれて、世界のリーダーにならなくてはいけないと言われているわけなんです。［同：八七］

……この二人の大霊（エル・カンターレ＝大川、エル・ランティ＝高橋）が同時期に日本に出て、バトンタッチをするということは、……これはもう必勝体制なわけですね。……人類草創期の神二人が、……日本に出たということは、日本を中心として全世界を救う大きな教えが起きるということで……［同：一五九―一六〇］

そして、「日本の国家の教義」「国家の存立基盤」は、「幸福の原理を、ユートピアの運動を全世界に広げていく」ことにあり、「日本の経済力を、国力をバックとして、新たな思想を世界に輸出しなければならない」［同：一六六―一六七］としている。

ここでは、日本の経済的優位性とそれに基づいた宗教伝道とを最大限に強調していることが確認できる。国際情勢への敏感な反応が見られ、日本による政治的・経済的・軍事的・宗教的リーダーシップの確立を強く訴えている。

全体を通じて日本の現状については嘆いており、苛立っている。日本の国内状況への批判、特にマスコミ批判の論調も強い。繁栄し、理想であり、使命を帯びているはずの日本・日本人だが、思うようにはいかないのである。

次に、後者の書では、同年一月一一日の「ノストラダムスの霊示」が展開される。日本は海獣リヴァイアサンにたとえられており、中国や朝鮮半島・東南アジア諸国などが日本の経済力・軍事力の支配下に入ること、アメリカ・ソビエトも衰退し、イラクなどのアラブ国家と日本の世になることなどが「予言」されている。(14)

……(欧米・ソ連の没落は)いずれも日本の科学技術と、経済の発展に太刀打ちできなくての後退であるのだ。……(日本が)全世界を食い荒らしているのだ。全世界の市場を食い荒らしているのだ。[大川 一九九一b:一四五―一四六]

……怪獣は、長らく多くの人びとに愛されることはない。怪獣が人びとに愛される道は、このリヴァイアサンの腹のなかに生きているところの、この救世の光を、全世界に広げた時のみである。そして、その救世の光が全世界の人びとを現実に救う力を有した時のみである。この日本の国に、新たに興きたるところの「太陽の法」が、……(全世界を席巻し)人びとを救い得てのみ、リヴァイアサンは歴史のなかで、初めて存在を許されることになる。[同:一六二―一六三]

両書の内容を踏まえると、それまでの高級神霊の存在という論理に加えて、ここでは特に経済的優位性が教えの宣布の基盤としてきわめて強調されている。そして、日本が世界のリーダーとなるべきこと、神理（真理）を輸出していき、世界を席捲すべきことが説かれている。しかし、同時に、国際社会における日本認識、世界が日本をどう見ているか、についても注意を喚起している。

これらの「予言」的メッセージには、日本の「軍国主義化」・米ソの失墜・朝鮮半島と中国の「植民地化」・世紀末の終末的状況などが含まれている。これを大川や教団の運動方針や政治的志向とそのまま同一視するのは、留保が必要と思われる。大川自身が同書を「異色のもの」［同：一九二］としており、こうした終末的状況を回避するように運動を展開したと教団は主張する。[15] またこれらは、あくまでノストラダムス霊や高橋信次霊の発言だというのが教団側の言い分であろう。

だがそれでもなお、この時期に大川と同教団が、この二書を配布しきれないほど多く印刷し、こうしたメッセージを喧伝していたという事実自体の重みは変わらない。

よってこれらは、冷戦体制の崩壊・湾岸危機・昭和の終焉・バブル経済最終期という時代状況、そこにおける日本の先進国意識や国際貢献・進出機運を濃密に反映した、先鋭化したナショナリズムであると位置づけることができる。

メディアが注目する大川隆法――幸福の科学

社会的注目を浴びた大川と同教団に対して、メディアもいくつかが押しかけた。『文藝春秋』一九九一年八月号の「大川隆法インタビュー「宗教界は企業努力が足りない」」は、大川自身がメディアに答えたものとして注目される。

……私はいま、日本や世界の時代背景を見て、それに必要な考え方を出しているんですね。仏教とかキリスト教が現代人を引きつけないのは、それが過去のものになっているからだと思うんです。

（文藝春秋 一九九一／八：三三二）

……これはハッキリ言って、経営の問題だろうと思います。

（同：三三三）

……僕は宗教界というのも企業と同様に、適当な競争があるべきだと思うんですよ。お互いしのぎを削りあって、それで活性化していく。……ウチはむしろ「積極的に競争しませんか」ということでやっているんです。そこでイノベーションができて技術革新が生まれ、生き残れるところは生き残る。それができないところは、時代的使命が終わったんだろうなと思うんです。

（同：三三四）

大川の認識、経営的国家観ならぬ経営的宗教観に立脚した市場原理肯定の姿勢がよく表れている。同インタビューの話題は、政治に及ぶ。

……（政治進出については）まだ準備段階ですし、私自身の勉強もまだ十分ではないんで、具体化するまでには時間がかかると思います。ただ、最初は思想的なものから行くのが筋だと思うんですね。理想的な政治のあり方とか、経済の仕組みについての思想。……現実にはまだ宗教団体として十分にできあがっていないんで、まずこの本道を固めて、あと余力ができればいろんなことをやってみたいなと思っています。

（同：三三五）

……（創価）学会の失敗は……やはり公明党だと思っています。手を政治の方に広げたために日和見的になり、批判にすごく弱くなってしまった。本来、信仰の世界だったものが政治に手を出したために俗化して、非常にむつかしくなった。……ですから、政党のようなものを作ることは考えていません。むしろ、当会の考え方に賛同するような政治家は養成したいな、という気持ちはありますけどね。

（同：三三五）

また、一九九一年一一月三〇日に行われたFINANCIAL TIMES紙のインタビュー、ならびに同年七月二三日に行われたTBSの「報道特集」のなかでは、

……私たちが政界に進出するというような考え方であるならば、そういう考えは今のところ持ってはおりません。／しかし、その政治的野心という考え方が、日本の針路に対して、これから国の進むべき方向に対して、非常に関心があるという意味であるならば、それは確かに持っております。［大川 一九九三：二七］

……私の目から見た場合、やはり、宗教と政治を同時にやっていくことの難しさというものを非常に感じます。宗教というものは確固とした価値観に基づいたものですけれども、政治というものは、かなり妥協の産物であることは事実なのです。……そうすると、その政治のほうに政治団体として参画いたしますと、どうしても、どちらをとるかというような問題が出るわけです。……これは本来の宗教の「かくあるべし」という世界観と必ずしも合致しないところがあるのです。つまり迎合的になっていくことがある。……やはり断固として、宗教と政治なら宗教をとって、そして行動されたらよいのではないでしょうか。

［同：七三－七四］

などと答えている。

それから二〇年ほどを経て政治進出をした現時点から見れば、言行不一致を批判することも容易だ。だがむしろ、当時の大川＝同教団の認識をよく捉えることができるだろうし、その後の二〇年の青写真ともなっていることがわかる。

メディアのなかには、抬頭する新宗教運動に対して批判点や問題点を探そうとするものも多くあった。講

談社の写真週刊誌『ＦＲＩＤＡＹ』は一九九一年八月二三・三〇日号から、「大川が過去ノイローゼで相談にかかっていた」などと報じた記事を掲載した〔ＦＲＩＤＡＹ 一九九一／八／二三・三〇ほか〕。教団は対決姿勢を強め、九月には講談社に大規模な抗議行動を行った〔「講談社フライデー事件」〕。デモ行進やＦＡＸ・電話などを通じて、業務に支障を来たすほどだった。その後は、双方から提訴がなされた。教団はこれら一連の動きを「希望の革命」などと位置づけた。これを機に、マスコミ批判が強められていった。

この一件は、幸福の科学の対社会的性格に大きな影響と変化をもたらすこととなった。

国内問題への視点移動

このようななかで、さまざまな軋轢や問題も可視化されていった。「正しい」はずの「神理」・宗教が必ずしも尊重されない風潮を目のあたりにし、繁栄しているはずの日本の現状をとても手放しには認められなくなったのだろう。この時期の三書に収められた内容は、この時期の大川─同教団の強調点の移行をよく伝えている〔大川 一九九四ａ・ｂ、一九九五〕。

一九九一年の講話では、「現代のように、この日本に生を享けるほどの、それほどまでに尊い瞬間はおそらくないであろう」〔大川 一九九四ａ：四三－四四〕、「人類五〇数億の運命が、今、日本人の手に委ねられているのである」〔同：二七九〕などと、八〇年代後半以来の選ばれた日本とその使命感がストレートに発信されている。

しかし、一九九二年の講演となると、いささか趣きが異なってくる。ここでは、日本の非軍事化・軍縮方向への批判、中選挙区制の維持、議員報酬の引き上げ、政治家が国益を語るべきであること、マスコミの政治家批判の不毛性、などに頁が割かれた上で、「これからの日本には宗教的精神が必要でしょう」〔同：八九〕と述べ、「日本（人）が世界に対して何をしていくか」よりは、「日本をどうしていくか」が説かれる。またこの時期には、経済的優位性を裏打ちとした言説は、あまり見られなくなっていく。

さらに、一九九三年の講演「ユートピアの時代」(四/一八)を見ると、『太陽の法』同様の日本が選ばれた地で世界の中心となることは述べられているが、そのための経済的発展、あるべき政治的指導者、信教の自由の重要性などが、国内問題として説かれている[同二一七―二六七]。

一九九四年一〇月一六日のセミナーの内容を見ると、ここでの中心は「教え」というより「政策」である。マスコミ批判、信教の自由の基盤としての『宗教的人格権』の主張、「邪教」批判と宗教の在り方、国内外諸問題などがパノラマ的に説かれ、「宗教の果たすべき役割」[大川 一九九四b:八二―八三]が強調される。ここでは、「宗教」が「国家社会」に対して、何をしていくかが最重要視されているのである。

一九九五年七月一〇日の法話においても、オウム事件、日米自動車交渉批判、北朝鮮への米支援問題、日米安保体制の維持など、内憂外患が触れられ、やはり「正しい宗教」の社会に対する役割が説かれている[大川 一九九五]。

このようにして、一九九二・三年ごろから国内問題に強調点が移行するとともに、八〇年代後半以来持続的に発信され、一九九一年初頭で著しく先鋭化したナショナリズムや日本の使命感は、あまり見られなくなっていった。発信するメッセージは、当初の日本人一般に向けた「日本・日本人が何をすべきか」よりも、「幸福の科学(とその会員)が日本を(そして世界を)どうしていくべきか」という方向に重点がシフトしていった。「選ばれた地」であるはずの繁栄した日本は、「理想国家」に鋳直されるべき多くの課題を抱えた対象として映っていった。これは、同教団が宗教運動として発展し独自性を強めていったことと、バブル経済の崩壊により前提としていた日本の経済的優位性に全面的には立脚できなくなっていったことが相まった変化だと言えよう。

なお、一九九四年四月には、初期の霊言類は「霊界の証明」のためであり、「方便の時代は終わった」と整理・封印された。根本経典『神理の言葉 正心法語』は『仏説 正心法語』に、『太陽の法』は『新・太陽の法』

に、仏教的語彙を用いて改編された。

この時期には並行して、「邪教」批判が展開されていった。オウム真理教に対しては、一九九五年二月の假谷清志さん拉致事件の目撃者が会員だったこともあり、その危険性を訴える活動を展開した。

国内最大の新宗教運動である創価学会に対しても、五冊余りの批判書籍を刊行した。一九九三年の細川連立政権に参加し、一九九四年には新進党に合流した創価学会・公明党の影響力に、「正しい宗教」の立場から危機感を覚えたようである。

自民党・三塚博総理大臣待望論

こうした展開のなかで、自由民主党の三塚博（一九二七―二〇〇四、衆院旧・宮城一区）に対する支援活動が出てきた。

一九九五年七月一〇日、東京ドームで行われた「御生誕祭」は、「当初の予定を変更し」て、「新生日本の指針」という題で講演がなされた。オウムの「邪教」性を広く訴え始めた同教団の働きかけに対して、多くの政治家（村山富市・橋本龍太郎ら）は耳を傾けなかったのだという。そんななかで、三塚だけが、「国家的危機管理を掌握し、あらゆる根回しをしてくださった」という〔大川 一九九五：一九〕。三塚は確かに同教団の「正会員」となる手続きを取っていたが、自覚的な信仰があったかは疑問だ。家族からのつながりがあったようだが、政治家におなじみの便宜的関与に過ぎないと思われる。大川の講演はさらにさまざまな内憂外患にふれ、日本を変えていく必要性を述べる。そして最後に、

……私は、幸福の科学正会員であり、かつて釈迦族の一員でもあった[16]、三塚博氏を、次の総理大臣に推薦いたします（満場の拍手）。みなさまがたの力強いご協力とご支援をお願いします。世紀末、救国のため

に、幸福の科学政権を打ち樹てましょう（満場の拍手）。［同：一一〇―一一一］

と、大々的な支援を公言するに至った。このときには、三塚からのビデオメッセージも上映された。三塚が自民党幹事長に就任した同年八月には、『三塚博総理大臣待望論』が出版された。三塚のライフヒストリーと業績が追われ、「世紀末日本の政治を託すに足る、まさに智慧と勇気の哲人政治家」［小川編 一九九五：二九二―二九三］などと歯の浮くような記述があふれている[17]。

興味深いのは、「三塚博―救国の思想―智慧と勇気の哲人政治家―幸福の科学」と、「小沢一郎―亡国の思想―権力と権謀術数のマキャベリスト―創価学会」という対立軸が強調されていることだ。やはり、前項でもみた新進党―小沢一郎―創価学会という状況に、強い危機感を覚えていたことがわかる。

八月八日には、同書の「出版記念フェスティバル」が日比谷公園で開かれ、一〇万人超が集まったと教団側は報じている（リバティ 一九九五／一〇）[18]。

このように幸福の科学は、他の宗教団体にもしばしば見られる既成政党の政治家支援という「政治関与」路線を突っ走るかに見えた。

しかし、こうした動きは長くは続かなかった。一九九六年以降も、たびたび三塚の「活躍」を『ザ・リバティ』誌が取り上げ応援しているが（リバティ 一九九七／六、一九九八／三）、目立った動きはなかった[19]。

結局、三塚は総理大臣になるどころか蔵相を辞任し、一九九八年一二月には派閥を森喜朗に譲った。こうした流れに、教団は相当失望したようである。

……〝三塚切り〟をして延命を図る橋本政権にあいそをつかして、幸福の科学は自民党支持から自由投票に切り換えた。これが今夏（筆者註――一九九八年）の参院選で自民党が数百万票を失ってまさかの大敗北を喫した本当の理由である。

（リバティ一九九九／一：二四―二五）

国政・選挙の結果を自分たちは左右できる、それほどの影響力と規模とを有している、という自己への見積もりがこの時期からあることが認められる。

この間、政界再編も進み、新進党は一九九七年末に解党したが、一九九八年には公明党が再結党した。一九九九年には、自民・自由・公明の連立政権が発足した。「権力と権謀術数のマキャベリスト」であるはずの小沢一郎も、「亡国の思想」の創価学会も、ともに政権側となった。小沢の自由党は後に離脱するものの、自・公連立政権は、二〇〇九年八月まで続くこととなる。あれだけ厳しく批判してきた幸福の科学としては、読みを大きく外し、立つ瀬がなかっただろう。その政治路線は、頓挫してしまったのである。

メッセージの変化

一九九六年ころから、教団にはさまざまな変化が見られる。

まず、メッセージの発信に関して、中心的な役割を担ってきた市販書籍（幸福の科学出版）の刊行数が著しく減る。一九九四・九五年は二〇・三三点だったのが、一九九六〜二〇〇五年の間では、ほぼ年数冊程度となる。[20] 八〇年代後半〜九〇年代前半の状況（また今日の状況）を考えると、想像しにくい。

また、その内容にも変化が認められる。一九九九年の『繁栄の法』以降、ほぼ年一冊のペースで大川による「法シリーズ」（『〇〇の法』）が刊行されるようになる。これらは、概ね同年・前年の大川の「法話」四・五本が収録されたものであり、同時期の傾向を反映している。日本の使命や具体的な国内問題等を説いたものはほとんど見られなくなり、不況の乗り切り方、心の統御法や成功理論などの比較的日常・個人レベルを焦点化した内容が目立つようになる。

……あなたがよくなることは、ほかの人もよくなり、あなたの会社もよくなり、社会もよくなり、国もよくなり、世界もよくなることなのです。[大川 二〇〇六：一九八–一九九]

メッセージの内容に真新しさはない。ニューエイジ的な、個人の変革の結果として世界も変わるという普遍的救済の個別実践主義の傾向が看取できる。九〇年代前半の積極的な社会的発言と比べると、重点の違いは明らかだ。この傾向は、『幸福の科学』と『ザ・リバティ』巻頭に毎月掲載される大川の説法においても同様である。

そのような個・私が即座に公につながるという観念は、結果として「日本」と「世界」の間の距離感を著しく短縮・省略してしまう。

……「正しい仏神の秩序を創ろう」と願う人が……一万人か二万人いれば、充分に国論は引っくり返ります。そして世界の論調もまた引っくり返るはずです。[大川 二〇〇一：二二四]

このように、「日本」と「世界」とは、何の距離感も持たずに並置されることが目立つ。草創期の日本・日本人の使命感の鼓舞・称揚といった内容との間には、かなりの隔たりがある。もちろん、基本三法は教団の基本的世界観として脈々と流れている。九〇年代初頭の著作類も全廃されたわけではない。だが、その点を考慮に入れても、メッセージの変化は明らかであろう。

『ザ・リバティ』誌の社会的提言

大川の発信するメッセージが量的に少なくなり、その内容も普遍的救済の個別実践主義的なものに変化していった一方で、九〇年代後半以降で同教団からの社会的提言を牽引したのは、一九九五年三月に創刊した月刊オピニオン誌『ザ・リバティ』である。

その記事内容の柱は、同誌自身が五〇号刊行時に顧みたものに拠れば、「ビジネス」「日本経済」「教育問題」「医療問題」「憲法・法律問題」「悪徳マスコミ」「霊的世界の真実」などとなっている（リバティ一九九九／六）。

まずは、憲法問題・国防問題についてである。『幸福の科学』一九九七年六月号と『ザ・リバティ』一九九七年七月号では、「憲法第九条大川隆法 改正案」が紹介された。

新・第九条［自衛隊とその任務］

①日本国民は、正義と秩序を基調とする国際平和を実現し、わが国の平和と独立を守り、国の安全を保つため、陸海空にわたる戦力として、自衛隊を保持する。

②前項は、在外邦人の生命、安全、財産が、ゲリラ等の武装勢力に脅かされた際に、自衛隊を派遣することを妨げるものではない。また、同盟国との条約維持上の義務や国際連合等の国際機関の要請によって、自衛隊が海外派遣されることを妨げるものではない。（後略）

（幸福の科学一九九七／七：二〇―二五）

本章第四節で確認する「新・日本国憲法 試案」と比べてみる必要もあろう。

一九九七年一一月号では「勃発！ 第二次朝鮮戦争 そのとき、日本はどう動く⁉」という記事で、北朝鮮という外患と関連づけて憲法改正が掲げられている。「世紀末三つの不安 テポドンを巡って緊迫の朝鮮半島‼ どうなる北朝鮮 どうする日本」といった記事（同一九九九／一二）も目立つ。

この他、「自民党は公明党と手を切って民主党と大連立を」（同二〇〇〇／一一）など、政局をにらんだ記事も散見される。

さらには、臓器移植反対や自殺防止キャンペーン（二〇〇三年〜）などへの継続的な取り組みも見られる。また、従来から宗教教育の重要性や、教師や公立校の問題を訴えてきたなかで、二〇〇六年に大川の子息が小学校で「いじめ」を受けた問題を契機とし、二〇〇七年には教育問題関係の特集が組まれ、「いじめ処罰法」原案が提示されるなどしていった（同二〇〇七／三：五二―五三）。

このように同誌による社会的提言の牽引の様子が確認できる。ただし、これらの提言は、確かに後の政治進出時の諸政策にも結びついてはいるものの、それでも総じてその誌面から政治進出の布石を見出すというのは困難だと言わなければならない。

「強気の日本経済論」の抬頭

こうしたなかで、特に一つ注意を払うべきなのは、『ザ・リバティ』誌コンテンツの一つの柱である「ビジネス」「日本経済」関係記事の動向であり、特に二〇〇〇年代ごろからの「強気の日本経済論」の台頭である。佐々木英信（同二〇〇五／八、二〇〇六／二）や、聖学院大学の経済学教授・鈴木真実哉らによる記事を中心に、誌面を飾るようになっていった。「経済大国ニッポンの復活」（同二〇〇六／二）などといった大見出しも目立つ。なお、佐々木と鈴木の記事は、後にそれぞれ『史上最強の経済大国 日本は買いだ』・『格差社会で日本は勝つ』としてまとめられ、幸福の科学出版より刊行されている。

佐々木は証券アナリストで、その主張を端的に言えば、日本の経済が好転し黄金時代を迎える時期に入ったというものである。そして、「日本を中心に栄え、次第に東南アジア、オセアニアと、文明が移っていくと予測できる」とする［佐々木 二〇〇六：二八］。日本の経済・経営・技術力などに裏打ちされた、日本繁栄・黄金期到来を告げんとする言説である。直接的な宗教的語彙はないものの、幸福の科学の世界観が底流にあるのがよくわかる。

一方、鈴木の主張は、自助努力の結果としての格差社会肯定論である。そして、それが可能である日本という国家社会は優れているのであり、今こそ戦後の決算をし、世界のリーダーとしての使命を果たせ、というものである。

……日本のライバルはアメリカでも中国でもなく、自分自身です。……国家に依存することをやめることです。自助努力の精神で自力で泳ぐ喜びを味わうことです。……敗戦国の二流国家意識を捨て、世界に貢献する日本でありたいという意味での愛国心を持つことです。／世界の貧困に対して責任感を持つことです。／世界を豊かにしようとする使命感を持つことです。［鈴木 二〇〇七：二二六―二二七］

宗教的語彙や裏打ちはほぼ皆無である。だが、そこで語られている内容やキーターム、「自助努力」が「幸福」につながり、日本には使命があるという枠組は、八〇年代から九〇年代初頭の大川の言説を想起させるに十分である。

この強気の日本経済論は、後の政治進出の布石としても重要である。また鈴木は、政治進出後も党の経済政策のブレーンとして各地で講演をするなど活動を続けていくのである。

幸福の科学のナショナリズムの特徴

以上、一九九一年ごろの社会的注目期から、二〇〇九年の政治進出前までの幸福の科学の展開を見てきた。一九九一年ごろのナショナリズムの先鋭化を経て、国内問題に関心が向き、幸福の科学という宗教が日本をどうしていくかが模索された。そのなかで、三塚支援という「政治関与」の道が取られたが、九〇年代後半には頓挫してしまった。メッセージの質量に変化が見られ、他方で『ザ・リバティ』誌や経済論説での積極的な社会発信が見られた。教団施設や組織体制の整備もこの時期に並行して行われていった。

この時期には、幸福の科学に対する社会とメディアの注目度はあまり高くなかった。一部の出来事や訴訟などの報道を除き、あまり見られなくなっていった。

大川曰く、「静かにしていた九五年からの一〇年間は、全てが上手く進んだ発展期」（文藝春秋 二〇〇九／八）だったのだという。こうして、社会から見えにくい十数年が経っていき、いよいよ政治進出をむかえることとなる。

ではここまでで、政治進出の前提にあるナショナリズム＝国家意識とユートピア観について、本書の七指標を踏まえてまとめておくことができよう。

①文化・伝統観については、必ずしも日本文化や伝統を否定はしないものの、文化的特殊性・独自性、すなわち日本（文化）の伝統性・固有性・永続性や日本人の特性などを、そのナショナリズムの根拠としては動員していない。神道系の神々は、高級神霊ではあるが、あくまで「民族神」であり、より高次元の霊界（孔子、ひいてはエル・カンターレ信仰）に包摂され、相対化されている。

②天皇観についても、関連して同様に相対化されている。天皇は神々の子孫であり、歴代天皇も霊界のある程度高い階層に戻っているとはされるが、大きな意味づけは与えられておらず、動員される論理ではない。

その意味では、島薗が指摘した「日本精神ナショナリズム、日本教ナショナリズムの範疇」に含めるのは、やや難しいだろう。

では、そのナショナリズムはどういった原理に立脚しているのか。それは、現代の日本・日本人が「選ばれて」おり、完成形・黄金期に近づいている、とするものである。

その証拠とされるのは第一に、日本にたくさんの「高級諸霊」が転生して存在しているから、というものである。さらには、エル・カンターレ＝大川隆法が、幸福の科学という救世運動が、日本に存在しているからである。

加えて、現代の日本が経済的に発展しており繁栄しているから、でもあった（④経済的優位観）。よって、経済的優位性という可変的なもの、あるいは輪廻転生という現在性に依拠するとされるものであるため、こうした繁栄は永続的ではないとされる。

その点で、モニカ・シュリンプが言うように、そのナショナリズムは本質主義的ではない。そして、島薗が言う「経済的優位に育てられた民族的優位意識」こそが思想と運動の発生基盤であり、そのナショナリズム醸成の根幹を握っている。それを単純に「国際主義」的と言うことはできないだろう。

このように、幸福の科学のナショナリズムは、伝統性・持続性には依拠せず、主に経済的優位性という時代的・変動的なものと高級諸霊の存在という内部循環的な論理に依拠している「脱伝統型」とでもいうべきものである。よって、メッセージの変更は容易だが、裏を返せば時代状況等の影響を受けやすいものである。

③対人類観としては、こうして選ばれた日本・日本人は、経済力を基盤に、世界のリーダーとなり、新たな文明と真（神）理を広げる使命があると主張する。①選民意識と④現代的繁栄性・先進性とが、③宗教的使命観と強く結びついていることが看取できる。そこには、選ばれた日本――教えが広められる世界の人々、という不均衡関係が与件として設定されている。

⑤戦前・大戦観としては、運動の発足が八〇年代であることもあり、大きな意味は与えられていない。「いま」の繁栄との関連からのみ評価がなされる。「もうぼちぼち胸を張ったら」とするとともに、「あのときに亡くならなかった人材がいたならば、日本の繁栄はもっと素晴らしかったかもしれない」という。霊的な意味も特には与えられず、現在の日本の繁栄にとってマイナスな要素として主に総括される。

⑥欧米・西洋観としては、西洋文明の代表たるアメリカは経済上の最大のライバルであるが、日本の黄金期待望の裏返しとして徐々に衰退・没落していくと主張されている。むしろ、「強い日本」がその教え・真理を広げていく対象として捉えられているのである。ここには、九〇年代初頭の湾岸危機・バブル経済絶頂期・国際貢献機運を反映した、国際意識・使命観の高揚の反映が見られる。

⑦ユートピア観としては、宗教すなわち自らの教えが広く受け入れられた、そして宗教的リーダーに率いられた、社会の諸セクターの全ての基盤にその教え・価値観があるような状況がイメージされている。これは続く政治進出において、重要な意味を持つと言えよう。

以上が、幸福の科学のナショナリズムとユートピア観の論理構造である。

このような特性を持つがゆえに、幸福の科学が日本・日本人の使命や責任を鼓舞し、その中心性を強調するからといって、それを単純に「右派」「保守」などと概括することはできない。第2章・第3章で見たナショナリズムと比較してみよう。それはやはり「H異端」性を強くそなえた独自のナショナリズムとユートピア観だと言える。これがこの後の「政治進出」にどのような意味を持つのか。見ていこう。

8–3　幸福実現党の結成と政治進出の展開

本節では、まず二〇〇九年四月〜五月に突如政治進出を表明した幸福の科学＝幸福実現党の、政治進出の動機と背景について考察する。続いて、その結成から現在に至るまでの過程を、特に二〇〇九年中に焦点を当てながら跡付ける。ある宗教運動が突如政治進出を開始し、政治活動を展開していく様子を、日を追って見ていくことができるケースというのは稀有である。筆者は、その過程に立ち会って調査をしてきた。その資料的・記録的価値に鑑み、できるかぎり詳細なモノグラフを記述したい。[21]

資料としては、教団の書籍・機関誌等に加え、報道資料を多く用いている。特に、公益財団法人国際宗教研究所 宗教情報リサーチセンターの「宗教記事データベース」所収の新聞・雑誌記事には多くを拠っている。(22)

政治進出の動機と背景

幸福の科学の政治進出は、全く突然のことであった。確かに、今となってみれば、「そういえばあの時点ですでにこういうことが述べられていた」などと布石を探せないことはないが、順調に、周到に準備されてきたものとは、やはり言いがたい。

筆者自身、二〇〇八年中に執筆した拙稿［塚田 二〇〇九a］では、かつての先鋭化したナショナリズムは影を潜め、九〇年代後半から二〇〇〇年代にかけては、普遍的救済の個別実践主義が抬頭している、と同運動について捉えていた。この範囲を限定した分析自体は間違っていなかったと思うが、いずれにせよ政治進出を「予測」できなかったことについては、不明を恥じなければならない。

もっとも、この政治進出は、教団内部にとっても突然のことであったようだ。

たとえば、二〇〇八年七月に編纂された『「幸福の科学」教団史 法輪、転ずべし。』（第一版、教団内資料）を見ても、政治進出の気配は微塵も感じられない。「時代の国師として、混迷する日本を舵取りされる」と題した項目では、「政治、経済、外交、社会問題等に対する提言内容は、三日以内に政財界を駆け巡ると言われ、混迷日本が直面した幾多の難局を乗り越える指針となりました」［幸福の科学編 二〇〇八：六〇］などとあるが、あくまで過去の歴史としての記述である。三塚支援については、一言も言及されておらず、教団史上なかったことにされている。

いずれにしても、実質的な動きは、二〇〇九年に入ってからと言ってよいだろう。

この路線選択を後押しした要因とは何か。大川と同教団の認識に寄り添いつつまとめた結論を先取すると、それは、従来の「選ばれた日本」観とユートピア観に、二〇〇九年時点の世界情勢ならびに日本の置かれた状況認識、自運動の現勢認識、大川の政治的関心とインスピレーションのそれぞれが絡み合って取られた路線だと言える。

従来の「選ばれた日本」観とユートピア観については、すでに見てきたのでここでは繰り返さない。ただし、二〇〇九年元日刊行の『勇気の法』では、「今、日本に、東西の両文明を統合した、新しい大きな文明が生まれようとしているのです」〔大川二〇〇九a：一八三〕、二月二五日の説法では、「私は、「どのようなことがあっても、これから、日本のゴールデン・エイジ、黄金時代を切り拓く」という決意を持っています」〔大川二〇一〇a：一九三〕などとあり、同年初頭ごろから従来の選ばれた日本観・使命が再強調されていることを確認できる。前節で見た二〇〇〇年代ごろからの「強気の日本経済論」も下支えしているだろう。

繁栄した日本を中心とする宗教的価値に基づいたユートピア建設の認識自体は、常に大川と同教団の底流にあり続けている。問題はそれを、いつ、どういう形で、具体的な活動として打ち出すのか、ということなのだ。

次に、世界情勢ならびに日本の置かれた状況への認識である。これは、前節で見た『ザ・リバティ』誌面での「内憂外患」「国難」への敏感な反応が典型と言える。

まず一つ目は、中国問題である。『ザ・リバティ』二〇〇八年二月号からシリーズ「中国「一三億人」の未来」が組まれたが、このころから中国の将来的な影響力や脅威を非常に重く見始めている。この傾向は年を追うごとに強まり、現在の政治活動においてもその脅威が強調されている。特に中国は、「宗教が尊重されていない」「信教の自由がない」国という点において、最大の「外敵」のシンボルとして捉えられていると言える。[23]

二つ目は、アメリカについてである。ブッシュ政権時は東アジア情勢をにらんで、イラク戦争も支持していたが、オバマ大統領の登場にともない、民主党政権のアメリカが中国を重視するなかで、日本が軽視されるのではないかという心配である。

そして、それとも関連した北朝鮮問題である。北朝鮮のミサイルの脅威については、九〇年代から断続的に『ザ・リバティ』誌などで特集が組まれてきたが、二〇〇九年四月のミサイル発射問題で最も昂じた。北朝鮮と中国が組んでおり、もはやアメリカは日本を護ってくれない、という認識が示された。この北朝鮮ミサイル問題は、直接の大きな引き金といってよい。

そして、これらの「外患」に対する国内政治への失望という「内憂」認識である。九〇年代以来自民党を支援し、安倍政権（第一次）を最も評価し、福田政権でやや身を引き、麻生政権を当初は支援するも、ついに愛想を尽かしたようである。『文藝春秋』二〇〇九年八月号の大川へのインタビューでは、

……（政治進出の直接のきっかけは）麻生政権の統治能力の欠如です。北朝鮮の金正日対策を見てもふがいない。

……アメリカがオバマ政権になった上に、日本まで民主党政権になったら、国防上大変な危機だし、それが間近に迫っている。その政権交代へのせめてもの抵抗として、何らかの意思表示や行動をしなければならない、と考えました。

（文藝春秋 二〇〇九／八：三三一）

と述べている。大川が外部向けに直接語った政治進出の動機とは、このようなものである。

次に、幸福の科学自身の現勢の認識と組織的背景である。

見逃せないのは、近年の諸選挙支援の「成功」体験である。

二〇〇七年七月の参院選では、東京選挙区で自民党の丸川珠代が六九万一三六七票で当選した（五人中四位。次点とは約四万票差）。自民党からの支援依頼に対し、安倍政権を評価した教団が受諾したとされる。

また、二〇〇九年三月の千葉県知事選に無所属として出た森田健作の支援も行った。森田は、一〇一万五九

七八票で当選した（次点は六三万六九九一票）。『ザ・リバティ』二〇〇八年九月号には、森田のインタビューが大きく掲載されていた。

これらの選挙における得票のいかほどが幸福の科学の支援によるかは不明だが[24]、大川と教団はこれらの選挙支援をどうやら「成功」と捉えたようだ。

九〇年代後半からこの時期までには、教団組織の整備も飛躍的に進んでいた。現在ある大型施設や支部精舎（自前の土地建物）の多くがこの時期に次々とできていた。教団組織の整備も進み、海外伝道も活発化してきた。

また二〇〇六年の大川の子息へのいじめ問題に端を発する教育問題の方面では、二〇一〇年四月に自前の教育機関である中学・高校開設の目途がついた。

教団が力を傾注すれば実現が可能なのだ、といった「手ごたえ」もあったのだろう。こうした運動としての「成功」と外からは潤沢に見える教団財政もまた、大きな促進要因となったと言えよう。

以上のような北朝鮮ミサイル問題を大きな引き金とする「外患」「内憂」認識、教団現勢といった背景的要因の蓄積があって、最終的に大川のインスピレーションが突然の政治進出を決定づける。

……「どうやら、『宗教団体としての名前を出さずに特定の政党や候補者を裏から応援する』という段階は終わったのかな」ということを感じたのです。それは四月二九日だったと思います。／それを宇都宮にて感知し、三〇日、東京で説法をしたのです。／それまでの十数年においては、政策本位、あるいは立候補者本位で、ある程度、共鳴、共感できる政党や候補者に対して、一部、教団の勢力を割いて応援することはよくありましたが、「どうやら一つの段階が終わったのかな」と感じたのです。

〔大川 二〇一〇d：一四六−一四七〕

もちろん最終決定は大川によるとしても、それだけが決めたのではない。教団の認識としては、天上界・霊界の高級霊・支援霊のメッセージによる後押しもあったとされる。それだけではなく、教団の現勢を実態にそぐわない形で報告したり（政治進出すれば必ず当選者を出せるなど）、大川の考えを補佐し、後押ししたりした幹部・側近らの存在もあっただろう。いずれにせよ、舵は切られた。

一九九一年のインタビューでは、「最初は思想的なものから行くのが筋」と大川は自らの政治的関心を語っていた〔文藝春秋編 一九九一：三三五〕。「当会の考え方に賛同するような政治家は養成したい」といった「政治関与」の段階を経て、ついに一八年が経ち、「政治進出」という新たな段階に入ったと言えよう。それは、今までのやり方では理想は実現できないという認識と表裏一体である。

以上、幸福の科学の政治進出決定の背景と動機を見てきた。繰り返しになるが、従来の「選ばれた日本」観とユートピア観に、二〇〇九年時点の世界情勢ならびに日本の置かれた状況認識、自運動の現勢認識、大川の政治的関心とインスピレーションとが積み重なって起こったものであった。大川のイニシアティブは確かに重要ではあろうが、それだけで十分条件なのではない。多角的な背景と運動展開の状況などを考慮しなければ、その説明はできないのである。

突然の党結成、総力戦の開始―二〇〇九年五月〜六月―

二〇〇九年四月三〇日、東京・五反田の幸福の科学総合本部にて、「幸福実現党宣言」と題した大川の説法があった〔大川 二〇〇九ｃ〕。日本国憲法、なかでも天皇制・九条・信教の自由などの問題点に触れ、「当会の仏国土ユートピアづくりの運動のメッセージをストレートに発信し、かつ、実際に活動できる機関が必要な時期がやってきた」〔同：一八〕と述べた[25]。

写真２　幸福実現党結党１周年集会（2010年５月、藤倉善郎氏提供）

五月一〇日、東京・日比谷公会堂で若者向けの「勇気百倍法」講演会が開催された。前々日にプログラム変更があり、第二部の内容は「幸福実現党結党宣言」となった。饗庭直道党首に始まり、佐藤直史幹事長ら党幹部六人が披露され、決意を表明した。そして、次の衆院選に出馬することが発表された。筆者は調査のため会場にいたが、メディア向けには公開されておらず、すぐには報道されなかった。[26]

管見によると、メディアでの初出は、『週刊文春』五月二八日号（二一日発売）の記事「幸福の科学「政界進出」大川隆法総裁アキれた「結党宣言」」と、『産経新聞』五月二一日朝刊である（週刊文春 二〇〇九／五／二八、産経・東京 二〇〇九／五／二二）。産経の報道は大手紙では唯一のもので、教団からの会見予定の情報を伝えた。一方、文春からは、五月中旬に筆者に問い合わせがあったことを考えると、同誌のスクープと言えるだろう。

二三日、政治団体「幸福実現党」が設立された（「政治団体設立届」を確認）。

二四日、動画共有サイトＹｏｕＴｕｂｅに「幸福実現党チャンネル」が登録された（http://www.youtube.com/user/hrpchannel）。以後、会見・演説・ＰＲ動画などが提供されるようになる。

二五日、総務相と都選挙管理委員会に「政治団体設立届」が提出された。代表者は饗庭、会計責任者は佐藤、事務所は東五反田一丁目に置かれた。

同日には、都内ホテルでメディア向けの記者会見が開かれた（産経・東京二〇〇九／五／二六、読売・東京二〇〇九／五／二六ほか）。報道陣約百人が参加した（週刊新潮二〇〇九／六／四）。また、大川の妻である（当時）大川きょう子幸福の科学立宗名誉補佐（当時）が党首代行に就任した。大川隆法は党運営に関わらず、出馬もしない、とした。この会見の様子は、ＴＢＳの夕方のニュース「総力報道！ＴＨＥ ＮＥＷＳ」においても五分弱報道された。

さらに同日には、公式サイトも開設された（http://www.hr-party.jp/）。

二七日、都内ホテルで立党決起大会が催された（産経・東京二〇〇九／五／二八ほか）。ここで、一次公認候補一七人が発表された。約千五百人が参加した（東京スポーツ・東京二〇〇九／五／二九）。

同日、主要五紙朝刊などに、二九日発売の二書の全面・五段広告が掲載された（読売・東京二〇〇九／五／二七、東京・東京二〇〇九／五／二七ほか）。ここでは、「大川隆法、いま、国師として提言する。」などと、「国師」の称号が用いられ始めている。

二八日、主要五紙朝刊などに、「「世襲政党」対「未来政党」幸福実現党、始動。」の広告が載り、候補者の公募が報じられた（朝日・東京二〇〇九／五／二八ほか）。なお、同党が「幸福の科学」によるものとの記載はない。

二九日、大川著『幸福実現党宣言―この国の未来をデザインする―』『国家の気概―日本の繁栄を守るために―』が刊行された。

三〇日、『ザ・リバティ』七月号発売。「緊急特集「幸福実現党」結成！」が組まれ、饗庭党首インタビューや、二〇年間の社会的提言を追った「国師・大川隆法総裁の〝軌跡〟」などが載った（リバティ二〇〇九／七）。

三一日、インテックス大阪（大阪市）にて、大川の講演が開催された。一八年ぶりにメディアにも開放された集会で、「金正日の守護霊と称するものと対話した」ことなどが報じられた（日刊スポーツ・東京二〇〇九／六／

一ほか)。

六月四日、「必勝体勢を敷く」として党役員が変更された。大川きょう子党首代行が党首に、小林早賢広報本部長が幹事長に、饗庭党首が広報本部長となった(産経・東京二〇〇九/六/五ほか)。届出から二週間も経たないうちの党首交代となった。同日には、事務所所在地も銀座二丁目に変更された。

五日、銀座の党本部が披露され、記者会見が開かれた。追加公認候補二八五人が発表された(報知・東京二〇〇九/六/六ほか)。これを受けて、特に六月二週目からは、各地の県庁等での候補予定者の記者会見が相次いだ(朝日・広島二〇〇九/六/九、信濃毎日二〇〇九/六/一八ほか)。

二〇日、『政治の理想について―幸福実現党宣言②―』が刊行された。

二一日、『読売新聞』『産経新聞』朝刊に「新・日本国憲法 試案」(後述)を全面広告の形で掲載した(読売・東京二〇〇九/六/二一、産経・東京二〇〇九/六/二一)。「六月一五日書き下ろし」となっている。

また、六月三週から四週にかけては、各地での事務所開きや街頭演説の様子が報じられ始めている(陸奥新報二〇〇九/六/二一、苫小牧民報二〇〇九/六/二二ほか)。

二三日、七月一二日投開票の都議選の候補者四人が決定し、二五日の都庁での記者会見で発表された(産経・東京二〇〇九/六/二六ほか)。

二五日、大川が新宿・池袋・渋谷で街頭演説を行った。「幸福実現党は、この国の人口を増大させ、「三億人国家」を実現し、世界一のGDPをつくり上げます。日本を世界一の大国にします」と主張した。

三〇日、『政治に勇気を―幸福実現党宣言③―』『新・日本国憲法 試案―幸福実現党宣言④―』が刊行された。

同日、『ザ・リバティ』八月号が発売された。前述の憲法試案を中心に、政治・選挙関係で一三〇頁余の紙幅の半分を割いている(リバティ二〇〇九/八)。

同日、都議選への候補者追加六名を発表した(読売・東京二〇〇九/七/一ほか)。

まずは、慌しくさまざまな方面に駆け出されていった様子が伝わるだろう。

都議選惨敗、総裁出馬、撤退報道の混乱――二〇〇九年七月〜八月前半――

七月二日、朝日・読売・毎日・産経朝刊などに全面広告「消費税はあり得ません。北朝鮮は許せません。消費税・相続税、全廃へ。日本国憲法をもう一度、考え直す。」が掲載された（朝日・東京二〇〇九／七／二ほか）。

三日、都議選が告示された。区部を中心に一〇人（男性五・女性五、三〇代前半が五人）が出馬した。衆院選の前哨戦として、立党と政策の告知を狙い、選挙戦を展開した（読売・東京・夕二〇〇九／七／三）。

七日、当初は自民党・小池百合子の東京一〇区に、大川きょう子をぶつけるとされていたが、東京比例区に変更された（読売・東京二〇〇九／七／八）。

八日、一二日告示・二六日投開票の仙台市長選に候補を擁立することを発表した（河北新報二〇〇九／七／九ほか）。

同日、『幸福実現党とは何か』が党から刊行された。また、大川きょう子著『「幸福実現党」党首の決断――五児の母として、日本最強の妻として――』も刊行された。

一〇日、CS放送スカパー！の「日本文化チャンネル桜」にて、「激論!! 幸福実現党と新憲法草案」と題した三時間にわたる討論が行われた。これは、高森明勅・日本文化総合研究所代表が、同番組で前述の憲法試案を批判的に論じたことへの反論の機会として設定された[27]。

同日、『文藝春秋』八月号が発売となった。主に組織・資金・選挙運動面から迫った山村明義・『文藝春秋』取材班による「幸福の科学――「霊界」から「政界」への奇怪――」ならびに、総裁本人への「大川隆法インタビュー」が掲載された（文藝春秋二〇〇九／八）。一連の過程のなかで、大川自らが一般のメディア取材に応じたのは、これのみである。

一二日、都議選が投開票。一〇人全員が最下位で落選した（各選挙戦の結果は第四節で分析する）（日刊ゲンダイ・東京二〇〇九／七／一四ほか）。

一三日、都議選の結果を受けて、声明が発表された。「時間不足は否めず、十分に立党間もない党の存在と政策を浸透させることができませんでした。加えて残念なことですが、主要なマスコミの既存政党重視の姿勢が強く、日々の選挙報道など、新しい政党としては、参入障壁を感じたのも事実です」と主張した（教団のプレス・リリース）。

一八日、麻生太郎の福岡八区から立候補予定だったマンガ家のさとうふみや党文化局長を、比例東京ブロックに変更した（一九日発表）。当初打ち出していた「マンガ対決」は無くなった。

二〇日、『金正日守護霊の霊言―日本侵略計画（金正日守護霊）vs.日本亡国選択（鳩山由紀夫守護霊）―』が刊行された。

二二日、東京・調布市グリーンホールでの集会で、大川が「幸福実現党総裁」に就任し、東京比例区一位で出馬することが表明された（デイリースポーツ・東京二〇〇九／七／二三、産経・東京二〇〇九／七／二三ほか）。法話のなかで大川は、「幸福の科学が本気で勝負に出るという決意表明」として、「党の力を強め、求心力を強め、さらに政権担当能力を増すために、幸福実現党の総裁として立候補する」と表明した。筆者も、夕方に重大な発表があると同日午前中に教団から連絡があり、会場に向かった。メディアも二〇～三〇人集まっていた。

二三日、『明治天皇・昭和天皇の霊言―日本国民への憂国のメッセージ―』が刊行された。

二六日、仙台市長選の投開票があった。党候補の椿原慎一（一九六二年生、東北大学大学院、幸福の科学職員）は、最下位で落選した（河北新報二〇〇九／七／二七）。

二七日、総務相ならびに都選挙管理委員会に、団体代表者の大川きょう子から大川隆法への変更と、規約（党則）の変更が届け出られた。

二八日、大川きょう子党首は宣伝局長に変更となり、比例東北ブロックに鞍替えとなった（スポーツニッポン・東京二〇〇九／七／二九ほか）。党首職は不在となった。

同日、現職の自民党八戸市議が、幸福実現党に移り、比例東北ブロックから出ることが決まった（二九日発表）（毎日・青森二〇〇九／七／三〇ほか）。

二九日、党マニフェストが発表された（次節）（読売・東京二〇〇九／七／三〇ほか）。

同日には、発明家のドクター中松が党特別代表に就任し、比例東京ブロックから出ることが都庁での会見で発表された（夕刊フジ・東京二〇〇九／七／三〇）。同氏は信者ではないが、大川から出馬と役職の打診を受けたとされる。

三〇日、『ザ・リバティ』九月号発売。「国師立つ」と題した大川の演説写真が表紙に掲載され（異例のこと だ）、政治・選挙関係記事が六割強を占めた（リバティ二〇〇九／九）。

三一日、「大川隆法メルマガ」の発行が開始された。以後、公示日前日の一七日まで日に一・二号のペースで、大川の著作や法話のなかから、政治・選挙に関する発言が伝えられた（登録数は一千部弱であった）。

八月二日、『産経新聞』朝刊に田母神俊雄・前航空幕僚長と大川きょう子・党宣伝局長の対談が、二面にわたる全面「意見広告」として掲載された。半分が北朝鮮問題、残りが中国・自衛隊・憲法改正問題に費やされている（産経・東京二〇〇九／八／二）。

九日、主要五紙東京版・地方版など多数に、全面・五段広告「新しい選択。幸福実現党　今のままでは、愛する人も守れない。」が掲載される（日経・東京二〇〇九／八／九ほか）。

一〇日、『夢のある国へ――幸福維新―幸福実現党宣言⑤―』が刊行された。

なお、同じく中旬に、『ザ・リバティ』の九月号別冊「二〇〇九年選挙 三大政党の激突 貧乏自民×亡国民主×幸福実現」が急遽出版されている（リバティ二〇〇九／九 別冊）。同誌の別冊が出版されたのは、管見のかぎり創刊以来初のことである。

一二日、大川と饗庭広報本部長が出席する東京一二区合同講演会が開催予定だったが、講演者の体調不良のため中止となる。これは大川のことを指すと思われる（SPA！二〇〇九／八／二五）。

一三日、一部朝刊にて、「幸福実現党衆院選撤退へ」と報道される（毎日・東京二〇〇九／八／一三）。だが、同日午後に記者会見が行われ、「この数日間、「自民党の大敗と民主党政権の実現を阻止するために、あえて身を引く」という方針を、選択肢の一つとして検討」し、「保守票が割れ、民主党を利し、民主党政権が現実のものとなるよりも、今回は幸福実現党は身を引いて、自民党議員を中心とした保守系議員を間接的に応援することが、日本の繁栄発展のためにつながるとの考えが党内にありました」と認めつつも、「戦いを続行する」とした（朝日・東京二〇〇九／八／一四ほか）。

一四日、こうした流れを受けて、北海道一一区の自民党・中川昭一支援を表明し、同区の候補を立てないことを決定した（朝日・札幌二〇〇九／八／一五）。

一五日には、さらに計一〇選挙区での候補擁立の取りやめを決めた（京都・京都二〇〇九／八／一六ほか）。同日には、「他党との選挙協力を考えると、総裁は大所高所から党を指導するほうがよいこと、また、他党の候補者の中には幸福の科学の信者もおり、総裁自身が勝ち負けの世界に入っていくことには問題があること」を理由に、大川の不出馬が発表された。饗庭広報本部長は党首代行に、田中順子広報本部長代理が広報本部長に、大川きょう子宣伝局長は党役員から降りた上に、不出馬となった（読売・東京二〇〇九／八／一六ほか）。

一六日、一転して大川の比例近畿ブロックの一位からの「再出馬」が表明された（読売・東京・夕二〇〇九／八／一七ほか）。「意向を十分確認しないまま発表してしまった」などとした。本地川瑞祥・元幸福の科学出版社長が党首代行に、饗庭党首代行は宣伝局長に変更となった。

一七日、「民主党政権誕生による国難を阻止し、保守の安定政権をつくるため」として、全国一一の小選挙区においては、候補者を立てないことにした。そして、それらの選挙区のなかで、中川昭一、松本純、菅義偉、石原宏高、小池百合子、稲田朋美、古屋圭司、西村眞悟、安倍晋三、古賀誠の一〇名の支援を決定した。

いかに方針が二転三転し、混乱をきわめているのかが伝わってくる。

選挙戦と惨敗──二〇〇九年八月後半以降──

一八日、衆院選が公示となり、選挙戦がスタートした。最終的には、比例区に四九人（全一一ブロック）、小選挙区に二八八人の、計三三七候補を擁立した。

以下、公示後の大川の遊説動向を追ってみよう。

同日、自身が出馬する近畿ブロックの、京都で第一声を上げる。続いて滋賀県大津市・兵庫県神戸市をまわる。「政権選択選挙」ではなく、「国難選挙」であることを訴えた。大津では、近畿ブロックから出馬する理由を、「関西弁が通じる」「人口二千万人と最大の選挙区である」と述べた。

一九日、奈良市・大阪市・和歌山市をまわる（報知・東京二〇〇九／八／二〇、奈良二〇〇九／八／二〇、わかやま新報二〇〇九／八／二一ほか）。

二一日、香川県高松市を遊説する。

二二日、岡山市・広島市を遊説する。

二三日、福岡市・熊本市をまわる。福岡では、党の政策提言の影響力を主張した。「テレビや大新聞は、……幸福実現党の報道をしないように努力している。それは、幸福実現党を自民や民主と同じように報道すれば、幸福実現党の得票率が一〇倍以上になるから」と選挙報道を批判した。

二四日、東京都世田谷区三軒茶屋・自由が丘・神奈川県横須賀市を遊説する。原子力エネルギー肯定と日米同盟強調を唱える。

写真３　幸福実現党　大川隆法街宣（2009 年８月、有楽町、藤倉善郎氏提供）

二五日、北海道札幌市・室蘭市をまわる（室蘭民報 二〇〇九／八／二六ほか）。

二六日、名古屋市・静岡市をまわる。

二七日、東京の有楽町で演説をする。

二八日、和歌山県田辺市・大阪市をまわる。

二九日、京都市・神戸市を遊説する。京都では、「宗教を大事にする京都であるならば、仏教精神が根本にある宗教団体を母体として成立した、この幸福実現党が日本を変えていくのが、正しい日本の繁栄する姿である」と述べた。

そして、大阪市で選挙戦最後の街頭演説が行われた。自民・民主批判とともに、「（日本には）言論の自由も報道の自由もない」とマスコミ批判を展開した。「国師・大川隆法、最後にもう一度申し上げます。この国に自由を！　自由の大国として未来を開くこと、これこそ我らが使命です！」と締めくくった（夕刊フジ・東京 二〇〇九／八／三〇）。

二九日、『ザ・リバティ』一〇月号が発売された。一〇月公開の映画「仏陀再誕」の特集や「潜在意識でからだを癒す」などの記事がメインで、選挙記事は一〇頁弱

写真４　幸福実現党　敗戦会見開始直前の様子（2009 年 8 月 31 日）

となっている（リバティ二〇〇九／一〇）。

三〇日、第四五回衆院選の投開票日。朝刊主要五紙などに、「新しい選択。幸福実現党総裁 大川隆法 減税と安全の幸福実現党」と最後の広告が掲載された（産経・東京二〇〇九／八／三〇ほか）。夕方から党本部のプレスルームが開放されるも、ＰＪニュース、共同通信、ニコニコ動画などの記者とカメラのみだった。日付が変わる前に、当日は記者会見を行わないことが発表された。筆者が夜半に会場に着いた時には、すでに受付以外誰もいなかった。管見によると、産経のインターネットニュースのみ、当日二三時前に党幹部のコメントを発信していた（現在ではアクセスできず）。結果は、全員落選だった（産経・東京二〇〇九／八／三一）。

三一日午前一〇時、党本部にて記者会見が行われた。しかし、会場は閑散としており、読売、報知、ＰＪニュースなどのメディアと筆者のみであった。会見には本地川党首代行と小林幹事長、田中広報本部長のみが列席し、以下のような声明が発表され、「二〇一〇年の参院選も視野に入れている」と述べた。

……当選者を出すにいたらなかったことは、立候補者名、党名の定着・浸透が不十分で、政権交代選挙の前では通用しなかったためと真摯に受け止めたいと考えます。また、選挙区によっては、母体である幸福の科学の信者数にもはるかに届かない得票数もあり、信者の信仰と政治選択に分離があるものと思われました。

会場からの質疑応答は、読売記者が今後の選挙にも出るか、報知記者が総裁の総括も同様かと質問したが、後が続かない。会見開始からわずか八分弱で終わってしまいそうだったので、やむなく筆者も質問した。当日の様子は、PJニュースの記事のみが詳しく伝えた（現在ではアクセスできず）。

なお、候補者全員が法定得票数に達しなかったため、小選挙区各三百万円・比例代表各六百万円の計一一億五千八百万円の供託金は全て没収された（週刊実話二〇〇九／九／二四）。

こうして最多の候補者を立てた幸福実現党の衆院選は、何の現実的成果も生まずに終わった。そして、彼らが何としてでも阻止しようとしたはずの民主党が、三〇八議席を獲得して政権を握ったのであった。

九月一日、総合本部にて、大川は「宗教家の選挙体験について」と題した説法を行った。しかし、信徒会員向けであり、一般社会に向けられた総括とはなっていない。

二日、本地川党首代行が責任を取り辞任した。しかし、続く役員会において、党首に選任された。

五日、鳥取県警は、鳥取一区の党候補に投票する見返りに現金数千円を渡す約束をしていたとして、公選法違反（買収約束）容疑で、鳥取市内のNPO法人理事長を逮捕した（産経・大阪二〇〇九／九／七ほか）。

一〇日、宮城県警は、運動員に戸別訪問の報酬として現金計約四五万円を渡したとして、公選法違反（買収）容疑で、宮城六区の候補を逮捕した（毎日・東京・夕二〇〇九／九／一一ほか）。翌一一日には、会計責任者も逮捕された（読売・宮城二〇〇九／九／一二）。同候補は、「当初違反と知らなかった」「選挙の素人だった」と述べた。三〇日、同候補は起訴され、会計責任者は不起訴（起訴猶予）となった（読売・宮城二〇〇九／一〇／二）。裁判で弁護側は、「当選する目的はなく、ビラを配ったのは宗教活動だった」（河北新報二〇一〇／三／五）などと主張した。地裁では、懲役一〇月（執行猶予三年）の判決がくだった（同二〇一〇／三／二四）。

一二日、役員会において、大川が党総裁の辞任を表明した。党首・党三役も辞任し、新たに木村智重党首・林雅敏幹事長体制が発足した（一六日発表。届出は一九日）。

一六日、総合本部にて、「国難選挙と逆転思考」の説法がなされた。同様に、会員向けであった。

一八日、「二〇〇九年参議院補欠選挙 候補者の緊急公募のお知らせ」が党よりリリースされた。一〇月八日告示・二五日投開票の神奈川と静岡での参議院補選の候補者を募るもので、政治活動の続行姿勢を明確に示したものとなった。応募締切は翌一九日の午前九時と設定されていた。

二五日、参院補選の候補者が決定した。一九名の応募があったとされる。神奈川には加藤文康党幹事長代理を、静岡には矢内筆勝党特別顧問（元・幸福の科学広報局長、元・朝日新聞記者）を候補として擁立することが決まった（東京・神奈川二〇〇九／九／二六、中日・中・東遠二〇〇九／九／二六ほか）。

三〇日、『ザ・リバティ』一一月号が発売された。記事の中心は、一〇月公開の映画「仏陀再誕」に移っている。北海道九区で鳩山由紀夫と戦った里村英一・同誌編集長による「現場から見た総選挙 公職選挙法という「参入障壁」」という記事が掲載された（リバティ二〇〇九／一一）。

一〇月七日、幸福実現党の機関紙『幸福実現ＮｅｗＳ』が創刊された。

二五日、参院補選が行われた。神奈川・静岡ともに、四候補（民主、自民、共産、幸福実現）が出て、どちらも民主新人が当選した。党候補は、どちらも最下位で落選した（静岡二〇〇九／一〇／二六ほか）。

一一月二二日、都内で「幸福実現党・再始動大会」が開催された。木村党首は二〇一〇年夏の参院選に向けて「全国での立候補者擁立を念頭に置き、積極的にチャレンジしてゆく」と述べた（産経・東京二〇〇九／一一／二三）。

こうして、「本気で勝負に出た」はずの大川から社会に向けた惨敗の総括の機会も特にないまま、政治活動の継続だけが表明され、幸福の科学＝幸福実現党にとって激動の二〇〇九年は過ぎて行った[28]。

政治活動の継続と蓄積―二〇一〇年〜現在―

二〇一〇年から現在に至るまでの動きは、端的に言えば、政治活動を続け、各選挙に挑戦し、特に結果を生まなかったということなので、最小限の記述に留めよう。

二〇一〇年一月一二日、同党は会見を開き、夏の参院選の候補予定者五〇人（全四七選挙区＋比例区三人）を発表した（朝日・東京二〇一〇／一／一三ほか）。また、主要政策（後述）とともに、「参議院の廃止」を訴えた。それを受けて、各地で候補者が会見を開くなどした（徳島二〇一〇／一／一三、東奥日報二〇一〇／一／一三ほか）。

二二日、『夕刊フジ』にて饗庭党広報本部長代理による連載（毎月第四金曜日）が開始された。

二月五日、『フジサンケイ・ビジネスアイ』にて木村党首による連載（毎週金曜日）が始まった。

四月一五日、木村党首に代わり、小林早賢が党首となった。

二一日、早くも党首が交代し、石川悦男が党主となった。

二三日、参院選候補について、比例三名・選挙区一七名に戦線が縮小される。「より一層の必勝体制」を敷いたとされる。

五月一四日、改革クラブの大江康弘参議院議員（一九五三–、二〇〇七年参院選で民主党比例で当選、元・玉置和郎参議院議員秘書）が、幸福実現党への入党を発表し、選挙対策本部長へと就任した。国会に一議席を確保した。

六月二四日、第二二回参院選が公示され、選挙区一九名・比例区五名の計二四名を擁立した。選挙戦は、党幹部が地方遊説を行ったが、大川は矢面には立たなかった。TV・WEB上でのCM、新聞広告も控えめであった。大量の書籍刊行や、比例候補のドクター中松を中心とした街宣活動が展開された。

七月一一日、投開票が行われた。結果は二〇〇九年衆院選より大幅に退潮する形で全員が落選した。供託金(比例区五×六百万＝三千万、選挙区一九×三百万＝五千七百万円)も没収された。

記者会見等は一切行われず、翌一二日、「参院選の結果を受けて」と題したプレス・リリースが出され、以下のように総括された。

……本当に多くの国民の皆様からご支持をいただき、確実な手ごたえを感じておりました。その手ごたえが直接、議席に結びつくところまでには至りませんでしたが、民主党を過半数割れに追い込む力になったと思います。

一四日、大江議員が、同党の国会対策委員長になったことが発表された。

二三日、石川党主が辞任し、立木秀学が新党首に就任したことが発表された。

一〇月二四日投開票の衆議院北海道五区補選に、党役員の森山佳則(一九六六年生)が立候補したが、最下位で落選した(当選者は自民党の町村信孝)。

一一月二八日の沖縄県知事選に、職員の金城竜郎(一九六四年生)が立候補したが、最下位で落選した(当選者は仲井間弘多)。なお、この沖縄県知事選での方針の違いなどから、一二月には大江議員が離党した。再び議席ゼロとなった。

二〇一一年四月二四日の衆議院愛知六区補選には、幸福の科学春日井支部長の福原真由美(一九六〇年生)が立候補したが、落選した。

また、同日投開票の統一地方選には、品川区議選に藤川みほが、高槻市議選にさわの孝子が、寝屋川市議選に宮崎やすのりが、徳島市議選に谷本明が公認候補として立候補したが、いずれも落選した。

二〇一二年四月一五日投開票の鹿児島市議選に松沢茂（一九五二年生、九州大学卒、元・鹿児島市職員）が立候補したが、落選した。

四月二四日、党本部を銀座二丁目から港区赤坂二丁目の教団施設「ユートピア活動推進館」内に移転した。

一〇月二八日の衆議院鹿児島三区補選には、教団職員・党県青年部長の松沢力（一九八二年生、鹿児島大学卒、元・コンビニ運営会社社員）が立候補したが、最下位で落選した。

一二月一六日の第四六回衆院選には、比例で四二名・小選挙区で二〇名が立候補したが、全員落選した。比例での得票も前回の半分以下に減らした。大川も各地で街宣を行ったが、得票には結びつかなかったようだ。同日の都知事選挙にも、党青年局長のＴＯＫＭＡ（一九六六年生、ミュージシャン）を擁立したが、落選した。

一七日のプレス・リリースでは、「当選は果たせなかったものの、国難打破に向けた私どもの訴えの一部は、有権者の皆様に確実に届き、世論形成に影響を与えたものと考えております」と総括された。

一二月二七日、大川が党総裁に再就任するとともに、矢内筆勝が党首に就任した。

二〇一三年四月二八日の参議院山口補選には、党員の河井美和子（一九六二年生）を擁立したが、最下位で落選した。

七月二一日の第二三回参院選では、比例に三名・選挙区に四七名の候補を立てたが、全員落選した。比例の得票は再び減らした。

二二日のプレス・リリースでは、「当選者を輩出できなかったものの、国難打破に向けたわが党の訴えは、確実に有権者の皆様に伝わり、ご理解をいただけたものと考えます」とした。

七月二四日、釋量子が党首に就任した。

二〇一四年四月二七日の衆議院鹿児島二区補選には、二〇一二年の三区補選にも挑戦した松澤力が出たが、落選した。
七月二七日の富山県小矢部市議選で、党公認の中野留美子（一九七四年生）が立候補した。定数一六のところ候補者が一六人だったので、無投票で当選した。初の自前の議員の誕生である。[29]
一二月一四日の第四七回衆院選では、比例のみに四二名を立てたが、全員落選した。やや比例での票数を伸ばした。プレス・リリースでは「戦い続ける」とした。
以上が、現在に至るまでの幸福実現党の歩みである。幸福の科学＝幸福実現党が、どのようにメディアを利用して自分たちの主張を届けようとしているか、いかに突然の政治進出により混乱を繰り返しているか、眼前の惨敗という結果の連続にどういう意味付けをなしていっているか、など多くのことを、この記述から読み取ることができる。本節は、「宗教団体の政治進出」といった際に、必ずしもそれが整然と組織立って行われるのではないということを、外部的な観察から明らかにしたということが言えるだろう。

8-4　幸福実現党の理想と現実

本節ではまず、幸福実現党の目指すところである主張と政策を、世界観・ナショナリズムとの関連で整理する。続いて、これまでの選挙戦の結果を分析する。

「幸福実現党宣言」と基本姿勢

まずは、二〇〇九年四月三〇日の「幸福実現党宣言」と題した大川の説法などを素材に、政治進出をめぐる基本姿勢と認識を確認する。

教団内における実質的な政治進出の宣言として突如行われた同説法では、宗教的理想・価値観に基づく社

写真５　幸福実現党　立党関連書籍

会・国家である「仏国土・地上ユートピアの建設を目指す」ことがうたわれ［大川二〇〇九c：一六］、「政治的機関が必要な時期が到来した」［同：二一］と述べられている。

そして、「幸福実現党宣言」とは、マルクスの『共産党宣言』に対抗してそれを葬り去り、

……神仏の存在を認め、正しい仏法真理を信じる人々の力を結集して、地上に、現実的ユートピアを建設する運動を起こす。そして、その政治運動を、日本を起点として起こしつつも、万国の人々にもまた波及させていく。正しい意味での世界同時革命を起こすつもりである。［同：二三－二四］

という宣言だとする。

続いて、実際に改革していくべきものとして、日本国憲法を論じている。特に前文・第一条・第七条・第九条・第二〇条などを取り上げている。

「天皇制」については、「「天皇は、日本国の文化と歴史の象徴であるから、その存続は尊重されるべきである」という考えはあってもよい」〔同：五一〕と述べ、第一条・第七条を読むと「元首」のようにも読める点が問題だとする。

総括としては、「宗教の仕事と政治の仕事は別のものではなく、重なっているところがあります」「両者を完全に分けることはできず、補完し合う関係」〔同：七七―七八〕と述べている。

従来の政教一致観、宗教的価値に基づいたユートピア建設という意識の延長線上にありながら、現実的な政治活動への踏み切りが明確になされた画期だと認めることができる。

こうした提示された基本枠組は、大川による諸説法のなかでも展開されていった。

二〇〇九年五月一〇日の説法では、

……具体的な実生活のなかにおける、人々の苦しみや悲しみを解決していく方法には、宗教的な方法と政治的な方法の二つがあり、政治が弱い場合には、宗教が戦わなければなりません。／しかし、宗教だけではなせないこともあります。〔大川 二〇〇九h：一五〕

と述べ、立党が「幸福の科学の「世直し」の一環」〔同：二二〕であるとしている。

同年六月六日の説法では、「政教分離」に触れて、

……世界標準で見るかぎり、宗教が政治運動をしてもまったく問題はないのです。／この世で理想的な正しい政治を行うために、宗教が力を貸してはいけないなどということは、まったくありえないことであり、本来、宗教と政治は一体であるべきものなのです。〔同：二二五―二二六〕

……天皇が実質上の権力を持たないようにするための防波堤として、政教分離が憲法のなかに織り込まれたわけです。〔同：二九―三〇〕

と政教一致観を提示している。また、政治進出については、

……今回の政治へのチャレンジに関しても、毀誉褒貶が、いろいろとあろうかと思いますが…中略…信仰というものは、最後は帰依しなければ駄目なのです。「帰依する」とは「私」を離れて、すべてを投げ出すことです。そこまでいかなければ本当の信仰とは言えないのです。／したがって、今回の政治活動は、「信仰が本物であるかどうかを試す、最後の試金石」と言ってもよいのではないかと思います。〔同：四五―四六〕

と述べ、その信仰に対する機能について語っている（同年六月九日説法）。そして、

……日本の国力を背景にして、世界の貧しい国々にまで真理を行き渡らせ、その国と、その国に住む人々をも導くことが、幸福の科学の使命である。（同年六月二七日説法）〔同：一二三〕。

……（日本が）理想の国になるためには、やはり、「人々が、正しい信仰心を持っている」ということが大事なのです。この部分が足りません。（同年七月二〇日説法）〔大川二〇一〇d：二一六〕

と述べている。

以上の言説をまとめよう。大川によれば、この世における幸福の実現化のためには、宗教的なアプローチと

政治的なアプローチの二つがある。前者だけではできないこともあり、両者は不即不離・一体の関係にもある。政治進出はユートピア実現のための具体的手段であるが、自らの信仰心を試す機会でもある。本当の「正しい」宗教・信仰心が日本を救うのであり、さらにそれを世界に広げていかなければならない。それが幸福の科学のそして日本の使命なのである、というものだ。まさに第一節・第二節で見てきた同教団のナショナリズムに裏打ちされた政治進出なのである。

「幸福実現党綱領」と「新・日本国憲法 試案」

このような基本姿勢に立脚し、どのような具体的な政治活動の方向性が取られていっただろうか。まずは、結党時に提示され、現在も変わっていない「幸福実現党綱領」を見る。

「一、立党の趣旨」は、全文を挙げる。[30]

現在、日本は、「世界のリーダーとしての使命」を果たすべき時代を迎えています。国際紛争が頻発する中、私たちは、その背景に宗教間の不信や対立があることを理解し、日本が主体となって、多様な価値観が共存する宗教融和と世界平和のモデルを提示していかなければならないと考えます。現に、日本は宗教的寛容の精神の下、宗教が共存共栄し、人々が幸福を享受した歴史を有しています。こうした自由と寛容の精神に基づく平和を世界レベルで実現していくことこそ、「大国日本の使命」です。

日本は明治維新以降、国体を大きく変化させ、西洋諸国のモデルを取り入れ、国民の一致団結した不断の努力により、世界の大国としての責任を担える経済成長を果たしました。その反面、植民地憲法の下、宗教が社会的に排除され、唯物論や無神論が浸透する中、政治や教育、家庭において善悪の価値観や正義が失われ、いじめや自殺、犯罪等が増大しています。さらに、アジア情勢が緊迫する中、国防においては主権国家としての手足が縛られ、国民の生命・財産・安全が危機にさらされています。
こうした危急存亡の秋にあって、国家の危機に真正面から立ち向かい、国民の幸福を実現していく政治勢力は見当たらず、国民に政治不信と失望が広がっています。私たちは、人類の未来に対して勇気を持って行動する責任政党として、日本と世界の人々の具体的幸福を実現すべく、ここに立党を宣言します。

これまでの日本の使命感、経済発展を軸に据えた歴史観、宗教観、ユートピア観に立脚していることがよくわかる。

「一、党の使命」は、「一、宗教政党としての「理想国家」の実現」、「二、責任政党としての「毅然とした国家」の実現」（憲法改正）、「三、保守政党としての「真なる民主主義」の実現」（自由主義・繁栄主義の確立）、「四、国民政党としての「具体的幸福」の実現」（普遍的宗教理念に基いた幸福実現）の四つからなる。

「三、政策の大綱」は、「一、憲法九条改正による「毅然とした国家」」「二、大統領制による「機動的で責任ある政治」」「三、宗教をバックボーンとした「真なる教育改革」」「四、経営の思想を取り入れた「根本的な行政改革」」「五、民間の助け合いを促す「未来の社会保障」」「六、自由競争の促進による「企業家の輩出」」「七、都市の潜在能力活用による「未来型都市の建設」」「八、世界の経済・金融・文化の中枢となる「世界に開かれた日本」」「九、人口百億人時代を見据えた「国家プロジェクト」」「一〇、宗教的寛容の精神に基づく「世界平和の実現」」の一〇項目からなる。細かく見る必要はないが、項目名からだけでも、幸福の科学の世界観を反映したその大枠をつかむことができるだろう。

次に、二〇〇九年の六月中旬に「霊示」により記され、六月二一日全国紙朝刊ならびに衆院選マニフェストにも掲載された、「新・日本国憲法 試案[31]」を部分的に見る。

・前文　われら日本国国民は、神仏の心を心とし、日本と地球すべての平和と発展・繁栄を目指し、神の子、仏の子としての本質を人間の尊厳の根拠と定め、ここに新・日本国憲法を制定する。
・第一条　国民は、和を以て尊しとなし、争うことなきを旨とせよ。また、世界平和実現のため、積極的にその建設に努力せよ。
・第二条　信教の自由は、何人に対してもこれを保障する。
・第三条　行政は、国民投票による大統領制により執行される。
……中略……
・第五条　国民の生命・安全・財産を護るため、陸軍・海軍・空軍よりなる防衛軍を組織する。
……中略……
・第一一条　国家は常に、小さな政府、安い税金を目指し、国民の政治参加の自由を保障しなくてはならない。
・第一二条　マスコミはその権力を濫用してはならず、常に良心と国民に対して、責任を負う。
……中略……
・第一四条　天皇制その他の文化的伝統は尊重する。しかし、その権能、及び内容は、行政、立法、司法の三権の独立をそこなわない範囲で、法律でこれを定める。

神の子／仏の子的人間観、大統領制、国防軍確立、徳治主義・哲人重視、小さな政府観、文化的象徴としての天皇観などの独自性が認められる。大川と彼らは、このように日本という国家は鋳直されるべきだと考えているのである。こうしたラディカルな改正案が、メディアを通じて広く公表されたことの意味は大きいだろう。

写真６　幸福実現党のマニフェスト・主要政策冊子

二〇〇九年衆院選・二〇一〇年参院選マニフェスト

こうした基本姿勢や基本枠組に基づき、いよいよ国政選挙に至った。ここでは二〇〇九年衆院選・二〇一〇年参院選のマニフェストの内容を検討する。

衆院選では、全三〇頁強・オールカラーのマニフェストが公表された。表紙には大川の写真、冒頭には「この国の政治に一本、精神的主柱を立てたい」「ユートピア創りの戦いは、まだ始まったばかりである」と述べた「幸福実現党の目指すもの」が掲載されている。

衆院選の「主要政策 三本柱」は、「一　大減税による消費景気で日本を元気にします。」（消費税・相続税・贈与税の全廃。年三％成長。株価二万円台）、「二　北朝鮮の核ミサイルから国民の安全を守ります。」（北朝鮮先制攻撃。九条改正、防衛権制定）、「三　積極的人口増加策で、二〇三〇年にGDP世界一を実現します。」（三億人国家。住宅・教育・交通改革。海外移民受け入れ）である。

経済と国防という幸福の科学の「得意分野」に重点が置かれ、「強い日本」が目指されている。移民受け入れも、特徴的である。前述の「新・日本国憲法 試案」も掲載されている。

宗教的世界観が顕著な項目としては、教育のところで、「宗教教育を取り入れて、善悪の価値観や、愛と慈悲、セルフヘルプの精神といった普遍的な宗教精神を教えます」と幸福の科学の考えを反映した宗教教育が構想されているのが目立つ。

次に、国防のところでは、

　宗教対立やイデオロギー的対立を背景とした戦争が繰り返される不幸な歴史に終止符を打つべく、宗教的寛容の精神を有する日本がリーダーシップを取り、侵略目的を持つ国家の核の廃絶を最優先にめざします。

とされている[32]。

全体を通じて、小さな政府・自助努力・自由競争・成果主義・経営的国家観・自国防衛・日本のリーダーシップ・経済的繁栄などがキーワードとなっている。大川と幸福の科学がこれまで訴えてきたことの政治的現実化が目指された文章であることがよくわかる。

次に、二〇一〇年参院選のマニフェストである。基本路線に大きな変化はない。「幸福実現党 政策三本柱」は、「Ⅰ 景気・雇用 成長なくして増税なし」（雇用創出・新基幹産業・減税・規制緩和・所得増加）、「Ⅱ 外交・安保 自分の国は自分で守る」（日米同盟強化・九条改正・自衛隊は軍隊に）、「Ⅲ 教育復活 自助努力の精神が道を開く」（教員側に競争原理・いじめ防止法）である。大枠で、衆院選のものを踏襲していると言えよう。

宗教的内容を前面に出した部分は、「外交・安保」「教育復活」「二〇三〇年の未来ビジョン」などの箇所に見られる。「未来ビジョン」として、以下のものが挙げられる。

最高の幸福と繁栄を実現する「宗教立国」を目指します。
人間が尊いのは神仏の子であるからであり、基本的人権の根本には信仰があります。正しい宗教こそ国民を幸福にする基であり、宗教の尊厳を取り戻さなければなりません。
本来、宗教と国家は融合的であり、切り離すことはできません。
よい宗教とよい政治が連動したとき、国民にとって最高の幸福と繁栄がもたらされます。

宗教的精神による平和実現や宗教教育は前回と同様だが、「宗教立国」については新たに明確に打ち出されている。

また、本マニフェストの最大の特徴が、随所に高級霊の「霊言」が引用されていることである。松下幸之助・シュンペーター・二宮尊徳・西郷隆盛・福澤諭吉などのものである。よくみると、小さい字で出典となっている大川の書籍情報と、霊示日が書いてあるが、一見してその各人が言っているかのようにも見えてしまう。(33)

党が提示する基本政策が、霊言により裏打ちされていることが示されているのである。

これは、衆院選マニフェストにはなかったことであり、幸福の科学＝幸福実現党が、「ここまでなら大丈夫だろう」と歩を進めてきたことを示している。

霊言の「復活」と天皇／皇室観

二〇一〇年参院選のマニフェストに、「霊言」が掲載されていることに触れた。実は二〇〇九年の政治進出に前後して、しかもその動きと連動して、幸福の科学の運動展開上、看過できない大きな変化が、この霊言の「復活」なのである。

第一節で見た通り、一九八六年の立教前から大きな「魅力」となっていたのは、大川を通じて伝えられるさまざまな「高級神霊」からの霊言・霊示・霊訓だった。

だが、運動展開とともに宗教的権威を一本化する必要性からも、一九九四年には「方便の時代は終わった」として、初期の霊言集は表向き整理・封印された。

もっとも、教団内部における神示や研修などにおいては、高級神霊からのメッセージや指導が引き続き行われていた(34)。

外部に対しては、『ザ・リバティ』などで、景山民夫・昭和天皇・松下幸之助・中村元（仏教学者）らの霊言や、箱島信一・朝日新聞社長の守護霊インタビューなどが時おり掲載されることはあったが、やはり限定的だった（リバティ一九九八／四、二〇〇〇／三、二〇〇六／一、二〇〇〇／一、二〇〇三／一〇）。

それが、今回の政治進出に前後して、堰を切ったように再び前景化してきたのである。

さらには、霊言や守護霊インタビューが、政治活動における諸政策や意思決定の裏打ちとなっている点は、重い意味を持つ。

たとえば、二〇〇八年二月一六日の説法では、坂本龍馬霊との対話が、憂国の状況を裏付けたということが述べられている［大川二〇〇九d］。オバマ守護霊インタビューに依拠して、アメリカが日本を捨て中国を選ぶだろうから自主防衛に備えよとしている［『ザ・リバティ』編集部編二〇〇九］。金正日の守護霊との対話に基づき、「韓国併合」「日本侵略」がその本心だとし、諸葛亮孔明の提言として党の政策を後押しする［大川二〇〇九f］。他にも、「幸福の科学の指導霊たちは、みな、当然、応援をしてくれています」［大川二〇〇九h：九七］という。

こうした動向は、初の衆院選の二〇〇九年中で終わることなく、その後いっそう拍車がかかり、現在にまで至っている。

二〇一〇年ごろからは、特に霊のヴァリエーションが増え、宗教家・思想家は言うまでもなく(35)、宇宙人・学者・作家・日本神話の神々・歴代天皇の霊や、世界の首脳・現職政治家・官僚・マスコミ・芸能人・皇族らの守護霊インタビューにまで至っており、留まることを知らない。また、霊を降ろした大川に幹部二〜三人が質問をぶつける様子を録画した「公開霊言」を、信者らが「拝聴」するのを次々と促すというスタイルが定着し、その内容がきわめて短期間に書籍として刊行されるようになっている。

これでは、まるでかつての「方便の時代」の再来であるかのようだ（というよりもそれを軽々と超えている）。この点について、教団は「あの世の存在の証明」のためだとし（教団サイト）、大川は、「信じる信じないは、人それぞれでしょう」としている（文藝春秋 二〇〇九／八）。いずれにせよ、明らかな運動の方針転換を認められる。

こうした霊言の「復活」の動向と、幸福の科学のナショナリズムという論点を考える上で一つの重要な焦点と言えるのが、「天皇制」・天皇観の問題である。

すでに見てきたように、大川による憲法試案の第一四条には「天皇制その他の文化的伝統は尊重する」とあり、「「天皇は、日本国の文化と歴史の象徴であるから、その存続は尊重されるべきである」という考えはあってもよい」［大川 二〇〇九c：五二］としてきた。

第一節・第二節で見てきたように、幸福の科学の世界観においては、日本の神道の神々は、高級神霊ではあるものの最高次元に属すのではなく、多層的霊界のなかの一つの民族神とされる。そして、輪廻転生を軸とする幸福の科学にとっては、現在の皇族はその民族神の肉体的な末裔という位置づけである。昭和天皇は高天原・天国に還っていること、先の敗戦は日本神道系の神々にも責任があること、日本神道の神々は八次元如来界の存在であって九次元霊界の孔子の流れに包摂されること、谷口雅春の前世は伊邪那岐之大神であること、などが、これまで断片的に説かれてきた。

さらに、「昭和天皇 霊界からの伝言」（リバティ 二〇〇〇／三）を嚆矢として、『明治天皇・昭和天皇の霊言―日本国民への憂国のメッセージ―』［大川 二〇〇九j］から『今上天皇 元首の本心―守護霊メッセージ―』［大川 二〇一二a］などに至るまで、大川―幸福の科学が呼び出せる霊的存在の一つとして扱われているのである。

近年では、大川の五人の子供のうち三人が天皇家と関係のある魂〔大川 二〇一一：一四八〕だとして、「日本神道と融合してやっていくしかありません」〔同：一四九〕などとしているが、大川―幸福の科学の世界観と、皇室崇敬に立脚し、「万世一系」的な伝統性・系譜性（国柄・国民性など）を重視するような姿勢との間には、やはりかなり距離がある。

こうした天皇・皇室への眼差しに象徴されるように、日本の優位性・使命感を説く言説が一見保守・右派的に見えても、その拠って立つロジックは独自の霊的世界観と経済的優位性に裏打ちされたものである。それは、本書の第2章・第3章で見てきた諸運動の事例とは大きな隔たりがある。そのちがいが独自の「政治進出」という路線選択に大きな影響を与えていることは、ここまでの記述で明らかだろう。

ここまでで、幸福実現党の主張・政策が、幸福の科学のこれまでの展開と言説の延長線上にありつつ、現実的な政治活動という新段階に歩を進めたものであることがわかった。

写真7　幸福の科学　皇室・神道関連書籍

選挙データから見る幸福実現党

以下では、幸福実現党のこれまでの選挙をめぐるデータを分析する。(36) まず、二〇〇九年八月の初の衆院選を中心に、どのような人々が候補として擁立されたかを見る。次に、得票数・得票率を中心に、選挙結果の分析を行う。

二〇〇九年衆院選では、小選挙区に二八八名・比例に四九名の計三三七名と、他党に比して最多の候補者を擁立した。その候補者の属性を統計的に分析することで、幸福の科学＝幸福実現党がいかなる人物をその代表として国政に送り出そうとしたか、換言すれば幸福の科学におけるある種のリーダー像が看て取れると思われる。

公示日前日の八月一七日発表の「幸福実現党 全公認候補者名簿（第五七版）」ならびに各候補者サイト掲載の情報等に拠って候補者の属性を見てみよう。

三三七名のうち、男性二六三名（七八・〇％）、女性七四名（二二・〇％）である。

平均年齢は、四五・八三歳（男性四五・二歳、女性四八・一歳）で、最年少は二六歳、最高齢は七一歳であった。

学歴は、厳密な基準による判別ではないが、旧・帝大クラス国立大（含む医学部）が四二名（一二・五％）、地方国立大クラスが五五名（一六・三％）、早慶上智・ＭＡＲＣＨ・関関同立等の上位私大が七〇名（二〇・八％）、他私大が八六名（二五・五％）、短大・専門学校・各種学校等が五一名（一五・一％）、高卒が三二名（九・五％）、不明一（〇・三％）、である。四大卒以上が、七五・一％となる。大学別では、東京大学七名、京都大学六名、早稲田大学一六名、慶應義塾大学七名、東北大七名、中央大一〇名、法政大八名、関西大七名、などが目立つ。創価学会のエリート層を擁立する公明党のケースはまた特殊だが（第4章）、学歴的にはかなり高い層を多く含むと言えるのではないか。

職歴を見て圧倒されるのは、二五四名（七五・四％）ほどが教団職にあるか経験者であり、その多くは各地方の支部長や施設職員であるということだ。

幸福の科学では、専従職員となることを「入局」というが、確認できただけでも一九九一年の入局者が八二名（うち男性七八名）と目立って多い。年齢的には四〇代後半～五〇代前半が目立つ。続いて一九九〇年が二四名、一九九五年が二四名である。一九九一年は、教団が「急成長」し、大きな社会的注目を浴びた年だった。同年に二〇代後半～三〇代前半で入局した男性を中心としたいわば「同期入社」組が、約二〇年を経た現在、教団の要職～支部長クラスにあり、今回の選挙戦でも先頭に立った、という事態が読み取れる。

その他の職歴では、現職地方市議で幸福実現党に所属を変えて出馬した者が、四人いる（八戸、青梅、越前、大野城の各市）。自衛隊（陸上・航空）出身者は、七人いる。会社社長等も二〇名近くで、目立つ。なお、党の役員となっているのは、高学歴かつ、一流企業・官公庁の出身者で、教団の理事等の経験者が多い。

以上、候補者の属性を見てきた。支部長や教団職員など専従者を多く含み、また一方で企業経営者などが多いことからは、今回の選挙戦の先頭に立ったのが組織的・経済的に教団を支える層であり、まさに教団活動と政治活動が一体であったことを物語っていよう。一方で、裏を返せば、今回の突然の政治進出という事態に対しては、主に支部長や職員をそのまま横すべりで候補に擁立する形でしか、人材のリクルートができなかったと言えるのかもしれない[37]。

二〇一〇年参院選、二〇一二年衆院選、二〇一三年参院選、二〇一四年衆院選の同様のデータもあるが、特に提示して検討する意義を感じない。特筆すべき動向はあまりなく、複数回の挑戦により、党幹部らは馴染みの面々となってくること、教団内の政治関連の私塾であるＨＳ政経塾の卒塾生らが積極的に関わってくるようになること、くらいである。

続いて、各選挙結果の分析を試みる。

未だ選挙戦を経ての当選者はゼロなので、その点での意義はない。だが、「どれだけの得票があって、どのように落選したか」を顧みておきたい。

引き続き、新聞報道、各都道府県の選管サイトなどのデータに依拠して分析を行う。

第三節で見てきたように、幸福実現党はこれまで大小一九の選挙を戦い、一勝（不戦勝）五四〇敗である。一九選挙での、幸福実現党候補の数・性別・平均年齢・得票数・相対得票率[38]・絶対得票率・全体のなかでの順位を一覧にしたのが表1である。

二〇〇九年七月一二日の都議選（全四二選挙区・一二七議席）では、幸福実現党は区部を中心に一〇選挙区に候補を立てたが、全員最下位で落選した。総得票数は一万三四〇一票だった。計算上は、平均一三四〇票×全四一ブロック（島部除く）＝五万四九四〇票、がその時点の都下での集票力となろうか。幸福の科学は、従来自民党を支援してきたとされる。この都議選では自民党が大敗したが、足立と杉並の二選挙区のみ、もし幸福実現党候補への票が全て自民党落選候補に入っていたならば当選となっていたと言える。だが、他選挙区では結果を左右することもなかった、というのが冷静な分析である。

二〇〇九年八月三〇日の衆院選は、比例全一一ブロックの総計が、四五万九三八七票（相対得票率〇・六五％）だった。最も得票があったのが、大川が比例一位で出た近畿ブロックで八万五二一九票だった。ただし、比例で一議席を獲得するには、三〇万票あたりが目安だったので、当選にはほど遠かったと言えよう。

同選挙の小選挙区は、二八八人の総得票数が、一〇七万一九五八票（一・五八％）となった。平均は、三七二二票となる。うち二七八選挙区で最下位、九選挙区で下から二位だった。

計一〇選挙区における他党候補者支援のなかでは、菅義偉（神奈川二）、稲田朋美（福井一）、安倍晋三（山口四）、古賀誠（福岡七）のみが当選した。しかし、幸福実現党の支援のおかげで当選したとは言えるだろうか。従来の自民党支援を考えると、幸福実現党候補の得票が仮に全て入っていれば落選自民党候補が当選民主党候補に勝っていたようなケースは、茨城二区、神奈川一三区、石川三区のみであった。つまり、同党に入った票は、ほとんどの場合、この選挙の民主党勝利・自民党敗北という全体的動向を左右するようなものではな

表１　幸福実現党　候補者データと選挙結果一覧

年月日	選挙名	候補者数（人）	性別	平均年齢	得票数（票）	相対得票率（%）	絶対得票率（%）	順位
2009/7/12	都議選（全 10 区）	10	男 5 女 5	41.9	13,401	0.70	0.38	全て最下位
2009/7/26	仙台市長選	1	男 1	47.0	2,735	0.76	0.34	6/6
2009/8/30	**衆院選**	337	男 263 女 74	45.8	―――	―――	―――	―――
	――比例	49			**459,387**	**0.65**	0.44	8/11
	――小選挙区	288			**1,071,958**	1.58	1.07	―――
2009/10/25	参院補選・神奈川	1	男 1	47.0	24,793	1.20	0.34	4/4
2009/10/25	参院補選・静岡	1	男 1	48.0	12,106	1.12	0.39	4/4
2010/7/11	**参院選**	24	男 19 女 5	47.2	―――	―――	―――	―――
	――比例	5			**229,026**	**0.39**	0.22	12/12
	――選挙区	19			**291,810**	0.72	0.39	―――
2010/10/24	衆院補選・北海道５区	1	男 1	43.0	2,325	0.97	0.51	5/5
2010/11/28	沖縄県知事選	1	男 1	46.0	13,116	2.03	1.23	3/3
2011/4/24	統一地方選（4ヶ所）	4	男 2 女 2	48.8	2,714	――	――	――
2011/4/24	衆院補選・愛知６区	1	女 1	50.0	7,932	4.67	1.90	4/5
2012/4/15	鹿児島市議選	1	男 1	59.0	1,356	0.60	0.28	57/60
2012/10/28	衆院補選・鹿児島３区	1	男 1	30.0	2,886	2.00	1.11	4/4
2012/12/16	**衆院選**	62	男 42 女 20	46.0	―――	―――	―――	―――
	――比例	42			**216,150**	**0.36**	0.21	10/12
	――小選挙区	20			**65,983**	1.57	0.91	―――
2012/12/16	都知事選	1	男 1	46.0	47,829	0.74	0.45	7/9
2013/4/28	参院補選・山口	1	女 1	50.0	10,096	2.23	0.85	4/4
2013/7/21	**参院選**	50	男 32 女 18	47.4	―――	―――	―――	―――
	――比例	3			**191,644**	**0.36**	0.18	12/12
	――選挙区	47			**606,692**	1.14	0.58	―――
2014/4/27	衆院補選・鹿児島２区	1	男 1	32.0	1,283	1.02	0.46	5/6
2014/7/27	小矢部市議選	1	女 1	39.0	―――	―――	―――	**無投票当選**
2014/12/14	**衆院選**	42	男 23 女 19	44.9	―――	―――	―――	―――
	――比例	42			**260,111**	**0.49**	0.25	9/11

※［塚田 2010a］、全国紙選挙報道、幸福実現党公表の候補者名簿などより筆者作成

かったということだ。

二〇一〇年七月一一日の参院選では、比例区で二二万九〇二六票（〇・三九％）という結果だった。候補を擁立した一二政党・政治団体のなかでは、日本創新党の四九万三六二〇票（〇・八四％）、女性党（第7章参照）の四一万四九六三票（〇・七一％）を圧倒的に下回るダントツの最下位であった。衆院選の全一一比例ブロックの総計と直接的に比較はできないが、それでも明らかな退潮と言えるだろう。

同選挙における選挙区では、全一九区中一七区で、最下位だった。選挙区で、幸福実現党への票が当落に影響を与えたところは皆無といっていい（民主党候補に票が入っていた仮定は考慮外）。東京・埼玉・千葉・神奈川・大阪などの大都市圏選挙区では、得票率が〇・二〜〇・五％程度で、特に都市部での票離れが目立った。

二〇一一年四月二四日の統一地方選の四候補について、品川区議選では九一四票で落選した（最下位当選者は一六八一票）。高槻市議選では四九三票で落選した（最下位当選者は二三〇九票）。寝屋川市議選では五一二票で落選した（最下位当選者は一八〇九票）。徳島市議選では七九五票で落選した（最下位当選者は一六二三票）。

二〇一二年四月一五日の鹿児島市議会選では、一三五六票で落選した（最下位当選者は三〇〇三票）。

このように、立党から二、三年が経っても、市議選レベルで支持基盤がなく、政策・主張にも賛同が得られず、当選者を出せない同党の状況が示された。

二〇一二年一二月一六日の衆院選には、比例で四二名、小選挙区で二〇名が立候補した。比例では二一万六一五〇票（〇・三六％）と、二〇〇九年衆院選と比べても半減以下となり衰退が著しかった。小選挙区の戦線も縮小されており、政権を担当するとしていた勢いはどこかに行ってしまった。

二〇一三年七月二一日の参院選も、比例ではわずか一九万一六四四票であり、前回参院選よりも確実に票を減らした。

二〇一四年七月二七日の富山県小矢部市議選では、無投票により当選者が出た。選挙戦を経た結果ではないので、これをもってその勢力や支持を云々することはできない。

そして、直近の二〇一四年一二月一四日の衆院選では、初めて比例のみ四二人にしぼって候補を擁立した。この戦略が奏功したのか、前回衆院選や参院選などと比べれば、二六万一一一票といくぶん票をのばした。しかし、この数字自体に大きな意味はなく、各比例ブロックでは、〇・四〜〇・七％程度の得票である。一万七六二票（〇・七％）で得票率が一番高かった四国ですら、一議席獲得には二〇万票近く必要であるので、その隔たりは甚だしいものがあるだろう。

これらのデータを踏まえて、どのようなことがわかるだろうか。

一般に選挙結果では、相対得票率が重視される。もちろん総投票数のうちどれだけの得票があるかが結果を決めるのだから当然だが、当日の投票率によって左右される（投票率が高ければ、その中で占める位置は低くなり、投票率が低ければ、その中で占める位置が高くなる）。よって、幸福の科学＝幸福実現党の勢力を測るのには向かない。

ここで注目したいのは、絶対得票率である。幸福実現党の政治進出初年である二〇〇九年中のそれを見ると、〇・三四％〜〇・四四％という分布が目に付く。(39) どの選挙でも、有権者のうち最低限これだけの率で必ず投票する層がいたということになる。

確実に投票に行き、確実に同党ないし同党候補者に投票する者とは、ある程度自覚的な会員や関係者であると想定できる。もちろん非会員で党支持者もいようが、会員であっても党に投票しない者と相殺される程度ではないか。この率を、衆院選の全国有権者一億三九四万九四四二人にかけると、約三四万〜四六万という数字が得られる。これを幸福実現党の候補者に投票する程度には帰属意識や親和性を感じている、当時の会員やシンパの数（二〇歳以上）に近いと考えることは、それほど無理はないだろう。

もちろん新宗教運動の信者は、コミットメントの度合いに濃淡があるものである。また、友人・知り合い関係への熱心な投票依頼行動の効果も当然あるだろう。

ところが、政治進出が続いていくと、この絶対得票率の数値にも変化がみられる。比べやすいのは、やはり全国レベルで投票されたものになる。二〇一〇年参院選比例区〇・二二%、二〇一二年衆院選比例〇・二一%、二〇一三年参院選比例区〇・一八%、二〇一四年衆院選比例〇・二五%、である。これを有権者全体で換算すると、もちろん約一九万〜二六万という数になる。

これは、投票率などに左右された数字ではない。確実に言えることとは、活発な政治活動は続けられているものの、初年度・初回の勢いはなく、そこからは投票者・支持層を減らしているということだ。これが、信者会員が減っていることによるのか、それとも幸福実現党が幸福の科学による「宗教政党」だと認知されることによって減っているのかどうかなどを示す実証的なデータは持ち合わせていない。またいずれにせよ、これらは、公称国内信者数の一千百万などという数字とは、著しくかけ離れているものだということは確認しておく。

なお、二〇〇九年衆院選小選挙区をはじめ、衆院・参院補選などでは同党候補の得票率がある程度は高くなることについても考察しておく必要があろう。

まず、二〇〇九年衆院選小選挙区では、同党候補は「無所属」候補として投票された可能性がある。同党は「政党」ではなく「政治団体」であるため、投票所記入台の候補者掲示では「政党名」が記されていなかった（筆者も確認した）。この衆院選の多くの小選挙区では、自民（公明）／民主／（共産）／幸福実現という候補者の顔ぶれであった。つまり、自民か民主かという選択を避け、かつ共産支持でもない層が、「無所属」として同党候補に投票した可能性がある。

また同様の現象は、その後の選挙で党名の記載がなされた場合でも見られるだろう。自民でも民主でも共産でもない第三・第四の選択肢として、消去法的に選ばれ投票されたケースである。いずれにせよ、そのような票を含めたとしても、当選には関係のない得票なのである[40]。

このように、幸福の科学＝幸福実現党は、現実的な政治進出という新たな段階に対応できるような教団組織の基盤が脆弱である。というよりも、一連の選挙によって、その社会的勢力としての規模の程度が、国民や既成政党・政治家（そして教団内部・信徒会員）に露わになったのだと言えよう。今後も大筋ではこの状況は変わらないものと思われる。

8-5 幸福の科学＝幸福実現党の政治進出とは何だったのか

以上、本章では、幸福の科学＝幸福実現党のナショナリズム＝国家意識とその政治進出の全体像を追ってきた。

第一節では、まず幸福の科学の概要を捉えた。同教団の新宗教運動としての位置や、大川＝エル・カンターレの特別性などの基本的な世界観が確認された。

次に、草創期（一九八五―一九九〇）の展開を追い、そのナショナリズムの原型とユートピア観をつかんだ。現代の日本・日本人は選ばれているとされ、その根拠は霊的輪廻転生と経済的に繁栄した日本認識であった。また、包括的な宗教的価値に基づき、政治が行われ、実践的に個人と世界をユートピア化していくという政治観やユートピア観を確認できた。

第二節では、同教団が社会的に最も注目された一九九一年以降、二〇〇九年の政治進出開始までの展開を追っていった。まずは一九九一年初頭に、国際意識を反映したナショナリズムの先鋭化が見られた。それを契機に国内の問題状況への視点移動が確認された。大川自身の政治的関心がメディアなどで語られるとともに、三塚という既成政党・政治家支援の「政治関与」が大がかりに始められた。しかし、それが頓挫した九〇年代後半からは、発信するメッセージの質量の変化など静かな時期に入っていった。ただし、その間には教団施設・組織等が整備され、月刊オピニオン誌での社会的提言が続けられていた。

第三節では、まず二〇〇九年の政治進出の動機と背景を論じた。そこには、従来からの「選ばれた日本」観とユートピア観をベースに、北朝鮮ミサイル問題などの世界情勢、国内政治情勢、自運動の現勢に対する過剰な認識、リーダーのイニシアティブが絡まり合っていることが明らかにされた。

続いて、政治進出開始以来の動きを丹念に追い、一宗教運動が政治活動という他領域に進出していく累積的な過程を明示した。そこにおける混乱や試行錯誤の状況、現代宗教のメディア利用の実態や、宗教運動が予期せぬ結果にどのような意味付けをなして活動を継続していくか、なども明らかにできた。

第四節では、幸福実現党の政策と目指すものを、世界観・国家意識との関連で整理した。政治進出前までの過程で示されてきた基本的世界観やユートピア観・国家意識が随所に散りばめられつつ、その政治的具現化を迫ったものであることが明らかになった。また、その展開にともなって「霊言」が運動の前面に再登場し、それによって諸政策や方針の裏打ちがなされていることがわかった。

続いて、選挙候補者の属性とこれまでの選挙結果の分析を行った。前者により、運動を先導する高学歴・教団専従職員を中心した人物像が描出された。また後者により、その運動支持層の脆弱性と退潮傾向を読み取ることができた。

もちろん同運動は現在進行形のものであるので、ここまでの記述が今後更新される可能性もなくはない。継続的な注視を行っていくまでである。

幸福の科学＝幸福実現党の政治進出とはいったい何だったのか。

運動の発生から二〇〇九年の政治進出を経て、ほぼ現在に至るまでの展開を具に追ってきた。

そこにはまず、運動発生当初から変わらない、選ばれた日本・日本人とその使命というナショナリズム、宗教的価値に基づいた世界改革というユートピア観が、その思想の底流としてあり続けた。これらは、「高級諸霊が日本に生まれてきている」――象徴的には大川―幸福の科学が日本に存在する――ことと、経済発展が隆盛をむかえた繁栄した日本という認識をそもそもの根拠としていた。

他方で、幸福の科学は運動展開とともに、さまざまな変化を遂げてきた。当初の学習団体で日本人一般に使命を説いたところから始まり、運動が大きくなるにつれ宗教団体の形を強め、メディアを活用して派手な活動を展開していった。そのなかで、生じた軋轢などにより、繁栄しているはずの現在の日本をそのまま手放しでは称揚できなくなり、さまざまな解決すべき国内問題を見つけていった。

そして、その政治的改善の道として、まずは既成政党・政治家という「政治関与」の道が選択された。具体的には、自民党を支援してきたわけだが、しかしそれは他の支援団体・支援宗教団体と同じように支援することではなかった。他の宗教運動や諸運動との合同・協同がはかられることもなかった。

それは、幸福の科学の「ハイパー宗教」的な世界観の持つ包括性と真理の独占性、競争肯定意識などによる面が大きい。全ての教えを包括しようということは、裏を返せば他の教えや動きを自らの世界観の下位カテゴリーに位置付けるという面を持つ。「正しい」宗教を競争する姿勢はそれを後押しする。またさらには、天皇観のちがいも大きく影響している。その意味で、幸福の科学は、他と協同・合同するべくもなく（第2章・第3章参照）、独自のナショナリズム、ユートピア観をそなえた「H異端」のケースなのであったと言えよう。

そして、従来の「政治関与」では自らの理想実現はとてもできないと判断され、独自の「政治進出」という道が取られたのであった。そこには、このハイパー性による「H異端」性が介在していたのである。

これが、幸福の科学＝幸福実現党の「政治関与」から「政治進出」へという展開における「転轍点」とその背景だと言える。

こうした「政治関与」から「政治進出」への展開を、現実的な成果や影響力は論じるべくもないが、目の前の現象として克明に記述し、分析できるという点で、幸福の科学＝幸福実現党は格好の事例であった。本章は、その研究史上に大きな厚みを加えることができたと考える。

第8章　註

（1）他方で、国内研究者による同教団の研究は低調である。その理由は、①同教団の現在に至るまでの情報発信量が著しく多く、信頼できる研究の質を担保するために必要十分な資料収集が単独では容易とは言えないこと、②研究者の専門領域と研究課題が細分化されているなか、同教団の現実的な規模や社会的影響力を考慮しても、その研究の意義がそもそもそれほど見出されていないこと、などが挙げられよう。もっとも、本章では「現代日本の新宗教運動のナショナリズム」「宗教団体の政治進出」という問題設定上、取り上げる意義を見出しているのであって、筆者が同教団の思想と活動とに世界・日本宗教史上、思想史上などの意義を見出しているわけではない。関連して、本章では同教団の「霊言」類についても取り上げていくが、それはそうした「霊言集」の「著者」である教祖・大川隆法ならびにそうした書籍を刊行し続ける幸福の科学出版＝幸福の科学という運動の発信するメッセージとして、である。本章において「霊言」について触れるということは、その内容の正当性の証明や社会的信用性などとは全く関係がない。このようなことをわざわざことわっておかなければならないのは、二〇一四年一〇月に幸福の科学大学設置が不認可になった際の文科省への異議申立文・見解文において、筆者の過去の論考［塚田 二〇〇九b］や他の諸学術研究が、彼らの「霊言」の普遍性や社会的浸透性などを示す例として利用されているからである（http://university.happy-science.jp/2014/154/）。筆者は被引用文献以降の論考において、「霊言や守護霊インタビューを用いて攻撃がなされている」［塚田 二〇一四a：四六］、「反駁・反論可能性が原理的に回避されたまま、独占的にされた「宗教的真理」が喧伝されている。…中略…その運動のアイデンティティは…中略…際限なしの霊言により主張の正当化をし続けることなどで、確保されているのである」［塚田 二〇一四d：一五五］と同教団とその「霊言」について論じている。同見解文が仮にも「学術的観点から」などと謳うのであれば、これらの蓄積・更新された知見を参照すべきであろう。以上が、本章の論述の前提として、注記しておきたいことである。

（2）なお、幸福の科学についての議論は、ジャーナリストを中心に継続的に進められてきた［有田 一九九一、江川 一九九一bほか］。藤倉善郎はブログ新聞『やや日刊カルト新聞』（二〇〇九年創刊、http://dailycult.blogspot.jp/）において、継続的に同教団やカルト問題について発信しており、参考になる（過去記事を団体別に閲覧可）。藤倉と同教団の応酬は、［藤倉 二〇一二］にも収められている。また近年では、月刊誌『ＦＯＲＵＭ21』において、継続的に同教団の動向を伝えており、参照力が高い。教団は二〇一二年一二月、藤倉が『週刊新潮』二〇一二年一月二二日号に書いた「文科省も県もお手上げ！ 子供に嘘を刷り込むデタラメ授業！ 「坂本龍馬の前世は劉備」と教える「幸福の科学」学園の罪」という記事について、新潮社と藤倉に名誉毀損だとして一億円の損害賠償と謝罪広告を求め、提訴した。二〇一四年一二月、東京地裁で請求は完全に棄却された（係争中）。なお、近年の「霊言」の動向については、［稗田 二〇一三a・b、二〇一四］が手際よくまとめている。

（3）ＧＬＡからの影響については、高橋信次『大自然の波動と生命』（一九六九年）や諸著作などを参照。

（4）生長の家の影響を受け、谷口雅春の霊言集を刊行している点から、大川―幸福の科学のナショナリズムは第2章でみたような生長の家のそれを継承したものと考えるのは早計である。谷口―生長の家のナショナリズムを特徴づけるのは宇宙神的天皇観であり、幸福の科学とは異なる。四冊の霊示集もそうした側面を強調していない。

（5）唯一、「天之御中主之神」によるとされる詞章に、「いま日の本の大国に 神という神 集われて 地球の不浄を一掃し 金剛石の星とせん」という部分がある［大川 一九九一（一九八六）］。現在の『仏説・正心法語』にはない。

（6）なお、数度の書き換えにより、全体的に仏教的世界観や語彙を用いるようになり、「神理」は「仏法真理」に、「光の天使」は「光の菩薩たち」に置き換えられていった。

（7）なお、日本史の部分では、「天之御中主之命」は「八次元最上段階の如来」であり、「天照大神」は七次元と八次元の間にある梵天界の住人であることなども述べられている［同：一三四、一四二―一四三］。

（8）カッコ内は、善川・大川がそれぞれの霊言・霊示の主としている神名・人物名である。

（9）一九八八年六月一二日のセミナーで大川は、この神示を解説する形で「今は、そうしたかたちだけの象徴的なものではなくて、徳高き者、神理を悟っている者、神理を説いていく人びとが秩序の原理の頂点に立てるような世界構造が、新たに模索されているということです」と述べている［大川 一九九二：一七六―一七八］。

（10）対照的に「霊言」の比重が小さくなっていった。その年の市販書籍のうちの霊言集の数を示す（筆者のカウントによる）。一九八六年：六／六、一九八七年：一四／一九、一九八八年：一五／二八、一九八九年：一五／三三、一九九〇年：二／二六。

（11）興味深いのが、大川が「『個人レベルの問題』『企業レベルの問題』『国家レベルの問題』――この三つの段階で成功理論なるものを話してみたいと思います」［同：二〇一二］と述べている点である。日本の新宗教の多くでは、「個人」「家族」「地域」「国家・社会」「世界」などと積み上げ式に説明されるところが〔小島 二〇〇八〕、大川においては「個人」「企業」「国家」という段階設定が見られるのである。

(12) 同様の二段階の設定は、一九八八年五月二九日開催の一九八八年第二回講演会「ユートピアの原理」においても、「心のユートピアの原理」と「社会のユートピアの原理」として説かれている〔大川 一九九〇：一一一-六四〕。

(13) この時期の市販書籍の数は、一九九一年二一冊、一九九二年一二冊、一九九三年一一冊、一九九四年二〇冊、一九九五年三三冊である。

(14) このようなかなりショッキングな予言については、「この私の語った未来史は、決して、それが成就するまで諸外国には伝えてはなるまい。諸外国の人びとには読ませてはなるまい。翻訳してはなるまい。……英語や中国語や韓国語には、決して訳してはなるまい」〔同：一八五-一八六〕などと書かれている。

(15) これまでの拙稿において、たびたびこの二書のナショナリズムに言及してきたことについて、教団側は「あの二冊はかなり特別なもの」との感想を寄せてきた。

(16) 三塚の過去世は、「霊査」によると加藤清正と釈尊の叔父アムリットダナーだとされ、霊的側面からもその能力が裏打ちされている(リバティ 一九九五／八)。

(17) 月刊オピニオン誌『ザ・リバティ』では、「首相候補七人を採点する！」として、橋本龍太郎・河野洋平・渡辺美智雄・加藤紘一・村山富市・小沢一郎に対して、三塚に最高得点をつけ「実力No.1」とした(リバティ 一九九五／一〇)。

(18) メディアによっては、「二万人以上」とも表記されている(宝島 一九九五／九／六)。この七月・八月の様子は複数のメディアにも注目され、報道された(週刊ポスト 一九九五／八／四、同 一九九五／九／八、AERA 一九九五／八／一四、週刊新潮 一九九五／八／一七・二四、週刊朝日 一九九五／八／一八・二五ほか)。「幸福の科学は今後、自民党支持を明確に打ち出すという」とされた(週刊朝日 一九九五／八／一八・二五号)。

(19) 同時期には、亀井静香も過去世は三国志の魏の武将・張遼、前田玄以だとされ、高評価だった(同 一九九六／二、一九九七／六)。加藤紘一も過去世が新井白石だとされ、激励調であった(同 一九九七／一二)。

(20) 二〇〇六〜〇八年は二五・二四・二二点となるのだが、これは大川以外による一般啓発本などが多く刊行されるようになったためである。

(21) 本節は、〔塚田 二〇一〇a〕の「一、幸福実現党をめぐる動き」を下敷きにして修整を行ったものである。

(22) 本章では、同DBにおいて、期間を二〇〇九年五月～一二月、フリーワードを「幸福実現」で検索し、ヒットした計一〇八一件の記事全てに目を通し、同期間を論じる際の基礎データとしている。二〇〇九年中の動きは、これによりほぼ網羅的にあたることができていると考える。なお、量的にはそれほど多くはなかったが、TV報道に関しては資料の制約上網羅していない。

(23) 二〇一二年公開の教団製作映画「ファイナル・ジャッジメント」「神秘の法」ではともに、最大の敵・悪として仮想中国が描かれていた。

(24) 幸福実現党候補の参院選東京選挙区での得票は、二〇一〇年参院選で一万四九六票、二〇一三年で二万一三七票である。また、政治進出以降の各種選挙での千葉県全域での得票を合計しても、当落を決める数にはならない。支援した候補が結果的に当選することと、支援したから候補が当選したこととは、別のことであろう。

(25) 同日には、『ザ・リバティ』六月号が発売されているが、北朝鮮ミサイル問題には言及されているものの、結党を仄めかすような言及はない（リバティ二〇〇九／六）。また、次号予告も、実際に翌月出た内容とは全く異なっている。突然の決定であったことが裏付けられる。

(26) 五月中旬ごろに、会員と見られるブログなどで言及が始まっていた。

(27) この様子は、ＹｏｕＴｕｂｅにて全一二回で閲覧が可能である（http://www.youtube.com/watch?v=thBqvnb9Yo&feature=channel）。党からは、饗庭広報本部長、泉聡彦広報本部長代理、小林幹事長、里村英一党報道局長が出て、高森、富岡幸一郎・関東学院大学教授、評論家の西村幸祐が迎えた。司会は、チャンネル桜社長の水島総であった。ここでの議論は、第2章で論じたような皇室・伝統重視の「保守」と、幸福の科学＝幸福実現党との違いを明確にしており、重要である。

(28) なお、社会と大手メディアの側も、民主党政権となった狂騒もあり、衆院選で幸福実現党が提起した問題等を論じることもほとんどなかった。独自の取材に基づき「政治と宗教」の問題として正面から問題提起したのは、『朝日新聞』（磯村健太郎記者）くらいであった（朝日・東京二〇〇九／一〇／五）。また、新聞メディア等が同党をどう報じるかという問題を管見のかぎりほぼ唯一検証したのが、茨城新聞が行った二〇〇九年度第一回「報道と読者委員会」である（茨城二〇〇九／一〇／二九、一一／一四）。

(29) なお、二〇〇九年衆院選で幸福実現党候補だった人物などの教団関係者が、その後の各種の選挙に「無所属」で出馬しているケースは複数ある。もちろん一般的にも、所属していた団体を離れるということはある。だが「無所属」を標榜しながらも、その政治活動が幸福実現党の方針に著しく沿ったものであったり、その選挙活動等が党員＝信者の協力等によって成り立っていたりするようなことがあるならば、それは社会通念的には公正とは言えず、「偽装」「正体隠し」と見なされても仕方がないだろう。

(30) 同綱領は、党サイトに全文が掲載されている(http://hr-party.jp/mission-statement/)。

(31) 同試案の全文は、党サイトに現在も掲載されている(http://special.hr-party.jp/policy2013/constitution/)。

(32) なお、裏表紙の最後に、「幸福実現党は、宗教法人「幸福の科学」を母体にした政党です」との言及がある。

(33) なお、松下幸之助霊言の傍らに、唯一、著者・大川の説明として「幸福の科学」の記載がある。

(34) また、一九九九年からはかつての霊言を再録・編集した『大川隆法霊言全集』が内部向けに刊行され始めた。

(35) 選挙戦を経ることで、マスコミの「偏向」についての不満は特に強まった。二〇一一～一二年にかけては、朝日新聞・週刊新潮・週刊文春などの社長・編集長守護霊や創始者霊などを呼び寄せての公開霊言や、NHK批判などを繰り広げている[大川二〇一二b]。そこでは、幸福の科学＝幸福実現党を「公正」に取り上げないメディア側の理由が、霊言の形で解釈されている。

(36) 本項は、[塚田二〇一〇a]の「二、選挙データから見る幸福実現党」を下敷きにして修整を行ったものである。

(37) なお、現時点ではこうした運動を下支えする一般の信徒会員の社会的属性に関するデータを持っていない。

(38) 「相対得票率」は「得票数」／「有効得票数」、「絶対得票率」とは「得票数」／「有権者数」である。

(39) 各紙が行った世論調査結果で、幸福実現党と答えた数字を補足的に挙げる。「衆院選比例代表での支持政党」〇・四％(産経・東京二〇〇九／八／一二)。「ふだんの支持政党」〇・一％(東京・東京二〇〇九／八／一八)。「小選挙区で投票する政党」「比例で投票する政党」各一・〇％(小数点以下は四捨五入)(毎日・東京二〇〇九／八／二二)。「比例代表の投票先決めている」〇・三％(東京・東京二〇〇九／八／二四)。「比例の投票先」〇・四％(読売・東京二〇〇九／九／一三)。ばらつきはあるが、だいたいの支持層の率をやはり示していると言えよう。

(40) ただし、二〇〇九年衆院選小選挙区での総計約一〇七万票という数字には注意が必要だった。衆院選後、饗庭党宣伝局長は、「政党要件を満たすには一四〇万票が必要でしたから、もう少しだったなあと」「(大川は選挙結果に落ち込んでいないかとの問いに、)めちゃくちゃ元気ですね。……政党要件まであと一歩という次が見える結果でしたから」(サイゾー二〇〇九／一〇)と述べている。これは国政選挙での二・〇の得票率(一四〇万票)という政党要件のことを指している。あと三三万票(一選挙区あたりプラス一一四六票)で「政党」になった可能性があったということである。しかしこれも、その後の戦線縮小と退潮により、論じる意味を失った。

結章　宗教と政治と「私たち」の課題

以上、戦後日本の宗教運動の「政治関与」と「政治進出」のケースを広く検討してきた。ここまでで明らかになったことを整理し、本書の結論を提示したい。

本書で論じられたこと

第1章では、本書の研究課題を「戦後日本の宗教運動の持つナショナリズム＝国家意識の特徴と、宗教運動による政治関与／政治進出の具体相とを明らかにし、両者の関連性の考察を通じて、宗教と政治の関わりについての「転轍点」を解明すること」と設定した。

その国家意識＝ナショナリズムを分析するにあたっては、①文化・伝統観、②天皇観、③対人類観、④経済的優位観、⑤戦前・大戦観、⑥欧米・西洋観、⑦ユートピア観、の七指標に着目するとした。

その上で、以下の三つの検証命題を設定した。

（ⅰ）宗教運動が政治関与・政治進出を行う場合には、当該運動に明確なナショナリズムが存在し、それが強く介在・影響している。

（ⅱ）政治関与と政治進出を分かつのは、前者が戦後の「正統」的宗教ナショナリズムに収斂しうる「O異端」性を、後者が収斂しえない「H異端」性を持つためである。
（ⅲ）独自の政治進出をなす場合、その宗教運動は「H異端」性を持つがゆえに、広い連携・協力はなされえない。

「第Ⅰ部　保守合同―宗教団体の政治関与と「正統」的宗教ナショナリズムの求心性―」では、ナショナリズムを基軸としつつ、多くの宗教運動が協同して既成政党・政治家を支援するような「政治関与」のケースを検討した。

第2章ではまず、戦前宗教ナショナリズムとの連続性の問題を視野に入れ、神社本庁＝神道政治連盟のケースを取り上げた。そしてそれが、戦前・戦後の連続性と断絶性のはざまで、皇室崇敬、敬神崇祖、愛国心、侵略戦争観の否定、保守的価値観等を基軸として、過去との連続性に根拠を求めつつ、現前の戦後状況に対応しようとしている運動であることを明らかにし、それを戦後の「正統」的宗教ナショナリズムと捉えた。さらに、生長の家＝生長の家政治連合と、保守合同運動である日本会議のケースの検討を通じ、これらと「正統」的宗教ナショナリズムとの連続性を解明した。

第3章では、保守合同運動である日本会議に参集するさまざまな宗教運動・団体の特性を概観した。特にそのなかでも、解脱会と崇教真光の例を詳しく扱った。前者は、教祖の体験と思想に基づく素朴な愛郷心と皇室崇敬に重きを置いた伝統維持型の宗教運動であった。後者は、超古代史の系譜を引いた、やや独特な日本中心主義・天皇観をそなえた超伝統型とも言える宗教運動であった。

これらの諸運動は、多様な背景と思想、ナショナリズムを持った、いわば「正統」的宗教ナショナリズムとはある程度の距離がある「O異端」と位置づけられる。しかしそれでも、皇室崇敬・文化的伝統の重視姿勢等を公約数的に共有することで、「正統」の持つ求心力に引きつけられ、連携して保守合同運動に参画しているのである。

このような保守合同運動の結集のメカニズムが解明されるとともに、そうした協同が可能であるということがまた、自らの理想方針に近いと感じられる既成政党・政治家の支援という「政治関与」の道の選択にもつながっていることが示された。そこにおいては、自前の政治団体を創設して自前の候補者を擁立するような「政治進出」の道が選択される必然性と可能性は低いのである。

「第Ⅱ部　政教一致—宗教団体の政治進出と独自のユートピアの希求—」では、自運動の理想社会の実現を目指し、自前の政治団体を創設して、国政選挙等において自前の候補者を擁立するような「政治進出」の五つのケースを取り上げ、検討した。

第4章では、創価学会＝公明党の事例を検討した。そこには、政治と宗教とは一致すべきだという王仏冥合論と、「正しい宗教」が広まった上での国立戒壇建立という、強い宗教的動機とユートピア観が介在していた。その国家意識は、日蓮正宗の伝統を基盤として形成・発信されたものであり、「正統」の求心性が働かない「H異端」性が顕著なものであった。また、教えに立脚した他宗排撃性を有するがゆえに、他との協同の道が取られるべくもなかった。よって、既成政党・政治家の支援にも結びつかず、自運動の堅固な組織体制を基盤とした独自の政治進出の道が選択されたのであった。

第5章では、浄霊医術普及会＝世界浄霊会の事例を検討した。その政治進出の動機は第一に浄霊（手かざし）の普及にあり、手段としての政治進出であった。世界救世教の岡田茂吉由来のラディカルな医薬批判と貧病争（とりわけ病）が無い地上天国実現という強いユートピア観が存在していたが、明確な国家意識＝ナショナリズムが認められるわけではなかった。既存の（医療）体制に対する批判を旨としていたため、「正統」に関わるべくもなく、自らの教えと救済の方途を広めるための政治進出が行われた。

第6章では、オウム真理教＝真理党の事例を検討した。麻原とオウムには、八〇年代後半にオカルト雑誌で展開されていたシャンバラ化計画とハルマゲドンの回避という強いユートピア観と宗教的動機が、常に底流にあった。政治力の必要性や教団の広報といった動機もありながら、終末に間に合わせるための明確な宗教的ヴィジョンをともなった政治進出であった。唯一絶対の存在である麻原の中心性・絶対性を基盤としているがために、他宗教や既成勢力との協同が取られるべくもなく、「正統」とはきわめて遠い位置にあった。

第7章では、アイスター＝和豊帯の会＝女性党の事例を検討した。具体的な国家意識という点ではきわめて稀薄だったが、指導者の「新しい女性の時代」という教え・理念を広めるということが最重視されていたため、他運動・勢力等との協同はそもそも念頭になく、独自の政治進出の道が取られた。企業から宗教、政治へと展開していった点からも、特異な事例であった。

第8章では、幸福の科学＝幸福実現党の事例を検討した。幸福の科学には、その草創期から日本・日本人が選ばれており、黄金時代をむかえ、世界のリーダーとなる使命があるというナショナリズムが底流にあり続けた。そして、包括的な宗教的価値に基づいて社会の諸セクターも営まれるべきとするユートピア観があった。当初は、既成政党・政治家を支援する「政治関与」の道による理想実現が模索されたが、頓挫した。運動が展開を遂げ、内憂外患の状況認識を契機に、独自の政治進出に至った。その思想は、やはり教祖を至高とし、日本文化や皇室崇敬の位置を相対的に低くしているという点で、「H異端」性が顕著であった。

以上の第Ⅱ部の五事例の検討を通じ、独自の政治進出を行う動機や背景、その宗教運動の思想と実践の諸特徴、宗教運動と政治活動との一体性――「政教一致」性を、比較可能な形で提示できたと言えよう。

ナショナリズムとユートピア観の影響力

本書の諸事例の検討を通じ、宗教運動の「政治関与」なり「政治進出」を決定づける要因として、そのナショナリズムやユートピア観が大きな影響力を持っていることは明らかだろう。それを総括するに際して、先行研究から析出された本書の七指標と各事例との関係をまとめておく（表1）。

第Ⅰ部の「保守合同」と「政治関与」との関連でまず言えるのは、戦前との連続性も認められる戦後の「正統」的宗教ナショナリズムは、戦前であれば弾圧・統制の対象となったかもしれないような「O異端」の宗教運動群をも多く引きつけて保守合同運動をなして、保守系既成政党・政治家支援の「政治関与」を行っており、その求心性は強いということであった。

そのなかでも、とりわけ「②天皇観」、また「①文化・伝統観」（続いて「⑤戦前・大戦観」か）の持つ重みは大きく、この部分をいかに共有できるかが、協同の可否に関わっていると言ってよいだろう。それは、真光の事例でも見たように、運動内言説がやや特殊的・超越的であったとしても、その範疇に収まっていれば協同は可能なのである。また、例えば天皇による親政／神聖政治の実現や明らかな「政教一致」を望むような、突出した「⑦ユートピア観」を持たない、あるいは前面に出さない、ということも、協同を可能にする条件だと言えよう。

また、これらの点は、他の宗教運動との協同だけではなく、既成政党・政治家に理念の実現を託して支援できるかどうか、「国民運動」としてある程度の賛同者を期待できるかどうか、を左右する条件でもあると言える。

他方、第Ⅱ部の独自の「政治進出」をなした五事例に共通するのは、「正統」的宗教ナショナリズムの求心性には収斂されえない「H異端」性、ならびに「政教一致」を実質的に目指す独自の国家意識やユートピア観が、それぞれの形で存在しているということであった。

指標のなかでは、「②天皇観」「①文化・伝統観」に関しては、日本の伝統性や天皇・皇室崇敬は、共通して重視されておらず、稀薄あるいは無内容となっている。創価学会は、日蓮正宗という伝統宗教との連続性や発

表1　本書の７指標からみた各事例の特徴

	①文化・伝統観	②天皇観	③対人類観	④経済的優位観	⑤戦前・大戦観	⑥欧米・西洋観	⑦ユートピア観
神社本庁 ＝神道政治連盟 日本会議	日本の文化伝統・国民性重視	皇室崇敬の最重要視	先進国・リーダー意識 日本文化の紹介・発信	戦後復興 （国民性等に還元）	戦前憧憬 戦争の意義 明治憲法・体制回顧	国際理解 同盟国 民主主義を共有	素朴な保守回帰・復興 脱・戦後 改憲
解脱会	郷土愛 伝統尊重	皇室崇敬の重要視	普遍的救済 （抽象的）	（戦前基盤）	（戦前基盤） 一定の評価	普遍的救済 戦前は国粋主義的	伝統・日常重視
真光	日本は世界の霊的中心・起源	世界統治・教化の役割・万世一系	役割・使命 日本が世界に影響	物質的発展にすぎない・負の側面も	霊的曇りのミソギハライ	物主文明	霊主文明 次期文明
創価学会 ＝公明党	民族主義・「正しい宗教」がある国	重要視せず　天照大神は一諸天善神	広宣流布の対象	（戦前基盤） 広宣流布の好機	（戦前弾圧） 謗法のため敗戦	広宣流布の段階的対象	広宣流布・王仏冥合（政教一致）
浄霊医術普及会 ＝世界浄霊会	稀薄 浄霊がある	言及なし	浄霊普及の対象	豊かだが「真の健康」から遠い	特になし	浄霊普及の対象	地上天国 健・富・和
オウム真理教 ＝真理党	特になし	重視せず （指導者ではない）	救済の対象	前提として存在	重視せず	救済の対象 （後に陰謀論）	シャンバラ化 終末回避（政教一致）
アイスター ＝和豊帯の会 ＝女性党	素朴な伝統・文化観	言及なし	男性社会 人類の危機	前提だが精神の荒廃	特になし	先進国共通の荒廃	新しい時代 女性中心 和豊帯
幸福の科学 ＝幸福実現党	脱伝統文化 現代日本・日本人は選ばれている	重視せず・相対化・一民族神の子孫	救済の対象 日本の役割・使命	選ばれている根拠 教えを広める基盤	経済発展にとって損失 敗戦イメージからの脱却	経済上のライバル 日本発の文明と交代	仏国土ユートピア 成功・繁栄・発展 （政教一致）

生・展開した時代状況から、ある程度の伝統性重視の側面もあるが、核心的なものとは言えないだろう。一方で、独自の⑦ユートピア観は、どのケースにも共通で認められるものであった。そして、その「政治進出」に際しては、自運動の教えなり世界観、そして救済を、政治活動を通じて広め、実現させようという強い宗教的動機が存在していた。

特に、創価学会＝公明党、オウム真理教＝真理党、幸福の科学＝幸福実現党においては、独自のナショナリズムと、「正しい宗教」とその教えに基づいて政治がなされるべきという「政教一致」観とが存在し、それを基軸に政治進出がはかられているという点では共通していた。

浄霊医術普及会＝世界浄霊会やアイスター＝和豊帯の会＝女性党においては、必ずしも明確な国家意識＝ナショナリズムは認められず、自らの教えや救済を広めるためという手段的かつ集団アピール的な動機も見られたが、これも自運動の目標を政治という回路を通じて具現化しようという点では、濃淡の差を持った「政教一致」観と言えよう。

重要なのは、こうした独自のユートピア観ないし政教一致観は、自運動の信奉者以外にはほとんど共感を得られ（てきてい）ないだろうという点である。これらは、自運動の教えの正統性、真理の独占性に関わる側面であるため、安易に妥協を許すものではない。前述の日本の伝統性や天皇・皇室崇敬重視姿勢が稀薄であることと相まって、他宗教・運動との協同、ならびに既成政党・政治家との連携という「政治関与」の芽は、あらかじめほとんど摘み取られている。よって、その実現のためには、独自の「政治進出」の道が決然と選ばれることになるのではないか。

本書で解明された内容から導かれる、戦後日本における宗教と政治の関わりの「転轍点」とは、この運動の理念の性質のちがいだと言える。もちろん、現実的な政治関与・政治進出には、教勢の規模、財政状況、政治的野心、会員紐帯の引き締め、運動のＰＲ、社会性の誇示など、さまざまな要因が関わっているということはわかっている。それらは、利害状況である。本書で検証したのは、その理念が描き出す世界像の規定力の大きさであった[1]。

以上の分析を踏まえると、本章冒頭で再提示した本書の三つの検証命題は、（ⅱ）（ⅲ）については基本的に検証されたと言ってよいが、全体として）修整・再編される必要が出てくる。

とりわけ、（ⅰ）「宗教運動が政治関与・政治進出を行う場合には、当該運動に明確なナショナリズムが存在し、それが強く介在・影響している」については、政治的活動を一緒くたに捉え、明確なナショナリズムを前提とする——すなわち「強いナショナリズムがあるから、政治に関わるのだろう」といった単純な想定ではなく、「政治関与」と「政治進出」の場合分け、ナショナリズムの性質による区別が必要であろう。

本書で扱ったような前者の場合は、その国家意識とユートピア観は、皇室崇敬・伝統文化を重視しつつ、他の諸運動や既成政党・政治家等と共有できるものであるかがポイントであった。そのような運動が政治に関わる場合には、保守合同の政治関与という形が取られるのである。

他方、「政治進出」の場合は、独自のユートピア観はそれぞれが持っていたが、ナショナリズムについては濃淡が認められた。それらを基盤に、他と協同しない独自の政治進出の道が取られたのであった。

以上のことを総合し、命題を修整・再編すると、以下のようになる。

（ⅰ）宗教運動が「政治進出」を行う場合には、当該運動に独自の他とは共有しがたいナショナリズムやユートピア観に基づく「H異端」性が存在し、それが強く介在・影響している。

（ⅱ）戦後の「正統」的宗教ナショナリズムに引きつけられる「O異端」性を持った宗教運動が政治活動を行う場合、「保守合同」の「政治関与」の形が取られる。

（ⅰ）については、ナショナリズムの強弱・有無ではなく、ユートピア観も含むその性質こそが問題なのである。

（ⅱ）については、「O異端」が必ず政治活動を行うわけではなく、「政治関与」を行う団体がみな「O異端」で「保守合同」なのでもない。その場合分けである。

なお、指標の「③対人類観」「④経済的優位観」「⑥欧米・西洋観」については、それぞれの宗教運動のナショナリズムの性質を、普遍性・時代性などのレベルで特徴づけてはいたものの、宗教運動の政治関与・政治進出を決定づける要因とはなっていないように観察された。とりわけ、対米意識がそれほど前景化してこないことは、戦後日本の政治とナショナリズムを考える上では重大な論点と感じるが、示唆するに留める。

以上の結論を前にすると、やはり天皇観の戦後日本社会における意味を考えざるをえない。そもそも本書で見てきたような宗教団体の自由な政治活動は、「信教の自由」が無条件に認められた戦後日本の国家―宗教関係の体制の所産である。しかし、それでもやはり、天皇（制）・皇室の位置付けや向かい合い方が大きな意味を持っており、その有無や濃淡が、宗教と政治の関係性や、宗教運動の展開方針までをも暗黙のうちに規定してしまうのだろうか。戦後における「国家神道」の規範性という問題が浮上してくるのである。

本書の意義とこれからの課題

本書は、戦後日本の諸宗教運動の政治関与・政治進出の様態と展開とを、当該運動のナショナリズムとユートピア観に注意を払いながら、これまでになかった範囲と質量をもって検討の俎上に乗せた、初の本格的な研究と言える。

もちろん、中野毅『戦後日本の宗教と政治』［中野 二〇〇三a］や先行する諸研究者の論文類、ジャーナリストらによる書籍などの蓄積は、これまでにも存在していた。だが、創価学会＝公明党のケースのみの分析や、選挙結果や政策の傾向性などに議論が偏っていたことは、第1章でも指摘した通りである。

本書では、まず第I部において、先行研究では「右派グループ」「教義・政策一体型」などと括られていた、「正統」的宗教ナショナリズムを軸とした「保守合同」─「政治関与」の事例を、神社本庁＝神道政治連盟から、生長の家＝生長の家政治連合、現在の日本会議に至るまで克明に記述し、さまざまな教えと背景を持った諸運動の参集が可能となるメカニズムを解明した。このような学術研究はこれまでになく、現代日本の政治・社会状況を見ても、その意義は大きいと言えるだろう。

他方、そうした「正統」的宗教ナショナリズムを軸とした「保守合同」─「政治関与」を比較対象群と設定することで、第II部では、五事例もの「政教一致」─「政治進出」の事例を対置し、その特徴を炙り出すこともできた。創価学会＝公明党（主に一九七〇年ごろまで）に加え、最新かつ眼前の事例である幸福の科学＝幸福実現党、研究史上では閑却されていたオウム真理教＝真理党、そして今まで全く顧みられていなかった浄霊医術普及会＝世界浄霊会やアイスター＝和豊帯の会＝女性党までをも、それらのナショナリズムとユートピア観に注意を払いながら論じてきた。

よって、戦後日本の宗教と政治、ならびに（新）宗教運動とその政治活動の研究史上に新たな蓄積をなし、同テーマの最前線を開拓できたものだと言えよう。

また、ナショナリズムを有無・強弱で論じるのではなく、七指標を設定し、腑分けして論じたことの意義も認められるだろう。「どのようなナショナリズムであるか」を問うことの有効性である。

なお、本研究によって宗教と政治、「政治関与」と「政治進出」の「転轍点」が解明されたことで初めて、「政治進出」のなかの創価学会＝公明党の特殊性や成功要因、政治に関わり続ける要因などを、より精度を高めて論じることができるようになるだろう。

もちろん、残された課題は多い。

一つは、本書では論じきれなかった「H異端」の「O異端」化の問題、である。[2]

最も重大なのは、本書の議論によれば、強い「H異端」性を有していたはずの創価学会＝公明党が、相容れないはずの「正統」的宗教ナショナリズムに親和的であろうところの自民党と協同して、一九九九～二〇〇九年、二〇一二年～現在に至るまで連立政権与党であるという事態である。実際の選挙では、たとえ理念や政策が若干ちがったとしても、大々的な票のバーターが行われている。公明党が政権与党であり続けることを求めているのか、自民党が票田としてあてにしているのか、両方なのか。藤田庄市はそれを「自民党に内棲する創価学会・公明党」と論じている［藤田 二〇一五］。もちろん、天皇崇敬・伝統重視の「正統」的宗教ナショナリズムそのものに寄っていると言えるものではない。むしろ、自民党・政権与党の「求心性」の強さと言えるかもしれない。しかし、現在の安倍政権の目指すところと、創価学会＝公明党の本来、あるいは指導者の目指すところははたして相容れるものなのだろうか。日本社会の大きな問題である。[3]

それだけではない。戦後政治における世界基督教統一神霊協会（統一教会）＝国際勝共連合の存在感には、独特のものがある［荒井 一九七一–一九八七ほか］。また、その影響力は現在の自民党・安倍政権に関連しても随所に認められ、山谷えり子（しんぶん赤旗 二〇一四／一一／九ほか）、北村経夫（朝日・東京 二〇一三／八／一六）をはじめ何人もの議員が関係を取りざたされてきている。[4] 霊感商法などの反社会的行為により甚大な宗教的―金銭的被害を国民に与え続けてきた統一教会は、韓国生まれの土着的民衆キリスト教系の新宗教運動である。「再臨主は韓国に現れあらゆる民族は韓国語を使うようになる」として韓国ナショナリズムを中心に据えているが［副島・井上 一九八四、櫻井・中西 二〇一〇］、日本においては「反共」と保守的家族観などの点で、「保守」層との親和性が高くなる［島薗 二〇〇〇］。傍観はできない。

そして、本書でも論じた幸福の科学＝幸福実現党の「自民党系勢力や保守系知識人への明らかな（再）擦り寄り」［塚田 二〇一四a：四六］の動向である。自民党と袂を分かったはずの二〇〇九年衆院選の時点からすでに、混乱の末に保守系政治家の支援を決めたのだった。それらのうちの複数が、現政権の要職である。その後も、何の成果も生まない選挙結果とは裏腹に、自分たちの考えや政策が自民党・安倍政権に影響を与えていると見積もっている。産経系メディアとの親密性は、周知のことだろう。近年ではいわゆる保守系知識人との接近も目立つ。渡部昇一・高橋史朗・八木秀次・惠隆之介・加瀬英明・河添恵子・黄文雄・石平らの日本会議『日本の息吹』や産経系メディアなどでもおなじみの面々が、幸福の科学＝幸福実現党の書籍・機関誌紙に登場したり、党関係のセミナーなどで講演したりしている。こうした動向は、一連の「霊言」のなかでの日本・神道・皇室に関わるものの増加・重視傾向への変化ともリンクしている。

　これらはいずれも、「H異端」の「O異端」化の傾向と大きく捉えることができる。もっとも、当該運動の単なる戦略上の動きかもしれない。他方で、戦前の「H異端」の「O異端」への可変性・同調性を論じた安丸良夫の議論を踏まえるのなら、あらためて「正統」の持つ求心性[5]を実感させられるようでもある。現在の動向として、今後も追っていく。

　次に、対象範囲の限定性の問題である。

「O異端」が必ず政治活動を行うわけではなく、「政治関与」を行う団体がみな「O異端」で「保守合同」なのでもない、と書いた。本書では、先行研究の区分に従えば、「戦後改革を是認する立場から自民党内の比較的リベラルな部分と結び付いて間接的な政界進出を図り、保守政権を支持・支援する新宗連系教団」への目配りは、ほとんどできなかった。また、「教団としての政治参加を基本的に否定する金光教、天理教などのグループ」についても検討はできなかった。

　もっとも、ナショナリズムやユートピア観と政治活動の関連性、「保守合同」―「政治関与」と「政教一致」―「政治進出」の対照性を論じようという研究課題の限定性と、本書の紙幅を考慮するならば、主たる対象から外すこともやむなかったように思う。

これらのケースについては、資料収集と調査研究を今後進め、特に戦後日本の合同的な平和運動の展開についての研究などと絡めながら捉えていきたいと構想している。

また、戦後まもなくまでの天理教などの政治進出や、扱いきれなかった戦前以来の国柱会＝立憲養生会のケース［大谷 二〇〇二］、キリスト教系政治運動などの動向についても今後の課題としたい。

さらに、戦後日本の宗教と政治に限定された本書の議論の射程についても、考えなければならない。とりわけ国際比較の観点である。

もっとも本書のような実態的研究があってようやく、「国家統制が緩やかな社会における宗教団体の政治的活動・参加」の例としての、戦後日本の宗教と政治の状況を提示できるのであって、これまでのその種の議論が何に基づいてなされていたのだろうかという疑問はある。

現時点で論じる十分な準備はないが、韓国や台湾等の東アジアでの宗教運動の政治活動のケース、欧米におけるキリスト教政党などのケース、イスラーム文化圏におけるケースなどとの比較が考えられる。

その点では、本研究で設定した七指標や命題はもちろんそのまま使うことはできない。むしろ、そこには近現代日本、戦前／戦後日本の刻印が明確にあることが逆照射され、とりわけ「②天皇観」の占める位置の重さがあらためて浮き彫りになることが予見される。こうした問題は、他領域の研究者との交流のなかで検討されていくだろう。

最後に、である。

確かに、本書で取り上げた「政治進出」の事例は、実際的な社会的影響力を獲得した創価学会＝公明党を別にすれば、現実的には些末なものであり、広範な社会的影響力・勢力を確保した、あるいは現時点で確保しているとはとても言えないものばかりである。

特定の宗教運動独自の世界観・ナショナリズム・ユートピア観に基づいた宗教的理想の具現化を目指すよう

な政治進出とは、そもそも戦後〜現代世界という高度に分節化され、教団的組織性への忌避感が強く、その融解も進む社会においては、独善性・排他性が強い一宗教運動によってなされたものであるという点で、社会における共感と理解の基盤は全く乏しいものとならざるをえない。

もっとも筆者は、何も宗教運動の政治関与や政治進出を禁じるべき、やめるべきと論じようとするものではない。基本的には、信者・会員も含めた国民の判断に委ねられているものだと考える。

だが、本書の各章における具体的な記述と分析を経てきて、手放しに称揚したり、興味深い研究対象としてのみ見なしたりすることもまたできないのである。前代未聞の凶悪な犯罪へと至ったオウム真理教＝真理党のケースは言うまでもないが、それ以外においても、独善性、言行不一致、前言の安易な撤回や方針転換、自運動に対する過剰な見積もりと虚勢、うまくいかない際の弁解や他者攻撃、他者の信仰への冒瀆的言動、失敗に対する無反省、陰謀論的思考の肥大化、社会的相当性を欠いた活動展開などと見なされうるような「事実」は、数えきれないほど含まれていたのではなかったか。

はたして、自運動の独善的な理想を一方的に政治的に実現しようとし、世界や諸宗教・文化はその理想に従うべきなどといった思想に基づいた「社会参加活動」が、月並みな言い方にはなるが、諸宗教・文化の相互交流が活発化しているこのグローバル化社会において公共性を持って通用しうるのだろうか［櫻井 二〇一四：二八九］。その「暴力性」「非寛容性」には、無頓着であるかのように思える。

もっともだからといって、「政治進出」ではなく「政治関与」であるなら理想的だ、などと言うことも筆者にはできない。

そこにもまた、既成政党や政治家による宗教団体の「利用」の問題や、教団方針と動員される信者・会員の意識とのギャップの問題、宗教間協力への亀裂の問題、社会的あるいは国際的な寛容性の問題、歴史認識の問題などが、多かれ少なかれ付随している。宗教者・宗教運動にとって、現世社会が二分するような状態、国民の（うちの有権者のうちの投票者のうちの）半分がようやく賛成し、残りが反対であるような状況が、はたして「理想社会」であるのか。大きな問いであるように思う。

以上のような残された課題は多いが、それはまた本書のテーマがそれだけの現代性・社会性・国際性を持ったものだということを示している。

宗教と政治――。現代世界と日本に生きる「私たち」にとって、このテーマの持つ意味は重い。本書の記述を通して問われていたのは、実は「私たち」の宗教観であり、政治観ではなかっただろうか。

結章　註

（1）なお、本書の記述については、信者レベルでの具体的な政治活動・選挙活動に関わる様子がわからないという批判もあろう。もっともな指摘である。ただし、各事例の記述のバランスを取るために、言説・思想レベルと組織・運動レベルに特化させたことはことわっておきたい。具体的な選挙活動の様子については、調査を重ねており、たとえば以下のような例がある。「急に政治に出るっていう話になり、支部長さんも候補者になりました。支部の会員はほとんど選挙活動に駆り出されました。私も手伝いました。結局惨敗でしたが、それに対する特別な総括も何もなく……。地方本部レベルから「ごくろうさまでした」とあっただけでした。会員同士で話し合うような機会もなく、「先生には何かお考えがあったのかしら」って。選挙が終わるとすぐに次の活動目標が示され、立ち止まることも考えることもありませんでした。選挙をきっかけにやめていった人もいました。支部では二〇～三〇人くらいがやめました。国を救う活動だからって数十万円と御布施したのに、それで作ったはずのチラシ数千枚やポスター数百枚、それを貼るベニヤ板なども、そもそも人手がないから処理しきれず……。トラックに載せて廃棄処分していました。その様子を見ていた支部の出資者の中には、大声で怒って出ていった人もいます」（筆者の二〇一四年・二〇一五年の調査による）。こうした調査の蓄積と、本書の内容とのすり合わせは今後の課題である。

（2）この観点は、藤田庄市氏から御教示いただいたことを記しておく。

（3）この問題は、さらには「宗教団体の政治進出」の可否といった根本問題にもつながりうる。集団的自衛権の解釈改憲が取りざたされ、公明党が慎重姿勢を見せていた二〇一四年六月、安倍内閣のブレーン的存在である飯島勲・内閣官房参与は、創価学会・公明党について「もし内閣によって内閣法制局の発言、答弁が今まで積み重ねてきた事案を一気に変えることになった場合、「政教一致」が出てきてもおかしくない。単なる安全保障問題とは限らず、そういう弊害が出ておたおたする可能性もありうる。そういうことがない状態で着地点を見いだせば、きちんと収まるだろう」などと述べた（朝日・東京 二〇一四／六／一二ほか）。連立与党化、「H異端」の「O異端」化徴候にともなう軋み・歪みだと言えようか。

（4）現在の統一教会と政治との関わりを継続的に追っているのは、『やや日刊カルト新聞』主筆の鈴木エイトである。同サイト（http://dailycult.blogspot.jp/）過去記事や、月刊『FORUM 21』掲載記事などを参照。

（5）本書では展開できないが、こうした傾向も含む本書で論じてきたこととは、戦後日本社会における自民党の「宗教性」とその包摂性、宗教的とも言える求心性という、もう一つ別の問題を示唆しているように思える。

あとがき・謝辞

一九七六年五月一五日、イギリスの天才的リコーダー奏者・古楽演奏家のデイヴィッド・マンロウは亡くなった。三三歳、自殺だったともされる。世紀末ごろの地方都市で音大を目指す高校生だった私は、彼のレコードを聞き、「東京に行けば何かが起きる」「三三歳までに何かを成し遂げる」と決意したのだった。それから十数年――。私は、戦後日本宗教と政治に関する研究を進め、いま一冊の本を世に送り出そうとしている。何が何だかわからない。気がつけば、彼が亡くなった年齢も過ぎていた。

一浪の後、東京の特に志望でもない大学・専攻に入り、音楽にも突破口を見出せないまま三年になっていた私は、非常勤に来ていた寺田喜朗先生の授業で、宗教社会学・新宗教研究にたまたま出会った。これをきっかけに、藤井健志先生のゼミに真面目に出るようになった私を、学問・研究の底知れぬ面白さがじわじわと浸していった。私の第一の「転輸点」はここだった。いくら感謝してもしきれない。

研究者とは、「孤独」と「出会い」との間を行き交う存在だ、と思うことがある。

私は、独りだった。ある教団が目の前で分裂したときも、修論に向けて霊波之光教会に通ったときも、善隣教の講習会に泊まり込んだときも、二〇〇九年五月に日比谷公会堂で幸福実現党の結党が宣言されたときも、タクシー往復一万五千円を自腹で念佛宗総本山に行ったときも、烏山のオウム対策住民デモに参加したときも、幸福の科学広報局員に問い詰められたときも、そしてこの本を書いているときも、（研究者としては）独りだった。それは、寂しさでもあり、矜持でもある。

他方、それらのなかで、多くの人々との出会いがあったし、それがなければ前に進むこともできなかった。それらを一覧表にして、出会った年・属性・関係性を示したい衝動に駆られるが、それはどうやら無理なので、以下、私が本書執筆に至るまでの大まかな道のりを示しながら、特に御世話になってきた方々に謝意を示したいと思う。

寺田喜朗さんには、まず御礼を言いたい。

学部時代に寺田さんに連れていっていただいた宗教とライフヒストリー研究会では、川又俊則さん・武井順介さん・井腰圭介さんらの諸先輩に学ばせていただき、出発点となった。

大学院は、島薗進先生のところに思い切って進んだ。扱いづらい学生だったと思う。それでも見捨てることなく、今日まであたたかく見守ってもらっている。先生の御指導を本書で活かしきれているかは甚だ心許ないが、あらためて感謝の気持ちを伝えたい。

博士課程進学後は、これまた寺田さんの手引きで、東洋大学の西山茂先生のゼミに四年間もぐらせていただいた。そこでは、西山先生と、小島伸之さん・大西克明さん・寺田さんの各先輩にしっかり鍛えていただいた。本書が、その学恩に応えるものとなっているかは、不安である。しかし、私自身は西山先生による先行研究とゼミでの御指導がなければ、このような研究もまた生まれなかったものだと思っている。ナショナリズムへの関心が育まれたのも、ここでのことである。

並行して二〇〇六年からは、（現・公益）財団法人国際宗教研究所 宗教情報リサーチセンターの研究員となった。御声をかけていただき、御指導いただいた同センター長の井上順孝先生、そして研究所理事長の星野英紀先生に御礼を述べたい。そしてここで、宗教問題のスペシャリストであるフォトジャーナリストの藤田庄市さんと出会ったことが、私の第二の「転轍点」であろう。それがなければ、今日の私とこの研究はなかった。藤田さん、ありがとうございます。宗教と政治という問題への関心もこの中で磨かれたものである。また、同センターでは前後して、李和珍・大澤広嗣・牧野元紀・相澤秀生・藤野陽平・平野直子・高橋典史・碧海寿広・新里喜宣・小林宏至らの先輩・後輩諸氏と出会うことができた。とりわけ高橋氏には、いつも拙稿を読んでもらい、常に的確なアドヴァイスと励ましをいただいてきた。

また、彼らの多くに加え、岡本亮輔・白波瀬達也・藤本龍児・星野壮らの畏友（というか先輩）とともに、二〇一二年には大学生向けの宗教社会学の入門的テキスト『宗教と社会のフロンティア――宗教社会学からみる現代日本――』（共編著、勁草書房）を作り上げたことも貴重な経験である。そこでの議論も、本書の下敷きとなっている。

二〇一〇年からは、國學院大學研究開発推進機構日本文化研究所に助教として務めさせていただいている。研究所所長の井上順孝先生に、まず御礼申し上げたい。また、平藤喜久子先生・星野靖二先生をはじめとする研究所のみなさま、神道文化学部長の石井研士先生、そして阪本是丸先生にはあらためて感謝申し上げたい。研究開発推進機構事務課のみなさまにもいつも御世話になっている。そうした恵まれた研究環境がなければ、拙いながらもとてもここまで来ることはできなかった。また、研究所でともに働いたヤニス・ガイタニディス氏は、内に向かいがちな私の視座をいくらかグローバルな方向に導いてくれた。いつも感謝している。

私の自称ホームグラウンドである「宗教と社会」学会の諸先生方にも、御礼を言いたい。高校の大先輩である中牧弘允先生・新宗教研究の「心の父」である對馬路人先生・「心の母」である渡辺雅子先生・中野毅先生・山中弘先生・林淳先生・弓山達也先生・田島忠篤先生ら「宗教社会学研究会」世代の先生方の研究と言葉に学んだことは多い。櫻井義秀先生・川島堅二先生・吉永進一先生には、いつも御指導いただいている。西山ゼミの大先輩で、ポスト宗社研世代の先導役である大谷栄一さんには、いつも気にかけていただいており、ありがたく思っている。

なお、藤田庄市さんには、カルト問題の専門家との出会いの途も開いていただいた。山口広先生・紀藤正樹先生・渡辺博先生・山口貴士先生を始めとする弁護士の先生方には、宗教の現実に対する眼をいつも鍛えてもらっている。『やや日刊カルト新聞』の藤倉善郎総裁、ならびに鈴木エイト主筆と出会えたことも大きい。藤田さんと藤倉さんには本書の一部写真も快く提供いただいた。記して感謝申し上げたい。

藤井先生、渡辺雅子先生、渡辺浪二先生には、歩き始めたばかりの若手研究者＝大学教員である私に、貴重な教育経験の機会を与えていただいた。学生がどのような関心や疑問を持つのかという点は、自らの研究にも大いに役立っている。

こうした経過を経て、私の拙い博士論文は、島薗先生の主査、對馬先生・中野先生・藤井先生・大谷先生の副査により、満身創痍となりながらも、何とか通していただいた。感謝に堪えない。

なお、博論執筆の過程では、川﨑のぞみ・原田雄斗の両後輩に厚い手助けをいただいた。原田氏には、本書のデータチェックも行ってもらった。感謝したい。

それ以外にも、一人一人への言及はできないが、多くの宗教者・信仰者、教団職員、メディア関係者、関係省庁の方々、脱会者、市民らとの貴重な出会いとその支えと情報提供とがあって、私の研究はようやく成立している。あらためてそれら全ての人々に感謝の意を示したい。

そうした私の研究に目を留めてくださり、このような博論を元にした書籍の刊行を勇敢にも引き受けてくださったのは、花伝社の編集者・佐藤恭介さんである。社会問題系にアツい同社が、ほぼ初めて取り扱う宗教関連の内容の書ということで、誇らしく思う。編集作業には多大なる御迷惑をおかけしたが、厚く御礼申し上げたい。次は、あの教団に特化したものを出したいので、よろしくお願いします。

さて、いよいよ刊行である。本書の内容については、ここではもうとやかく言わない。すでに矢は放たれたのだ。覚悟も準備もできている。研究者・教団・社会からの反応を待ちつつ、私は先に進む。

最後に——。計画性がないためにいつも余裕がなく「ヤバい」が口癖の私を強く支えてくれている妻と娘、そして私をここまで育ててくれた父と母に感謝し、この問題が多い書の最後を飾る小文を閉じたい。

二〇一五年二月

筆者

塚田穂高（つかだ・ほたか）

1980 年、長野市生。上越教育大学大学院学校教育研究科准教授。長野県長野高等学校、東京学芸大学教育学部を経て、東京大学大学院人文社会系研究科基礎文化研究専攻宗教学宗教史学専門分野修士課程・博士課程を修了。博士（文学）。専門は宗教社会学で、新宗教運動・宗教と政治・政教問題・カルト問題・宗教と教育などの研究に取り組む。著書に、『宗教と社会のフロンティア―宗教社会学からみる現代日本―』（共編著、勁草書房、2012 年）、『近現代日本の宗教変動―実証的宗教社会学の視座から―』（共編著、ハーベスト社、2016 年）、『徹底検証 日本の右傾化』（編著、筑摩選書、2017 年）、『近現代日本の民間精神療法―不可視なエネルギーの諸相―』（共編著、国書刊行会、2019 年）など。

宗教と政治の転轍点――保守合同と政教一致の宗教社会学

2015年 3 月25日　初版第 1 刷発行
2022年 8 月10日　初版第 3 刷発行

著者 ―――塚田穂高
発行者 ――平田　勝
発行 ―――花伝社
発売 ―――共栄書房
〒101-0065　東京都千代田区西神田 2-5-11 出版輸送ビル 2F
電話　03-3263-3813
FAX　03-3239-8272
E-mail　info@kadensha.net
URL　http://www.kadensha.net
振替　00140-6-59661
装幀 ―――三田村邦亮
印刷・製本―中央精版印刷株式会社

ISBN 978-4-7634-0731-3 C3014

本書は、筆者が、東京大学大学院人文社会系研究科に提出し、二〇一三年四月一八日に学位を取得した博士論文「戦後日本宗教の国家意識と政治活動に関する宗教社会学的研究—新宗教運動のナショナリズムを中心に—」を下敷きにし、それに大幅な加筆・修整・改訂を行ったものである。

本書の出版に際して、平成二六年度國學院大學出版助成金（甲）の助成を受けた。記して感謝申し上げる次第である。

索引

あ行

か行

ま行

や行

ら行

わ行

参考文献（著者名アルファベット順）

荒井荒雄 1971-1987『日本の狂気』（1 ～ 6）菊屋書房・青村出版社。
有田芳生 1991『「幸福の科学」を科学する―大川隆法の宗教？―』天山出版。
朝日新聞社調査研究室 1978『宗教団体の選挙活動―その現状と今後―』朝日新聞社。
Astley, Trevor. 1995 "The Transformation of a Recent Japanese New Religion: Ōkawa Ryūhō and Kōfuku no Kagaku." *Japanese Journal of Religious Studies* 22/3-4: 343-380.
Baffelli, Erica. 2007 "Mass Media and Religion in Japan: Mediating the Leader's Image." *Westminster Papers in Communication and Culture* 14/1: 83-99.
――――. 2011a "Kofuku no Kagaku." In *Establishing the Revolutionary: An Introduction to New Religions in Japan*, eds. Birgit Staemmier, Ulrich M. Dehn, pp. 259-276, LIT Verlag Munster.
――――. 2011b "Charismatic Blogger ?: Authority and New Religions on the Web 2.0." In *Japanese Religions on the Internet: Innovation, Representation and Authority*, eds. Erica Baffelli, Ian Reader and Birgit Staemmler, pp. 118-135, Routledge.
Baffelli, Erica. & Reader, Ian. 2011 "Competing for the Apocalypse: Religious Rivalry and Millennial Transformations in a Japanese New Religion." *International Journal for the Study of New Religions* 2-1: 5-28.
Broder, Anne. 2008 "Mahikari in Context." *Japanese Journal of Religious Studies* 35/2: 331-362.
文藝春秋編 1991「大川隆法インタビュー「宗教界は企業努力が足りない」」『文藝春秋』1991 年 8 月号：330-335。
文化庁編 2014『宗教年鑑 平成 25 年版』文化庁。
中央学術研究所編 1974『日本における宗教と政治―その過去と現在と未来と―』中央学術研究所。
Cornille, Catherine. 1991 "The Phoenix Flies West: The Dynamics of the Inculturation of Mahikari in Western Europe." *Japanese Journal of Religious Studies* 18/2-3: 265-285.
――――. 1994 "Jesus in Japan: Christian syncretism in Mahikari." In *Japanese New Religions in the West*, Peter B. Clark and Jeffrey Somers, eds., pp. 89-103, Sandgate, Folkstone, Kent: Japan Library.
――――. 1999 "Nationalism in New Japanese Religions." *Nova Religio* 2/2: 228-244.
――――. 2000 "New Japanese Religions in the West, Between Nationalism and Universalism." In Clarke, P.B., ed., *Japanese New Religions in Global Perspective.*, pp. 10-34, Richmond: Curzon Press.
Davis, Winston. 1980 *Dojo, Magic and Exorcism in Modern Japan*, Stanford University Press.
Dessi, Ugo. 2012 "Religion, Hybrid Forms, and Cultural Chauvinism in Japan." *Journal of Religion in Japan* 1: 168-187.
エアハート , B.・宮家準編 1983『伝統的宗教の再生―解脱会の思想と行動―』名著出版。
江川紹子 1991a『救世主の野望―オウム真理教を追って―』教育史料出版会。
――――b「「幸福の科学」の幸福な経営―急膨張する教団が説く「富は善、強き者は善」―」『文藝春秋』1991 年 8 月号：316-329。
―――― 1995「衆議院選挙に出馬」『「オウム真理教」追跡 2200 日』文藝春秋、114-121（初出：1990「衆院選大量出馬は何のためか？―オウム『真理党』25 人の意外な過去―」『週刊文春』1990 年 1 月 25 日号）。
Fisker-Nielsen, Anne Mette. 2012 *Religion and Politics in Contemporary Japan: Soka Gakkai Youth and Komeito*, Oxon: Routeledge.
藤井健志 1983「教祖・岡野聖憲の思想形成」エアハート , B.・宮家準編『伝統的宗教の再生―解脱会の思想と行動―』名著出版、1-78。
藤倉善郎 2012『「カルト宗教」取材したらこうだった』宝島社新書。
藤本龍児・塚田穂高 2012「政治と宗教―現代日本の政教問題―」高橋典史・塚田穂高・岡本亮輔編著『宗教と社会のフロンティア―宗教社会学からみる現代日本―』勁草書房、197-218。
藤野陽平 2011「「オウム音楽」の多様性―「ショーコー・ショーコー」の奥に潜む世界観―」宗教情報リサーチセンター編・井上順孝責任編集『情報時代のオウム真理教』春秋社、127-153。
藤田庄市 1992『霊能の秘儀―人はいかに救われるのか―』扶桑社。
―――― 1995『オウム真理教事件』ASAHI NEWS SHOP。
―――― 2008a「確信の宗教殺人―オウム真理教―」『宗教事件の内側―精神を呪縛される人びと―』岩波書店、165-291。
―――― 2008b「「政」へ従属した教団選挙―日本の政治と宗教の 30 年―」渡邊直樹責任編集『宗教と現

代がわかる本 2008』平凡社、156-167。
――――2009「東京 12 区 太田昭宏はいかに敗れたか」『世界』2009 年 11 月号（797）：101-107。
―――― 2011「オウム真理教事件の源流―シャンバラ王国幻想から無差別大量殺人への道程―」宗教情報リサーチセンター編・井上順孝責任編集『情報時代のオウム真理教』春秋社、19-54。
――――2015「自民党に内棲する創価学会・公明党」『世界』2015 年 2 月号（865）：117-125。
藤原弘達 1970（1969）『この日本をどうする・2 創価学会を斬る（第 7 版）―』日新報道。
降旗賢一 1998-2004『オウム法廷』（①（上・下）・②（上・下）～⑬）朝日文庫。
グループ 21 宗政フォーラム 1999『「自・公」政権を問う―危機に立つ政治と宗教―』仏教タイムス社。
原敬吾 1960『黒住宗忠』吉川弘文館。
原田実 1995「私が出会ったもうひとりの「カリスマ」―武田崇元とオカルト雑誌『ムー』の軌跡―」『宝島 30』1995 年 11 月号：138-147。
畑中幸子編 1987『現代のこころ 崇教真光』旺文社。
早川紀代秀・川村邦光 2005『私にとってオウムとは何だったのか』ポプラ社。
林雅行 1987『天皇を愛する子どもたち―日の丸教育の現場で―』青木書店。
林郁夫 1998『オウムと私』文藝春秋。
稗田おんまゆら 2013a「「本来ならば宮内庁を通していただかなければ……」（雅子妃守護霊）「昭和天皇 霊界からの伝言」（大川隆法）『明治天皇・昭和天皇の霊言―日本国民への憂国のメッセージ―』（大川隆法）『保守の正義とは何か―公開霊言 天御中主神・昭和天皇・東郷平八郎』（大川隆法）『皇室の未来を祈って―皇太子妃・雅子さまの守護霊インタビュー―』（大川隆法）『今上天皇 元首の本心―守護霊メッセージ―』（大川隆法）」と学会『タブーすぎるトンデモ本の世界』CYZO、15-38。
―――― 2013b「「日本人が一人もいなくなってもかまわぬ」と語る「天照大神」『最大幸福社会の実現―天照大神の緊急神示―』（大川隆法）『天照大神のお怒りについて―緊急神示 信仰なき日本人への警告―』（大川隆法）『天照大神の御教えを伝える―全世界激震の予言―』（大川隆法）」と学会『タブーすぎるトンデモ本の世界』CYZO、68-87。
――――2014「今何がトレンドなのかがわかる霊言ラインアップ『温家宝守護霊が語る大中華帝国の野望』［同時収録・金正恩守護霊インタヴュー］（大川隆法）『北朝鮮終わりの始まり 霊的真実の衝撃』（大川隆法）『守護霊インタビュー 金正恩の本心直撃！』（大川隆法）」と学会・水野俊平・百元籠羊『日・中・韓 トンデモ本の世界』CYZO、158-183。
日隈威徳 1971『戸田城聖―創価学会―』新人物往来社。
――――1985『宗教と共産主義』新日本新書。
―――― 1987「右派教団の政治的ジレンマと谷口雅春の死―生長の家―」『歴史読本 臨時増刊 特集：世界謎の宗教団体』新人物往来社、62-69。
――――2004『相寄る魂―宗教者との対話と共同を求めて―』ケイ・アイ・メディア。
――――2010『宗教とは何か―科学的社会主義の立場―』本の泉社。
――――2013『宗教政治論の試み―平和の風、革新のこだま―』本の泉社。
肥野仁彦 1979『神と仏と自民党― 80 年代政権構想と「宗政研」―』徳間書店。
本田孝朋 1996「紀元節復活運動の経過と意義」『神社本庁教学研究所紀要』1：257-298。
堀幸雄 1983「最近の右傾化と右翼の戦略」『戦後の右翼勢力』勁草書房、219-243。
――――1999『公明党論』南窓社（原著：1973、青木書店）。
――――2006「生長の家」「生長の家学生会全国総連合（生学連）」「日本を守る会」「日本を守る国民会議」『最新 右翼事典』柏書房、314-315、315-316、490、490-491。
稲場圭信・櫻井義秀編 2009『社会貢献する宗教』世界思想社。
井上順孝 2012「グローバル化時代の近代新宗教とポスト近代新宗教」中牧弘允、ウェンディ・スミス編『グローバル化するアジア系宗教―経営とマーケティング―』東方出版、405-418。
井上順孝・孝本貢・塩谷政憲・島薗進・對馬路人・西山茂・吉原和男・渡辺雅子 1981『新宗教研究調査ハンドブック』雄山閣。
井上順孝・梅津礼司・中野毅 1990「政治との交錯」井上順孝・孝本貢・對馬路人・中牧弘允・西山茂編『新宗教事典』弘文堂、562-571。
井上順孝編 2005『現代宗教事典』弘文堂。
井上順孝・孝本貢・對馬路人・中牧弘允・西山茂編 1990『新宗教事典』弘文堂。
――――編 1996『新宗教教団・人物事典』弘文堂。
井上順孝編集責任 2011『第 10 回学生宗教意識調査報告』2010 年度文部科学省科学研究費補助金（基盤研

究A）「大学における宗教文化教育の実質化を図るシステム構築」・國學院大學日本文化研究所。
―――――――― 2013『第11回学生宗教意識調査報告』2012年度文部科学省科学研究費補助金（基盤研究B）「宗教文化教育の教材に関する総合研究」・國學院大學日本文化研究所。
石井研士 2007『データブック 現代日本人の宗教 増補改訂版』新曜社。
石井研士編 2011『世論調査による日本人の宗教性の調査研究』（平成20年度～22年度科学研究費補助金（基盤研究B）研究成果報告書）。
石井清司 1979「生長の家―右翼集票マシーンと化した雑炊宗教―」『現代の眼』1979年11月号：130-137。
石川真澄・山口二郎 2010『戦後政治史 第三版』岩波新書。
磯岡哲也・梅津礼司 1990「既成宗教との連合」井上順孝・孝本貢・對馬路人・中牧弘允・西山茂編『新宗教事典』弘文堂、598-606。
ユルゲンスマイヤー, M. 1995（1993）『ナショナリズムの世俗性と公共性』（阿部美哉訳）玉川大学出版部。
柿田睦夫 1990「オウム教と統一協会―選挙の決算―」『文化評論』350：202-204。
加納秀一 2000『カルトにはまる11の動機―オウム真理教古参信徒が実例で証明―』アストラ。
樫尾直樹 1996「現代フランス都市と新宗教運動―パリ MAHIKARI の事例―」寺尾誠編『都市と文明』ミネルヴァ書房、240-258。
桐ケ谷章 1995「宗教団体の政治活動―政教分離原則の意味―」『東洋学術研究』34-1：53-79。
Klein, Axel. 2011 "Wenn Religionsgemeinschaften zur politischen Reformation ansetzen: Der Fall der japanischen, Kōfuku no kagaku, Asien." *The German Journal on Contemporary Asia* 119: 9-26.
小島伸之 2008「念法眞教における他力と自力、個人救済と世界救済―その災因論と救済論―」西山茂（研究代表者）『現代日本における人生問題の解釈と解決に関する宗教戦略の比較研究』（平成18-19年度科学研究費補助金基盤研究（C）研究成果報告書）、11-38。
子安宣邦 2007『日本ナショナリズムの解読』白澤社。
熊谷一乗 1978『牧口常三郎』レグルス文庫。
久米晶文 2012『酒井勝軍―「異端」の伝道者―』学研。
黒住宗忠著・村上重良校注 1977『生命のおしえ―民族宗教の聖典・黒住教―』東洋文庫。
真鍋祐子 1992「「近代」をめぐる新・新宗教の一考察―もうひとつの応答形式としての「幸福の科学」―」『年報筑波社会学』4：11-35。
McVeigh, Brian. 1992a "The Vitalistic Conception of Salvation as Expressed in Sukyo Mahikari." *Japanese Journal of Religious Studies* 19/1: 41-68.
――――. 1992b "The Master Metaphor of Purity: The Symbolism of Authority and Power in Sūkyō Mahikari." *Journal of Ritual Studies* 6/2: 39-58.
――――. 1993 "Building Belief through the Body: The Physical Ebodiment of Morality and Doctrine in Sūkyō Mahikari." *Japanese Religions* 18/2: 140-161.
――――. 1995 "Learning morality through sentiment and the senses: the role of emotional experience in Sūkyō Mahikari." *Japanese Religions* 20/1: 56-76.
――――. 1996 "Spirit Possession in Sukyo Mahikari: A Variety of Sociopsychological Experience." *Japanese Religions* 21/2: 283-297.
――――. 1997 *Spirits, Selves, and Subjectivity in a Japanese New Religion: The Cultural Psychology of Belief in Sûkyô Mahikari.* Lewiston, New York: Edwin Mellen Press.
――――. 2006 *Nationalisms of Japan: Managing and Mystifying Identity*, Rowman & Littlefield.
宮島喬 1990「ネオ・ナショナリズムと対外意識」古城利明編『世界社会のイメージと現実』東京大学出版会、219-236。
宮家準 2002「伝統的宗教の再生―解脱会の思想と行動―」『民俗宗教と日本社会』東京大学出版会、243-262。
宮永國子 1980「現代に生きる憑依と憑抜の論理―世界真光文明教団の場合―」宗教社会学研究会編『宗教の意味世界』雄山閣、117-138。
―――― 1989「必然に閉じ込められた変革―儀礼の強制力に関する一考察―」田辺繁治編『人類学的認識の冒険―イデオロギーとプラクティス―』同文館出版、275-299。
宮坂清 2009「シャンバラへの旅― 80年代日本の危うい夢―」吉田司雄編著『オカルトの惑星― 1980年代、もう一つの世界地図―』青弓社、111-132。
宮田光雄 1981『日本の政治宗教―天皇制とヤスクニ―』朝日選書。
マリンズ, M. 2005（1998）『メイド・イン・ジャパンのキリスト教』高崎恵訳、トランスビュー。

村上重良 1967『創価学会＝公明党』青木書店。

———— 1970『国家神道』岩波新書。

村上重良編著 1969『日本の政党Ⅲ 公明党』新日本新書。

中林伸浩 1993「岡田光玉の言霊―語呂合せと文字についての一考察―」『アカデミア（人文・社会科学編)』57：55-96。

———— 1999「新宗教の日本イメージ」青木保・梶原影昭編『情報社会の文化1 情報化とアジア・イメージ』東京大学出版会、173-196。

中牧弘允 1989「国家と教団―国家観と国際化をめぐって―」中牧弘允編『現代日本文化における伝統と変容5 現代日本の“神話”』ドメス出版、92-102。

中野毅・飯田剛史・山中弘編 1997『宗教とナショナリズム』世界思想社。

中野毅 2003a『戦後日本の宗教と政治』大明堂。

———— 2003b「仏教教団による新しい形態の政治参加」『東洋哲学研究所紀要』19：59-84。

———— 2010「民衆宗教としての創価学会―社会層と国家との関係から―」『宗教と社会』16：111-142。

縄田早苗 1976「神様のみことばにも著作権はあるか」松野純孝・清水雅人編『別冊・現代宗教 日本の民衆宗教』エヌエス出版会、145-159。

———— 1979「宗教と政治」清水雅人・梅原正紀・高木宏夫・宮田登・縄田早苗・小野泰博『新宗教の世界Ⅰ―新宗教の諸問題―』大蔵出版、135-187。

21世紀宗教と政治研究会編 2005『宗教と集票―創価学会の実像―』仏教タイムス社。

————編 2008『創価新体制の行方―品格なき政教関係―』仏教タイムス社。

————編 2010『与党末期の創価学会・公明党』仏教タイムス社。

西山茂 1975「日蓮正宗創価学会における「本門戒壇」論の変遷―政治的宗教運動と社会統制―」中尾尭編『日蓮宗の諸問題』雄山閣、241-275。

———— 1978a「教義解釈の変容をめぐる一仏教教団の葛藤過程―日蓮正宗における妙信講問題の事例―」桜井徳太郎編『日本宗教の複合的構造』弘文堂、383-416。

———— 1978b「一少数派講中の分派過程―日蓮正宗妙信講の事例―」宗教社会学研究会編『現代宗教への視角』雄山閣、112-128。

———— 1979「新宗教の現況―「脱近代化」にむけた意識変動の視座から―」『歴史公論』5-7：33-37。

———— 1980「創価学会」五来重・桜井徳太郎・大島建彦・宮田登編『講座・日本の民俗宗教5 民俗宗教と社会』弘文堂、255-267。

———— 1981「仏教系新宗教の地方的展開―浜松創価学会の場合―」田丸徳善編『都市社会の宗教―浜松市における宗教変動の諸相―』東京大学宗教学研究室、261-283。

———— 1985「日本の近・現代における国体論的日蓮主義の展開」『東洋大学社会学部紀要』22-2：167-196。

———— 1986「正当化の危機と教学革新―「正本堂」完成以後の石山教学の場合―」森岡清美編『近現代における「家」の変質と宗教』新地書房、263-299。

———— 1988「日蓮主義の展開と日本国体論―日本の近・現代における法華的国体信仰の軌跡―」孝本貢他編『論集日本仏教史9 大正・昭和時代』雄山閣、135-162。

———— 1989「宗教運動におけるユートピアとエクスタシーの相関―仏立講・国柱会・創価学会の事例比較―」中牧弘允編『現代日本文化における伝統と変容5 現代日本の“神話”』ドメス出版、152-170。

———— 1995「新宗教の特徴と類型」山下袈裟男監修『日本社会論の再検討―到達点と課題―』未来社、147-168。

———— 1998「内棲宗教の自立化と宗教様式の革新―戦後第二期の創価学会の場合―」沼義昭博士古稀記念論文集『宗教と社会生活の諸相』隆文館、113-141。

———— 2004「変貌する創価学会の今昔」『世界』2004年6月号（727）：170-181。

———— 2012「日本の新宗教における自利利他連結転換装置」『東洋学研究』49：49-59。

———— 2014「敗戦後の「立正安国」運動―在家教団の二つの戦略―」西山茂責任編集『シリーズ日蓮4 近現代の法華運動と在家教団』春秋社、41-56。

丹生晃一 1998「元号法制化運動の経緯」『神社本庁教学研究所紀要』3：73-103。

野田成人 2010『革命か戦争か―オウムはグローバル資本主義への警鐘だった―』サイゾー。

沼田健哉 1988「修養団体の比較研究―「朝起会」はなぜ成功したか―」『現代日本の新宗教―情報化社会における神々の再生―』創元社、259-278。

———— 1990「幸福の科学の研究」『桃山学院大学 社会学論集』24-2：81-112。

小熊英二 2002『〈民主〉と〈愛国〉―戦後日本のナショナリズムと公共性―』新曜社。
小熊英二・上野陽子 2003『〈癒し〉のナショナリズム』慶應義塾大学出版会。
大原康男 2010「神社と政治」神社新報創刊六十周年記念出版委員会編『戦後の神社・神道―歴史と課題―』神社新報社、33-105。
大西克明 2009『本門佛立講と創価学会の社会学的研究―宗教的排他性と現世主義―』論創社。
小野泰博 1995『谷口雅春とその時代』東京堂出版。
大谷栄一 2001『近代日本の日蓮主義運動』法藏館。
――――― 2009「平和をめざす宗教者たち―現代日本の宗教者平和運動―」稲場圭信・櫻井義秀編『社会貢献する宗教』世界思想社、108-132。
大内義郷 1984『神代秘史資料集成 解題』八幡書店。
Reader, Ian, 2002 "Identity and Nationalism in the "New" New Religions; Buddhism as a motif for the New Age of Japan." In *Religion and National Identity in the Japanese Context*, eds. Hiroshi Kubota, Klaus J. Antoni, Johann Nawrocki, pp. 13-36, University of Tubingen.
ルオフ, ケネス, J. 2003（2001）『国民の天皇―戦後日本の民主主義と天皇制―』（高橋紘監修、木村剛久・福島睦男訳）共同通信社。
斎藤正二 2010『牧口常三郎の思想』第三文明社。
坂口義弘 1992「アイスター――会長は教祖様。キャンペーンのくり返しで金集め―」『マルチ疑惑の訪販 16 社―マルチ商法か販売革命か―』あっぷる出版社、151-161。
佐木秋夫・小口偉一 1957『創価学会』青木書店。
櫻井義秀 2014『カルト問題と公共性―裁判・メディア・宗教研究はどう論じたか―』北海道大学出版会。
櫻井義秀・中西尋子 2010『統一教会―日本宣教の戦略と韓日祝福―』北海道大学出版会。
眞田芳憲 2001「立正佼成会の政治理念と政治浄化活動」『中央学術研究所紀要』30：26-92。
産経新聞社編 1995『緊急スペシャル 麻原オウム大崩壊』産業経済新聞社。
佐藤郁哉 1992『フィールドワーク―書を持って街へ出よう―』新曜社。
Schrimpf, Monica. 2008 "Nationale Selbstbehauptung in neuen religiösen Bewegungen in Japan : das Beispiel Kōfuku no Kagaku." *Marburg Journal of Religion* 13/1（頁数なし）.
清家久美 1995「「幸福の科学」―《モダン》の宗教―」坂井信生・竹沢尚一郎編『西日本の新宗教運動の比較研究 2』、52-79。
政教関係を正す会編 1993・2002・2011『実例に学ぶ「政教分離」―こんなことまで憲法違反？―（正・続・新）』展転社。
島田裕巳 2001『オウム―なぜ宗教はテロリズムを生んだのか―』トランスビュー。
島薗進 1988「生長の家と心理療法的救いの思想―谷口雅春の思想形成過程をめぐって―」桜井徳太郎編『日本宗教の正統と異端』弘文堂、67-90。
――――― 1992a『現代救済宗教論』青弓社。
――――― 1992b『新新宗教と宗教ブーム』岩波ブックレット。
――――― 1993a「コスモメイトと幸福の科学―自己主張的「神道」ナショナリズムと新新宗教―」『別冊宝島 EX 神道を知る本』宝島社、151-154。
――――― 1993b「岡田茂吉研究に向けて」『岡田茂吉研究』3：1-15。
――――― 1994a「神と仏を超えて―生長の家の救済思想の生成―」今野達・佐竹昭広・上田閑照編『岩波講座日本文学と仏教 8 仏と神』岩波書店、257-284。
――――― 1994b「『岡田茂吉全集』「著述篇」第 4 巻 解説」『岡田茂吉研究』10：13-24。
――――― 1995a「オウム真理教の信仰世界」『へるめす』56：59-68。
――――― 1995b『オウム真理教の軌跡』岩波ブックレット。
――――― 1996「『岡田茂吉全集』「著述篇」第 8 巻 解説」『岡田茂吉研究』14：18-28。
――――― 1997a『現代宗教の可能性―オウム真理教と暴力―』岩波書店。
――――― 1997b「現代日本の反世俗主義とナショナリズム」中野毅・飯田剛史・山中弘編『宗教とナショナリズム』世界思想社、217-235。
――――― 2000「新新宗教（後期新宗教）の政治意識―世俗主義と反世俗主義のせめぎあいの中で―」『東洋学術研究』39-1：169-190。
――――― 2001『ポストモダンの新宗教―現代日本の精神状況の底流―』東京堂出版。
――――― 2006「戦後の国家神道と宗教集団としての神社」圭室文雄編『日本人の宗教と庶民信仰』吉川弘文館、482-504。

――――2010『国家神道と日本人』岩波新書。
――――2014「現代日本の宗教と公共性―国家神道復興と宗教教団の公共空間への参与―」島薗進・磯前順一編『宗教と公共空間―見直される宗教の役割―』東京大学出版会、261-284。
島薗進・原武史 2009「対談 宮中祭祀、皇室神道について冷静でオープンな議論を」渡邊直樹責任編集『宗教と現代がわかる本 2009』平凡社、10-33。
新日本宗教団体連合会編 2002『新宗連 宗教協力 50 年のあゆみ［1951 ～ 2001］』新日本宗教団体連合会。
庄司興吉編著 1986『住民意識の可能性―「国際化」時代のまちづくりと日本人の社会意識―』梓出版。
宗教情報リサーチセンター編・井上順孝責任編集 2011『情報時代のオウム真理教』春秋社。
宗教と政治を考える会 1980『神と仏と選挙戦―大宗教教団の政治戦略―』徳間書店。
副島嘉和・井上博明 1984「これが「統一教会」の秘部だ―世界日報事件で“追放”された側の告発―」『文藝春秋』1984 年 7 月号：134-151。
杉田幸三 1968『仏所護念― 一〇〇万人を指導する女性―』全貌社。
鈴木広 1970『都市的世界』誠信書房。
高橋典史・山本佳世子 2012「日本における宗教教育の歴史とその課題」高橋典史・塚田穂高・岡本亮輔編著『宗教と社会のフロンティア―宗教社会学からみる現代日本―』勁草書房、219-237。
高山文彦 2006『麻原彰晃の誕生』文春新書。
武田道生 1992「異文化への宗教の展開―崇教真光北米方面の場合―」『佛教文化研究』37：107-122。
種田博之 1993「「幸福の科学」の急成長についての一考察―「幸福の科学」の特性とそのアンビバレンス―」『年報人間科学』14：31-46。
谷富夫 1993「新宗教青年層における呪術性と共同性―崇教真光を事例として―」『アカデミア（人文・社会科学編）』57：149-271。
寺田喜朗 2008「新宗教とエスノセントリズム―生長の家の日本中心主義の変遷をめぐって―」『東洋学研究』45：179-208。
――――2009『旧植民地における日系新宗教の受容―台湾生長の家のモノグラフ―』ハーベスト社。
――――2010「戦後新宗教におけるナショナリズム言説の諸相―大衆ナショナリズムの発露とその論法―」『東洋学研究』47：213-228。
所功 2011「廣池千九郎博士の“万世一系”最高道徳論の再検討」岩佐信道・北川治男監修『廣池千九郎の思想と業績―モラロジーへの世界の評価―』モラロジー研究所、200-229。
鳥井由紀子 1986「教祖伝と聖地の構造―解脱会の信仰の世界―」『東京大学宗教学年報』6：54-68。
土屋敦 2005「胎児を可視化する少子化社会―「生長の家による胎児の生命尊重運動（プロライフ運動）の軌跡から―」『死生学研究』5：88-110。
辻隆太朗 2011「オウム真理教と陰謀論」宗教情報リサーチセンター編・井上順孝責任編集『情報時代のオウム真理教』春秋社、360-384。
辻野彊司 1988『現代女性名鑑』野田経済データサービス株式会社。
塚田穂高 2009a「新新宗教における文化的ナショナリズムの諸相―真光と幸福の科学における日本・日本人観の論理と変遷―」『宗教と社会』15：67-90。
――――2009b「変貌する「幸福の科学」の今昔―政治進出までの 23 年間とその国家観―」『世界』2009 年 9 月号（795）：129-138。
――――2010a「研究ノート『幸福実現党』とは何だったのか―宗教記事データベース所収記事と選挙データからの分析―」『ラーク便り』45：42-58。
――――2010b「幸福の科学の映像メディア利用―幸福実現党、映画『仏陀再誕』を中心に―」渡邊直樹責任編集『宗教と現代がわかる本 2010』平凡社、74-79。
――――2010c「現代日本における「宗教」と「社会」のあいだ―政治と宗教・宗教事件・不活動宗教法人問題・裁判員制度からの眺望―」財団法人国際宗教研究所編『現代宗教 2010』秋山書店、312-332。
――――2011a「幸福の科学とその政治進出について―この運動に我々はどう向きあうか―」『政教関係を正す会会報』38：12-23。
――――2011b「宗教記事データベースの特性とその活用可能性」『ラーク便り』50：72-78。
――――2011c「オウム真理教が社会に向けて刊行した書籍」宗教情報リサーチセンター編・井上順孝責任編集『情報時代のオウム真理教』春秋社、154-167。
――――2011d「事件前の「オウム論」書籍と学術研究―ジャーナリズムから宗教研究まで―」宗教情報リサーチセンター編・井上順孝責任編集『情報時代のオウム真理教』春秋社、284-304。
――――2011e「真理党の運動展開と活動内容」宗教情報リサーチセンター編・井上順孝責任編集『情報

時代のオウム真理教』春秋社、307-326。
――――2012a「新宗教の展開と現状」高橋典史・塚田穂高・岡本亮輔編著『宗教と社会のフロンティア―宗教社会学からみる現代日本―』勁草書房、23-43。
――――2012b "Cultural Nationalism in Japanese Neo-New Religions: A Comparative Study of Mahikari and Kōfuku no Kagaku." *Monumenta Nipponica* 67/1: 133-157 (translation by Gaynor Sekimori).
――――2014a「偽装・虚勢・無反省―「新新宗教」に蔓延する諸問題―」『中央公論』2014 年 1 月（1562）号：40-47。
――――2014b「戦後保守合同運動の展開―日本会議の事例を中心に―」小島伸之編『平成 23 年度～平成 25 年度 科学研究費補助金（基盤研究（C））研究成果報告書　近現代日本の宗教とナショナリズム―国家神道論を軸にした学際的総合検討の試み―』62-76。
――――2014c「公有地上宗教施設の全国調査を実施して―砂川市有地上神社問題との関連から―」『政教関係を正す会会報』43：15-24。
――――2014d「グローバル化の中の在るべき日本／宗教：幸福の科学の政治進出」『宗教と社会』20：154-156。
對馬路人 1990「世界救世教の影響」井上順孝・孝本貢・對馬路人・中牧弘允・西山茂編『新宗教事典』弘文堂、85-88。
――――1993「謎の教団・天津教と神政龍神会」『別冊歴史読本特別増刊「古史古伝」論争』新人物往来社、100-109。
上杉聰 2003「日本における「宗教右翼」の台頭と「つくる会」「日本会議」」『季刊 戦争責任研究』39：44-56。
――――2007「宗教右翼と現代日本のナショナリズム」『年報 日本現代史』12：163-186。
魚住昭 2007『証言 村上正邦 我、国に裏切られようとも』講談社。
渡辺雅子 2002「日系新宗教の異文化布教―ブラジル崇教真光の場合―」『明治学院論叢 社会学・社会福祉学研究』111：29-68。
――――2007「十五年戦争と新宗教の女性―霊友会の会報にみる銃後活動と思想の変遷―」『現代日本新宗教論―入信過程と自己形成の視点から―』御茶の水書房、163-217。
渡辺治 2001『日本の大国化とネオ・ナショナリズムの形成―天皇制ナショナリズムの模索と隘路―』桜井書店。
――――2004「現代日本のナショナリズム」後藤道夫・山科三郎編『講座 戦争と近代 4　ナショナリズムと戦争』大月書店、223-292。
ヴェーバー , M. 1972（1920-1921）『宗教社会学論選』（大塚久雄・生松敬三訳）みすず書房。
Weston, Erin Leigh. 2002 "Transcultural Possessions in/of Mahikari; Religious Syncretism in Martinique." *Japanese Studies Review* 6/1: 45-62.
ホワイト , J , W. 1971（1970）『ホワイト調査班の創価学会レポート』宗教社会学研究会訳、雄渾社。
山口智美 2012「地方からのフェミニズム批判―宇部市男女共同参画推進条例と『日本時事評論』―」山口智美・齊藤正美・荻上チキ『社会運動の戸惑い―フェミニズムの「失われた時代」と草の根保守運動―』勁草書房、49-105。
山根キク 1964『日本に秘められてある世界の正史』平和世界社。
Yamashita Akiko. 1998 "The eschatology of Japanese new and new new religions: From Tenri-kyo to Kofuku no Kagaku." *Japanese Religions* 23/1-2: 125-142.
安田吉伸 1985a「豊田商事もビックリ アイレディース化粧品の怪商法を斬る」『政界往来』51-10：246-258。
――――1985b「化粧品を"宗教"で売る新手マルチの実態」『創』15-11（164）：58-65。
――――1986「新興宗教にも似た奇妙な急成長企業「アイスター」」『化粧品業界戦争の全貌』青年書館、190-213。
安丸良夫 1992『近代天皇像の形成』岩波書店。
――――1999『一揆・監獄・コスモロジー―周縁性の歴史学―』朝日新聞社。
米本和弘・島田裕巳 1992『大川隆法の霊言―神理百問百答―』JICC 出版局。
吉野耕作 1997『文化ナショナリズムの社会学―現代日本のアイデンティティの行方―』名古屋大学出版会。
Young, Richard Fox. 1990 "Magic and Morality in Modern Japanese Exorcistic Technologies – A Study of Mahikari." *Japanese Journal of Religious Studies* 17/1: 29-49.
由木義文 1984『西田無学研究ノート』山喜房佛書林。

参考資料（章別・団体別、刊行年順）

○ 第２章

・神社本庁＝神道政治連盟関連

岡田米夫編 1951『神社本庁五年史』神社本庁。

神社本庁編 1956『神社本庁十年史』神社本庁。

――――編 1961『神社本庁十五年史』神社本庁。

神社新報社編 1971『神道指令と戦後の神道』神社新報社。

神社新報政教研究室編著 1976『近代神社神道史』神社新報社。

神政連十年史編輯委員会編 1979『神政連十年史』神道政治連盟中央本部。

神社本庁教学研究室編 1980『神社本庁憲章の解説』神社本庁。

神道政治連盟編 1984『神政連十五年史』神道政治連盟中央本部。

――――編 1990a『神政連二十年史』神道政治連盟中央本部。

――――編 1990b『神政連のあゆみ―戦後の精神運動の柱として―』神道政治連盟。

――――編 2000『神政連三十年史』神道政治連盟中央本部。

――――編 2005『神政連三十五年史』神道政治連盟中央本部。

神社本庁総合研究所監修・神社新報創刊六十周年記念出版委員会編 2010『戦後の神社・神道―歴史と課題―』神社新報社。

神政連 WEB NEWS　http://www.sinseiren.org/

『神社新報』(1946 年～)　ほか

・生長の家＝生長の家政治連合関連

生長の家本部編 1959『生長の家三十年史』日本教文社。

谷口雅春 1965『限りなく日本を愛す 改訂版』日本教文社。

谷口清超 1966『政治と宗教』日本教文社。

谷口雅春 1969『占領憲法下の日本』日本教文社。

生長の家本部編 1969『生長の家四十年史』日本教文社。

谷口雅春 1972『諸悪の因 現憲法』生長の家政治連合本部。

―――― 1973『日本の政治と宗教―護国の神剣―』明るい日本をつくるシリーズ刊行会。

田中忠雄 1973『父母と教師にうったえる―日本教育改造論―』生長の家政治連合本部。

谷口雅春 1980『私の日本憲法論』日本教文社。

生長の家本部編 1980『生長の家五十年史』日本教文社。

生長の家本部政治局編 1980『憲法はかくして作られた―これが制憲史の真実だ―』明るい日本をつくるシリーズ刊行会。

宗教政治研究会編 1980『祈りながら栄える―祈りと政治―』宗教政治研究会。

宗政研事務局編 1983『「黙想の心」宗政研六年の歩み』宗教政治研究会。

谷口雅宣監修 2004『歴史から何を学ぶか』宗教法人生長の家。　ほか

・日本会議関連

日本会議 1997『誇りある国づくりへ』(VHS) 日本会議。

日本会議首都圏地方議員懇談会 2007『地域から誇りある国づくりを！―地方議員の闘い―』明成社。

日本会議 2014『誇りある国づくりへ発言し行動します 平成 26 年度国民運動方針 平成 25 年度活動報告』日本会議。

日本会議サイト http://www.nipponkaigi.org/

『日本の息吹』(1997 年～)、明成社刊行の日本会議関連のブックレット　ほか

○ 第３章

・解脱会関連

岡野聖憲 1942『真行』解脱会（1988、再版）。

岸田英山 1963『解脱金剛とその教義』解脱会。

解脱会伝記編纂委員会編 1978『解脱金剛伝』解脱会。

井口ふみ著・解脱会出版部編 1978『お仕えした日々』解脱会。

解脱会教学部編 1978-1987『解脱金剛尊者 ご聖訓』（第 1 巻～第 10 巻）解脱会。

解脱会教学部編 1979『解脱金剛尊者 御遺訓集』解脱会。

（著者複数）1980『続・金剛さまの思い出』解脱会。

田村周子著・解脱会出版部編 1983『尊者の贈り物― 一千年後に向けて―』解脱会。

解脱会伝記編纂委員会編 1988『新版 解脱金剛伝 第 1 巻』解脱会。

――――編 1989『新版 解脱金剛伝 第 2 巻』解脱会。

――――編 1990『新版 解脱金剛伝 第 3 巻』解脱会。

（記載なし）1996『教えの基本 教書シリーズ 2』解脱会。

（記載なし）1997『勤行法則入門 教書シリーズ 3』解脱会。

（著者複数）1998『恩愛の絆―金剛さまに接して―』解脱会。

（記載なし）2001『み教え問答集 教書シリーズ 6』解脱会。

（記載なし）2004『私たちの聖地 教書シリーズ 7』解脱会。

（著者複数）2006『金剛さまを偲んで（中）』解脱会。

（著者複数）2007『金剛さまを偲んで（下）』解脱会。

解脱会サイト　http://www.gedatsukai.jp/

『解脱』（1935 年～）　ほか

・真光関連
岡田光玉 発行年未詳『御聖言』非売品。
岡田光玉監修／陽光文明研究会編 1970『奇跡の世界―霊魂の実在を証明する―』大陸書房。
世界真光文明教団広報部編 1970『御教示選集 1〈中・上級研修受講生用〉』世界真光文明教団。
世界真光文明教団広報部編 1973『御講演集 昭和 41 年』世界真光文明教団。
関口栄 1978『火の洗礼―神の経綸が示す人類の未来―』たま出版。
――― 1980『霊文明のあけぼの』たま出版。
崇教真光編・救い主様伝記編纂委員会 1983『大聖主 岡田光玉師』L・H 陽光出版。
関口栄 1984『魂の大革命 メシア・パワー―「火の洗礼」を乗り越えよ―』徳間書店。
崇教真光編 1985a『岡田光玉師御対談集』L・H 陽光出版。
――――編 1985b『主座へ至るミチ 岡田恵珠（聖珠）師御教示選集』L・H 陽光出版。
関口栄 1985『みよ！ 真光の大奇跡―「手かざし」があなたを救う―』現代書林。
岡田光玉述・崇教真光編 1990『寸教 大いなるミチしるべ』L・H 陽光出版。
関口榮 1991『全人類に「火の洗礼」が迫る！ 世紀末神のシナリオ―奇跡の〈手かざし〉がわれわれを破局から救う―』現代書林。
―――― 1992『日本よ、霊的先進国たれ―〈魁のメシア〉岡田光玉が予言した神の大経綸―』現代書林。
崇教真光編 1993『栄光の光神殿 岡田恵珠（聖珠）師御教示選集Ⅱ』L・H 陽光出版。
薗部芳郎著／関口勝利監修 1994『陽光の人』陽光社。
八坂東明 1997『最後の天の岩戸開き―岡田光玉師の大予告―』リヨン社。
―――― 1999『天意の大転換―岡田光玉師の大予告 2 ―』リヨン社。
岡田恵珠述・崇教真光編 2000a『陽光子の三大徳目　感謝』L・H 陽光出版。
岡田恵珠述・崇教真光編 2000b『陽光子の三大徳目　ス直』L・H 陽光出版。
岡田恵珠述・崇教真光編 2000c『陽光子の三大徳目　心の下座』L・H 陽光出版。
八坂東明 2001『霊主文明の暁―岡田光玉師の大予告 3 ―』リヨン社。
崇教真光編 2004『神の契約の虹 岡田恵珠（聖珠）師御教示選集Ⅲ』L・H 陽光出版。
岡田晃弥 2007『神の大経綸―二十一聖紀霊文明のヴィジョン―』L・H 陽光出版。
崇教真光編 2009『輝ける崇教真光五〇年史』L・H 陽光出版。
崇教真光サイト　http://www.sukyomahikari.or.jp/
『崇教真光』（前誌『真光』：1963 年～）　ほか

○ 第 4 章
・創価学会＝公明党関連
戸田城聖 1960『戸田城聖先生　巻頭言集』宗教法人創価学会。
戸田城聖監修・創価学会教学部編 1961（1951）『折伏教典　校訂三版』宗教法人創価学会。
戸田城聖 1961a『戸田城聖先生　講演集上』宗教法人創価学会。

──── 1961b『戸田城聖先生　講演集下』宗教法人創価学会。
東京大学法華経研究会編 1962『日蓮正宗創価学会』山喜房仏書林。
戸田城聖 1963『戸田城聖先生　質問会集』宗教法人創価学会。
池田大作 1964『政治と宗教』鳳書院。
──── 1965『会長講演集 11 巻』創価学会。
池田大作編集・戸田城聖 1965a『戸田城聖全集第 1 巻　巻頭言・論文集』和光社。
池田大作編集・戸田城聖 1965b『戸田城聖全集第 2 巻　講演集』和光社。
池田大作 1967『指導集第 1 巻』聖教新聞社。
創価学会教学部編著 1968（1951）『折伏教典　改訂 31 版』宗教法人創価学会。
松島淑・谷口卓三編 1969『公明党の歩み』公明党機関紙局。
創価学会四十年史編纂委員会編 1970『創価学会四十年史』宗教法人創価学会。
原島嵩・飛田敏彦編 1970『創価学会入門』聖教新聞社。
公明党広報宣伝局 1973『公明党ハンドブック（1973 年度版）』公明党。
上藤和之・大野靖之編 1975『創価学会四十五年史 革命の大河』聖教新聞社。
創価学会教学部編 1980『改訂版 創価学会入門』聖教新聞社。
創価学会青年部編 1994『政治と宗教を考える』第三文明社。
創価学会広報室編 2015『SOKA GAKKAI ANNUAL REPORT 2014』創価学会広報室。
創価学会サイト　SOKA net http://www.sokanet.jp/
『大白蓮華』（1949 年～）、『聖教新聞』（1951 年～）　ほか

○ 第５章

・浄霊医術普及会＝世界浄霊会関係

野澤明一 1976『新生回顧三十年』浄霊術普及会。
────編 1981（1964）『光友教典』（第四版）救世神道光友会。
──── 1982『最後の「大警告」』浄霊医術普及会。
──── 1983a『苦い思い出―「私の従軍記」―』浄霊医術普及会。
──── 1983b『アメリカを救う』浄霊医術普及会。
──── 1984『一九八六年こそ！？』浄霊医術普及会。
──── 1986「私は神の操り人形」前田博編著『日本の霊能者』株式会社コア、195-212。
────編 1986『文明の創造』浄霊医術普及会。
世界浄霊会 1986『浄霊会とは―審判の秋 一九八六年を警告する―』世界浄霊会。
（署名なし）1986『天國への手引き』浄霊医術普及会。
野澤明一編 1987a『医学の革命書』（上）浄霊医術普及会。
────編 1987b『医学の革命書』（中）浄霊医術普及会。
────編 1987c『医学の革命書』（下）浄霊医術普及会。
────編 1988『救世の警鐘と福音』浄霊医術普及会。
──── 1990『各々方、御覚悟はよろしいか⁉―アナタはイツ死ぬか？―』浄霊術普及会。
────編 1990『“神訓数”による大本神諭理解容易法』浄霊医術普及会。
内海里子・若狭光代・若狭百代編 1990『明一伝』（第 1 部・第 2 部・寫眞集）浄霊医術普及会。
────編 1991『「大本神諭」の要点発見法』浄霊医術普及会。
浄霊医術普及会編 1992『霊視の事実―霊視百八十例の奉告書―』浄霊術普及会。
野澤明一編 1993a『神訓数より見た大本神諭 決定版 天の巻』浄霊医術普及会。
────編 1993b『神訓数より見た大本神諭 決定版 地の巻』浄霊医術普及会。
────編 1993c『神訓数より見た大本神諭 決定版 人の巻』浄霊医術普及会。
────編 1993d『神訓数より見た大本神諭 決定版 解説書』浄霊医術普及会。
浄霊医術普及会編 1993a『人助け五十年』（前篇）浄霊医術普及会。
────編 1993b『人助け五十年』（後篇）浄霊医術普及会。
横川知幸 1995『不思議な実話―変な御夫婦―』浄霊医術普及会。
野澤明一 1997『帰幽日を知る法』浄霊医術普及会。
江川勝利 1997『明主曼陀羅』（第 1 部下巻）世界浄霊会。
小川一男 1999『自動車小・中隊長「出生前」』浄霊医術普及会。
浄霊医術普及会（刊行年不明）『新しい医学 浄霊法』浄霊医術普及会。

『光友』（1963年～）　ほか

○ 第6章

・オウム真理教＝真理党関係

麻原彰晃 1986『超能力「秘密の開発法」―すべてが思いのままになる！―』大和出版。

――― 1987『イニシエーション』オウム出版。

麻原彰晃 1989『滅亡の日―「黙示録大予言」の秘密のベールを剥ぐ―』オウム出版。

真理党編（刊行年不詳）『進化―私達の五大政策―』真理党。

麻原彰晃 1991a『キリスト宣言―キリストの教えのすべてを明かす―』オウム出版。

――― 1991b『ノストラダムス秘密の大予言―1999年の謎―』オウム出版。

――― 1992a『麻原彰晃の世界 PART11 自己を超えて神となれ！』オウム出版。

――― 1992b『麻原彰晃の世界 PART18 THE 説法Ⅰ―世紀末の危機を乗り越えるために―』オウム出版。

――― 1992c『麻原彰晃の世界 PART19 THE 説法Ⅱ―初公開！タントラ・ヴァジラヤーナ最高の教え―』オウム出版。

――― 1993a『麻原彰晃の世界 PART20 麻原彰晃、戦慄の予言―君は人類最終戦争を生き残れるのか？』オウム出版。

――― 1993b『麻原彰晃の世界 PART21 麻原彰晃、戦慄の予言―この恐怖の世紀末――君は生き残れるのか！？』オウム出版。

――― 1995a『日出づる国、災い近し―麻原彰晃、戦慄の予言―』オウム出版。

――― 1995b『亡国日本の悲しみ―迷妄の魂よ、大悪業の恐怖を知れ―』オウム出版。

『MAHA-YANA』（1987～94年）、『シッシャ新聞』（1989年）、『ヴァジラヤーナ サッチャ』（1994～95年）ほか

○ 第7章

・アイスター＝和豊帯の会＝女性党関連

西山栄一 1981『萠える愛―あるがままの心とともに生きた半世紀―』株式会社アイスター商事。

――― 1982a『萠える愛 第二部―確固たる使命感とともに生きた半世紀―』株式会社アイスター アイスター組織研究所。

――― 1982 b『西山栄一 指導要言集 草の葉 第一巻』株式会社アイスター商事。

――― 1983『西山栄一 指導要言集 草の葉 第二巻』株式会社アイスター アイスター組織研究所。

――― 1988『私のゴルフ挑戦譜 シングルへの道』スターリング出版。

アイスター サイト　http://www.ai-star.co.jp/

和豊帯の会 サイト　http://wahotainokai.com/

『ニューアイスター news』（1981～83年）、『アイスター NEWS』（1983～89年）　ほか

○ 第8章

・幸福の科学＝幸福実現党関係

善川三朗編著 1985a『日蓮の霊言―今、一切の宗派を超えて―』潮文社。

―――編著 1985b『空海の霊言―天台大師・恵果上人の霊訓と共に―』潮文社。

―――編著 1986a『キリストの霊言―過去の教義を超えて―』潮文社。

―――編著 1986b『天照大神の霊言―よみがえる日本の神々―』潮文社。

―――編著 1986c『ソクラテスの霊言―知的世界に霊的光明を―』潮文社。

大川隆法 1991（1986）『神理の言葉［正心法語］（改版）』幸福の科学総合本部。

――― 1987a『太陽の法―新時代を照らす釈迦の啓示―』土屋書店。

――― 1987b『黄金の法―新文明を開く釈迦の英知―』土屋書店。

――― 1987c『永遠の法―新世界を示す釈迦の光明―』土屋書店。

――― 1987d『神霊界入門―現代女性を幸福にする小桜姫の霊訓―』幸福の科学出版。

――― 1987e『内村鑑三霊示集―新しき時代への警鐘―』土屋書店。

――― 1988a『運命の開拓―天之御中主神示集―』幸福の科学出版。

――― 1988b『幸福の科学入門―幸福の原理と心の科学―』幸福の科学出版。

――― 1989『ユートピア価値革命』土屋書店。

――― 1990『ユートピアの原理―救世の悲願―（救世の原理三部作⑶）』幸福の科学出版。

――― 1991a『アラーの大警告―中東危機への衝撃の予言―』幸福の科学出版。

――――― 1991b『ノストラダムス戦慄の啓示―人類の危機迫る―』幸福の科学出版。

大川隆法監修・宗教法人幸福の科学事務総合本部指導局 1991『救世の源流を探る―幸福の科学・法と組織の一〇年―』幸福の科学出版株式会社。

大川隆法 1992『光ある時を生きよ―絶対的勝利への道―』幸福の科学出版。

――――― 1993『フランクリースピーキング―世界新秩序の見取り図を語る―』幸福の科学出版。

――――― 1994a『理想国家日本の条件―宗教立国のすすめ―』幸福の科学出版。

――――― 1994b『幸福の科学興国論―宗教立国への挑戦―』幸福の科学出版。

――――― 1994c『仏説 正心法語』宗教法人幸福の科学事務総合本部。

――――― 1995『新生日本の指針―新時代への国家選択―』幸福の科学出版。

小川空城編 1995『三塚博総理大臣待望論―智慧と勇気の鉄人政治家に世紀末日本を託す―』幸福の科学出版。

幸福の科学編 1996『幸福の科学立宗 10 周年記念誌』宗教法人幸福の科学。

大川隆法 1999『繁栄の法―未来をつくる新パラダイム―』幸福の科学出版。

――――― 2001『奇跡の法―人類再生の原理―』幸福の科学出版。

――――― 2002『常勝の法―人生の勝負に勝つ成功法則―』幸福の科学出版。

――――― 2003『大悟の法―常に仏陀と共に歩め―』幸福の科学出版。

――――― 2004a『幸福の法―人間を幸福にする四つの原理―』幸福の科学出版。

――――― 2004b『成功の法―真のエリートを目指して―』幸福の科学出版。

――――― 2005『神秘の法―次元の壁を超えて―』幸福の科学出版。

――――― 2006『希望の法―光は、ここにある―』幸福の科学出版。

佐々木英信 2006『史上最強の経済大国 日本は買いだ―「黄金の 40 年」が始まった―』幸福の科学出版。

大川隆法 2007a『復活の法―未来を、この手に―』幸福の科学出版。

――――― 2007b『生命の法―真実の人生を生き切るには―』幸福の科学出版。

鈴木真実哉 2007『格差社会で日本は勝つ―「社会主義の呪縛」を解く―』幸福の科学出版。

幸福の科学編 2008『「幸福の科学」教団史―法輪、転ずべし。―（第一版）』宗教法人幸福の科学。

大川隆法 2009a『勇気の法―熱血 火の如くあれ―』幸福の科学出版。

――――― 2009b『日本の繁栄は、絶対に揺るがない―不況を乗り越えるポイント―』幸福の科学出版。

『ザ・リバティ』編集部編 2009『オバマ守護霊インタビュー―英和対訳で読む日本へのスピリチュアル・メッセージ―』幸福の科学出版。

大川隆法 2009c『幸福実現党宣言―この国の未来をデザインする―』幸福の科学出版。

――――― 2009d『国家の気概―日本の繁栄を守るために―』幸福の科学出版。

――――― 2009e『政治の理想について―幸福実現党宣言②―』幸福の科学出版。

――――― 2009f『政治に勇気を―幸福実現党宣言③―』幸福の科学出版。

――――― 2009g『新・日本国憲法 試案―幸福実現党宣言④―』幸福の科学出版。

――――― 2009h『幸福実現党とは何か』幸福実現党。

――――― 2009i『金正日守護霊の霊言―日本侵略計画（金正日守護霊）vs. 日本亡国選択（鳩山由紀夫守護霊）―』幸福の科学出版。

――――― 2009j『明治天皇・昭和天皇の霊言―日本国民への憂国のメッセージ―』幸福の科学出版。

――――― 2009k『夢のある国へ――幸福維新―幸福実現党宣言⑤―』幸福の科学出版。

大川きょう子 2009『「幸福実現党」党首の決断―５児の母として、日本最強の妻として―』幸福の科学出版。

大川隆法 2010a『創造の法―常識を破壊し、新時代を拓く―』幸福の科学出版。

――――― 2010b『龍馬降臨―幸福実現党・応援団長 龍馬が語る「日本再生ビジョン」―』幸福の科学出版。

――――― 2010c『危機に立つ日本―国難打破から未来創造へ―』幸福の科学出版。

――――― 2010d『宗教立国の精神―この国に精神的主柱を―』幸福の科学出版。

木村智重 2010『幸福維新を起こさん！―真の自由と繁栄を目指して―』幸福の科学出版。

大川隆法 2011『救世の法―信仰と未来社会―』幸福の科学出版。

――――― 2012a『今上天皇 元首の本心―守護霊メッセージ―』幸福の科学出版。

――――― 2012b『NHK はなぜ幸福実現党の報道をしないのか―受信料が取れない国営放送の偏向―』幸福の科学出版。

幸福の科学 公式ホームページ　http://www.kofuku-no-kagaku.or.jp/

幸福実現党 公式ホームページ　http://www.hr-party.jp/

『幸福の科学』（1987 年～）、『ザ・リバティ』（1995 年～）、『幸福実現 NewS』（2009 年～）　　ほか